La Côte-d'Or
LA DESTINATION NATURE ET PATRIMOINE ENTRE PARIS ET LYON

© PHILIPPE BRUCHOT CD

La seule évocation du nom « Côte-d'Or » est magique et invite à l'évasion.
Mondialement connue pour la qualité de ses vins, sa gastronomie, son patrimoine et ses savoir-faire, la Côte-d'Or est une terre d'hospitalité qui cultive la convivialité autant que l'authenticité. La marque « Savoir-Faire 100% Côte-d'Or » vous guidera dans votre découverte des produits typiques de notre beau département. Prenez le temps d'échanger avec les femmes et les hommes engagés dans cette démarche de valorisation de notre territoire pour mieux comprendre leur attachement à notre terroir.
Riche de son histoire, de sa culture et de son patrimoine d'exception, vous pourrez admirer les richesses de notre département, tels que les Hospices de Beaune, le Palais des Ducs de Bourgogne, l'Abbaye de Fontenay, le MuséoParc Alésia et le Trésor de Vix au Musée du Pays Châtillonnais, et marcher sur les terres de personnalités célèbres : Eiffel, Buffon, Pompon…
Entre vignoble millénaire et forêts ressourçantes, falaises d'escalade et rivières de balades, la Côte-d'Or dévoile ses multiples visages et le caractère unique des Climats de Bourgogne inscrits au Patrimoine mondial de l'UNESCO. Vous le découvrirez vous-même, par une multitude d'idées de sorties et d'activités à partager en famille, entre amis, en duo…
Première destination nature et patrimoine entre Paris et Lyon, la Côte-d'Or vous accueille sur une terre où chacun trouvera son bonheur pour un jour, pour un séjour ou pour toujours !

François Sauvadet
Président du Département de la Côte-d'Or

Retrouvez cette offre en page 56

SOMMAIRE

Les hospices de Beaune. © JEAN-JACQUES CORDIER - FOTOLIA

Maisons pittoresques à pan de bois. © YVANN K - FOTOLIA

Semur-en-Auxois. © LUCENTIUS - ISTOCKPHOTO.COM

Vignobles de Volnay. © ELI77 - ISTOCKPHOTO.COM

Village de Pommard. © AM-C

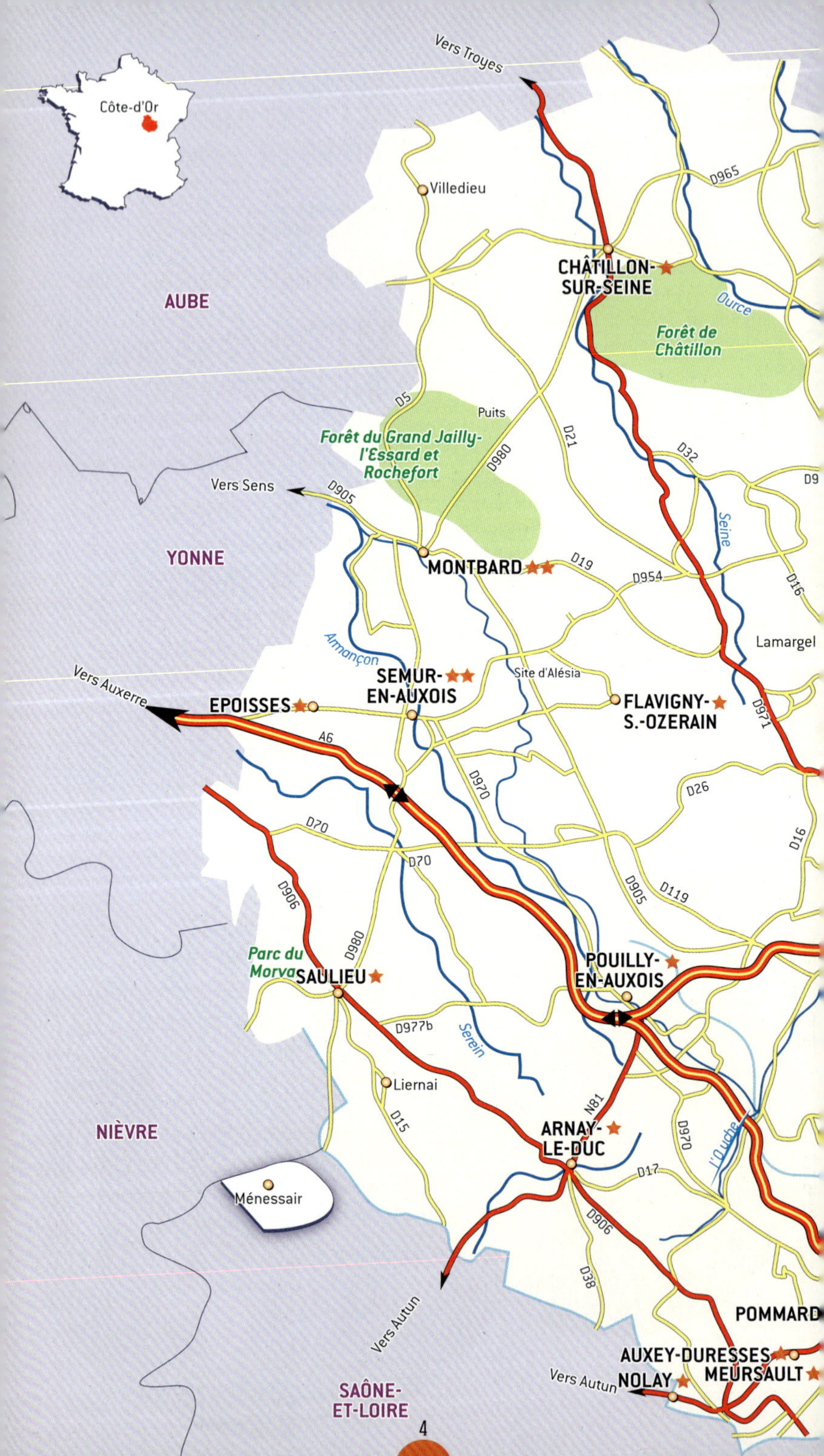
Côte-d'Or
Vers Troyes
Villedieu
D965
CHÂTILLON-SUR-SEINE
Ource
Forêt de Châtillon
AUBE
D5
Puits
Forêt du Grand Jailly-l'Essard et Rochefort
D980
D21
D32
D9
Vers Sens
D905
Seine
YONNE
MONTBARD
D19
D954
D16
Armançon
Lamargel
SEMUR-EN-AUXOIS
Site d'Alésia
Vers Auxerre
EPOISSES
FLAVIGNY-S.-OZERAIN
D971
A6
D970
D26
D70
D16
D70
D905
D119
D906
D980
Parc du Morvan
SAULIEU
POUILLY-EN-AUXOIS
D977b
Serein
Liernai
N81
D15
ARNAY-LE-DUC
D970
L'Ouche
NIÈVRE
D17
Ménessair
D906
D38
Vers Autun
POMMARD
AUXEY-DURESSES
Vers Autun
NOLAY
MEURSAULT
SAÔNE-ET-LOIRE

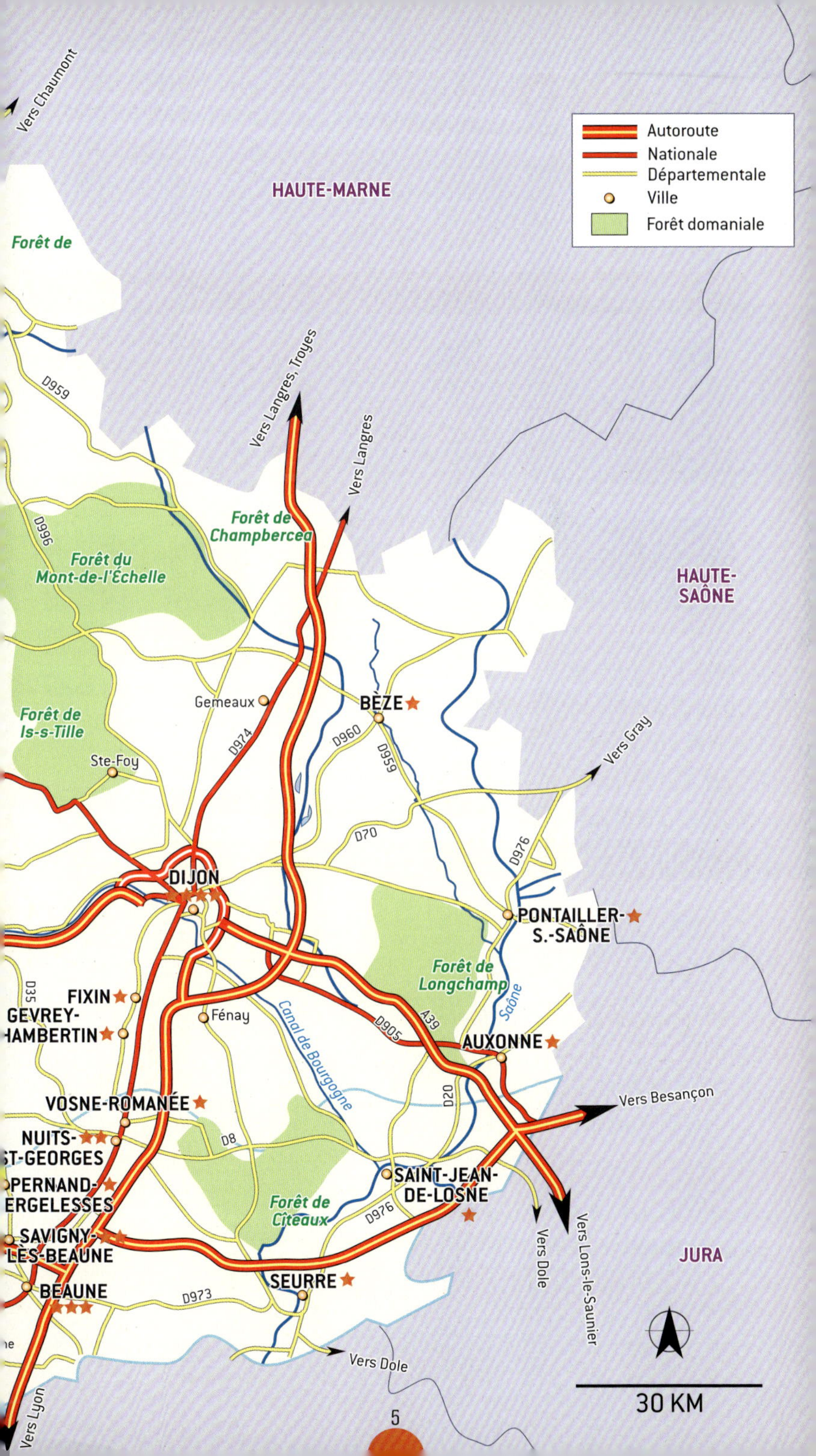
Autoroute
Nationale
Départementale
Ville
Forêt domaniale
HAUTE-MARNE
HAUTE-SAÔNE
JURA
Vers Chaumont
Vers Langres, Troyes
Vers Langres
Vers Gray
Vers Besançon
Vers Dole
Vers Lons-le-Saunier
Vers Lyon
Forêt de Champbercea
Forêt du Mont-de-l'Échelle
Forêt de Is-s-Tille
Forêt de Longchamp
Forêt de Cîteaux
Gemeaux
BÈZE
Ste-Foy
DIJON
PONTAILLER-S.-SAÔNE
FIXIN
GEVREY-CHAMBERTIN
Fénay
Canal de Bourgogne
Saône
AUXONNE
VOSNE-ROMANÉE
NUITS-ST-GEORGES
PERNAND-VERGELESSES
SAVIGNY-LES-BEAUNE
BEAUNE
SAINT-JEAN-DE-LOSNE
SEURRE
D959
D996
D974
D960
D70
D976
D905
A39
D20
D8
D973
D35
30 KM

QUAND★Y ALLER

JANVIER

-1° / 6°

SAINT VINCENT TOURNANTE
(CHAMBOLLE-MUSIGNY)

© PHOVOIR

Chaque année, rendez-vous à la fin janvier pour ce traditionnel week-end au cœur des caves et vignobles du sud de la Côte-d'Or.

$

FÉVRIER

-1° / 8°

À PAS CONTÉS- FESTIVAL INTERNATIONAL
(DIJON)

La 23e édition aura lieu comme chaque année en février. Danse, théâtre, marionnettes, cirque... Une trentaine de spectacles.

$

MARS

2° / 12°

FÊTE DU CRÉMANT ET TAPE-CHAUDRON
(CHÂTILLON-SUR-SEINE)

© SHARON WILDIE - SHUTTERSTOCK.COM

Entre carnaval et fête du vin, c'est le 3e samedi de mars qu'à Châtillon-sur-Seine se tient cet événement unique en France.

$

JUILLET

14° / 26°

FESTIVAL SONS D'UNE NUITS D'ETÉ
(NUITS-SAINT-GEORGES)

Ce festival né en 2005 fête cette année sa 16e édition. Rendez-vous au parc de la Maison Albert Bichot, à Nuits-Saint-Georges.

LES FÊTES DE LA VIGNE
(DIJON)

Un des plus anciens festival de France... Les arts et traditions populaires investissent toute la ville et même la côte viticole !

$ $ $

AOÛT

14° / 26°

DE CEP EN VERRE
(NOLAY)

Une flânerie autour de la vigne et du vin au cœur de Nolay. Découvrez les quarante artisans du village et profitez des spectacles de rue.

$ $ $

SEPTEMBRE

10° / 22°

LIVRES EN VIGNES
(VOUGEOT)

Ce célèbre salon du livre se tient chaque année à Vougeot le dernier week-end de septembre, avec de nombreux écrivains présents.

LE VÉLOTOUR À DIJON
(DIJON)

Une randonnée à vélo surprenante ! Petits et grands cyclistes découvrent la ville autrement en pédalant dans des lieux insolites.

$ $

De Dijon à Nuits-Saint-Georges, de Beaune à Châtillon-sur-Seine en passant par Volnay, en toute saison la Côte-d'Or accueille de nombreux événements réunissant les amateurs de culture, de spectacles vivants, de patrimoine, d'histoire, de cinéma, de gastronomie et – bien entendu ! – de vins. Voici une sélection de quelques grands rendez-vous annuels incontournables. N'hésitez pas à consulter aussi nos pages Agenda : elles vous permettront d'en connaître encore bien davantage !

AVRIL

4° / 16°

LE SALON FLUVIAL DE SAINT-JEAN-DE-LOSNE
(SAINT-JEAN-DE-LOSNE)
Pour un week-end, ce salon réunit professionnels et amateurs autour d'expositions de bateaux et d'activités liées à la voie d'eau.

MAI

8° / 20°

FÊTE DE LA BAGUE DE SEMUR-EN-AUXOIS
(SEMUR-EN-AUXOIS)
Le 31 mai, chaque année, les passionnés de chevaux et de courses équestres vont adorer cette grande fête médiévale. Un saut dans le temps.

MARCHÉ DE PRINTEMPS 100% CÔTE-D'OR
(DIJON)
Une fête dans les jardins de l'Hôtel du Département pour promouvoir les producteurs et artisans agréés Savoir-faire 100% Côte-d'Or.

JUIN

12° / 24°

FESTIVAL - LE MOIS DES CLIMATS
(DE DIJON À SANTENAY)
Près de cinquante rendez-vous joyeux, insolites ou gourmands : balades dans les vignes, expositions, conférences, dégustations de vins…

GEVREY WINE FOOD & MUSIC
(GEVREY-CHAMBERTIN)
L'événement met à l'honneur les producteurs et les viticulteurs de la côte de Nuits dont de grands chefs étoilés dans une ambiance festive !

OCTOBRE

7° / 16°

RÊVES D'ENFANTS MALADES - CIRCUIT DIJON-PRENOIS®
(PRENOIS)
Améliorer le confort, la recherche sur les maladies orphelines et offrir aux enfants un rêve : des baptêmes en Ferrari.

MARCHÉ DE LA SAINT-SIMON
(FLAVIGNY-SUR-OZERAIN)
En octobre, ne manquez pas le traditionnel marché de la Saint Simon qui se tient dans l'un des Plus Beaux Villages de France.

NOVEMBRE

2° / 10°

FOIRE INTERNATIONALE ET GASTRONOMIQUE DE DIJON
(DIJON)
Il est des événements que tous les Bourguignons connaissent, la Foire internationale et gastronomique de Dijon en fait partie.

VENTE DES VINS DES HOSPICES DE BEAUNE
(BEAUNE)
Du 17 au 19 novembre, se tiendra la 163e édition de cet événement si prestigieux qu'il est même mondialement reconnu !

DÉCEMBRE

0° / 6°

FÊTE DU SAPIN
(SAULIEU)
Spectacles, dégustations, ventes de sapins... La capitale du sapin de Noël fête chaque début décembre l'arbre star du Morvan.

LES BONNES RAISONS D'Y ALLER

ICI ON SE MET AU VERT !

Forêts et lacs, vignes et plaines, combes et vallées... Partout la nature flamboie.

UNE GRANDE DIVERSITÉ DE PAYSAGES

Du Châtillonnais à l'Auxois jusqu'au Val de Saône, la Côte-d'Or offre de multiples visages…

DES VINS MONDIALEMENT RECONNUS

Sur toute la planète, le prestige de la côte des grands crus n'est plus à faire.

UNE GASTRONOMIE RÉPUTÉE

Jambon persillé, fromage d'Epoisses, bœuf bourguignon, œufs en meurette… A table !

UN TOURISME FLUVIAL TRÈS RICHE

Sur la Saône ou sur le canal de Bourgogne, il fait toujours bon voguer au fil de l'eau.

DE NOMBREUX PETITS PRODUCTEURS

Directement à la ferme ou sur les marchés, de nombreux produits gourmands vous attendent.

UN PATRIMOINE HORS-NORME

Vestiges gallo-romains, merveilles du Moyen Age, trésors des Ducs… Ici, tout est histoire.

LES BONNES RAISONS D'Y ALLER

UNE TERRE DE CULTURE

Des musées d'exception, des festivals de renom... L'offre culturelle est pléthorique.

© L'IMAGINARIUM

© JM SOEDHER - ISTOCKPHOTO.COM

UN PARADIS POUR LES SPORTIFS

Que l'on aime les activités tranquilles ou les sports plus extrêmes, ici on aura le choix.

© MASSIMO SANTI - SHUTTERSTOCK.COM

UN CARREFOUR DE COMMUNICATION

Que l'on aille du nord au sud ou d'est en ouest, la Côte-d'Or est souvent incontournable.

LES 12 MOTS-CLÉS

AGRICULTURE

Produits de la vigne, céréales, élevages de bovins et d'ovins, fruits et légumes, mais aussi fromages (d'Epoisses, mais pas seulement !), la Côte-d'Or est ancrée dans la ruralité. Son agriculture constitue même un secteur essentiel à l'économie d'ici. Bref, si pour vous le bonheur n'est pas dans le pré, passez tout de suite votre chemin !

ARTISANAT

Travail du bois, du verre, du fer, de la pierre ou de la terre, vanneries ou même savonneries… Aux quatre coins du département, des artisans d'art proposent leurs créations. Sans compter tous ces petits producteurs qui vous régaleront de leurs produits faits maison. Difficile de résister. Aussi, avant de venir, prévoyez de grands sacs à remplir !

CASSIS

Autant que les vins et la moutarde, le cassis est emblématique de ce coin de France ! Ici, de l'apéritif jusqu'au dessert (voire jusqu'au digestif), vous boirez et mangerez cassis. Sans compter les innombrables confiseries, chocolats, confitures et autres pains d'épices qui, eux aussi, ont tous leur version cassis. Incontournable, on vous dit !

© ELENALEONOVA - ISTOCKPHOTO.COM

CAVES

A Beaune, Vougeot, Pommard, ou encore à Vosne-Romanée et Châtillon-sur-Seine, c'est souvent sous terre que vous vous laisserez aller au plaisir d'une dégustation des grands crus dont la Côte-d'Or regorge. Rouge, blanc ou crémant : vous n'aurez que l'embarras du choix. Alors, courez-y ! D'autant que l'été vous y trouverez aussi un peu de fraîcheur.

CLIMAT[S]

Neige, gel et brouillard en hiver, chaleur torride et forts orages en été, la Côte-d'Or connaît une assez forte amplitude thermique. Mais ne vous y trompez pas : quand ici on vous parlera de climat, ce sera surtout pour évoquer les parcelles de vignes émaillant les côtes des vins. Elles sont même inscrites au patrimoine mondial de l'humanité.

DUCS

Du sud au nord, d'est en ouest, où que vous alliez vous trouverez ici l'empreinte des Ducs de Bourgogne. Là, les Hospices de Beaune. Ailleurs le château et le jardin de Barbilly ou ceux de Commarin et Bussy-Rabutin. Bref, les Ducs sont partout. Normal, ils ont régné sur ces terres pendant plus de 500 ans. Forcément, ça laisse des traces !

© PIERRE JEAN DURIEU - SHUTTERSTOCK.COM

EAU

De la Saône à l'Armançon en passant par l'Ouche, la canal de Bourgogne, la Tille ou le Serein, fleuves, rivières et canaux sont nombreux. Sans compter les innombrables lacs et autres plans d'eau qui font la joie des adeptes de la baignade ou de la pêche. Si, en plus, vous êtes fan de croisières, n'hésitez vraiment plus : bienvenue en Côte-d'Or !

GRANDES TABLES

Si la Bourgogne compte une trentaine de chefs étoilés, la seule Côte-d'Or en héberge 16. C'est dire si les excellentes tables ne manquent pas, et il faut y ajouter une offre bistronomique et une multitude de restaurants qui mériteraient de voir eux aussi mille et une étoiles. Autant vous le dire : ici vous ne connaîtrez jamais la faim !

LES 12 MOTS-CLÉS

INTERNATIONAL

La richesse du patrimoine historique et naturel de la Côte d'Or en font une vitrine internationale. En 2023, la cité des Climats et vins de Bourgogne a ouvert à Beaune. La cité de la Gastronomie et du Vin à Dijon, inaugurée le 6 mai 2022, fête son premier anniversaire, et la Foire internationale gastronomique existe depuis plus de 90 ans.

NATURE

Vignes et forêts, plateaux calcaires ou vallées verdoyantes, la Côte-d'Or offre de nombreux paysages. Les espaces naturels y sont nombreux. Quant au Parc national de Forêt situé dans le Châtillonnais, ses 241 000 ha en font le plus grand massif boisé du département, et le plus grand parc européen à vocation écologique et économique. Rien que ça !

MOUTARDE

Que serait Dijon sans sa moutarde ? Avec ses vins et sa liqueur de cassis, voilà le produit le plus exporté de Côte-d'Or. Attention, toutefois, si celle dite de Bourgogne est 100 % locale (grâce à son AOP), celle de Dijon n'a plus grand-chose à voir avec la région. Elle viendrait souvent du Canada que de la patrie de Gustave Eiffel. Tabernacle !

© TYCOON101 - ADOBE STOCK

UNESCO

De l'abbaye de Cîteaux à la ville médiévale de Semur-en-Auxois, des beaux villages de Flavigny-sur-Ozerain ou de Vougeot aux superbes Hospices de Beaune, ici les merveilles ne manquent pas. La preuve, l'Unesco a même classé deux sites côte-d'oriens au patrimoine mondial de l'humanité : l'abbaye de Fontenay et les climats des vins de Bourgogne !

© ZIMNEVAN-

VOUS ÊTES D'ICI, SI ...

- **Pour dire bonjour et au revoir vous faites 4 bises.** Attention : si vous vous économisez on saura immédiatement que vous n'êtes pas d'ici.
- **Vous n'êtes pas du genre à vous plaindre** de la rudesse de l'hiver ni des grosses chaleurs de l'été. Vous en avez tellement l'habitude !
- **Le Ban bourguignon, vous pratiquez.** Pas de noces et banquets sans qu'au moment de la poire (juste avant le fromage), on le chante tous ensemble.
- **Vous pensez qu'il n'y a rien de meilleur que les vins du cru** (« parce que les autres, ma foi... »), et que la cuisine bourguignonne, « y a pas à dire... elle les surpasse toutes ! ». Vous pensez aussi que Dijon est de loin la plus belle ville (à 2 millions de kilomètres à la ronde), et que rien ne vaut les beaux sites de Côte-d'Or. Bref, vous êtes « un poil »... chauvin !
- **Aux repas vite faits mal faits vous préférez de loin prendre le temps** et savourer chaque seconde les produits du terroir. Là, ce n'est pas que vous êtes chauvin, non. Vous êtes simplement épicurien !

MA CÔTE-D'OR

Magali Masson, auteur

© DR

Interview

Le tourisme est son fil d'Ariane depuis plus de 20 ans. Magali aime la Côte d'Or où elle réside et est passionnée de vins. Elle prend plaisir à fédérer des personnes différentes autour d'un projet et rédiger des textes qui, elle l'espère, retranscrivent la beauté de ce territoire. Elle aime cette citation d'Oscar Wilde : «J'ai les goûts les plus simples du monde, je me contente du meilleur».

TOP 5

SE RESTAURER

Des tables étoilées, une bistronomie particulièrement créative… Grâce à sa gastronomie mondialement reconnue, la Côte-d'Or est un véritable jardin d'Eden pour les épicuriens. Et pour les plus exigeants des gourmets qui vivront dans ces 5 établissements une expérience forcément mémorable.

BISTROT LOISEAU DES SENS

Saulieu
Ce second restaurant Bernard Loiseau à Saulieu propose une cuisine accessible qui vient compléter celle du Relais étoilé voisin.

© LOISEAU DES SENS

© ALEXANDRE NIQUET

L'ESSENTIEL

Dijon
Une carte courte, un menu du jour renouvelé quotidiennement, et dans l'assiette beaucoup de goût et de raffinement. Remarquable.

RESTAURANT WILLIAM FRACHOT

Dijon
Doublement étoilé Michelin, ce restaurant est intimiste, avec une décoration harmonieuse, à l'image de sa fabuleuse cuisine.

© C. FOUQUIN

LA CUISINE DE LA FONTAIGNOTTE

Semur-en-Auxois
Voici un délicieux restaurant dans un hôtel particulier à l'ambiance bistrot chic et avec une vue sur la vallée de l'Armançon.

© LA FONTAIGNOTTE

© RÔTISSERIE DU CHAMBERTIN

LA TABLE D'HÔTES DE LA RÔTISSERIE DU CHAMBERTIN

Gevrey-Chambertin
Cette table d'hôtes toute en authenticité est surtout un magnifique restaurant étoilé à la cuisine absolument savoureuse.

TOP 5

SE LOGER

De Courban tout au nord du département jusqu'à Levernois à son extrême sud, ces 5 hôtels font partie des plus beaux de la Côte-d'Or. Tous situés près (voire au cœur) de sites incontournables, ils vous offriront la garantie d'un séjour inoubliable aux pays des Ducs et des grands vins.

© CHÂTEAU DE SAULON

104

CHÂTEAU DE SAULON****

Saulon-la-Rue

Au milieu d'un parc de 27 ha à Saulon-la-Rue, ce château du XVIIe siècle est un magnifique havre de paix, tout en chic et en élégance.

© HOTEL LE CEP

131

LE CEP & SPA HOLISTIQUE MARIE DE BOURGOGNE*****

Beaune

Spa, bar 24/24… Ce très chic hôtel-restaurant près des Hospices arbore une architecture du XVIe siècle magnifiquement préservée.

© GD HOTEL LA CLOCHE

72

GRAND HÔTEL LA CLOCHE MGALLERY*****

Dijon

Un hôtel luxueux qui brille sous ses cinq étoiles.

© VANDENDRIESSCHE FREDERIC

183

CHÂTEAU DE COURBAN & SPA NUXE****

Courban

Un restaurant étoilé, un superbe spa et un hôtel de charme, chic et raffiné. Un paradis au cœur de la forêt châtillonnaise !

HOSTELLERIE DU CHAPEAU ROUGE****

Dijon

Près de la cathédrale, cette institution dijonnaise vaut autant pour son superbe hôtel que pour son exceptionnel restaurant.

© C. FOUQUIN

72

TOP 5

ACTIVITÉS

Que vous privilégiez les découvertes culturelles aux activités sportives, que vous ayez choisi l'option d'un séjour œno-touristique ou que vous préfériez l'Histoire et le patrimoine, ces 5 activités ne vous décevront pas. Elles font partie des incontournables de la Côte-d'Or. Parmi d'autres, évidemment...

LE CHÂTEAU DU CLOS DE VOUGEOT

Vougeot
Au cœur du vignoble, ce haut lieu de la gastronomie regorge de trésors. Ou quand l'histoire de la Bourgogne défile sous nos yeux.

© OLIVIER PONCELET / ADOBE STOCK

120

© PARC NATIONAL DE FORETS - MARIE QUIQUEMELLE

186

PARC NATIONAL DE FORÊTS

Leuglay
50 millions d'arbres, 100 marais tufeux, 700 km de rivières, 2 000 km de sentiers... Bienvenue au Parc national de forêts !

118

© PIERRE-MARIE CAMINATI

TNCO TÉLÉSKI NAUTIQUE CÔTE D'OR

Prémeaux-Prissey
Vous rêvez d'une activité inattendue ? Sur le vaste plan d'eau de Bois-Guillaume, osez le ski nautique ou le kneeboard !

MUSÉOPARC ALÉSIA

Alise-Sainte-Reine
Un site archéologique unique, qui s'articule (entre autres) autour des vestiges gallo-romains et de la statue de Vercingétorix.

© SIZ-IX ARCHITECTES

124

© SÉBASTIEN PITOIZET

196

LA CITÉ DES CLIMATS ET VINS DE BOURGOGNE DE BEAUNE

Comme celles de Chablis et Macon permettent des visites immersives dans le monde du vin. Un incontournable depuis son ouverture inaugurale des 17 et 18 juin.

IDÉES DE SÉJOUR

Ses vignes et ses grands crus, sa gastronomie et ses chefs étoilés, son patrimoine, la diversité de ses paysages… Pour mieux se laisser découvrir la Côte d'Or offre de très nombreuses possibilités de séjours. Que l'on rêve de naviguer au fil de l'eau en se prélassant sur le pont d'un bateau, que l'on soit un passionné d'Histoire ou résolument épicurien, il y en a vraiment pour tous les goûts ! Nous vous proposons ici 3 idées qui figurent parmi les incontournables lorsqu'on souhaite visiter le département. Autant d'expériences qui vous laisseront des souvenirs impérissables. A vivre seul ou en duo, en famille ou entre amis. Dans tous les cas, les offices de tourisme pourront bien entendu vous renseigner davantage. De même, des sites internet dédiés et des applications smartphone existent pour vous donner des idées thématiques et toutes les bonnes adresses à découvrir. N'hésitez pas à les consulter.

FLÂNER SUR LE CANAL DE BOURGOGNE

Naviguer sur le Canal de Bourgogne, c'est l'assurance de découvrir une bonne partie du patrimoine bourguignon et ses superbes paysages. Et pour cause… Le long de ses 242 km, de ses 189 écluses et de ses 43 ports ou gares d'eau, ce sont 2 départements que vous traverserez, de Migennes (Yonne) jusqu'à **Saint-Jean-de-Losne** ★ (p.256). Mais arrêtons-nous sur sa partie côte-d'orienne.

› Jour 1 -

Depuis la vallée de l'Armançon icaunaise, vous atteindrez la Côte d'Or via Rougemont, **Semur-en-Auxois** ★★ (p.215), Fontenay et son abbaye. Autant de très belles haltes à programmer absolument pour débuter votre parcours.

› Jour 2 -

Vous voici maintenant à **Montbard** ★★ (p.205) où vous visiterez le Musée et le Parc Buffon dédiés au célèbre naturaliste. Le canal franchira ensuite la Brenne, et vous atteindrez **Pouilly-en-Auxois** ★ (p.229) et son tunnel long de 3,3 km. C'est ici que se situe la ligne de partage des eaux, d'où la construction de ce tunnel dans lequel la circulation est alternée (du fait de son étroitesse). Dans un parcours parsemé d'écluses, vous poursuivrez votre périple en découvrant peu à peu les paysages de la vallée de l'Ouche, de Pont d'Ouche qui précède une région boisée jusqu'à Fleury-sur-Ouche.

© ZIMNEVAN

Vue du village médiéval de Semur-en-Auxois.

› Jour 3 -

Vous ne serez plus qu'à quelques encablures de **Dijon** ★★★★ (p.59). Pour y parvenir, vous longerez l'autoroute, puis le fameux lac Kir. En repartant, c'est l'aéroport de Dijon-**Longvic** (p.90) que vous approcherez avant de rejoindre la vallée de la Saône dans un tracé en ligne quasi droite sur une trentaine de kilomètres. Alors **Saint-Jean-de-Losne** ★ (p.256) vous apparaîtra, point d'arrivée de ce très beau canal qui rejoint ici la Saône.

À LA DÉCOUVERTE DE LA CÔTE DE NUITS

La prestigieuse côte de Nuits, au sud de **Dijon** ★★★★ (p.59) et au nord de **Beaune** ★★★ (p.124), abrite une large partie des grands crus de la région. Mais pas seulement ! Des trésors du patrimoine aussi. Voici, sur deux belles journées, un circuit de rêve qui ne traverse que des lieux emblématiques de la région !

› Jour 1 -

Partons de **Fixin** ★ (p.110), un village vigneron situé à 20 minutes de **Dijon** ★★★★ (p.59). Fixin est le premier à avoir bénéficié de l'appellation « Côte-de-Nuits-Villages ». De belles demeures vous y attendent, et même un musée dédié à Napoléon juché au cœur d'un parc boisé où trône sa statue. À voir aussi, dans le hameau de Fixey tout proche, une superbe église des XIIe et XVe siècles aux tuiles vernissées. De là, vous gagnerez la ville voisine, **Gevrey-Chambertin** ★ (p.102). Outre les nombreux domaines et tous les grands crus, vous pourrez y découvrir la réserve naturelle de Combe Lavaux-Jean Rolland. Tout à côté encore, **Chambolle-Musigny** (p.110) vous attend. Son église Sainte-Barbe fut édifiée au XVIe siècle ; elle possède un clocher en dôme à l'impériale qui rappelle ceux de Franche-Comté. Restera ensuite à gagner **Vougeot** (p.119). Vieilles pierres, murets, demeures historiques, n'hésitez pas à déambuler dans les rues de ce village si caractéristique de la région, notamment celles qui mènent au château du Clos de Vougeot. Une pure merveille et un monument emblématique de la région. Fondé par les moines cisterciens, et administré aujourd'hui par la confrérie des chevaliers du Tastevin, vous pourrez en son sein voir retracée toute la grande et belle histoire des vignes et des vins de la région. En sortant, c'est sûr, vous admirerez d'un tout autre œil les 50 ha vignes qui entourent le château ! Certes, elles ne produisent plus de vin, mais elles témoignent de toute l'histoire de la Bourgogne.

› Jour 2 -

Poursuivez votre route au sud : à quelques minutes de là, vous passerez par Vosne-Romanée, puis arriverez à **Nuits-Saint-Georges** ★★ (p.112). Vous rendez-vous compte que depuis votre point de départ à **Fixin** ★ (p.110) vous n'avez finalement parcouru qu'une quinzaine de kilomètres ? Bref, courez découvrir le « **Cassissium** (p.113) », un musée dédié à l'un des emblèmes de la Côte-d'Or : le cassis. Et n'oubliez pas « L'**Imaginarium** (p.113) » qui

© OLIVIER PONCELET / ADOBE STOCK

Le château du Clos Vougeot.

© AM-C

Village de Pommard.

propose la découverte des grands vins de façon ludique. Vous démarrerez par un spectacle son et lumière qui retracera l'histoire des vignes et des vignerons, puis un parcours spécifique vous aidera à mieux connaître les vins effervescents par le biais d'amusants ateliers. Pour conclure votre périple, il ne vous restera plus qu'à vous diriger vers l'est. À Saint-Nicolas-lès-Cîteaux où se situe l'un des joyaux de la Côte-d'Or (et de la Bourgogne tout entière), l'abbaye de Cîteaux. Au Moyen Âge, les moines qui l'ont bâtie ont aussi contribué au développement des vignes. À voir également la vaste forêt qui s'étend d'Agencourt à l'ouest jusqu'au Canal de Bourgogne à l'est, près de Brazey-en-Plaine.

SUR LA ROUTE DES GRANDS CHEFS DE LA CÔTE-D'OR

Riche de 16 tables étoilées qui émaillent l'ensemble de son territoire, la Côte-d'Or peut se visiter au gré d'étapes épicuriennes qui vous laisseront forcément de fabuleux souvenirs.

› Jour 1 -

Partons du sud du département, de **Chassagne-Montrachet** (p.162) précisément, où pour déjeuner vous vous attablerez chez « Ed.Em » tenu par le chef Édouard Mignot et sa compagne Émilie Rey. Le soir venu, vous dînerez tout près d'ici, chez Philippe Augé et sa « Table de Levernois ». Mais d'ici là vous aurez tout le temps de profiter des villes et villages à proximité : **Pommard** ★ (p.158), **Meursault** ★ (p.154), La Rochepot, ça vous dit quelque chose ?

› Jour 2 -

De Levernois vous n'aurez que 5 km à parcourir pour atteindre **Beaune** ★★★ (p.124). Là, à vous de choisir entre la cuisine de Keishi Sugimura, celle de Christophe Quéant ou celle de Jordan Billan aux commandes du Bénaton, du Carmin et du Clos du Cèdre. Après votre visite des Hospices et du superbe Musée des Beaux-Arts, cap sur **Pernand-Vergelesses** ★ (p.149), à 7 km. Oui, ce village d'à peine plus de 200 âmes abrite une table étoilée, Le Charlemagne de Jordan Prot !

› Jour 3 -

Dirigez-vous vers l'ouest, aux portes du Morvan. À **Saulieu** ★ (p.210), Patrick Bertron a succédé au légendaire Bernard Loiseau. Il est l'un des deux chefs de Côte-d'Or à être couronné de 2 étoiles. De là vous pourrez récupérer l'autoroute A 38 pour gagner **Dijon** ★★★★ (p.59), et dîner chez William Frachot à l'Hostellerie du Chapeau Rouge, l'autre 2-étoiles ! En chemin, vous découvrirez **Pouilly-en-Auxois** ★ (p.229), le château de Commarin, la vallée de l'Ouche.

› Jour 4 -

À **Dijon** ★★★★ (p.59), 4 autres tables étoilées vous attendent. Reste donc à choisir entre « L'Aspérule », « Loiseau des Sens », « Cibo » et « Origine », tant pour le déjeuner que pour le dîner. Car entre temps, la capitale bourguignonne regorgeant de trésors, vous aurez largement de quoi occuper votre journée ! Et dire que lors de votre prochain séjour il vous restera encore 6 grandes tables à visiter…

DÉCOUVRIR

Pour nombre d'entre nous, la Côte-d'Or est avant tout marquée par ses vignes, et ses grands crus aux noms si prestigieux que les énoncer suffit déjà à nous faire rêver. Vosne-Romanée, Pommard, Meursault, Gevrey-Chambertin, Beaune (pour ne citer qu'eux) résonnent partout dans le monde comme une invitation à l'excellence. Mais la Côte-d'Or, c'est aussi une gastronomie unanimement saluée. Et une terre d'art et d'histoire au patrimoine saisissant, gravé pour l'éternité par l'époque gallo-romaine, par les moines cisterciens, puis par les ducs de Bourgogne qui régnèrent ici pendant 500 ans. Ce territoire où la nature flamboie offre des paysages incroyablement diversifiés, du Morvan au sud-ouest jusqu'aux plateaux du Châtillonnais plus au nord en passant par le Val de Saône ou les pays d'Ouche et de l'Auxois. Pas de doute : si souvent croqué par les peintres, écrivains et cinéastes, ce beau département cultive un véritable art de vivre.

VINS ET VIGNOBLES

Gevrey-Chambertin, Vosne-Romanée, Nuits-Saint-Georges, Pommard, Meursault… Les vins venus de la Côte d'Or sont, depuis des siècles, reconnus et célébrés parmi les meilleurs et les plus prestigieux au monde. Leurs climats, créés par les moines cisterciens au Moyen Âge, ont même été classés au Patrimoine mondial de l'UNESCO. Mais la Côte d'Or, c'est aussi les vins de l'Auxois moins connus, les crémants du Châtillonais, le marc de Bourgogne (une eau-de-vie produite avec les résidus de la vigne) ou encore le ratafia. Désireux de faire mieux connaître la richesse de ce patrimoine et le savoir-faire de ses viticulteurs passionnés qui, bien souvent, se succèdent de générations en générations, la région multiplie les projets touristiques et pédagogiques les plus ambitieux. Pour le plus grand bonheur des nombreux amateurs de ces crus d'exception. Sans oublier les fêtes qui émaillent chaque année les communes viticoles du département.

Des vins millénaires célébrés sur toute la planète !

Si, en Bourgogne, l'origine de la vigne est ancienne, la date de son apparition demeure floue. Il faut très probablement remonter bien plus loin, toutefois le texte le plus ancien attestant la présence de la vigne et du vin en Bourgogne remonte à 312 : Eumène, le président de l'université d'Augustodunum (Autun), y décrit le vignoble beaunois. Un peu plus tard, aristocrates et communautés religieuses représentent la majeure partie des propriétaires de vignobles. Ainsi, c'est à l'activité des moines bénédictins et cisterciens qu'est lié le véritable essor du vin d'ici. Dans un souci de perfection, ceux-ci étudient tout ce qui peut contribuer à son amélioration : taille, boutures, greffages, méthodes de vinification, construction de caveaux… Leur plus grande contribution se trouve cependant dans la création des « climats » : en les imaginant, les moines offrent aux vins de Bourgogne leur identité. Servi à la table des papes et des rois, ils deviennent synonyme d'hospitalité et de prestige. A la fin du XIVe siècle, la cour des Ducs apprécie elle aussi ce qu'on appelait alors les « vins de Beaune » ; elle participe donc à promouvoir leur renommée qui s'étend désormais au monde entier. Au XVIIIe, le négoce s'organise. L'élevage des vins s'effectue en fûts neufs, et la bouteille apparaît ainsi que le vocabulaire de la dégustation : robe, arômes, goût… A l'époque, le vin de Champagne est le seul rival des vins de Bourgogne. Jusqu'à ce que le médecin de Louis XIV, Fagon, rédige une ordonnance prescrivant à son royal patient « le vin vieux de Bourgogne » comme un vin de régime très salutaire pour la santé. Aussitôt la Cour boit donc du bourgogne... et délaisse le champagne ! Quant à Napoléon, il n'admettra que le chambertin à sa table, suivant lui aussi les conseils de ses médecins…

© CHRISROLL - ISTOCKPHOTO.COM

Vignobles à Chambertin.

Un exceptionnel trésor viticole

La Côte des vins est sans doute l'un des vignobles les plus célèbres au monde : une grande bande géographique longue de 65 km, avec une taille de guêpe puisqu'on mesure parfois moins de 300 mètres de largeur d'un point à un autre (un à deux kilomètres le plus souvent). Située entre Dijon et Maranges, elle est recouverte de vignes sur quasiment toute sa longueur, et seules quelques villes comme Beaune et Nuits-Saint-Georges émergent de cette mer végétale. Ici, ce sont 2 200 maisons qui cultivent plus de 9 000 ha de terres, toutes en AOC. La production annuelle est comprise entre 350 000 et 460 000 hectolitres, les 3/4 en rouge. Elle se subdivise en 2 zones géographiques : la prestigieuse Côte de Nuits, d'abord. Chambertin, Musigny, Clos de Vougeot, Romanée-Conti ou Nuits-Saint-Georges, la quasi-totalité des grands crus bourguignons sont abrités là. Sur 2 500 ha, ce sont 15 millions de bouteilles, à 90 % rouge, qui y sont produites tous les ans. La Côte de Beaune s'étend, quant

Vignoble sur la côte de Beaune près de Pommard.

à elle, de Ladoix-Serrigny au nord jusqu'aux coteaux de Maranges au sud (ces derniers ne se situant d'ailleurs pas en Côte-d'Or mais en Saône-et-Loire). Ses 4 800 ha de vignobles offrent plus de 25 millions de bouteilles par an. Certains la surnomment « les Champs-Elysées de la Bourgogne ». Et pour cause, les grands noms y défilent aussi : Montrachet, Meursault, Pommard, Santenay, Volnay, Pernand-Vergelesses… Enfin, tout à côté se trouvent aussi les Hautes-Côtes qui, comme leur nom l'indique, surplombent la côte des vins et se présentent sur une quarantaine de kilomètres de long. Les altitudes y varient de 300 à 640 mètres. Elles aussi se subdivisent en 2 appellations : Hautes-Côtes-de-Nuits et Hautes-Côtes-de-Beaune (550 ha et 650 ha). Comme pour les côtes de Beaune et de Nuits, des moines sont à l'origine de leur développement, ceux de Saint-Vivant et de Cîteaux. Longtemps délaissés, des acharnés ont lutté pour leur retour en grâce. Née officiellement en 1961, l'appellation s'étend aujourd'hui sur 16 communes de Côte-d'Or. Rouges et rosés représentent 617 ha de vignes, les blancs près de 148 ha.

Dans l'Auxois aussi…

Trop souvent oubliés, les vins de l'Auxois ont habité, pendant des siècles, les caves les plus prestigieuses, à commencer par celles de Versailles. Attestée depuis (au moins) l'an 741, sa présence doit forcément beaucoup aux 3 abbayes présentes sur ce territoire. Car, on le sait, les moines (ici, ceux de Flavigny, de Fontenay et de Moutiers-Saint-Jean) ont beaucoup fait pour les vignes bourguignonnes. Hélas, au fil du temps, le développement des moyens de communication (comme le chemin de fer) fait du tort à l'Auxois; la région est alors délaissée. Bonne nouvelle : après plus d'un siècle de sommeil les coteaux de l'Auxois profite ces dernières années d'une nouvelle (et très belle) mise en valeur, fruit de quelques irréductibles passionnés. Depuis leurs premières vendanges en 1997 les vins retrouvent leur splendeur. Pour preuve, l'appellation Vin de Pays des Coteaux de l'Auxois a évolué en 2012 vers une IGP (Indication Géographique Protégée) pour les producteurs basés à Villaines-les-Prévotes, Flavigny-sur-Ozerain et Thorey-sous-Charny.

Crémants, marc de Bourgogne et ratafia sont aussi très présents

Au milieu du XIXe siècle, la crise du phylloxéra a largement impacté les vins du Châtillonnais. Mais la culture n'en a pas été abandonnée pour autant. L'Appellation d'Origine Contrôlée (AOC) reçue en 1975 en est une preuve incontestable. Aujourd'hui, ce sont une soixantaine de viticulteurs réparties dans une vingtaine de communes qui sont concernés. Et c'est désormais le crémant qui joue les stars ! Un vin sec, fruité, pétillant et léger que vous retrouverez sur tout le territoire Sur les 7 régions productrices de crémants en France, la Bourgogne tient la seconde place avec plus de 16 millions de bouteilles vendues chaque année, et ceux de Châtillon y sont particulièrement bien représentés. Bon à savoir : l'appellation Crémant impose en particulier des vendanges manuelles à juste maturité du raisin et un rendement de 150 kg de raisin par hectolitre. Très répandu lui aussi, le marc de Bourgogne est une eau-de-vie faite avec les résidus de pressage du raisin. Il est donc produit après les vendanges ou en hiver. De couleur ambrée, il se consomme en digestif. On compte 25 distillateurs et une centaine de producteurs sur la seule Côte-d'Or. Quant à l'incontournable ratafia, il s'agit d'un mélange de jus de raisin, de moût et de marc qu'on déguste à l'apéritif. Certains l'appellent le « riquiqui », peut-être parce qu'il est deux fois moins fort que l'eau-de-vie…

© RICHARD SEMIK - SHUTTERSTOCK.COM

Château du Clos de Vougeot.

Pédagogie et promotion touristique au cœur de la politique régionale

Depuis juillet 2015 les Climats du vignoble de Bourgogne sont inscrits sur la liste du Patrimoine mondial de l'UNESCO. La Côte de Nuits et la Côte de Beaune (et leurs quelque 1 200 « Climats ») sont reconnues comme uniques au monde par leur diversité, tout comme le patrimoine historique qu'elles représentent. Ainsi, cette inscription au Patrimoine mondial engage tous les acteurs du territoire à préserver et à valoriser ce paysage culturel. C'est pourquoi l'Association des Climats du vignoble de Bourgogne entreprend de nombreuses actions. Un programme de valorisation des entrées de villages et de rénovation des murets (on en compte 220 km sur le périmètre des climats) a notamment été lancé ces dernières années. Une signalétique touristique dédiée apparaît aussi le long de la côte viticole. La Maison des Climats du vignoble de Bourgogne, installée à l'office de tourisme de Beaune, permet quant à elle de comprendre comment s'est construite la notion de terroir et pourquoi les Climats représentent un trésor pour l'humanité. Et ce n'est pas tout…

Fin 2020, la Bourgogne a lancé son grand chantier de la Cité des Climats et vins de Bourgogne, avec pour objectif 200 000 visiteurs par an. Son ouverture au public et son week-end inaugural a eu lieu les 17 et 18 juin 2023 sur les trois sites que sont Mâcon, Chablis et Beaune, ces trois portes d'entrée pour découvrir toute la richesse de la Bourgogne viticole ! Cette cité et ces trois lieux s'ajoutent à la Cité internationale de la Gastronomie et du Vin à Dijon, qui valorise à la fois le repas gastronomique des Français et les « climats » du vignoble bourguignon. Elle abrite notamment la chapelle des climats, considérée comme le Kilomètre Zéro de la route des grands crus.

Des lieux d'exception à visiter absolument !

Au-delà de ces 2 ambitieuses créations, n'oublions pas les très nombreuses manifestations liées au vin dans toutes les communes viticoles du département, la plus réputée demeurant bien sûr la très prestigieuse vente traditionnelle des vins aux Hospices de Beaune (chaque année en décembre). Un lieu d'exception qui fait partie des sites les plus visités de Bourgogne, et qu'il faut en effet absolument découvrir ! Tout comme le château du Clos de Vougeot qui trône au cœur du vignoble. D'abord bâtiment d'exploitation pour les moines de Cîteaux au XIIe siècle, il fut ensuite racheté pour devenir le superbe monument que l'on connaît. Qui, toute l'année, accueille des événements tournés vers le vin (ou vers l'art), notamment le festival Musique et Vin (fin juin), Livre en vigne (le premier week-end d'octobre) ou encore… les Journées mondiales de l'œuf en meurette (en octobre aussi) ! Classé monument historique, il est aujourd'hui le quartier général de la Confrérie des Chevaliers du Tastevin, et regorge de trésors comme un superbe cellier du XIIe siècle, une cuverie des XIIe et XIIIe siècles, des anciennes cuisines et de magnifiques salons Renaissance. À ne pas manquer non plus, la visite guidée du château suivie de la découverte de vins de Bourgogne (3 vins tastevinés ou 5 grands crus en accords mets et vins). Enfin, si vous passez par Gevrey-Chambertin (qui propose de nombreuses balades œnologiques au cœur de son vignoble), n'oubliez pas de faire une halte à la toute récente Halle Chambertin. Aménagée dans l'ancienne mairie, cet espace de plus de 100 m^2 a été transformé en centre d'interprétation des Climats de la commune qui regroupe 9 des grands crus bourguignons. Une machine Enomatic permet d'effectuer des dégustations à l'aide d'une carte prépayée, et l'on peut même s'offrir la production des vignerons du coin.

GÉOGRAPHIE

Contrairement à ce que prétend la légende, la Côte-d'Or ne doit pas son nom à ses vignes et à leurs couleurs dorées quand vient l'automne, mais à sa situation géographique. Le département se place en effet entre la côte montagneuse du Morvan à l'ouest et la plaine de la Saône (orientée vers l'Orient) à l'est. Entre les plateaux calcaires du Châtillonnais, la montagne nord-djionnaise ou celle du Morvan et les vallées de la Saône, les paysages sont ici des plus variés. La météo aussi. La Côte-d'Or se situant au carrefour des climats continentaux, méditerranéens et océaniques, les hivers y sont souvent froids et les étés chauds, très chauds. Ceci, même si nord et sud du département ne sont pas toujours logés à la même enseigne ! Enfin, il faut aussi parler des nombreux cours d'eau qui émaillent le département : de la Saône à l'Ouche, en passant par les nombreux lacs et canaux, les pêcheurs seront ici à leur aise !

Son nom dit déjà beaucoup !

C'est le 4 mars 1790 que l'Assemblée constituante née de la Révolution donne au nouveau département son nom d'aujourd'hui. La légende prétend que le nom « Côte-d'Or » est venu du choix d'un député, André-Rémy Arnoult, qui souhaitait célébrer de cette façon la côte des vins et sa couleur dorée si spécifique quand vient l'automne. De nombreux Côte-d'Oriens en sont persuadés. Sauf que ce ne serait là que pure fiction ! En réalité, le nom viendrait des caractéristiques géographiques du territoire : le département se situe en effet entre la côte montagneuse du Morvan à l'ouest, et la plaine de la Saône (orientée vers l'Orient) à l'est. Ainsi, la Côte-d'Or aurait dû s'appeler « Côte-d'Orient », mais – vraisemblablement suite à une erreur de transcription – c'est la « Côte-d'Or » qui est née (du moins sa dénomination). Et c'est celle-ci qui – un siècle plus tard – inspirera l'écrivain dijonnais Stéphen Liégeard, à l'origine du nom « Côte d'Azur ».

Des paysages très variés

Les paysages de Côte-d'Or sont particulièrement contrastés. Les plaines de la Saône (au sud-est) forment la partie nord d'un vaste fossé : le fossé bressan. A l'ouest se trouve la plaine dijonnaise et, plus à l'est, le val de Saône. Zones de cultures et réserves naturelles composent ce dernier, tandis que dans la plaine dijonnaise forêts et terroirs cultivés alternent. La petite plaine de Beaune est riche en alluvions. A l'ouest, l'Auxois forme une plaine marneuse et vallonnée. Les plateaux de Langres-Châtillonnais sont remarquables par l'importante superficie qu'ils occupent (plus de la moitié du département). Ces roches sédimentaires sont essentiellement composées de calcaire et de couches marneuses. Les plateaux secs, recouverts de pierrailles, sont enveloppés d'une mince couche d'argile brun rouge. On distingue également le seuil de Bourgogne et la montagne nord-dijonnaise qui correspondent à une partie plus faillée.

Paysage bourguignon près de Flavigny-sur-Ozerain.

© ADRIANPOPESCU - SHUTTERSTOCK.COM

Vue sur le lac Kir.

Le point culminant du département, le mont de Gien (723 m), se situe dans le Morvan, à l'ouest. D'autres paliers sont à noter dans la région des Hautes-Côtes (entre 450 et 550 mètres d'altitude) et celle de la montagne dijonnaise (entre 600 et 650 mètres) qui domine la Côte des vins. Ici, on trouve aussi des combes, c'est-à-dire des dépressions moins encaissées que les creux et moins vastes que les vallées. Elles sont présentes vers Dijon avec la combe Persil, la combe Saint-Joseph et la combe à la Serpent. Du côté de Gevrey-Chambertin, citons la combe Lavaux, et au nord-ouest la combe du Val Suzon, classée Réserve Naturelle Régionale (la première en Bourgogne !). Grottes et gouffres sont aussi présents, comme les grottes de Bèze, un somptueux amphithéâtre rocheux. L'existence de la première est connue depuis la nuit des temps, mais la seconde ne fut découverte qu'en 1950, et le lac en 1954. L'ensemble se visite depuis le début des années 1970.

De nombreux cours d'eau

A l'ouest, le département ne possède qu'une petite partie du Morvan : outres les fameuses forêts morvandelles on y trouve cours d'eau, sources et étangs. Les rivières abondent dans les plaines (pays beaunois et dijonnais). Quant à la Seine, elle prend sa source sur les plateaux du Châtillonnais. Rivières torrentielles (Suzon, Serein, Ource), rivières de plaines (Norges, Ouche, Vouge) ou rivière navigable (Saône), la Côte-d'Or compte plus de 2 500 km de cours d'eau. Parmi eux, la Saône est considérée comme l'une des rivières les plus riches en poissons d'Europe. Mais de nombreux lacs se trouvent aussi là, comme celui de la Tille, celui de Pont (au cœur de l'Auxois), ou le lac Kir (un lac artificiel de 37 ha, créé à Dijon en 1964 par le chanoine du même nom). Citons aussi le lac de Chamboux, le réservoir de Panthier et de Grosbois, le lac de Chour et de Montagny-lès-Beaune, ou le plan d'eau d'Arc-sur-Tille. Enfin, n'oublions pas les canaux, dont celui de Bourgogne qui relie Migennes (Yonne) à Saint-Jean-de-Losne. Un véritable symbole de la région !

Forêts et bois font la fierté de la Côte-d'Or

En Côte-d'Or, les espaces boisés occupent une large place. L'épaisse forêt du Châtillonnais qui s'étend jusqu'en Haute-Marne lui a valu fin 2019 d'être labellisée Parc national de forêts. Il est le plus grand d'Europe avec un périmètre de 240 000 ha de terres. La forêt est aussi très présente dans le Morvan, au sud-ouest. Là-bas, au fil des années, les feuillus (hêtres et chênes) ont diminué au profit des résineux à la croissance plus rapide.

Un carrefour des climats

Certes, le climat, ici, n'est pas qu'une histoire de météo : il désigne aussi une parcelle de vigne. Mais la météo occupe également les esprits ! En effet, le département est situé à un carrefour d'influences qui souvent s'entrechoquent : océaniques au nord comme sur toute la partie ouest ainsi qu'au centre, continentales sur tout le territoire (hormis dans sa partie centrale) et méditerranéennes au sud-est. Conséquence : comme les paysages, les conditions climatiques varient beaucoup ! L'hiver est généralement long et rigoureux avec du gel, des chutes de neige et des températures souvent au-dessous de 0 °C. Le froid hivernal est particulièrement marqué sur une large bande nord-sud traversant le centre du département ainsi que sur le sud-ouest morvandiau. Le printemps et l'été sont plutôt frais (avec tout de même 20 °C en moyenne en juillet sur les plaines du nord de Dijon), mais les étés peuvent aussi être torrides avec des sécheresses très prononcées et des températures pouvant flirter parfois avec les 38 °C ! Du côté de l'ensoleillement, pas d'inquiétude : pendant l'été 2018, par exemple, la Côte-d'Or a connu 666 heures d'ensoleillement, soit davantage que… la ville de Nice ! Au nord de Dijon, l'été est cependant moins ensoleillé, un phénomène climatique qui explique la disparition de la vigne dans cette zone. La plaine de la Saône (au sud-est) est connue, quant à elle, pour ses violents orages avec une remontée d'air chaud venant du sud. Gels tardifs, humidité et grêle lors de la floraison, pluies pendant les vendanges y sont aussi redoutés. N'oublions pas le brouillard, présent et tenace en hiver, surtout sur le pan oriental et dans la vallée de la Saône où l'on rencontre d'ailleurs d'importants écarts thermiques entre les maximales de l'été et les minimales de l'hiver.

NATURE

Le Parc national de Forêts, le Parc naturel régional du Morvan, les marais tufeux ou les réserves naturelles comme celles du Val Suzon ou de la Combe Lavaux-Jean Roland… Outre ses nombreux plans d'eau et la terre des vignes, la Côte-d'Or offre de multiples richesses naturelles. Pour les préserver, la région Bourgogne a mis en place dès 2006 d'ambitieux programmes qui passent aussi par une politique d'éducation et de sensibilisation du grand public. Ainsi, le département abrite plusieurs Espaces Naturels Sensibles labellisés qui hébergent des espèces animales et végétales remarquables et parfois rares. Saviez-vous, par exemple, que sur les falaises de Baulme-la-Roche vous apercevrez des faucons pèlerins ? Et des cigognes noires dans les bois du Châtillonnais ? Quant au marais du Cônois, vous y admirerez quelques fleurs et plantes vues habituellement dans nos montagnes ! Bref, ici le beau patrimoine naturel s'exhibe avec générosité.

Des parcs et réserves naturelles parmi les plus beaux d'Europe

Avec près de 970 000 ha de forêts, saviez-vous que la région Bourgogne est la troisième région la plus boisée de France, juste derrière la Corse et Provence-Alpes-Côte d'Azur ? Un atout biologique majeur, d'autant que ces forêts hébergent le tiers des Zones Naturelles d'Intérêt Écologique, Faunistique et Floristique (ZNIEFF). Comprenez : des espaces abritant des espèces animales ou végétales rares ou caractéristiques de la région. Or, des 4 départements qui composent cette belle région, la Côte-d'Or est sans doute l'une des mieux loties, notamment grâce à ses parcs et à ses réserves naturelles. De superbes domaines s'offrent en effet aux amoureux de la nature. Citons, entre autres, celui de Cîteaux. Et, parmi les plus connus, le Parc national de Forêts. Le plus grand massif boisé de Côte-d'Or s'étend sur près de 241 000 ha, et préserve les massifs forestiers de Châtillon-sur-Seine, d'Arc-en-Barrois, et d'Auberive. Inauguré en 2019, il est devenu le onzième parc national français enregistré, le premier au nord de la Loire, le premier aussi à être entièrement dédié à la forêt. Ultime privilège, il est aussi le plus grand d'Europe à défendre une vocation à la fois écologique et économique, tout en se consacrant aux loisirs et à la découverte. Cette forêt (qui s'étend de la Bourgogne à la Champagne), regroupe 127 communes dont 77 en Côte-d'Or, ainsi qu'une réserve intégrale qui s'étendra bientôt sur 3 100 hectares laissés en libre évolution : la forêt y redevient peu à peu sauvage alors qu'un centre de recherche scientifique sera bientôt créé. D'ici là, des espèces les plus communes aux morilles très recherchées en passant par les girolles, les adeptes de la chasse aux champignons y trouvent leur bonheur !

© BRIMEUX - STOCK.ADOBE.COM

Castor européen.

© GUEHOLL - ISTOCKPHOTO.COM

Céphalanthère rouge.

Fameux aussi, le Parc naturel régional du Morvan fait partie des 53 parcs labellisés en France ; il a célébré ses 50 ans en 2020. La Côte-d'Or le partage avec les trois autres départements bourguignons, au sud-ouest. Bien sûr, la nature y est reine et ses reliefs aux paysages bosselés sont couverts de forêts entre lesquelles s'insinuent bocages, rivières, lacs et villages pittoresques. Il nous faut aussi parler du Marais du Cônois qui s'étend sur 7 ha, et qui figure parmi les plus beaux marais tufeux du Châtillonnais. Alimenté par des sources dont l'eau est fortement chargée en calcaire, ce marais présente une caractéristique géologique intéressante : au contact de l'air et de la végétation, le calcaire donne naissance à une roche plus ou moins friable, le tuf. De plus, en raison de la présence d'un microclimat froid, il est le siège d'une flore très spécifique, dont des plantes à caractère montagnard, telles la gentiane et la swertie pérenne. La Réserve naturelle de la Combe Lavaux-Jean Roland couvre, quant à elle, 486 ha. Elle est située sur les communes de Brochon et de Gevrey-Chambertin. On y découvre de nombreuses plantes, des animaux et des reptiles, dont quelques espèces rares. Parlons enfin de la Réserve naturelle régionale du Val Suzon. Au nord de Dijon, ce massif forestier s'étend sur plus de 3 000 ha. Créée fin 2011, elle permet d'offrir une nouvelle zone de protection et de préservation dans le département.

Une faune parfois surprenante !

Autant que dans ses paysages, la Côte-d'Or bénéficie d'une large diversité d'espèces naturelles. Du Châtillonnais au Morvan ou au Val de Saône, cet exceptionnel patrimoine vert est largement entretenu et valorisé par la région Bourgogne qui, dès 2006, a mis en place d'ambitieux programmes de préservation. Mais ce maintien des paysages caractéristiques passe aussi par une politique d'éducation à l'environnement, ainsi que par la sensibilisation du grand public. C'est ainsi que, dans de nombreuses forêts et dans les parcs naturels, sentiers et panneaux pédagogiques ont été installés. Et que des sites d'observation ont aussi été aménagés ici et là. Sans parler des balades rendues possibles sur les nombreuses voies vertes. Toujours est-il que, partout, vous verrez de nombreuses espèces animales, et pas toujours les plus attendues en cette région de France ! Comme sur les falaises de Baulme-la-Roche où vous pourrez apercevoir des faucons pèlerins. Et des cigognes noires dans les bois du Châtillonnais. Sinon ? Les pâturages attirent chevreuils, renards, lièvres. Vous croiserez peut-être aussi des sangliers, des grands cerfs élaphes, des écureuils et des hérissons dans la forêt de Cîteaux et d'Izeure. On observe aussi la présence de « nouvelles » espèces : les loutres sont revenues par le Morvan, et les castors ont remonté l'Arroux. Mais la Côte-d'Or, avec ses plateaux et ses côtes calcaires, constitue également un solarium idéal pour les reptiles, comme les vipères aspics ou encore les lézards. Des couleuvres sont également présentes en côte dijonnaise. Quant aux oiseaux, ils sont légion : martin-pêcheur, pic noir, bergeronnette, buse, héron cendré, geai des chênes, chouette, grande aigrette ou encore milan royal… En revanche, il est à noter que les vignobles n'accueillent plus la faune comme autrefois : l'utilisation d'insecticides a malheureusement chassé de nombreuses espèces.

Une flore riche et souvent protégée

La flore, elle, est tout aussi riche et variée. Ainsi, la ligulaire de Sibérie, une grande plante à fleurs jaunes introduite par les moines, s'est bien acclimatée au nord du département. Les plateaux de Langres et du Châtillonnais abritent des espèces rares : laîche blanche, ronce des rochers, gentiane jaune, chardon à tige nue, daphné thymélée, céphalanthère rouge, etc. On l'a dit plus haut, les marais tufeux sont le refuge d'espèces rares et remarquables. Le climat de l'arrière-côte et de la montagne dijonnaise a favorisé en effet l'épanouissement d'espèces végétales submontagnardes, comme le lis martagon par exemple. L'œillet des bois se remarque également sur les falaises. Quant aux forêts du Châtillonnais, elles abritent notamment une jolie orchidée nommée sabot de Vénus. Cette fleur à la tige dressée - et dont le fruit possède une capsule qui peut rester séchée sur la tige jusqu'à l'été suivant - est emblématique de la région. Elle fleurit de mai à juillet. Mais attention : seulement pour le plaisir des yeux ! Protégée, il est strictement interdit de la cueillir. Vous voilà prévenu !

HISTOIRE

Selon les spécialistes, il faut remonter 150 000 ans en arrière pour retrouver la première trace de vie en Bourgogne. Lieu de rudes batailles entre Gaulois et Romains, puis centre de la chrétienté occidentale au Moyen-âge (avec l'ordre de Cîteaux, et celle de Cluny en Saône-et-Loire), la région passe ensuite pendant près de 500 ans sous la gouvernance des très influents Ducs de Bourgogne. Ceux-ci vont choisir Dijon pour capitale, et ferons entrer la Bourgogne dans la modernité. Mieux, ils étendront même son territoire jusqu'aux confins de la Hollande et de la Flandre ! A l'ère de l'industrialisation, et malgré les ravages causés par le philloxera sur ses illustres vignes, la Côte d'Or sait parfaitement relever le défi et s'imposer peu à peu comme le pôle économique et culturel de premier ordre qu'elle est aujourd'hui'hui. Un carrefour incontournable aussi, par lequel on passe pour joindre le nord au sud, l'est à l'ouest…

PRÉHISTOIRE

Le premier des Bourguignons vivait ici !

Si, en Bourgogne, la vie semblait présente il y a 150 000 ans, il faut attendre 120 000 années supplémentaires pour y trouver trace humaine. Le plus ancien des Bourguignons aurait vécu il y a 30 000 ans, en Côte d'Or. Ce Néandertalien faisait peut-être partie de ces regroupements de chasseurs apparus à la même époque dans l'Auxois, dans la vallée de l'Ouche et le long de la future côte des vins. A l'âge du bronze (2 200 à 750 av. J.C.), puis à celui du fer qui lui a succédé, des échanges commerciaux avec des négociants grecs, phéniciens et italiens commencèrent à s'établir le long de la route de l'étain reliant le nord de l'Europe au bassin méditerranéen en passant par la Bourgogne. La tombe de Vix, à Châtillon-sur-Seine, est l'une des plus grandes merveilles archéologiques jamais découvertes concernant cette période.

Vercingétorix se rend à César, Bataille d'Alésia.

52 AV J.C

Face aux menaces des Helvètes, les Eduens (qui règnent sur le sud de la Bourgogne) en appellent à César qui entame vers 58 av. J.C. la campagne des Gaules. La région devient alors un dépôt de vivres pour la Rome glorieuse. Jusqu'au jour où, s'alliant à leurs anciens ennemis Arvernes menés par Vercingétorix, les Eduens s'opposent finalement à César. Nous sommes en 52 av. J.C., et la bataille d'Alésia fait rage. César en sortira glorieux. Naissent alors de nombreuses villes gallo-romaines. Cette époque voit aussi l'introduction de la culture de la vigne. Un peu plus tard, après les Eduens venus du Morvan, arrivent les Lingons qui veillent sur un territoire s'étendant du Châtillonais jusqu'au Dijonnais en passant par le pays d'Armance.

MOYEN AGE

L'immense héritage des moines cisterciens

A partir du Xe siècle l'abbaye de Cluny (Saône-et-Loire) règne sur l'Europe. Mais c'est en Côte-d'Or que naît l'autre grand mouvement de réforme monastique : Cîteaux. Au départ, il s'agit de moines dissidents, partisans d'un retour à la stricte règle monastique. Après un périple qui les mènera de Tonnerre (Yonne) jusqu'à la Saône, ils décident de s'établir ici en 1098. A leur tête, Robert de Molesme. L'an 1112 marque toutefois une ère nouvelle avec l'arrivée de Bernard de Clairvaux. La communauté fonde alors 4 abbayes (dont celle de Fontenay) et impulse un courant architectural et artistique ainsi qu'un système d'exploitation économique. Les moines apportent aussi des progrès techniques, notamment dans la culture de la vigne. Le Moyen Age bourguignon brille alors dans toute la chrétienté occidentale.

© ALENAPAULUS - ISTOCKPHOTO.COM

Statue de Bernard de Clervaux.

XV-XVIIIE SIÈCLE

La Bourgogne est désormais rattachée à la couronne. Parmi ses nombreux gouverneurs, les Condé doteront la région d'un riche patrimoine architectural (jusqu'à la Révolution). Dijon bénéficie de la présence d'un parlement qui prend possession de l'ancien palais des ducs. Et Beaune voit éclore les premières riches entreprises de négoce en vin. Noblesse de robe et élite bourgeoise passent commande d'hôtels particuliers fastueux. Le cœur historique de Dijon et de Beaune en regorge encore.

1789

Durant la Révolution française, on relève peu d'émeutes. En 1790 sont crées les départements ; la Côte d'Or est officiellement née.

De nouvelles voies de communication

Le canal de Bourgogne, dont les travaux ont débuté en 1775, relie enfin la Seine à la Saône en 1832. Puis, très vite, le chemin de fer apparaît. En 1851, la gare de Dijon est inaugurée en présence de Louis-Napoléon Bonaparte. La ville est désormais reliée à Paris. Une révolution !

1832-1851

© L F FILE - SHUTTERSTOCK.COM

Le phylloxera ravage les vignes

1878

En 1878, les ceps bourguignons sont à leur tour touchés par l'épidémie de phylloxéra qui ravage les vignobles français. Le paysage est lourdement modifié. Les surfaces se réduisent. Les vignerons doivent alors se reconvertir et trouvent dans la crème de cassis l'occasion de développer une culture qui ne représentait jusque là qu'une économie d'appoint.

DE NOS JOURS

Après les 2 guerres mondiales une politique de reconstruction est lancée au début des années 50. Dijon prend alors définitivement le pas sur les autres villes bourguignonnes. En 1964, la Région Bourgogne apparaît; elle est implantée dans l'ancienne capitale des ducs. Bien lotie en termes de réseau routier et ferroviaire, la Côte-d'Or devient un véritable carrefour. Le TGV la traverse depuis 40 ans.

2016-2021

Dans le cadre de la réforme territoriale, Bourgogne et Franche-Comté sont désormais rattachées, donnant naissance à la 5e plus vaste région de France. Dijon reste sa capitale tandis que Besançon accueille le siège du conseil régional.

LES DUCS DE BOURGOGNE

Par delà nos frontières ils ont fait le prestige et la splendeur de la Côte d'Or. Après les robes de bure des moines, place aux riches étoffes et aux pierreries des ducs de Bourgogne. De la fin du IXe siècle jusqu'au XVe, tous ont joué un rôle majeur dans l'histoire de la région, installant même définitivement sa grandeur dans l'ensemble de l'Europe. De nombreuses villes et campagnes bourguignonnes en portent aujourd'hui encore les splendides traces architecturales. Mais qui étaient ces gouvernants aux multiples facettes ?

Les ducs capétiens créent les bases du grand duché

C'est donc à la fin du IXe siècle que la Bourgogne devient duché. Elle compte alors en son sein les villes de Langres, Troyes, Sens, ou encore Mâcon. La première branche de ces nouveaux ducs régnants sont les Capétiens. Ce sont eux qui, de 1031 à 1362, vont poser les bases du fameux duché. L'autorité et la fonction ducale restent dès lors entre les mains d'une même famille, avec de fortes personnalités comme Richard Ier Le Justicier (le tout premier des Ducs de Bourgogne !) ou encore Henri le Grand. La région retrouve alors une certaine prospérité. Et sous cette dynastie, la capitale Dijon commence à prendre la forme qu'on lui connaît aujourd'hui, notamment avec l'édification de ses principaux monuments comme le palais ducal ou l'église Notre-Dame. Mais la guerre de Cent Ans, la grande peste de 1348, puis les effets du gigantesque tremblement de terre de Bâle en 1356 mettent ces édifices à mal, entamant par la même occasion la fin du long règne des Capétiens.

Quand les Valois conquièrent l'Europe

En 1363, le duché retourne au roi de France Jean II Le Bon, issu de la branche des Valois. Celui-ci installe aussitôt son jeune fils, Philippe le Hardi, âgé d'à peine 22 ans. Le jeune homme quitte alors Paris pour Dijon, se détache du royaume de France et mène une diplomatie de haut rang : ceux que l'on nomme « grands ducs d'Occident » s'imposent rapidement à toute l'Europe. D'abord Philippe le Hardi prend possession du comté de Nevers. Puis, en se mariant avec Marguerite de Flandre, il fait venir à sa cour bon nombre d'artistes flamands. Désireux d'assurer à sa famille une nécropole digne de son nom, il fait aussi construire la Chartreuse de Champmol à Dijon. A sa mort, le duché est ruiné… Ce qui n'empêche pas son successeur, Jean sans Peur, d'entamer une guerre impitoyable contre les Orléans, dont l'issue sera marquée par un conflit tonitruant entre Bourguignons et Armagnacs, au profit des Anglais. Après son assassinat en 1419, son fils Philippe le Bon lui succède et s'allie cette fois aux Anglais. Jusqu'au traité d'Arras où il renouera avec le roi, enrichissant dans la foulée son territoire de la Hollande, des Flandres, du Hainaut, de l'Artois et du Luxembourg !

A l'occasion de son mariage avec Isabelle du Portugal en 1429, Philippe le Bon fonde un ordre nouveau, celui de la Toison d'or. Quelques années plus tard, se rêvant comme le nouvel Alexandre, le dernier des Valois, Charles le Téméraire (devenu duc en 1467) fera tout pour agrandir encore le territoire. Hélas, en seulement dix, ans il dilapidera l'héritage de 3 générations… Farouche ennemi du roi Louis XI, il entre sans cesse en guerre, et meurt en assiégeant Nancy en 1477. C'est alors la fin de la Bourgogne ducale. Louis XI décide d'intégrer le duché proprement dit au domaine royal alors que les autres possessions sont transmises par Marie de Bourgogne à son mari Maximilien de Habsbourg, fils de l'empereur d'Allemagne. Plus tard, leur fils Philippe le Beau donnera naissance à Charles Quint qui reprendra vigoureusement la lutte contre la maison de France face à François Ier. Mais ses efforts sont vains ; c'en est bien fini du règne des fameux Ducs de Bourgogne !

Un patrimoine intact… et rayonnant !

Aujourd'hui ? Les trésors du patrimoine laissé par les Ducs de Bourgogne dépassent de loin les seules frontières de la région (et même de la France). Toutefois, c'est ici bien sûr que demeurent les plus beaux vestiges. En Côte d'Or, on peut citer les châteaux de Frôlois, d'Epoisses, de Commarin, de Bourbilly, de Bussy-Rabutin ou encore de Lantilly qui peuvent se visiter en un passionnant circuit touristique. On peut aussi évoquer l'Hôtel des Ducs de Bourgogne à Beaune. Et l'Hôtel Dieu surtout, au sein de ces Hospices mondialement connus ! N'oublions pas Dijon, dont le palais ducal ainsi que le Musée des Beaux Arts et ses Pleurants du tombeau de Jean Sans Peur (considérés comme des chefs d'œuvre de l'art médiéval) sont sans le moindre doute les plus beaux témoignages ! Avant de revenir à Dijon en 2013, ils ont d'ailleurs été exposés dans les plus grands musées du monde entier.

ARCHITECTURE

De ses abbayes millénaires jusqu'aux sites les plus avant-gardistes, l'architecture côte-d'orienne est incroyablement riche. Situé au cœur du premier bassin français d'extraction de pierre naturelle calcaire, le département est aussi composé de 1001 sites, monuments, villes et villages construits avec ce matériau si spécifique, la pierre de Bourgogne. Et il a aussi le privilège d'abriter 2 sites classés au Patrimoine mondial de l'UNESCO. Un atout majeur pour le tourisme local puisque ceux-ci attirent chaque année des centaines de milliers de visiteurs. Normal ! De la plus vieille abbaye cistercienne au monde jusqu'aux fameuses toitures en tuiles vernissées qui ornent de nombreux édifices sur la route des grands crus, c'est de toute notre Histoire de France dont l'architecture de la Côte-d'Or témoigne ! Pas de doute, aux 4 coins de ce beau territoire, ce sont plus de 2000 ans d'histoire qui partout défilent...

Des siècles vous contemplent !

Les époques carolingienne, romane et gothique ont laissé de somptueuses traces en Côte-d'Or, parfois même uniques au monde. Tout comme l'art cistercien créé par les moines. Outre leur splendides abbayes de Cîteaux et de Fontenay, notons par exemple celle de Sainte-Bénigne à Dijon qui abrite aujourd'hui le musée d'archéologie. Restaurée en 989 grâce à Guillaume de Volpiano (un italien arrivé de Cluny, à la fois architecte et homme de foi), elle se transforme alors en une église gigantesque prolongée par une rotonde de 3 étages avec plus de 100 colonnes. Citons aussi l'abbaye Sainte-Reine à Flavigny-sur-Ozerain et l'église Sainte-Vorles de Châtillon-sur-Seine. Du côté du gothique, figurent à Dijon la cathédrale Sainte-Bénigne, la Chartreuse de Champmol et l'église Notre-Dame. Plus loin, c'est Saint-Nicolas de Châtillon-sur-Seine, Saint-Genest de Flavigny-sur-Ozerain, l'abbaye de Sainte-Seine ou encore Auxonne. Hors cette architecture religieuse de premier ordre, le Moyen Age a vu aussi fleurir de superbes édifices. Ceux de Châteauneuf, La Rochepot, Mont-Saint-Jean, Thoizy-La-Berchère, Antigny-la-Ville, Montbard. Et bien sûr les fortifications de Semur-en-Auxois. Ensuite, sous la Renaissance, les maisons en bois apparaissent, ainsi que les hôtels en pierre et certains châteaux. Citons l'église Saint-Michel et le palais de justice de Dijon, la maison Philandrier à Châtillon-sur-Seine, l'hôtel de la Mare à Beaune, les maisons anciennes de Flavigny-sur-Ozerain et de Seurre, ou les châteaux de Bussy-le-Grand et d'Epoisses.

Les tuiles vernissées, un cadeau des ducs à la Bourgogne

Vient ensuite l'art classique, issu de Versailles, qui s'exprime à Dijon dans l'aménagement de la place Royale (l'actuelle place de la Libération), mais aussi dans la construction du palais des États de Bourgogne. C'est à cette époque régie par les Ducs qu'apparaissent bon nombre d'hôtels particuliers, encore visibles à Beaune et à Dijon. Surtout, c'est aussi sous cette ère qu'apparaissent les fameux toits ornés de motifs géométriques colorés qui, aujourd'hui encore, caractérisent l'architecture bourguignonne dans l'esprit de ceux qui la découvrent. Jaunes, vertes, rouges, noires, marrons et or, ces tuiles vernissées en terre cuite parent ainsi les toitures de nombreux bâtiments le long de la route des grands crus. Parmi elles, impossible de faire l'impasse sur l'Hôtel-Dieu des Hospices de Beaune. Il est connu dans le monde entier ! Mais parlons aussi de l'Hôtel de Vogüé et de la cathédrale Sainte-Bénigne de Dijon, du château de la Rochepot ou encore de l'Hôtel de ville de Meursault.

Chartreuse de Champmol.

© PACK-SHOT - SHUTTERSTOCK.COM

La pierre de Bourgogne dont est construit le château du Clos de Vougeot.

Un patrimoine mondial riche

La Bourgogne-Franche-Comté est la région française qui possède le plus de sites classés au Patrimoine mondial de l'UNESCO. Deux d'entre eux se situent en Côte d'Or. L'abbaye de Fontenay, d'abord, qui n'est autre que la plus ancienne abbaye cistercienne conservée au monde. Fondé en 1118 par saint-Bernard de Clairvaux, l'édifice a été classé Monument historique dès l'instauration de cette classification, c'est-à-dire en 1862. Plus au sud, le second site côte-d'orien classé jouit d'une réputation et d'un prestige qui s'étendent dans le monde entier : les climats du vignoble de Bourgogne. Rien à voir ici avec la météo : les climats de Bourgogne sont des parcelles de vignes précisément délimitées et ainsi nommées depuis des siècles. Chacun des 1 247 climats, pourtant situés les uns à côté des autres, produit un vin au goût unique, et cette étonnante mosaïque a donné naissance à un riche patrimoine qu'on peut découvrir du côté des Côtes de Beaune et de Nuits-Saint-Georges ainsi que dans les villages viticoles du Dijonnais jusqu'au sud de Beaune.

Pierres et lave de Bourgogne marquent la région

Premier bassin français d'extraction de pierre naturelle calcaire, la Bourgogne regroupe depuis longtemps tous les savoir-faire des métiers de la pierre et des roches ornementales. Qu'elles viennent (entre autres) des carrières d'Ampilly-le-Sec, de Coulmier-le-Sec ou de Magny-lès-Villers, ce sont au total quelques 83 variétés de pierres de Bourgogne qui sont référencées dans toute la région, réparties sur 5 bassins principaux dont ceux du Châtillonnais et de la Côte (entre Beaune et Dijon). Ces bassins ont fourni les matériaux qui, aujourd'hui, permettent au département de disposer d'un patrimoine particulièrement riche. Notamment l'abbaye de Fontenay, le château du Clos de Vougeot et son vieux village. La vieille ville de Beaune aussi, et les centres historiques de Nuits-Saint-Georges et de Gevrey-Chambertin. Sans oublier Pommard, Meursault, Chateauneuf-en-Auxois, Châtillon-sur-Seine et son musée ou encore la porte de la cité médiévale de Semur-en-Auxois. Enfin, ne manquez pas les nombreuses caves voutées que l'on peut visiter dans les villages viticoles. La plupart sont de magnifiques exemples de ces constructions d'antan qui faisaient appel à la pierre de Bourgogne.

Des sites parfois (très) surprenants

Créée en 1982, La Maison de l'Architecture de Bourgogne (MAB) est une association loi 1901 qui rassemble les acteurs de l'architecture et de la construction. Son objectif : faire connaitre la culture architecturale contemporaine au travers de visites, de conférences, d'expositions, de publications et de rencontres directement sur les sites concernés. Comme par exemple le « Fantastic Picnic » organisé en 2020. Ou quand la MAB a proposé au public de visiter l'étonnant Domaine de la Pierre Ronde, sur les bords du Lac de Chamboux à Saint-Martin-de-Mer, dans le Morvan côte-d'orien. En 2016, Yannick Boisfard et Gaëlle Lajugée ont lancé un financement participatif sur internet pour créer un village autour de l'univers de Tolkien. Avec succès, puisque, sur 25 ha, ce village absolument incroyable propose désormais des hébergements dans des maisons de hobbits, d'elfes et de magiciens. Celles et ceux qui l'ont construit venaient donc, ce jour-là, livrer les secrets de leur folle aventure aux curieux. Tout près de là, à Saulieu, la Maison Bandelier d'André Wogenscky met, quant à elle, à l'honneur la première réalisation de l'architecte qui fut le premier collaborateur de Le Corbusier. Ou quand, chargée d'une belle et riche histoire, la Côte-d'Or sait aussi être terre d'avant-garde !

BEAUX-ARTS

Des musées parmi les plus beaux de France, des chefs d'œuvre directement venus de l'héritage laissé par les très esthètes Ducs de Bourgogne, des sites atypiques et plus contemporains que l'on vient visiter de partout en France… La Côte d'Or est riche d'un formidable patrimoine et de trésors venus d'hier, d'avant-hier et même d'aujourd'hui. Voire de demain tant l'avant-garde est aussi présente ! En témoignent les nombreux centres d'art contemporain et autres biennales qui émaillent le territoire, et qui comptent parfois parmi les plus prisées. Rien de plus normal quand on sait que, de tous temps, le département a vu naître ou a accueilli de nombreux artistes, de François Pompon à Gustave Eiffel en passant par Félix Ziem, Hyppolyte Moreau ou le contemporain Yan Pei-Ming qui vit à Dijon depuis plus de 40 ans. Quant au 7e art, il voit ici – et depuis toujours – une formidable terre d'accueil !

Les ducs de Bourgogne ont laissé un immense héritage

Plus que n'importe où en Bourgogne-Franche-Comté la Côte d'Or bénéficie d'une impressionnante richesse artistique, notamment grâce au patrimoine laissé par les Ducs de Bourgogne. Ainsi, en leurs temps, Philippe le Hardi et Jean sans Peur ont créé une véritable émulation artistique dans tout l'Occident. Partout on parlait alors d'une école à la fois flamande et bourguignonne, et quelques grandes œuvres demeurent aujourd'hui que l'on peut aller admirer. Comme la Chartreuse de Champmol et son Puits de Moïse, aux portes de Dijon. Par cette œuvre éclatent au grand jour de nouveaux procédés figuratifs pour la sculpture avec un style expressif où les sujets semblent évoluer comme sur une scène de théâtre. Le Puits de Moïse est tout ce qui subsiste d'un calvaire. Ce chef-d'œuvre, réalisé entre 1395 et 1406 par le sculpteur hollandais Claus Sluter, est une pile hexagonale de 7 mètres de haut composée de personnages sculptés, à savoir les 6 prophètes de l'Ancien Testament : Moïse, Isaïe, Daniel, Zacharie, Jérémie et David. De nos jours, Il à est voir au sein du parc du centre hospitalier La Chartreuse de Dijon. Le polyptyque du Jugement Dernier, lui, est l'œuvre de Rogier van der Weyden. Né à la fin du XIVe siècle, l'artiste devient le peintre officiel de la ville de Bruxelles, et sa renommée s'étend dans toute l'Europe lorsqu'il entre au service des ducs. Il offre alors à la Bourgogne son plus bel ouvrage, à savoir ce flamboyant polyptyque conservé à Beaune au cœur de l'Hôtel-Dieu.

Le puits de Moïse de la chartreuse de Champmol.

La Côte-d'Or a vu naître de nombreux artistes

De nombreuses légendes des arts sont nées en terres côte-d'oriennes. Comme Hippolyte Michaud né en 1823 à Beaune. Élève à l'École des Beaux-Arts de Dijon, il sera nommé conservateur de celui de sa ville natale en 1864. On peut voir nombre de ses œuvres dans le musée qu'il dirigea, au musée Magnin et à celui des Beaux-Arts de Dijon. Le peintre Félix Ziem est né en 1821, lui aussi à Beaune. Après un différent avec l'Ecole des Beaux-Arts de Dijon il quitte la région à 18 ans. Pour autant, rattaché aux orientalistes il est souvent considéré comme l'un des précurseurs de l'impressionnisme. Il est surtout le premier peintre à avoir vu ses œuvres rentrées au Louvre de son vivant (en 1910). Le fameux sculpteur Hippolyte Moreau (1832-1926), lui, est né à Dijon. La plupart de son œuvre est conservée au musée des Beaux-Arts de la ville. Autre Dijonnais célèbre, et non des moindres, Gustave Eiffel (1832-1923) vécut une bonne partie de son enfance au château du Castel (devenu le lycée Le Castel). Après avoir travaillé à la poudrerie de Châtillon-sur-Seine, il fait la rencontre de Charles Nepveu, un entrepreneur parisien spécialisé dans la construction métallique. Une rencontre décisive qui nous offrira notamment la Tour Eiffel et la statue de la Liberté de New York. Depuis 1981, une grande sculpture métallique, « Le rêve ailé », est installée sur le port du canal de Bourgogne à Dijon. Réalisée par le sculpteur Robert Rigot, elle vient célébrer l'artiste dans le quartier qui l'a vu naître. Citons encore François Pompon (1855-1933), natif de Saulieu, mais on y reviendra ! Enfin, beaucoup plus proche de nous, le peintre et sculpteur d'origine chinoise Yan Pei-Ming (né à Shangaï en 1958) vit à Dijon depuis plus de 40 ans. Le Musée des Beaux Arts lui a d'ailleurs consacré une grande exposition lors de sa réouverture en 2019.

Des musées incontournables

Le département abrite de très beaux musées qu'il est impossible de tous citer. Tout de même, parmi eux se trouvent quelques immanquables. Notamment le Musée des Beaux-arts de Dijon que l'on vient d'évoquer. Rouvert en 2019 après 15 ans de travaux, il présente plus de 1 500 œuvres. Le parcours de l'exposition permanente, chronologique et thématique, permet d'évoluer dans 50 salles retraçant 8 périodes depuis l'Antiquité jusqu'au XXe siècle. Le Musée des Beaux-arts de Beaune, lui, renferme quelques stèles et vestiges gallo-romains, et présente des sculptures allant du XIIe au début du XXe siècle, dont une Vierge à l'Enfant polychrome, véritable trésor de l'art médiéval. Les peintres flamands des XVIe et XVIIe siècles sont également représentés. Ne manquez pas non plus les lithographies de Pablo Picasso, Fernand Léger et Le Corbusier. Au total, près de 400 peintures, 350 sculptures et 1 000 gravures sont abrités là. A Beaune toujours, comment ne pas aller visiter les superbes Hospices qui font la réputation et la fierté de toute la Bourgogne ? Ce monument, parmi les plus visités de la Côte-d'Or (plus de 420 000 visiteurs par an !), doit sa célébrité à ses tuiles vernissées, à ses prestigieuses ventes de grands crus qui se tiennent depuis plus de 160 ans, mais aussi au film *La Grande Vadrouille* qui s'y est en partie tourné. Ce fleuron du patrimoine médiéval bourguignon est né en 1443, lorsque Nicolas Rolin (chancelier du duc de Bourgogne), Philippe le Bon et son épouse, Guigone de Salins, décidèrent de créer une fondation pieuse. Ils font alors bâtir un hôpital pour les malades et les déshérités. Le premier patient y sera accueilli en 1452, le dernier au début des années 1980. Aujourd'hui, le Musée de l'Hôtel-Dieu invite à découvrir son histoire passionnante. Et l'on peut donc admirer le polyptyque du Jugement Dernier dont on a parlé plus haut. Mais retournons à Dijon où vous attendent le Musée des arts sacrés, et le magnifique Musée Magnin situé dans l'un des plus beaux hôtels particuliers de la ville. Celui-ci présente l'impressionnante collection que Maurice Magnin et sa sœur Jeanne ont légué à l'Etat (en même temps que leur bâtiment). Des peintures de l'école flamande et hollandaise sont à découvrir, avec – entre autres – le *Paysage d'hiver* de Pieter Brueghel le Jeune. Sont aussi présentés des tableaux des écoles italiennes du XVIe au XVIIIe siècles. Enfin, l'école française est là aussi, avec des œuvres de Le Sueur ou encore de Géricault. Impossible de faire l'impasse sur le formidable Musée du pays châtillonnais, logé dans l'ancienne abbaye Notre-Dame de Châtillon-sur-Seine. S'y trouve l'une des plus belles collections issues des époques celtique et gallo-romaine en France. Avec, à la clé, une pièce extraordinaire : le trésor de Vix, découvert en 1953 au pied du mont Lassois. Ce trésor se compose entre autres du plus grand vase connu à ce jour : 208 kg, 1,64 m de haut, 1,27 m de diamètre. Enfin, un détour par Montbard s'impose aussi. Au Musée Buffon, précisément. Dédié au grand naturaliste du XVIIIe siècle (natif de la ville) il vaut aussi pour son parc et ses 14 terrasses, intimement lié à l'histoire du château des ducs de Bourgogne autour duquel il est construit. C'est ici même que Buffon écrivit une très large partie des 36 tomes de son *Histoire naturelle*.

Un paradis pour les arts : nouveau, moderne et contemporain

L'Art nouveau n'a pas manqué de laisser de solides traces ici, avant que ne s'installe l'art moderne, puis contemporain. Revenons, par exemple, au sculpteur animalier François Pompon, auteur de nombreuses œuvres dont le très célèbre Ours blanc, communément appelé

© TICHR - SHUTTERSTOCK.COM

L'« Ours Blanc », sculpture de François Pompon, au Jardin Darcy.

« Ours Pompon ». Un Musée François Pompon lui est consacré dans sa ville natale, à Saulieu, et une reproduction de son Ours est visible à l'entrée de la ville ainsi qu'au Jardin Darcy de Dijon. Dijon où Le Consortium fait rayonner l'art contemporain sur toute la Côte-d'Or. Au fil du temps, cette association a su se constituer une collection de premier ordre qui s'est invitée dans des musées prestigieux européens (du Centre Pompidou jusqu'à Séville). Parlons aussi de L'Usine, de l'Espace autogéré des Tanneries (une ancienne usine devenue squat d'artistes) à Dijon, ou encore de La Porcherie à Ménetreux-le-Pitois, un lieu d'exposition et d'expérimentation d'art contemporain. Tout comme la Karrier, près de Villars-Fontaine. Une ancienne carrière qui présente notamment 10 fresques monumentales et de nombreuses expositions. Bien sûr, il y a aussi Art'Planète à Nuits-Saint-Georges : un festival d'art contemporain et d'art brut. Sans oublier Art Fair//Dijon, une foire d'art contemporain dont la deuxième édition s'est tenue du 30 septembre au 2 octobre 2022. Et puisque l'on parle de nouveautés, citons aussi la nouvelle galerie d'art de Montbard, créée par Michel de Marmont !

Le 7e art se sent particulièrement bien ici !

Riche de quelques grands écrivains, peintres, sculpteurs et scientifiques, la Bourgogne compte aussi de nombreux admirateurs dans le monde du 7e art ! Ainsi, créé il y a quelques années, le Bureau d'accueil des tournages de Bourgogne-Franche-Comté aide à la création et à la production de films. Mais de tous temps de très nombreux longs-métrages se sont tournés dans le département. A Beaune, on a déjà parlé de *La Grande Vadrouille* de Gérard Oury (1966) passée également par Meursault, mais on peut aussi citer Claude Lelouch. Très ancré dans le territoire, il a réalisé ici 3 de ses derniers films : *Roman de gare* (2007), *Chacun sa vie* (2017) et *La Vertu des impondérables* (2019). Un peu plus tôt, Cédric Klapisch a proposé *Ce qui nous lie*, un film sur la transmission d'un vignoble dont l'action se déroule dans le célèbre vignoble beaunois. A Dijon, citons *Les Amants* de Louis Malle (1958), *Le Repos du guerrier* de Roger Vadim (1962) ou *L'Etudiante* de Claude Pinoteau (1988). A Semur-en-Auxois, *La Route joyeuse* de et avec Gene Kelly (1960). A Montbard et au château de Marigny-le-Cahuet, *Les Trois Mousquetaires* de Bernard Borderie (1961), et à l'abbaye de Fontenay *Angélique, marquise des anges* du même Bernard Borderie (1964) ainsi que *Cyrano de Bergerac* de Jean-Paul Rappeneau (1990). A Pont-d'Ouche sont passées *Les Valseuses* de Bertrand Blier (1974). Et à Flavigny-sur-Ozerain, *Le Chocolat* de Lasse Hallström (2001) avec Juliette Binoche et Johnny Depp. Mais, hors ces tournages, la Côte d'Or abrite aussi un Festival international du film Policier à Beaune, présidé par Claude Lelouch. Quant à Dijon, la ville reçoit tous les ans au mois d'octobre les « Rencontres cinématographiques». Organisées par la société civile des Auteurs, Réalisateurs et Producteurs (l'ARP), celles-ci permettent au public de découvrir de nombreux films, parfois en avant-premières.

MUSIQUES ET SCÈNES

Depuis Jean-Philippe Rameau jusqu'à Yves Jamait, de nombreux musiciens ont marqué l'histoire de la Côte d'Or. Ils y sont nés, y ont grandi, et ont souvent trouvé là une source d'inspiration au point de rester fidèles toute leur vie au département. Du côté des artistes contemporains, leur ancrage est si fort qu'il suffit déjà à expliquer qu'à chacun de leurs concerts les salles affichent complet. Et des salles, il y en a beaucoup dans la région ! Du Zénith de Dijon à la petite Écluse de la Charme n° 28 de Saint-Victor-sur-Ouche, tous les publics, tous les goûts sont servis. Comment rester insensible au Grand Théâtre de Dijon, au Théâtre des Remparts de Semur-en-Auxois ou à la Lanterne Magique située dans d'anciennes caves de négoces qui, en leurs temps, ont fait les beaux jours de Beaune ? Aujourd'hui, La Lanterne Magique accueille toute l'année des spectacles, et notamment quelques-uns des nombreux festivals qui animent la Côte d'Or.

Des artistes ancrés dans le territoire

Si la scène musicale occupe une large place dans le cœur des Côte-d'oriens (et plus généralement des Bourguignons), c'est sans aucun doute parce que celle-ci est, depuis des siècles, ancrée dans le patrimoine régional autant que dans ses traditions. Au XVe siècle déjà, les ducs de Bourgogne Philippe Le Bon et Charles le Téméraire veillaient aux destinées de l'École bourguignonne, un groupe de compositeurs qui rompirent avec les traditions de la musique médiévale et posèrent les prémices de l'École franco-flamande qui se développa ensuite dans les Pays-Bas bourguignons avant de se répandre dans toute l'Europe. 200 ans plus tard, l'immense Jean-Philippe Rameau (1683-1764) est né et a grandi à Dijon avant d'y diriger un temps les orgues de la collégiale Saint-Etienne. Une statue érigée en 1880 lui rend aujourd'hui hommage, face au Conservatoire de musique de Dijon. Les siècles ont passé, et les liens entre les artistes et leur région sont toujours aussi vifs. Ainsi, l'auteur-compositeur-interprète Bastien Lallemant, représentant d'une chanson française belle et exigeante, est né à Dijon en 1972. Il y fit ses études au Conservatoire, puis aux Beaux-Arts. Très attaché à sa ville natale il y réside encore. Né en Savoie, Damien Saez n'a vécu à Dijon qu'à partir de l'âge de 8 ans. Il y mènera sa scolarité, puis entrera au Conservatoire. Si le chanteur a quitté Dijon une fois son bac en poche, lui aussi lui est toujours resté fidèle ; il s'y produit souvent, et y conserve ses attaches familiales. Certes, le comédien et chanteur Lambert Wilson possède une résidence secondaire près de Chablis (Yonne), mais ce sont les paysages de Côte d'Or qui l'ont d'abord marqué, lorsque durant son enfance il descendait dans le Midi avec ses parents. « J'étais très attiré par l'Auxois, une région que je trouvais très belle, verdoyante, vallonnée. Les paysages m'évoquaient une Angleterre rêvée », raconte-t-il souvent. Pour autant, l'artiste emblématique de Dijon (et de la Bourgogne toute entière !) s'appelle désormais Yves Jamait. Né en 1961, il attendra 2003 pour sortir son premier album. Grâce au soutien du célèbre animateur de France Inter Jean-Louis Foulquier, et de Patrick Sébastien qui l'a ensuite produit, Yves Jamait s'est rapidement fait un nom. Aujourd'hui devenu incontournable, il remplit le Zénith de Dijon ainsi que toutes les salles de Bourgogne où il se produit souvent. Sans jamais oublier de déclarer sa flamme à sa ville, notamment avec sa chanson *Dijon la bourgeoise* : « Je te salue, ma vieille Dijon, ô maîtresse burgonde./Je te salue, ma vieille Dijon./Et nulle part au monde, je n'aurais voulu naître ».

Jean-Philippe Rameau.

Des scènes particulièrement vivantes

Scènes nationales ou régionales, salles privées ou publiques, dans les villes comme dans les

Le jardin Darcy accueille tous les ans le festival « D'jazz au jardin ».

campagnes de très nombreux lieux de spectacle et d'expression artistique existent. De toutes les tailles. Outre le Zenith de Dijon et ses 5 000 places, n'hésitez pas à faire une halte au beau Théâtre Dijon Bourgogne (Centre Dramatique National) qui toute l'année offre une superbe programmation. Situé place Bossuet, dans l'église Saint-Jean de Dijon (dite « parvis Saint-Jean »), le TDB dispose également d'une autre salle, plus petite, la salle Jacques Fornier située rue d'Ahuy. Le magnifique Grand Théâtre de Dijon est à découvrir aussi. Situé au cœur de l'un des patrimoines historiques les plus riches d'Europe, il a été construit en 1828. Une salle à l'italienne où l'opéra, le théâtre et la danse tiennent une grande place. Toujours à Dijon, on aime aussi La Vapeur. Labellisé « Scène de Musiques Actuelles » (SMAC), ce lieu d'expression artistique a été conçu comme un petit village s'articulant autour d'un hall et d'un foyer en continuité avec son parvis ouvert sur le quartier. Avec, notamment, une salle de concerts de 1 200 places, un club de 230 places, 7 studios de répétitions, et 1 salle dévolue à l'action culturelle. Parlons aussi de la Fabrique de spectacles Kiki de Montparnasse qui, à Châtillon-sur-Seine, accueille des spectacles vivants dans une chaleureuse petite salle de 90 places. Elle reçoit aussi des artistes en résidence. N'oublions pas le beau Théâtre du Rempart à Semur-en-Auxois, ni le chic Théâtre municipal de Beaune et ses 320 places. Mais l'atypique est présent aussi. Coup de cœur à La Lanterne Magique, à Beaune. Une salle unique en son genre puisqu'elle abritait il y a plus d'un siècle les célèbres caves de négoce Calvet. Entre boiseries et pierres apparentes, La Lanterne Magique s'est imposée comme un lieu incontournable de la vie culturelle beaunoise. Zoom également sur le Café Parisien de Saulieu qui a reçu le label « Café Historique d'Europe » et propose toute l'année des dîners-concerts, des expositions et diverses animations. Quant à L'Ecluse de la Charme n°28, à Saint-Victor-sur-Ouche, elle propose en été des concerts, des guinguettes, et bien d'autres animations.

Des festivals en toute saison ou presque !

Des festivals, la Côte d'Or en abrite beaucoup. Comme partout en France, chaque été – et tout au long de l'année – quasiment toutes les villes du département en proposent, et même souvent plusieurs au cours des saisons. Citons « DJazz dans la ville » qui organise tous les ans (en mai) des concerts sur les places emblématiques de la ville sous forme d'apéros-concerts, de déambulations et, bien sûr, d'une grande scène. « D'jazz au jardin » aussi, qui se déroule en juillet au Jardin Darcy. Le Tribu Festival fête les musiques du monde à la fin octobre. Quant au jeune VYV Festival, sa toute première édition (fin juin 2019) a rassemblé quelques 20 000 festivaliers sur 2 jours au Parc de la Combe à la Serpent. Avant son annulation (mesures sanitaires obligent) l'édition 2020 devait accueillir IAM, Nekfeu, Beck et Catherine Ringer. C'est dire son ambition et l'attente qu'il suscite auprès des Dijonnais ! Ailleurs, on peut citer (entre autres) le Gevrey Wine Food and Music à Gevrey-Chambertin, Sons d'une nuit d'été à Nuits-Saint-Georges, le RootStock Festival de Pommard, les Escapades et le Festival Musicales en Auxois dans différents territoires du pays de l'Auxois. N'oublions pas Beaune Blues Boogie, mais aussi le Festival international de blues de Talant et Musique et Vin au Clos Vougeot.

LITTÉRATURE

Si le truculent Henri Vincenot, sa *Billebaude* et son *Pape des escargots*, ont durablement marqué la Côte d'Or depuis leur grand succès dans les années 1970, l'ombre d'autres grands auteurs plane ici. De Dijon à Beaune, de Semur-en-Auxois à Montbard jusqu'à Pernand-Vergelesses, le souvenir de Bossuet, de Madame de Sévigné, de Roger de Bussy-Rabutin, ou encore de Buffon et de Daubenton a traversé les siècles. Et si le cinéma utilise souvent les décors naturels de la Côte d'Or, la littérature aussi : de grands romans français et internationaux ont choisi Dijon pour tout ou partie de leurs décors, depuis *Tropique du Cancer* d'Henry Miller jusqu'à *Harry Potter et l'ordre du Phénix* ! Pas étonnant, donc, que des grands rendez-vous littéraires soient organisés tout au long de l'année aux 4 coins du département. Comme « Livres en vignes » au Clos de Vougeot et pour lequel on vient de partout en France.

Des légendes de la littérature

Depuis toujours, littérature et Côte-d'Or sont intimement liés. Quelques illustres noms ont en effet marqué l'histoire du département. Comme Marie de Rabutin-Chantal, plus connue sous le nom de Madame de Sévigné (1626-1696). La célèbre marquise est née à Paris, mais possédait ici de solides liens : sa grand-mère, sainte Jeanne de Chantal, fondatrice avec saint François de Sales de l'ordre de la Visitation, était dijonnaise. La correspondance de Madame de Sévigné relate quelques séjours dans la région, notamment au « vieux château » et dans ses alentours, à savoir au château de Bourbilly, près de Semur-en-Auxois. Une partie de sa correspondance s'adresse à son cousin, Roger de Bussy-Rabutin (1618-1693), longtemps exilé en son château de Bussy-le-Grand. Sulfureux, l'écrivain était un libertin revendiqué, ce qui lui valut plusieurs bannissements de la cour royale. Particulièrement lorsqu'il raconta avec menus détails l'orgie à laquelle il participa durant la semaine sainte. Renvoyé dans son magnifique château de haute Côte-d'Or, il y recréa son univers grâce à de multiples portraits qu'on peut aujourd'hui découvrir en visitant l'édifice qui porte son nom : des portraits d'hommes de guerre dans l'antichambre, de femmes de la cour dans la chambre, d'hommes d'Etat dans le salon de la Tour dorée, de rois et de ducs de Bourgogne dans la galerie qui conduit à la chapelle. Bussy-Rabutin fut aussi le contemporain du célèbre Bossuet (1627-1704), bien connu pour ses oraisons funèbres. Natif de Dijon, l'homme d'église grandit dans une famille de magistrats ; son père était le doyen des conseillers au Parlement de la ville. A la même époque, l'auteur de théâtre Prosper Jolyot de Crébillon (père de Crébillon fils) est né lui aussi à Dijon, en 1674. Sans doute a-t-il connu un autre côte-d'orien passé à la postérité : Georges-Louis Leclerc, comte de Buffon (1707-1788). Naturaliste, grand propriétaire terrien, maître de forges, architecte et bâtisseur, Buffon est né à Montbard et y restera toujours attaché, partageant sa vie entre sa ville natale et Paris où il sera nommé Intendant du Jardin du Roy (le futur Jardin des Plantes). A Montbard, on peut aujourd'hui visiter son ancienne demeure, là où il écrivit une grande partie des 36 volumes de son *Histoire naturelle* qui influença nombre de naturalistes, de Darwin à Lamarck. En 1745, Buffon nommera Louis-Jean-Marie Daubenton (lui aussi natif de Montbard) au titre de « Garde et démonstrateur du Cabinet d'Histoire Naturelle ». Daubenton deviendra alors le 1er directeur du Muséum d'Histoire naturelle de Paris en 1793.

Statue de madame de Sévigné.

Au XXe siècle aussi…

Oublié depuis plus de 50 ans, Jacques Copeau (1879-1949) fut toutefois une personnalité majeure du monde du théâtre de la première

© ALEXEY PEVNEV - SHUTTERSTOCK.COM

Statue de Georges-Louis Leclerc, Comte de Buffon (1707-1788), naturaliste et encyclopédiste.

partie du XXe siècle. Critique pour plusieurs journaux parisiens, il participe avec André Gide à la création de *La Nouvelle Revue Française* en 1908, puis fonde le Théâtre du Vieux Colombier, avant de monter une école d'art dramatique. En octobre 1924, Copeau et sa troupe quittent Paris pour s'établir au Château de Morteuil, à Merceuil, près de Beaune. Plus tard, c'est à Pernand-Vergelesses que Copeau et sa troupe finissent par s'installer. Ils y jouent leurs pièces ainsi que sur les places des villages aux alentours. Totalement intégrés à la vie du coin, les comédiens participent même aux travaux agricoles et viticoles ! C'est là aussi que Copeau écrira *Le Théâtre populaire* (1941), un essai qui influença la conception théâtrale du grand Jean Vilar, fondateur du Festival d'Avignon et directeur du mythique Théâtre National Populaire (TNP). Jacques Copeau meurt aux Hospices de Beaune en octobre 1949. Il est enterré au cimetière de Pernand-Vergelesses et, ses côtés, repose le chanteur et auteur Graeme Allwright (1926-2020), son petit-fils par alliance.

Mais s'il est un écrivain qui aura profondément marqué la région, se révélant même comme un véritable ambassadeur de ses traditions et de son histoire, c'est bien le Dijonnais Henri Vincenot (1912-1985). Rédigés dans une langue truculente, ses deux romans les plus fameux (*La Billebaude* et *Le Pape des escargots*) sont imprégnés des paysages bourguignons, mais aussi de ses accents. À la fin de sa vie, c'est dans le village où il aimait passer ses vacances, à Commarin où vivaient ses grands-parents, qu'il choisit de s'installer. Toutefois, sa vie entière il la passa à rebâtir un hameau en ruines découvert par hasard lors d'une partie de chasse avec son grand-père (La Pourrie, à Saint-Victor-sur-Ouche). C'est là, dans ce lieu-dit qu'il a racheté, qu'il repose désormais.

Dijon inspire les écrivains du monde entier

Le saviez-vous ? Dijon a souvent servi de décor aux plus grands auteurs. Dans le monde entier ! Citons par exemple l'Américain Henry Miller : dans *Tropique du Cancer*, paru en 1934, il évoque Dijon (et sa moutarde !). Il faut dire que 3 ans auparavant, il avait été un furtif professeur d'anglais au Lycée Carnot de la ville. Dans sa grande saga *Les Rois Maudits* (parue entre 1955 et 1977), Maurice Druon évoquait longuement la création – à la veille de la Guerre de Cent ans – de l'état bourguignon avec Dijon pour capitale. Dans *Clarissa*, – son roman inachevé retrouvé dans ses archives en 1981 et publié 9 ans plus tard – l'Autrichien Stefan Zweig faisait d'un professeur dans un lycée de Dijon l'un de ses personnages. Tout comme Michel Houellebecq dans *Les Particules élémentaires* (1998). Enfin, comment ne pas évoquer Hermione Granger ? Sous la plume de J.K. Rowlings, la meilleure amie d'Harry Potter racontait au héros (dans *Harry Potter, l'ordre du Phénix*, paru en 2003) ses vacances à Dijon !

Petits et grands salons

Partout en Côte d'Or de nombreux rendez-vous mettent à l'honneur la littérature. Parmi eux, figure l'incontournable « Livres en vignes ». Chaque année, le dernier week-end de septembre, une centaine d'écrivains se réunissent au château du Clos de Vougeot, près de Beaune, au cœur du vignoble. Avec des dédicaces, des conférences, et bien sûr des dégustations de grands vins. Mais citons aussi « Clameur(s) », un cycle de rencontres mis en œuvre par des bibliothécaires dijonnais. Ou encore, à la mi-novembre, « Crocmilllivre », un salon du livre jeunesse organisé par les libraires Granger et Autrement dit.

QUE RAPPORTER ?

De toute évidence, c'est aux vins que l'on pense d'abord lorsqu'il s'agit de rapporter quelques produits du cru. Mais, le saviez-vous ? Outre ses grands crus, la Côte d'Or propose aussi sa fameuse liqueur de cassis, ses bières, et même ses whiskies ! Vous y trouverez également quantité de produits gourmands qui devraient vous mettre l'eau à la bouche. Des spécialités locales comme le pain d'épices, les nonnettes de Dijon ou les anis de Flavigny, mais aussi l'incontournable moutarde, les escargots de Bourgogne, voire quelques terrines, pâtés et autres foies gras concoctés par les nombreux petits producteurs qui émaillent le territoire. Pour mieux les mettre en valeur le Conseil Départemental a même créé le label « Savoir-Faire 100% Côte d'Or ». Un véritable gage de qualité pour les consommateurs que nous sommes. Enfin, n'oublions pas l'artisanat local. Là aussi l'offre est particulièrement riche !

Vins et spiritueux sont incontournables

Impensable, pour les amateurs de vins, de ne pas rapporter dans ses bagages quelques bouteilles de crus bourguignons auxquels viendront s'ajouter les crémants de la région de Châtillon-sur-Seine, les ratafias et autres marcs de Bourgogne. Pensez aussi à la liqueur de cassis qu'on utilise (notamment) pour servir un kir. Au XIXe siècle, en pleine crise du phylloxera, un dénommé M. Joly, distillateur, met au point cette liqueur. Depuis ? Nuits-Saint-Georges et Dijon demeurent les capitales de la baie de cassis, et ce sont quelques 5 entreprises qui se partagent un marché riche de plus de 10 millions de litres produits chaque année (soit 80 % de la production française). Parmi elles, Lhéritier-Guyot possède sa boutique à Dijon. Tout comme Vedrenne, également présent à Beaune ainsi qu'au Cassissium de Nuits-Saint-Georges. Mais saviez-vous que la Côte d'Or est aussi une terre de… whisky ? A Bouze-lès-Beaune, la réputation de la distillerie de Michel Couvreur a depuis longtemps dépassé nos frontières. Depuis sa création en 1978, sa production se vend dans le monde entier. Enfin, sachez que la bière bourguignonne vit une superbe renaissance. Pour remonter à sa genèse, il faut retourner au XVe siècle, quand Jean Sans Peur, duc de Bourgogne, crée l'ordre du houblon. Exit la cervoise, place à la bière ! Les traces des premiers établissements dijonnais et beaunois remontent aux années 1790. Hélas, la bière régionale finit par disparaitre sous l'effet de l'industrialisation. Depuis ? La Bourgogne, 3e région productrice d'orge, compte quelques 40 brasseries en activité. Parmi elles, la Brasserie Trois Fontaines à Bretenieres, Belenium à Beaune et Elixhir à Dijon.

© OLGA LARIONOVA - SHUTTERSTOCK.COM

Ratafia.

Moutarde et Côte-d'Or sont indissociables…

S'il est ici un produit aussi célèbre que les vins, c'est bien… la moutarde ! Les ducs de Bourgogne en raffolaient et l'utilisaient même à des fins diplomatiques. Au point que Philippe le Hardi décida d'apposer sur le blason de Dijon la même inscription que celle qui figurait sur les fameux pots en grès : « Moult me tarde » ! De nos jours, ne disposant pas d'un label AOC, la moutarde de Dijon n'a plus grand chose de dijonnaise : les graines qui servent à son élaboration nous viennent le plus souvent du Canada ! Pour autant, agriculteurs et moutardiers ont impulsé une relance : ensemble, ils ont créé l'Association Moutarde de Bourgogne (AMB) qui, il y a 12 ans, a obtenu une indication géographique protégée (IGP) pour la « moutarde de Bourgogne ». En clair, contrairement à la « moutarde de Dijon », celle dite de Bourgogne est garantie 100% locale. Parmi les producteurs renommés, la Moutarderie Fallot est née à Beaune en 1840. Dans ses locaux, on découvrira le procédé de fabrication historique au travers d'un espace muséographique. Fallot dispose aussi de 2 boutiques à Beaune, d'une à Dijon, et d'un bar

© LITTLE ADVENTURES - SHUTTERSTOCK.COM

Le fameux escargot de Bourgogne.

à moutarde « Enjoy Fallot » située dans sa moutarderie. Autre enseigne incontournable : la fameuse Maille, installée rue de la Liberté à Dijon depuis 1845.

De nombreuses douceurs sucrées

Autre produit dijonnais, le pain d'épice. Né au Moyen Âge, il s'implanta d'abord à Reims, et il faut attendre le XIXe siècle pour que celui de Dijon prenne le pas. Cette pâtisserie composée de farine de seigle ou de froment, de miel et d'aromates connaît aussi une célèbre déclinaison : la nonnette de Dijon, créée à la même époque par des nonnes (d'où son nom !) et dont le croquant glaçage protège le moelleux du pain d'épice enrichi d'un cœur fondant de crème à l'orange, au cassis, au chocolat ou encore à la framboise. Parmi les artisans produisant ces gourmandises, impossible de ne pas citer l'un des précurseurs, Mulot & Petitjean. Fondée il y a plus de 220 ans cette entreprise familiale fut la première société labellisée « Entreprise du Patrimoine Vivant » en Bourgogne (dans le domaine de la gastronomie). Dans sa fabrique de Dijon, un espace muséographique est consacré à l'histoire du pain d'épices, et la marque dispose de 4 boutiques à Dijon, d'une à Beaune. Les adeptes de sucré succomberont aussi à la cassissine, une pâte de fruits au cassis avec un cœur liquoreux. Et aux jacquelines : des friandises au praliné recouvertes d'un glaçage. Enfin, n'oubliez pas les incontournables et ancestrales anis de Flavigny. C'est un voyageur romain qui a apporté à Flavigny-sur-Ozerain son nom et la graine d'anis. En 718, Widerard créa là une abbaye bénédictine où les moines ont probablement élaboré la recette. Mais il faut attendre la Révolution pour que les productions du couvent des Ursulines voient grandir leur réputation. Disponibles partout en France, les anis de Flavigny sont toujours fabriqués sur place. Au fil du temps, leurs arômes se sont enrichis de nombreux parfums : violette, café, fleur d'oranger, jasmin, mandarine etc…

Des produits 100 % Côte-d'Or

La Côte d'Or abrite d'innombrables petits producteurs. Un atout tel que le Conseil Départemental a créé fin 2019 le label « Savoir-faire 100 % Côte-d'Or » destiné à leur donner plus de visibilité. Parmi tous ceux-là, on peut citer notamment les foies gras, magrets et confits de Pascal Laprée à découvrir dans sa ferme de Mairey au Mont Saint-Jean, ou sur les marchés de Dijon et de Beaune ainsi que dans les Drive fermiers. Pour les escargots de Bourgogne, citons (entre autres) L'Escargot Dijonnais géré par Hervé Menelot à Fenay et L'Escargot Bourguignon de Bruce Duvic à Dienay. Même les amateurs de poissons trouveront leur bonheur, comme à la Pisciculture des Truites de l'Aube, située tout au nord du département, aux confins de la Haute-Marne, à Veuxhaulles-sur-Aube.

Un artisanat particulièrement riche

Ateliers d'art, créateurs en tout genre, aux 4 coins de la Côte-d'Or, vous trouverez quantité d'idées cadeaux. Citons, par exemple, Gaston l'escargot bourguignon. Fin 2013, le serrurier Hervé Bégin créait cette petite figurine à partir d'une lame d'acier surmontée d'un trou. Rapidement, Gaston devint une star des réseaux sociaux, et voyage désormais à travers le monde. Il est à découvrir « en vrai » à Is-sur-Tille. Parlons aussi de la Maison de Pays de l'Auxois-Sud, à Pouilly-en-Auxois. Produits de bouche, mais également poterie, bijoux, soie, aquarelles, livres, senteurs ou encore jouets en bois, plus de 110 producteurs et artisans bourguignons y sont représentés !

SPORTS ET LOISIRS

Pédestres ou à deux-roues (voire à cheval), dédiées à la forêt, à la faune et à la flore, aux vignes ou aux produits gourmands, les possibilités de randonnées en terres côte-d'oriennes sont multiples. Tout comme les baignades et les sports nautiques que les très nombreux plans d'eau permettent. Mais les adeptes de croisières autant que les fans de sports extrêmes auront eux aussi le choix. Saviez-vous par exemple qu'en Côte-d'Or on peut s'adonner à la plongée sous-marine ou à l'escalade ? Entre nature, œnotourisme, sports, gastronomie et culture, les activités ne manquent vraiment pas ! Aucun doute : de Châtillon-sur-Seine jusqu'à Beaune ou Nuits-Saint-Georges, de Saulieu jusqu'à Auxonne ou Dijon, vous trouverez sans la moindre peine de quoi satisfaire à toutes vos envies. Des activités à faire seul(e), à deux ou en famille. Et qui vous donneront forcément envie de revenir très vite dans ces splendides paysages !

A pied, à cheval ou à vélo...

Qu'ils se situent dans le parc naturel régional du Morvan, dans les différentes combes, dans l'Auxois ou dans le Châtillonnais notamment, on compte en Côte-d'Or quelque 155 sentiers balisés parcourant pas moins de 3 200 km. Ainsi, pourra-t-on partir à pied à la découverte d'Alésia ou arpenter, par exemple, le Sentier de la coquille à Agnay-le-Duc : un site classé depuis 1932, et au sein duquel le Conservatoire Naturel des sites de Bourgogne a tracé un sentier de 14 km. Avec ses nombreuses forêts, le département de la Côte-d'Or est aussi un terrain propice à l'ornithologie. Des sorties à la découverte de la faune et de la flore sont notamment organisées par l'Office National des Forêts à Châtillon-sur-Seine, ou dans la forêt domaniale vers les étangs des Marots. Sans oublier le vaste Parc national de Forêts, premier parc national français de plaine. Situé sur le plateau de Langres – c'est-à-dire à cheval entre Haute-Marne et Côte-d'Or, entre Champagne et Bourgogne – il s'étend sur une superficie de 143 233 ha. A vélo ? Le paradis des cyclistes se situe dans le Morvan qui compte environ 140 circuits (de 4 à 50 km), mais partout ailleurs les possibilités sont nombreuses ! A commencer par la fameuse Véloroute qui, depuis Dijon, vous permettra sur 800 km de voies vertes, de faire le tour de toute la Bourgogne via les chemins de halage, les voies ferrées désaffectées, les routes de campagne ou les chemins de vignes. Mais vous pourrez viser moins large en sillonnant les vignes, en longeant la Saône ou en suivant le canal de Bourgogne : 320 km de voies sont réservés aux vélos et aux VTT. Restent les balades à cheval. Dans le pays Châtillonnais, à l'écart des grandes routes, le Grand Chemin séduit les cavaliers par la diversité des paysages entre rivières paisibles et forêts verdoyantes. Divers centres équestres jalonnent aussi le département, comme à Baubigny, Binges, Brazey-en-Plaine, Izeure, Montbard, Sacquenay, Saulieu, ou encore Plombières-lès-Dijon... Enfin, la balade en calèche est un moyen original de découvrir villes et villages (Beaune, Esbarres, Nuits-Saint-Georges...), et les randonnées à dos d'âne sont aussi possibles à Chemin-d'Aisey, Montlay-en-Auxois, et Saulieu. A noter que l'appli mobile (gratuite) de Côte-d'Or Tourisme Bourgogne « Rando Vignes » vous aidera à découvrir à pied les climats de Bourgogne. Quant à celle intitulée « Balades en Bourgogne », elle vous donnera des idées que vous soyez à pied, à vélo, en voiture ou au fil de l'eau. Ainsi, n'hésitez pas à vous lancer dans la balade de l'ours à Saulieu ou dans celle de la Karrière à Villars-Fontaine.

La Voie des vignes, ou la découverte des fromages de Côte-d'Or

Mais revenons au vélo et aux belles découvertes qu'il peut nous offrir. Une superbe route vélo-fromages a récemment été labellisée, avec des haltes gourmandes dans des établissements fromagers du département. Certes, la balade existe depuis longtemps. C'est de Beaune à Santenay que l'histoire a d'abord commencé, avec 23 km de voies communales, prolongées ensuite sur 14 km de Santenay à Nolay. Là-bas, la route emprunte notamment une ancienne voie ferrée sur 9 km dont 7 se trouvent en Saône-et-Loire.

Afin de prolonger le plaisir, l'aménagement de la voie des Vignes s'est poursuivi entre Beaune et Dijon. Une première tranche de 20 km a été réalisée de Beaune à Premeaux-Prissey en 2017. Une seconde de Premeaux-Prissey à Chambolle-Musigny deux ans plus tard. Enfin, l'ouverture de la dernière tranche de Chambolle-Musigny à Chenôve s'est faite au printemps 2020. Le 25 février 2020, la voie des Vignes a été récompensée par le label national (et gourmand) « Vélo et fromage ». Pour l'heure, ce sont 9 sites fromagers qui sont inscrits sur ce parcours.

Frissons garantis !

Que vous soyez sportif de haut niveau, adepte de sports extrêmes ou que vous ayez « simplement » envie d'expériences hors du commun, vous trouverez aussi votre bonheur en Côte-d'Or ! Car, en la matière, le département est plein de surprises. Saviez-vous, par exemple, qu'il est possible de s'adonner à la plongée sous-marine ? Notamment grâce à l'école de plongée Dijon Plongée. Le ski nautique, lui, peut notamment se pratiquer près de Nuits-Saint-Georges, à Prémeaux-Prissey, grâce à TNCO Téléski Nautique Côte-d'Or. Envie de spéléologie ? C'est possible aussi grâce à la Ligue Spéléologique de Bourgogne qui propose des formations ci et là. Par exemple au gouffre du Bel Affreux, à Antheuil. Des vols en montgolfière sont également organisés, notamment au-dessus de Dijon (de mai à octobre) avec des ascensions d'environ 1h30 (mais comptez une présence de 3 heures). Air Adventures propose des escapades à partir de Pouilly-en-Auxois. Air Escargot permet, la découverte du vignoble, avec des vols d'environ 1h30 (mais là aussi 3 heures de disponibilité sont nécessaires). Citons aussi, à Nuits-Saint-Georges, les Montgolfières Nuitonnes. Toujours dans les airs, mais en ULM cette fois, le centre de loisirs aériens U aiLes aiMe à l'aérodome de Beaune-Challange (Beaune) dispense des vols avec balades au-dessus des Hautes-Côtes et des sites viticoles. On peut aussi s'envoler à Meilley-sur-Rouvres, à Fleurey-sur-Ouche, à Messigny-et-Vantoux, à Saint-Seine-l'Abbaye, à Semur-en-Auxois et à Til-Châtel. Enfin, l'aéroclub de la Côte-d'Or à Darois dispense également des cours d'initiation à l'ULM à partir de 15 ans. Mais si vous sautiez plutôt en parachute ? Plusieurs sociétés organisent ce genre d'activités, mais Bourgogne Franche Comté Parachutisme (BFCP) est la seule à proposer des sauts à 4 000 et 6 000 mètres d'altitude au dessus de la base aérienne de Dijon-Longvic. Quant aux falaises de Brochon, Chambolle, Fixey, Fixin, Gevrey-Chambertin, Hauteroche, Montbard, Saffres et Vieux-Château, elles vous permettront de vous adonner à l'alpinisme. Tout comme vous pourrez d'ailleurs le faire dans des salles d'escalade présentes à Dijon : Cime Altitude 245 ou Climb up, par exemple.

Et si vous partiez en croisière ?

La Saône, l'Ouche, le canal de Bourgogne… Riche de ses nombreux cours d'eau, la Côte d'Or offre 1001 possibilités de croisières, de la promenade au fil de l'eau jusqu'aux séjours au long cours. Le Canal de Bourgogne, de son point de départ à Migennes (Yonne) à son arrivée à Saint-Jean-de-Losne, vous laissera de grands souvenirs. Outre les paysages magnifiques que vous découvrirez entre Montbard et le Dijonnais, vous pourrez notamment passer sous le long tunnel qui l'encercle depuis 1832 à Pouilly-en-Auxois. Mais saviez-vous que Saint-Jean-de-Losne est aussi le premier port fluvial de plaisance de France ? Ce village de 1 000 âmes est situé aux confluents de la Saône et de l'Ouche, du Canal de Bourgogne et du Canal Rhin-Rhône. Ici, vous pourrez par exemple vous offrir une balade en bateau sur le Vagabondo qui relie Auxonne, Seurre mais aussi Dole (en Franche-Comté). Classique, culturelle ou gastronomique, la croisière vaudra toujours le détour, on vous le garantit !

Montgolfière survolant les vignes.

© ANZE MULEC - SHUTTERSTOCK.COM

Croisière sur le canal de Bourgogne.

Des loisirs pour tous les goûts… et tous les âges !

Outre les parcs de loisirs et d'attractions qui émaillent le territoire, de nombreuses bases de plein air existent qui raviront les familles autant que les sportifs ou les amoureux de la nature. Le lac Kir à l'ouest de Dijon a obtenu le label environnemental Pavillon Bleu. Sur place, Dijon Plage met à disposition un poste de secours, un maître nageur en saison, une plage avec bar et restauration, un terrain de beach-volley, des sports nautiques, des aires de jeux pour les enfants. L'étang de Fouché (vers Arnay-le-Duc), le réservoir de Grosbois, le lac de Pont (près de Semur-en-Auxois) et le lac de Panthier proposent des prestations semblables. Le lac de la Tille (à une dizaine de km de Dijon) et le lac d'Arc-sur-Tille disposent d'une base de loisirs qui propose des sports nautiques en saison. En tout, ce sont donc 12 plans d'eau avec baignade surveillée qui ont été aménagés pour l'accueil des estivants. De même, depuis mai 2014, Beaune Côté Plage est devenu le nouveau lieu de baignade en vogue. C'est sur les bords du lac de Montagny-lès-Beaune que la Communauté d'Agglomération Beaune Côte & Sud a choisi d'implanter ce parc de loisirs aquatiques en partenariat avec Suez. Beaune Côté Plage dispose de 3 000 m^2 de bassins agrémentés d'un mur d'escalade aquatique de 6 m de haut, d'un toboggan, d'une liane et de plusieurs plongeoirs. Mais hormis pour les sports aquatiques qu'ils permettent, tous ces lacs (du moins certains d'entre eux) et ces rivières feront aussi la joie des pêcheurs ! Envie d'une activité en famille ? Ne manquez pas le très beau Parc de l'Auxois implanté sur un écrin de verdure de 40 ha. Un parc animalier où s'ébattent plus de 500 animaux de près de 100 espèces. On peut même se promener parmi les lémuriens, les loriquets (des petits perroquets), les wallabies, ou encore les daims. Mais le parc est également un joli lieu de détente avec manèges, aires de jeux et petit train. Sans oublier la piscine et ses toboggans aquatiques ! Enfin, il y a les golfs. Quelques beaux parcours 9 ou 18 trous se trouvent à Chailly-sur-Armançon, Levernois, Mâlain, Norges-la-Ville, Quetigny, Salives, Venarey-les-Laumes et Vic-sous-Thil.

Balades aux jardins

N'hésitez pas non plus à découvrir l'un ou l'autre des nombreux jardins remarquables de la Côte d'Or. A commencer par ceux de l'abbaye de Fontenay qui ont été entièrement réaménagés par l'architecte-paysagiste Peter Holmes. Le Jardin et le parc du château de Barbirey-sur-Ouche est un parc paysager à l'anglaise dessiné au XIXe siècle. Il s'étend sur 8 ha et dispose d'un grand potager en terrasses ainsi que d'un verger. Le Parc du Château d'Arcelot à Arceau, les Vergers Potagers du Château de Montigny-sur-Aube, le Jardin du moulin d'Athie, ou encore le Potager fleuri du Château de Lantilly sont aussi à visiter. Sans oublier le Parc de Saint-Léger à Champeau-en-Morvan, ou encore le Jardin des cinq roses à Talant. A Dijon, ne manquez pas le Jardin botanique qui s'étend sur 3 hectares, mais aussi le très zen Jardin japonais qui incite à la méditation et au repos, ainsi que le parc de la Colombière. Un parc à la française, dessiné au XVIIe siècle par un élève de Le Nôtre, et traversé par une vaste avenue ombragée de tilleuls.

GASTRONOMIE

En Côte d'Or, gourmets et gourmands sont depuis toujours au paradis. Outre ses vins, les spécialités locales sont nombreuses, dont certaines ont conquis les cartes des restaurants de France et de Navarre, jusqu'à nos propres cuisines ! Comment résister, en effet, à déguster (ou même à préparer soi-même) un traditionnel bœuf bourguignon, un coq au vin, des œufs en meurette, un poulet Gaston Gérard, des escargots de Bourgogne ou un jambon persillé ? Nos plateaux de fromages, quant à eux, se composent souvent d'un époisses. Quant aux desserts, le cassis vient souvent les enrichir. Preuve de sa richesse gastronomique, le département compte un grand nombre de chefs étoilés, et de nombreux petits producteurs. De plus, elle multiplie les projets d'envergure pour mieux faire connaître sa savoureuse cuisine. Et donc ses plus belles traditions, sa très riche histoire et son incontestable savoir-faire !

Des plats évidemment bourguignons !

Nul besoin d'avoir déjà visité la Côte d'Or (et plus généralement la Bourgogne) pour en connaître certaines de ses belles spécialités. Et pour cause : leurs seuls noms annoncent déjà clairement la couleur. Il en est ainsi du traditionnel bœuf bourguignon et des célèbres escargots de Bourgogne appréciés ici depuis… la Préhistoire ! Leur calibre est particulier (plus gros que celui de la plupart des autres espèces), et ils sont le plus souvent servis dans leur coquille avec un beurre persillé. Mais de nombreuses variantes existent qui viennent agrémenter les cartes des restaurateurs et les étals des producteurs locaux. La potée bourguignonne, dérivée de la traditionnelle potée, n'utilise que des produits locaux. Mais, à côté de ces plats et viandes qui portent leurs origines comme un étendard, demeure une étonnante exception : la fondue bourguignonne Contrairement aux apparences, elle n'est pas du tout née ici, mais… en Suisse ! C'est en effet à un restaurateur de Lausanne qu'on doit cette invention en 1948. S'il l'a appelé ainsi, c'est que sa recette originelle faisait tout de même appel à de la viande charolaise (venue donc de la Saône-et-Loire voisine) accompagnée de vins rouges de la prestigieuse côte des grands crus.

Au menu, de grands classiques

Dans les cuisines, d'autres spécialités sont incontournables. Comme l'emblématique jambon persillé qui trouve son origine près de Dijon où on le servait déjà lors des fêtes de Pâques au XIVe siècle. Proche du fromage de tête, cette charcuterie traditionnelle est réalisée à partir de jambon et d'épaule de porc, finement tranchés et enrobés de gelée persillée, puis cuits dans un bouillon de vin blanc et de moutarde (de Bourgogne évidemment !). Les truffes de Bourgogne, quant à elles, sont devenues au fil des ans un produit très prisé des consommateurs comme des restaurateurs qui les affichent de plus en plus souvent à leurs menus. De nombreux acteurs œuvrent ici pour sa promotion, notamment la Confrérie de la Truffe de Bourgogne d'Is-sur-Tille. Dans cette petite ville située à une vingtaine de kilomètres au nord de Dijon, des textes remontant au XIVe siècle la décrivent comme l'un des mets principaux des cuisines royales. Mais nombre de villages du département possèdent aussi des lieux truffiers, et de nombreux producteurs s'y exercent. A Bure-les-Templiers, l'association La Truffe côte-d'orienne (www.truffe-bourgogne.fr) est le relais du Syndicat des Producteurs de Truffes de la Côte-d'Or qui fédère l'organisation de la filière. Par ailleurs, certains acteurs privés passionnés par ce diamant noir proposent une offre de découverte très intéressante. Comme La Maison aux Mille truffes by l'Or des Valois à Marey-lès-Fussey, près de Nuits-Saint-Georges.

© MIRABELLE PICTURES - SHUTTERSTOCK.COM

L'époisses est un fromage de caractère typique de la région.

C'est tout ? Bien sûr que non ! S'il est un plat particulièrement apprécié ici, c'est bien les œufs en meurette : des œufs pochés servis dans une sauce à base de vin rouge, de lardons, d'oignons et d'échalotes revenus dans du beurre. A tout cela, ajoutons les nombreuses entrées et les plats à base d'époisses. Le plus célèbre des fromages bourguignons, AOC depuis 1991, est un lait de vache affiné au marc de Bourgogne. Sa couleur orangée, son parfum particulier, sa consistance onctueuse et molle ne sont plus à présenter. La cour de Louis XIV ne jurait d'ailleurs que par lui ! Du côté des poissons ? La Saône, importante rivière navigable côte-d'orienne, est aussi l'une des rivières les plus riches en poissons d'Europe. Truites, brochets ou sandres apportent ainsi tous leurs saveurs à de nombreux plats, telle la pôchouse (ou pauchouse) : une recette traditionnelle qui associe poissons à chair maigre (brochet, perche) et poissons à chair grasse (anguille, tanche) auxquels on ajoute du thym, beaucoup d'ail (5 à 6 gousses), du gros sel, le tout arrosé d'un vin blanc aligoté. La pôchouse se déguste principalement dans le Val de Saône jusqu'en Franche-Comté. Une spécialité très locale, donc. Comme l'est aussi la cuisine morvandelle et ses fameuses charcuteries qu'on pourra trouver notamment près de Saulieu. Ou comme celle dite « de la côte vineuse », qui s'étend de la Côte-d'Or jusqu'à la Saône-et-Loire. Là, coq au chambertin (ou plus généralement au vin) et pavé bourguignon y sont souvent servis. Sans parler des gaudes : une préparation composée de farine de maïs mélangée à du lait, à déguster sucrée ou salée. Peu onéreuses, les gaudes furent pendant des siècles un aliment de base pour les familles paysannes de Bresse, du Haut-Jura, et de Côte-d'Or.

L'incroyable histoire du poulet Gaston Gérard

Grand classique de la cuisine dijonnaise, le poulet Gaston Gérard est un plat à base de poulet, de vin blanc, de crème fraiche, de moutarde, de comté râpé et de paprika. Une recette conçue en 1930 par Reine Geneviève Bourgogne, épouse du politicien dijonnais Gaston Gérard (1978-1969). L'homme fut sous-secrétaire d'état sous la IIIe République, et le tout premier membre du gouvernement à avoir été en charge du tourisme. Maire de Dijon de 1919 à 1935, député de Côte d'Or dans les années 30, Gérard s'attacha à construire la réputation gastronomique de sa ville tout au long de ses mandats. Ainsi donna-t-il plus de 600 conférences dans 32 pays pour promouvoir la Bourgogne, Dijon en particulier. C'est lui aussi qui fonda en 1921 la Fédération des Syndicats d'initiatives de Bourgogne ainsi que la Foire gastronomique de Dijon. Mais revenons au poulet qui porte son nom. En vérité, cette création est née (comme beaucoup d'autres) d'un simple accident. Ce jour de 1930, alors qu'elle prépare un poulet à sa façon, Reine Geneviève Bourgogne renverse un pot de paprika dans sa préparation. Pour tenter de « sauver » son plat, elle décide alors d'ajouter du vin blanc, de la crème fraîche, du comté râpé. La recette est une telle réussite que leur invité du jour (un célèbre critique gastronomique de l'époque) la félicite… et baptise aussitôt la recette du nom de son hôte ! Depuis, le poulet Gaston Gérard est devenu un incontournable de la gastronomie bourguignonne.

Desserts et boissons : le choix est large !

Reste à conclure notre repas par quelques douceurs sucrées. On vous proposera souvent une goûteuse poire pochée au vin rouge, une tarte aux pêches de vignes (venues d'ici ou de Saône-

Le boeuf bourguignon, plat incontournable de la région.

et-Loire), ou encore de nombreux desserts et glaces arrosés du coulis de cassis dijonnais. Enfin, pour ouvrir, accompagner et clore vos repas, hors vins et crémants, dans vos verres vous aurez le choix entre le fameux marc de Bourgogne (une eau-de-vie élaborée avec les résidus de pressage du raisin et qui se boit en digestif), le ratafia (un mélange de jus de raisin, de moût et de marc, à servir plutôt en apéritif), ou les nombreuses bières locales. Mais la star, ici, c'est bien sûr le kir. Servi depuis le XIXe siècle dans les gargotes où le cassis était utilisé pour rendre buvable le vin de mauvaise qualité, cet apéritif composé de liqueur de cassis (pour 1/3) et de vin blanc (souvent un aligoté) devint l'apanage des hommes politiques locaux qui l'élevèrent au rang de boisson officielle de leurs banquets. A l'après-guerre, le chanoine Kir (1876-1968) – prêtre et député-maire de Dijon pendant 22 ans – reprit la recette à son compte, allant jusqu'à signer un contrat d'exclusivité avec un producteur de liqueurs. Ce cocktail prit alors son nom, et entra même au dictionnaire des noms communs du Petit Larousse en 1976. Le kir est à déguster avec les fameuses gougères de Bourgogne : une pâte-à-choux au comté ou au gruyère totalement incontournable aux 4 coins de la Bourgogne.

Une région multi-étoilée

Preuve d'une cuisine particulièrement inventive, la Côte d'Or dénombre 15 tables étoilées. Du côté des 3 étoiles, la Maison Lameloise à Chagny. Du côté des 2 étoiles, ils sont 2 : William Frachot à l'Hostellerie du Chapeau Rouge de Dijon et Patrick Bertron pour le relais Bernard Loiseau à Saulieu. Les 1 étoile ? A Dijon, Cibo – tenu par Angelo Ferrigno – a obtenu sa première étoile en 2021. Citons aussi, toujours à Dijon, Keigo Kimura à la tête de L'Aspérule, et Louis-Philippe Vigilant à Loiseau des Ducs. A Pernand-Vergelesses, Jordan Prot aux commandes du Charlemagne. Keishi Sugimura et Christophe Quéant, respectivement au Bénaton et au Carmin, à Beaune. A Chassagne-Montrachet, Émilie Rey et Édouard Mignot aux cuisines d'Ed Em. Au Château de Courban, Takashi Kinoshita, et Thomas Collomb à La Table d'Hôtes de la Rôtisserie du Chambertin à Gevrey-Chambertin. N'oublions pas Philippe Augé et sa Table de Levernois à Levernois, Nicolas Isnard, aux fourneaux de l'Auberge de la Charme de Prenois, et le tout dernier distingué Tomofumi Uchimura au restaurant Origine à Dijon.

Un savoir-faire 100 % Côte-d'Or

Au delà des cartes des restaurants et des cuisines locales, saluons aussi les nombreux petits producteurs qui participent à la réputation gastronomique de la Côte-d'Or (et de toute la Bourgogne). Lancée en 2019 par le Conseil Départemental, le label « Savoir Faire 100% Côte-d'Or » a pour objectif de donner plus de visibilité aux producteurs et éleveurs côte-d'oriens. Véritable

© IGOR NORMANN - SHUTTERSTOCK.COM

Le Kir est un apéritif qui vient de Bourgogne.

gage de qualité, cette appellation se veut respectueuse de toute la filière, du producteur au consommateur en passant par l'environnement. Parmi les produits mis en avant, le pain Côte d'Or (une baguette en forme de C), et le fromage Côte-d'Or (un petit fromage crémeux, mélange entre chaource, langres et soumaintrain). Quant aux vins, l'appellation Bourgogne Côte-d'Or s'appuie sur une zone de production bien délimitée (36 communes en Côte de Nuits et Côte de Beaune, et 4 communes en Saône-et-Loire).

Dijon, capitale européenne de la gastronomie

Depuis sa création en 1921, la Foire internationale et gastronomique de Dijon est devenue le 1er événement économique et populaire de Bourgogne, la 5e foire internationale de France. Elle rassemble chaque année, vers la fin octobre, près de 600 exposants et quelques 200 000 visiteurs. Mais ce n'est pas tout : pour asseoir davantage son statut de capitale gastronomique régionale, Dijon s'est enrichie d'une Cité internationale de la Gastronomie et du Vin. Avec un investissement estimé à 250 millions d'euros, ce projet aujourd'hui réalisé fait rayonner Dijon et l'ensemble de la Bourgogne à l'international. Ainsi, la Cité prend place à deux pas du centre-ville, au kilomètre 0 de la route des Grands Crus, en lieu et place de l'ancien hôpital général. Grande de 22 000 m², sur un site de 6,5 ha, elle a accueilli déjà des milliers de visiteurs. La prestigieuse école Ferrandi y forme à la gastronomie hexagonale plus d'une centaine de jeunes venus des quatre coins du globe. Un hôtel 4 étoiles et 2 cinémas ont pris place dans la cité, des espaces d'expositions, un centre de conférences, l'école des vins et la chapelle des Climats. À voir absolument !

AGENDA

Tout au long de l'année, la Côte-d'Or célèbre son patrimoine, ses traditions et ses richesses au travers de fêtes et de manifestations organisées aux quatre coins du territoire. Les grands crus sont ainsi à la fête à Vougeot, à Châtillon-sur-Seine, à Gevrey-Chambertin ou encore à Nolay et à Puligny-Montrachet, quand la gastronomie est honorée à Dijon. La culture n'est pas en reste : les festivals sont aussi nombreux, de Beaune à Dijon en passant par Nuits-Saint-Georges. Quant aux traditions, elles sont fêtées ici et là, par exemple à Semur-en-Auxois où les courses équestres se tenant tous les ans au cœur de la ville nous viennent du XVIIe siècle. Vous trouverez ici les événements particulièrement attendus. Mais, bien sûr, cette liste n'est pas exhaustive. N'hésitez pas à consulter aussi nos pages « Quand y aller ? » qui font la lumière sur quelques rendez-vous incontournables en Côte-d'Or.

SAINT VINCENT TOURNANTE

CHAMBOLLE-MUSIGNY

27 et 28 janvier 2024, Chambolle-Musigny et Morey-Saint-Denis en Côte de Nuits, grand week-end festif à l'image de l'art de vivre en Bourgogne.

Après avoir enchanté de nombreux visiteurs à Gevrey-Chambertin lors de la Saint Vincent Tournante 2020, à Corpeau, Puligny-Montrachet et Blagny en mars 2022, puis Couchey en 2023, la 80e édition se déroulera à nouveau en Côte-de-Nuits, à Chambolle-Musigny et Morey-Saint-Denis les 27 et 28 janvier 2024. Défilé des confréries de Bourgogne, cérémonies religieuses et solennelles, dégustations dans les caveaux des villages, animations musicales, artistes de rue, spectacles… Un week-end festif à l'image de la Bourgogne !

À PAS CONTÉS-FESTIVAL INTERNATIONAL

DIJON

✆ 03 80 30 98 99

www.apascontes.fr

Fin février.

La 24e édition du festival international jeune et tous publics À Pas Contés aura lieu comme chaque année en février. Organisé par l'Association bourguignonne culturelle (ABC), ce festival rassemble petits et grands autour d'une trentaine de spectacles, donnés dans différents lieux liés culturels à Dijon et aux alentours. Les spectacles sont variés : danse, récitations de contes, pièces de théâtre, marionnettes, cirque, mais aussi séances de cinéma en avant-première et concerts.

© SHARON WILDIE - SHUTTERSTOCK.COM

Verre de Crémant.

FÊTE DU CRÉMANT ET TAPE-CHAUDRON

CHÂTILLON-SUR-SEINE
https://routeducremant.fr
Le 3e samedi de mars. Gratuit.
Entre fête traditionnelle et grand carnaval, ce défilé (dont la genèse remonte au Ve siècle, lorsqu'on tapait sur des chaudrons pour chasser l'hiver) se déroule chaque année le 3e samedi de mars. On y fête l'arrivée du printemps bien sûr, mais aussi le crémant de Bourgogne qui fait la fierté du Châtillonnais. Un défilé de chars au cours duquel quelque 500 chaudrons et bidons sont agités frénétiquement. Tous les ans, ce sont environ 5 000 visiteurs qui sont attendus.

FESTIVAL - LE MOIS DES CLIMATS

www.climats-bourgogne.com
Du 2 juin au 16 juillet 2023.
Voici un festival de rendez-vous gratuits ou à prix réduits, du 2 juin au 16 juillet. Avec une programmation qui propose de découvrir le vignoble et l'histoire des Climats de Bourgogne inscrits au Patrimoine mondial de l'Unesco. Près de 50 rendez-vous joyeux, insolites ou gourmands : balades dans les vignes, expositions, conférences, dégustations de vins, visites de patrimoine, lecture de paysage, spectacles..., faites votre choix. Programme complet sur www.climats-bourgogne.com.

VENTE DES VINS DES HOSPICES DE NUITS-SAINT-GEORGES

NUITS-SAINT-GEORGES
✆ 03 80 62 11 17
www.gevreynuitstourisme.com
Troisième week-end de mars.
En 2023 Nuits-Saint-Georges a fêté la 62e vente des vins de ses Hospices qui se déroule dans le prestigieux Château du Clos Vougeot. De nombreuses animations ont lieu, expositions, animations de rue, défilés sans oublier les dégustations. Les recettes de la vente sont réservées aux investissements de l'hôpital et le bénéfice de la pièce de charité est au profit d'une association caritative. Se tient aussi le salon du Chocolat et des Vignerons à la salle des fêtes de Nuits.

FESTIVAL SONS D'UNE NUITS D'ETÉ

NUITS-SAINT-GEORGES
✆ 06 81 30 38 87
www.festivalnuits.fr
Du 4 au 8 juillet 2023 à Nuits-Saint-Georges. Prix des concerts à partir de 34,50 € par adulte.
Sons d'une Nuits d'été est un festival de musique né en 2005. Après 17 éditions, une annulée en 2020, la 18e édition dévoile sa programmation. Du 4 au 8 juillet 2023 dans le parc de la Maison Albert Bichot, au centre-ville de Nuits-Saint-Georges : 4 juillet Les Coquettes ; 5 juillet Christophe Willem ; 6 juillet Philippe Lavil ; 7 juillet Charlie Winston ; 8 juillet Jean-Pierre Morgand / Julie Pietri / Sloane / Thierry Pastor / Laam. C'est sûr, le public sera au rendez-vous !

FÊTE DE LA BAGUE DE SEMUR-EN-AUXOIS

2, place Gaveau
SEMUR-EN-AUXOIS
✆ 03 80 97 05 96
www.ville-semur-en-auxois.fr
Chaque 31 mai.
Cette fête associe 3 événements : la course des Chausses, la course de la Bague et celle à la Timbale. La première plonge ses racines dans l'Auxois de la Renaissance. Au XVIIe siècle, le galop du cheval remplace les foulées de l'homme, et ainsi nait la course de la bague. Enfin, au XIXe vient se greffer la course à la Timbale : une course de trot attelé. Depuis, chaque 31 mai, en tenue médiévale, les cavaliers prennent le départ sur le cours Charles-de-Gaulle.

FESTIVAL INTERNATIONAL D'OPÉRA BAROQUE ET ROMANTIQUE DE BEAUNE

BEAUNE ✆ 03 80 22 97 20
www.festivalbeaune.com
Tous les ans en juillet. En 2023, du 7 au 30 juillet.
Inscrites au calendrier des mélomanes internationaux depuis 1983, ces rencontres musicales estivales s'offrent le luxe d'investir les plus beaux lieux de Beaune. Les opéras et la musique sacrée baroques sont privilégiés, mais n'empêchent pas la programmation d'autres répertoires comme les œuvres du Moyen Age et de la Renaissance. Une place toute particulière est réservée aux œuvres inédites et aux re-créations qui s'appuient sur les recherches musicologiques les plus récentes.

DE CEP EN VERRE

NOLAY ✆ 03 80 21 80 73

www.nolay.com/fr/

5 et 6 août 2023 dans le centre historique de Nolay. Entrée seule : gratuite. Tarif dégustation : 5 € entrée avec verre sérigraphié.

L'agence de Tourisme de Nolay et le Syndicat de Défense des Hautes Côtes organisent la 19e édition de « De Cep en verre », un rendez-vous festif autour de la vigne et du vin au cœur du centre historique. Dans ce village riche de 40 artisans, les visiteurs découvrent les différents métiers pratiqués sous leurs yeux tandis que des spectacles de rues et concerts résonnent sous les halles du XIVe siècle. Pour les enfants : des ateliers, des jeux géants. Pour les grands, des dégustations ! Deux très belles journées en perspective. Le dimanche, un rallye pédestre en plus.

COUP D'ŒIL, COUP DE CŒUR

AUXEY-DURESSES

Le 4e week-end d'octobre.

Depuis 1996, le quatrième week-end d'octobre les viticulteurs d'Auxey-Duresses organisent - via le Syndicat des vignerons de ce village viticole situé à deux pas de Beaune - une grande fête baptisée Coup d'Œil, Coup de Cœur. Le principe est simple : une vingtaine de professionnels ouvrent leurs portes au public le temps d'une promenade dans les vignes (c'est le Coup d'Œil). Une bonne opportunité pour découvrir les vins locaux mais aussi pour apprécier quelques spécialités gourmandes et admirer quelques expositions d'artisanat. Là, c'est le Coup de Cœur garanti !

LE VÉLOTOUR À DIJON

DIJON

www.velotour.fr

Le 3 septembre. Départ entre 8h et 12h. Places limitées, réservation recommandée.

Pour cette 17e édition du Vélotour, si le nombre de participants est cette année limité à 5 000, le plaisir de pédaler lui ne l'est pas ! C'est un rendez-vous convivial très apprécié par les cyclistes, où se croisent toutes les générations. Ce n'est pas une compét' ! La seule compétition est le concours de déguisements. Pas de chrono donc, mais juste le plaisir de sillonner la ville à bicyclette en passant par des lieux insolites comme les salles de spectacle, jardins, entreprises, collèges ou centres commerciaux. Une occasion de redécouvrir sa ville.

FOIRE INTERNATIONALE ET GASTRONOMIQUE DE DIJON

DIJON

✆ 03 80 77 39 00

www.foirededijon.com

Du 1er au 12 novembre 2023.

Avec près de 600 exposants et 160 000 visiteurs, la foire internationale et gastronomique de Dijon est la cinquième foire internationale de France et le premier événement économique de Bourgogne. De nombreux secteurs sont représentés : la gastronomie bien sûr avec les vins et produits du terroir, mais aussi l'habitat, l'artisanat, les loisirs. La Foire accueille tous les ans un pays en qualité d'hôte d'honneur. Incontournable, et pas seulement dans le Dijonnais !

LIVRES EN VIGNES

Rue de la Montagne

VOUGEOT

✆ 03 80 62 86 09

www.livresenvignes.fr

Tous les ans le dernier week-end de septembre.

Livres en Vignes se déroule chaque année lors du dernier week-end de septembre à Vougeot. Toujours présidée par des personnalités du monde de l'édition, ce prestigieux salon du livre siège dans la magnifique cuverie et dans les salons Renaissance du château du Clos de Vougeot où des prix littéraires sont attribués, des rencontres et des débats organisés. Bien sûr, les lecteurs peuvent aussi rencontrer la centaine d'auteurs présents. Ou participer à la traditionnelle grande dictée ! Bref, un très beau rendez-vous littéraire dans un cadre superbe.

VENTE DES VINS DES HOSPICES DE BEAUNE

Place de la Halle

BEAUNE

✆ 03 80 26 21 30

www.beaune-tourisme.fr

Du 17 au 19 novembre 2023.

Quand on parle de Beaune, on ne peut pas passer à côté de ses hospices et de sa célèbre vente des vins qui se déroule chaque année au mois de novembre. Un événement à la réputation mondiale ponctué de nombreuses festivités (spectacles de rue, défilé, village gastronomique et semi-marathon dans les rues et les vignobles). Sans oublier la célèbre vente aux enchères qui se déroule traditionnellement le dimanche. Pour cette 163e édition, rendez-vous du 17 au 19 novembre.

Présenté par Guillaume Pierre
LA TÊTE À L'ENDROIT
LE DIMANCHE À 12.55 SUR
france.tv 3 bourgogne franche-comté

petit futé
2023-2024
Côte-d'Or
VERSION NUMÉRIQUE OFFERTE

DIJONNAIS

Dijon (avec son agglomération) compte 260 000 habitants, juste ce qu'il faut pour ne pas être saturée. Ses habitants bénéficient en effet d'une grande qualité de vie, au cœur d'une ville d'histoire et de patrimoine. Entre art de vivre à la française et culture, les 23 communes de la métropole ne manquent pas d'infrastructures pour accueillir le public lors de manifestations sportives et artistiques, que celles-ci s'adressent au jeune public, à la Minoterie, ou encore aux mélomanes, à l'Auditorium et au Grand Théâtre. Dijon s'implique en faisant face aux enjeux climatiques, en particulier avec l'alimentation de son réseau de transport à l'hydrogène, et par sa participation au dispositif "Ici commence la mer". 2022 sera aussi l'occasion pour les Dijonnais de célébrer l'inauguration de la Cité Internationale de la Gastronomie et du Vin. Un lieu emblématique de rencontres et de gourmandises.

Dijonnais
MESSIGNY-ET-VANTOUX
Norges-la-Ville
Clénay
Tanay
D3
D960
D112 E
Bretigny
Saint-Julien
Darois
Réserve Naturelle Val Suzon
Asnières-lès-Dijon
Arceau
D16
D971
PRENOIS
D28
D28 D
D10
Hauteville-lès-Dijon
Ruffey-lès-Echirey
Arcelot
D70
Pasques
D960
Daix
D104
Varois-et-Chaignot
Belleneuve
D104 C
Lantenay
D10
Plombières-lès-Dijon
Fontaine-lès-Dijon
Arc-sur-Tille
Savigny-sous-Mâlain
Mâlain
D104
TALANT
DIJON
D700
SAINT-APOLLINAIRE
Couternon
D961
Binges
Velars-sur-Ouche
Fleurey-sur-Ouche
QUETIGNY
Remilly-sur-Tille
58
A38
D108
D108 G
D107
D905
CHEVIGNY-SAINT-SAUVEUR
E17
Corcelles-les-Monts
CHENÔVE
LONGVIC
Sennecey-lès-Dijon
Agey
Longvic
Izier
A31
D25
D33
MARSANNAY-LA-CÔTE
Perrigny-lès-Dijon
Neuilly-lès-Dijon
Crimolois
Cessey-sur-Tille
COUCHEY
Longchamp
Barbirey-sur-Ouche
A311
Fauverney
A39
D905
Réserve Naturelle de la Combe Lavaux - Jean Roland
Brochon
Bretenière
D35
Genlis
Gevrey-Chambertin
D996
D116
D31
Saulon-la-Rue
D968
Varanges
Longeault
Thorey-en-Plaine
D974
E17
Saulon-la-Chapelle
Marliens
Tart-le-Haut
Pluvault
D905
D116
Morey-Saint-Denis
5 KM

DIJON ★★★★

Dijon, capitale de la région Bourgogne-Franche-Comté et du département de la Côte-d'Or, est une ville touristique et d'histoire, dont les richesses sont en grande partie classées au patrimoine mondial de l'Unesco. Haut lieu de la gastronomie, ses spécialités culinaires telles que la moutarde, le pain d'épices ou encore la crème de cassis sont représentés à la Cité Internationale de la Gastronomie et du Vin dont l'inauguration s'est déroulée le 6 mai 2022.

La ville rayonne comme destination touristique mais encore et surtout pour la qualité de vie offerte à ses habitants. Ecologique, avec une centrale photovoltaïque construite sur le site de l'ancienne décharge Valmy, Dijon passe au tout hydrogène. On aime l'atmosphère paisible qui règne ici et flâner le long du port du Canal ou aux abords du lac Kir, dont la base nautique sera à l'avenir modernisée. La ville se dote non seulement d'équipements sportifs à la pointe, mais aussi des meilleures infrastructures en matière d'habitat, avec la construction de 114 logements à haute performance énergétique.

Enfin, Dijon et la culture sont très liés ! Au centre-ville, les passants côtoient les œuvres d'art contemporain. Après *Le Compteur du temps* de Gloria Friedmann dévoilé l'été dernier place Grangier, le square des Ducs accueille l'œuvre *Point de vue*, de l'artiste bourguignon Philippe Ramette. Parmi les chantiers en cours et après l'inauguration de son Musée des Beaux-Arts, viennent les rénovations du Grand Théâtre, jusqu'alors fermé au public, ou encore de la Bibliothèque patrimoniale et d'étude, un monument du XVIIe siècle.

Place du Bareuzai, Dijon.

LES BAINS DU NORD

16, rue Quentin
✆ 03 80 67 18 18
www.frac-bourgogne.org

Ouvert du mercredi au vendredi et le dimanche de 14h30 à 18h ; le samedi de 11h à 13h et de 14h à 18h. Gratuit.

Le Fonds Régional, d'Art Contemporain de Bourgogne fut créé en 1983. Sa mission est d'aider au développement de l'art contemporain en stimulant la création et en s'adressant à tous les publics. L'espace d'exposition « Les Bains du Nord » est installé juste en face des Halles dijonnaises, avec sa vitrine Storefront qui met à l'honneur différents artistes lors de résidences d'expositions. Les 500 m² du bâtiment servent aussi bien pour des débats autour notamment des 645 œuvres exposées, que pour des ateliers et des visites commentées. La collection s'enrichit régulièrement de nouvelles œuvres et les artistes émergents ou confirmés peuvent proposer les leurs auprès de la directrice Astrid Handa-Gagnard. On y retrouve notamment des œuvres d'artistes prestigieux dont Jean Dupuy, Man Ray, Annette Messager, Didier Marcel, Christian Boltanski et Andy Warhol rien que ça ! Contrairement à un musée « classique », le FRAC n'expose pas sa collection en permanence, mais prête ses œuvres lors d'expositions dans ses murs ou hors de ces derniers. Découvrez le monde de l'art contemporain grâce aux visites guidées participatives (dès 5 ans) qui vous apportent les clefs nécessaires au décryptage des œuvres. La structure développe également de nombreux partenariats comme avec la Minoterie, une salle dédiée au jeune public. Elle soutient par ailleurs les artistes résidents de la Halle 38, une ancienne caserne située dans l'écoquartier Heudelet reconvertie en espace d'ateliers dont fait partie entre autres le peintre Gentaro Murakami.

LE CONSORTIUM MUSEUM - CENTRE D'ART CONTEMPORAIN ★

37, rue de Longvic ✆ 03 80 68 45 55
www.leconsortium.fr

Ouvert du mercredi au dimanche 14h-18h, vendredi 14h-20h. Gratuit -18 ans et le vendredi de 17h à 20h. Adulte : 5 €.

Conçu par l'architecte japonais Shigeru Ban, le Consortium est un centre d'art contemporain reconnu internationalement. Un espace de 4 000 m² met en valeur les œuvres exposées et des travaux auront lieu prochainement pour l'agrandir. Plusieurs salles y sont aménagées dont la plus grande dédiée aux expositions temporaires. Le centre d'art comprend également une librairie dont les ouvrages sont diffusés par la maison d'édition *Les presses du réel*. Un lieu culturel incontournable.

CATHÉDRALE SAINT-BÉNIGNE ★

6, rue Danton
✆ 03 80 30 39 33
cathedrale-dijon.fr

Du dimanche au vendredi de 9h à 12h et de 14h à 18h ; le samedi de 9h à 12h et de 14h à 17h30.

La cathédrale Saint-Bénigne fait partie des très beaux monuments à visiter sur Dijon, située tout près de la gare, elle jouxte le Musée Archéologique. L'édifice réunit un ensemble de plusieurs trésors architecturaux à découvrir ou redécouvrir. La toute première construction de type roman qui fut construite en 535, est dédiée au martyr chrétien saint Bénigne. La rotonde, autrefois sur trois étages, située dans la crypte est actuellement en travaux. Dès sa restauration terminée, le public pourra admirer de nouveau son pavement en marbres colorés et ses superbes chapiteaux sculptés. Sa date de réouverture n'est pas encore connue. A la demande de l'évêque Isaac fut ensuite bâtie au IXe siècle une basilique carolingienne. C'est en 1001 que Guillaume de Volpiano entame des travaux pour en faire une basilique dite lombarde. Au cours des époques, le sort s'acharne et elle subit, saccage à la révolution, incendie, écroulement d'une tour. A partir de 1272 débutera alors sa reconstruction en style gothique pour laisser place à celle que l'on connaît aujourd'hui. Avec sa façade aux contreforts massifs et saillants, ses deux grosses tours octogonales couvertes de toits coniques en tuiles multicolores, sa triple nef gothique bourguignon. De son passé roman, elle n'a conservé que son portail massif. La cathédrale et sa crypte sont classées aux monuments historiques depuis le milieu du XIXe siècle. A noter également que la cathédrale dispose d'un magnifique carillon composé de 63 cloches. Un lieu à voir et à entendre !

ÉGLISE DU SACRÉ-CŒUR

Place du Général-Giraud
✆ 03 80 74 38 12
http://sacrecoeurdijon.free.fr

Ouvert 7/7 de 8h30 à 17h.

Édifiée dans les années 1930, l'église du Sacré-Cœur apporte de la spiritualité au quartier de la Maladière. Les travaux dirigés par l'architecte parisien Julien Barbier commencent en 1931, l'église est ensuite consacrée le 10 mai 1938. Surprenante par son style néo-byzantin, ses bâtisseurs se sont inspirés de la basilique de Paray-le-Monial. Longue de 60 mètres, elle impressionne notamment par son volume et par la splendide mosaïque de 7 mètres de hauteur. Une architecture intéressante que les visiteurs peuvent librement découvrir sur place ou virtuellement.

LA FABRIQUE DE PAIN D'ÉPICES MULOT & PETITJEAN

6, boulevard de l'Ouest
✆ 03 80 66 30 80
www.mulotpetitjean.fr

Ouvert du mardi au samedi de 10h à 12h30 et de 14h à 18h30. Gratuit jusqu'à 12 ans. Adulte : 8 €. Enfant : 6 €.

A Dijon le pain d'épices est un emblème local. Mulot & PetitJean perpétue la tradition depuis 1796 et se fait un plaisir de raconter son histoire aux amateurs. De fabrication artisanale, petits et grands apprécieront cette visite d'une heure qui se termine par une dégustation. Repartez avec les fameuses nonnettes fourrées à l'orange, au cassis, au chocolat ou nature. Ponctuellement des ateliers pour petits et grands sont organisés autour du pain d'épices.

HÔTEL DE VOGÜÉ ★

8, rue de la Chouette

Entrée libre toute l'année. Visite guidée pendant les Journées du patrimoine et sur rendez-vous.

Une merveille architecturale construite au XVIIe siècle pour Étienne Bouhier, magistrat au Parlement de 1607 à 1635. Le bâtiment sublime le goût du propriétaire pour l'Italie avec un majestueux portail aux sculptures inspirées de la Renaissance. Il passe dans les mains de la famille Vogüé à l'occasion du mariage entre Catherine-Louise Bouhier et du comte Cérice-François-Melchior de Vogüé. L'intérieur arbore de somptueux décors peints ainsi qu'une gigantesque cheminée sculptée et rehaussée de polychromie. Un des plus beaux exemples d'hôtel particulier à Dijon.

JARDIN DARCY

Place Darcy

Ouvert gratuitement toute l'année 7j/7 de 7h30 à 19h. Aire de jeux pour enfants. Animaux acceptés.

Le Jardin Darcy, c'est un poumon vert au cœur de la ville. On vient ici se reposer aux sons des cascades, lire sur un banc, regarder les enfants se défouler ou admirer le calme tranquille des arbres centenaires. C'est ici aussi que l'on peut découvrir une reproduction magistrale de *L'Ours* du sculpteur Pompon trônant à l'entrée du parc. Quant à l'histoire de ce parc, le mérite de sa construction revient à l'hydraulicien Henry Darcy qui eut l'idée, en 1880, d'installer dans ses sous-sols un immense réservoir d'eau potable afin d'apporter l'eau courante à la ville.

CITÉ
INTERNATIONALE DE LA
GASTRONOMIE
& DU VIN

DIJON

EXPOSITION
PROLONGÉE JUSQU'AU
05 | 11 | 2023

**Sous le parrainage
de Pierre Hermé**

C'est pas du Gâteau !

LES SECRETS DE LA PÂTISSERIE FRANÇAISE

Le repas gastronomique des Français
Patrimoine de l'humanité

citedelagastronomie-dijon.fr

Dijon

DIJON métropole

CITÉ INTERNATIONALE DE LA GASTRONOMIE ET DU VIN DE DIJON

3, rue du Faubourg-Raines ✆ 03 80 23 88 76
www.citedelagastronomie-dijon.fr
Ouvert toute l'année. Le lundi de 13h30 à 19h ; du mardi au dimanche de 9h30 à 19h. Gratuit.

Inaugurée le 6 mai 2022, la Cité Internationale de la Gastronomie et du Vin (CIGV) se pose dans la lignée d'une tradition millénaire et éminemment bourguignonne, quand le « bien manger » et le « bien vivre » paraissent comme des emblèmes du patrimoine culturel local. Favorisant les découvertes et les expériences multi-sensorielles, elle permet de se cultiver, de se régaler, mais aussi de se former. C'est aussi une vitrine du talent et du dynamisme des acteurs du territoire. Ainsi, par exemple, Eric Pras (le chef 3 étoiles de la Maison Lameloise à Chagny) fait partie de ceux à l'origine du projet. Il est aussi le directeur culinaire de 3 établissements ici présents : la Table du Chef (une cuisine gastronomique autour des grands crus), le Comptoir de la Cité (des tapas locales à déguster sur place ou à emporter), et la Cave de la Cité (un espace de plus de 600 m² sur 3 niveaux qui propose une offre vertigineuse de 250 vins au verre, parmi plus de 3 000 références des meilleurs nectars du monde entier).

Un site métamorphosé

Étendue sur quelque 6,5 ha, la Cité Internationale de la Gastronomie et du Vin aura nécessité un chantier colossal de 5 années de travaux, et témoigne d'une longue histoire, puisque de 1204 à 2015 se trouvait ici l'ancien hôpital général de Dijon. Alliance de tradition et de modernisme, elle offre donc une époustouflante seconde vie à ces bâtiments édifiés entre le XVe et le XVIIIe siècle, et bordés par la rivière de l'Ouche. Là, vous découvrirez 1 750 m² d'espaces d'expositions dédiés au repas gastronomique des Français, entré en 2010 sur la liste du patrimoine culturel immatériel de l'Humanité au même titre que les Climats des vins de Bourgogne, eux aussi inscrits au patrimoine mondial et largement mis en avant ici. De plus, un parcours pédestre relie la Cité à la gare et au centre historique tous proches, mais aussi à la prestigieuse route des grands crus. Enfin, la CIGV ne contribue pas seulement à l'attractivité économique et touristique de la ville ; elle redynamise tout un éco-quartier de 500 logements neufs et de trois résidences services.

Lieu de formation et d'expériences multi-sensorielles

Ici, une expérience hors du commun est proposée aux visiteurs. Notamment grâce aux nombreuses expositions, à l'école de cuisine Ferrandi Paris, à l'école des vins de Bourgogne ainsi qu'aux différents commerces, à la cuisine événementielle du Village gastronomique, et aux différents restaurants. Sans oublier le cinéma Pathé, les 3 hôtels, le Village by CA, Vitagora et la Foodtech Bourgogne-Franche-Comté. Quoi qu'il en soit, Bacchus sera présent tout au long de votre visite, puisque le vin y est célébré partout, et sous toutes ses dimensions. Et n'oublions pas que la cité, c'est aussi un cadre très agréable dans un écrin boisé et classé. Vous pourrez même y admirer le plus vieil arbre de Dijon !

Le patrimoine vitivinicole

Bref, vous l'aurez compris : la Cité Internationale de la Gastronomie et du Vin porte haut le blason du patrimoine viticole bourguignon. Selon l'Unesco, « le centre historique de Dijon matérialise l'impulsion politique donnée à la formation du système des Climats du vignoble de Bourgogne ». Ainsi, la métropole dijonnaise puise dans sa riche histoire pour construire son avenir, avec plus de 300 ha qui sont encore en cours d'acquisition. Car, après le transfert ici (en octobre 2021) du siège de l'Organisation internationale de la vigne et du vin, la ville s'apprête à renforcer encore davantage sa dimension de vitrine mondiale du patrimoine vitivinicole. La Cité internationale de la gastronomie et du vin valorisera les Climats grâce à un centre d'interprétation implanté dans l'ancienne chapelle de l'hôpital général. Surtout, elle s'avère être une étape indispensable, et même le kilomètre zéro, de la route des Grands Crus, véritables Champs-Élysées du vignoble bourguignon : 37 villages à découvrir, et d'éblouissants coteaux à perte de vue.

Les sens en éveil

À la Cité Internationale de la Gastronomie et du Vin de Dijon, tous les sens sont sollicités. Avant même de pousser les portes, l'architecture du lieu interpelle par son originalité et sa beauté. Avec les dégustations de vin, l'odorat et le goût viennent renforcer la vue tout comme dans les restaurants et les brasseries du site. Tout au long des expositions programmées, les petits se régaleront de pouvoir toucher certains éléments tandis que les grands seront à l'écoute de leur imaginaire. Reste l'ouïe qui se laisse guider par les rires des enfants et les discussions émerveillées des visiteurs qui, après leur découverte, se laisseront tenter par une séance de cinéma ou plongeront dans l'Histoire grâce au 1204, le centre d'interprétation de l'architecture et du patrimoine. Bref, dans cet écrin d'exception, véritable joyau historique, la Cité offre véritablement un avenir à un site du passé.

Il se passe toujours quelque chose à la Cité !

Le slogan ne ment pas, les animations s'enchaînent et ne se ressemblent pas grâce à une programmation variée. En été, par exemple, la musique accompagne les dégustations de plats et de vins. L'école Ferrandi s'est ouverte au grand public avec des cours de pâtisserie de 3h quand d'autres préféreront les animations dédiées au chocolat ou à d'autres produits gourmands. Envie de jouer en famille ou entre amis autour d'un blind test ou d'un jeu d'arcade ? C'est possible aussi !

ÉGLISE NOTRE-DAME ★

2, place Notre-Dame
✆ 03 45 34 27 61
http://notre-dame-dijon.blogspot.com
Ouvert toute l'année. Tous les jours et les jours fériés de 8h à 18h. Messes en semaine et le week-end.

Doyenne des églises dijonnaises, l'église Notre-Dame est pour beaucoup de Dijonnais un emblème tant elle est belle et inscrite dans le cœur de chacun ! Elle fêtait en 2020 son 800e anniversaire. Un joyau de l'art gothique décrit par Viollet-le-Duc comme « chef-d'œuvre de raison », construit entre 1220 et 1240 avant d'être restauré entre 1865 et 1884. L'intérieur de l'église étonne par ses proportions harmonieuses et l'élégance de son décor : délicates colonnettes fuselées, voûtes élancées, hauteur et luminosité de la tour-lanterne. Dans le transept nord, des vitraux du XIIIe siècle sont encore visibles sous la rose. Au fond de l'église, dans la chapelle qui se trouve à droite du chœur, Notre-Dame de Bon-Espoir, l'une des plus anciennes statues de bois de la Vierge en France, date du XIe siècle et protège la ville. Quant à l'extérieur, c'est également un enchantement tant on découvre de choses ! Arrêtez-vous face à Notre-Dame et admirez le Jacquemart sur le clocher de droite. Prise de guerre de Philippe de Hardi, le Jacquemart fut ramené de Courtrai en 1383 et depuis Jacquemart, son épouse et leurs enfants donnent l'heure aux passants. Ensuite, admirez la façade-écran unique en France ! Trois rangées de gargouilles vous sont présentées… Et pour les observer pleinement, placez-vous juste en dessous, levez la tête et marchez lentement. Elles apparaissent une à une ! Enfin, à gauche de l'église, vous découvrirez la fameuse chouette qui réalise les vœux des dijonnais quant ils viennent la caresser de la main gauche !

LE JARDIN DE L'ARQUEBUSE ★

1, avenue Albert-Ier et 14, rue Jehan-de-Marville
✆ 03 80 48 82 00
www.dijon.fr

Jardin : 8h à la tombée de la nuit ; musée : 9h-12h30 / 14h-18h (fermé mardi et samedi / dimanche matin).

Véritable bulle d'oxygène et de verdure avec son jardin botanique, le planétarium et le muséum, le parc de l'Arquebuse compte près de 120 000 visiteurs à l'année. Avec plusieurs salles d'expositions et de projection, le planétarium vous fait voyager à travers la galaxie, quand le muséum aborde la biodiversité animale et végétale. Découvrez encore les 500 espèces végétales du jardin botanique. Au printemps, les visiteurs pourront découvrir le parcours végétal « Jardin des saveurs et des cépages, des origines à demain » pour une balade botanique et sensorielle.

MAISON MILLIÈRE

10, 12, 14, rue de la Chouette
✆ 03 80 30 99 99
www.maison-milliere.fr

Du mardi au dimanche de 11h à 19h. Restaurant ouvert de mercredi à dimanche le midi, les vendredis et samedis soirs.

À proximité de l'église Notre-Dame, si chère aux Dijonnais, se dresse un autre bâtiment célèbre de la ville : il s'agit d'une maison vieille de plus de 500 ans ! Édifiée en 1483, pour les marchands drapiers Guillaume Millière et Guillemette Durand, elle est un bel exemple de maison médiévale. Sa configuration comprend une échoppe au rez-de-chaussée et un appartement à l'étage. Ses arcades en anse de panier et ses colombages en croix de Saint-André comblés par des briques, illustrent parfaitement les modes de construction du XVe siècle. Au XXe siècle, un chat et un hibou grand-duc ont pris place sur le toit, en guise de clin d'œil à la Chouette toute proche et au palais des Ducs, situé à quelques mètres ! Et si sur la façade vous trouvez un écusson portant les initiales du marchand et de son épouse, n'hésitez pas à vous imprégner encore plus du lieu, en y entrant. C'est comme faire un retour dans le passé, on apprécie tout particulièrement le calme de son jardin intérieur en été, pour s'installer et lire un bon roman en toute tranquillité. Le rez-de-chaussée est resté une boutique dans laquelle vous trouverez divers objets et divers produits régionaux à offrir en souvenir de votre séjour. Vous pourrez également vous reposer dans le salon de thé de la maison où goûter aux plats régionaux du restaurant, situé à l'étage. Une demeure emplie de cachet qui est, depuis 1943, inscrite aux Monuments historiques et qui a même servi de décor au tournage de *Cyrano de Bergerac*, de Jean-Paul Rappeneau.

MUSÉE ARCHÉOLOGIQUE ★

5, rue du Docteur Maret
✆ 03 80 48 83 70
https://archeologie.dijon.fr/

Basse saison, le mercredi et week end 9h30-12h30 et 14h-18h Haute saison, du mercredi au lundi 9h30-12h30 de 14h-18h.

Logées dans l'aile principale de l'ancienne abbaye bénédictine Saint-Bénigne, les collections présentent un panorama de la présence de l'homme en Bourgogne de la Préhistoire au Moyen Age à travers les sites incontournables de la région : Dijon, Alésia, Les Bolards, les sources de la Seine, Mâlain. Au niveau 0, les ex-voto du sanctuaire gallo-romain des sources de la Seine rendent hommage à la déesse *Sequana*. De nombreuses stèles et des bas-reliefs, dont celles du «Marchand aux chevaux», des «Bouchers» ou encore du « Marchand de vin» de Til-Châtel qui vous transporteront il y a 2 000 an de ça dans les ruelles animées de Divio, le nom antique de Dijon. Les anciennes murailles du castrum de Divio ont notamment livré au siècle dernier de nombreuses sculptures. Au niveau 1, les voûtes gothiques accueillent les collections médiévales : évocation des sites de l'abbaye Saint-Bénigne et de la Chartreuse de Champmol. Le niveau 2 présente le trésor de Blanot, prestigieux dépôt de l'âge du bronze final composé de pièces en métaux précieux. La vie quotidienne à l'époque gallo-romaine est abordée avec la fouille du site de Mediolanum (Mâlain). Enfin, une introduction à l'époque mérovingienne permet d'admirer des objets des habitants de la Bourgogne. Parmi les plus belles pièces du musée : les artefacts de l'abbaye de Saint-Bénigne et le buste du Christ de Claus Sluter réalisé en 1399. A voir aussi, la collection du médailler Bertrand, qui comprend 13 monnaies grecques, 479 celtiques, 471 romaines, et 128 médiévales et modernes.

MUSÉE FRANÇOIS RUDE ★

8, rue Vaillant ✆ 03 80 74 52 09
musees.dijon.fr

Ouvert tous les jours sauf mardi de 10h à 18h30 (9h30-18h d'octobre à mai). Gratuit. Visite commentée 6 €.

Le musée Rude est abrité dans le transept de l'ancienne église Saint-Etienne, dont les fondations du chœur sont datées du XIe siècle. Ici, admirez les moulages du célèbre sculpteur dijonnais François Rude, dont la maison natale est située sur la place éponyme. Parmi ses œuvres majeures, le monumental relief allégorique *Le Départ des volontaires*, dit *La Marseillaise*, daté de 1792 et visible sur l'Arc de Triomphe à Paris, qui impressionne les curieux. D'autres œuvres notoires et originales de cette figure du romantisme sont exposées, comme *Le Réveil de Napoléon*.

MUSÉE D'ART SACRÉ ★

17, rue Sainte-Anne
✆ 03 80 48 80 90
www.dijon.fr
Ouvert du mercredi au lundi de 9h30 à 12h30 et 14h à18h. Visite gratuite.

Un musée dans une église, curieuse idée pensez-vous ? Bien au contraire, puisque ce dernier, inauguré en 1980 sous l'impulsion du chanoine Marilier, a été fondé dans le but de préserver le patrimoine religieux des édifices régionaux. Ainsi, ce sont loin des pillages et dans le calme de l'enceinte de l'église du monastère des Bernardines que les visiteurs découvrent les précieuses collections, permettant de retracer l'histoire de la province du XIIe au XXe siècle. Le lieu, situé à deux pas de la place des Cordeliers, est en lui-même un joyau pour qui se passionne pour les édifices religieux. Classée aux monuments historiques, et consacrée en 1710, l'église surprend par sa rotonde surmontée d'un dôme en cuivre vert, ouvrant sur des chapelles, un vestibule et son chœur. En une dizaine d'années (de 1970 à 1980), près de 380 objets sont recensés avant d'être exposés au public. Sculptures, peintures, orfèvrerie, textiles liturgiques sont à découvrir, tandis que régulièrement d'autres pièces (environ 500 aujourd'hui) s'ajoutent aux collections, au fil des années. Découvrez, par exemple, le magnifique autel en marbre noir et bois polychrome du sculpteur dijonnais Jean Dubois datant de 1675, une des pièces maîtresses de la collection. Pour aller plus loin dans la connaissance de cet art particulier, le service culture de la ville inscrit des visites commentées dans son agenda culturel et pourra aussi proposer des ateliers créatifs et artistiques. Une visite reposante à inscrire dans sa découverte de la ville.

MUSÉE DE LA VIE BOURGUIGNONNE ★

17, rue Sainte-Anne
✆ 03 80 48 80 90
https://vie-bourguignonne.dijon.fr/
Ouvert du mercredi au lundi de 9h30 à 12h30 et de 14h à 18h. Gratuit. Visites guidées pour les groupes sur rendez-vous.

Le musée de la Vie bourguignonne a été fondé en 1938 par le collectionneur Maurice Bonnefond Perrin de Puycousin, à l'origine dans l'Hôtel Aubriot, rue des Forges. Il a été déplacé dans l'ancien monastère des Bernardines en 1985. Le musée s'ouvre sur un magnifique cloître. Au rez-de-chaussée des bâtiments sont présentées des collections d'instruments et d'objets d'art de la fin du XIXe siècle. On découvre des mises en scène réalistes avec des personnages en cire pour une totale immersion dans des scènes de vie de l'époque. C'est au premier étage que l'on découvre véritablement l'atmosphère bourguignonne de l'époque en découvrant dix commerces entièrement reconstitués : une pharmacie, un magasin de bonbons, l'étal d'un fourreur, boucher... Les boîtes en fer côtoient les instruments du boucher et les santons de pierre. Une déambulation agréable dans la vie commerciale de l'époque. Le deuxième étage est, quant à lui, consacré aux objets régionaux à travers l'art de la faïence, la cuisson des aliments, le travail de la pierre... Vous pourrez également admirer des tableaux intéressants sur la vie dijonnaise. Une salle audiovisuelle et un petit salon de lecture complètent votre parcours. Enfin, pour connaître toutes les expositions temporaires et les visites thématiques de l'année, rendez-vous sur le site web du musée et n'oubliez pas de réserver si vous êtes en groupe pour une vraie visite guidée. C'est une véritable plongée dans la vie bourguignonne d'antan qui vous attend !

MUSÉE MAGNIN ★

4, rue des Bons Enfants
✆ 03 80 67 11 10
www.musee-magnin.fr
Ouvert du mardi au dimanche de 10h à 12h30 et de 13h30 à 18h. Gratuit jusqu'à 26 ans. Adulte : 3,50 € (réduit : 2,50 €).

C'est dans l'hôtel Lantin, l'un des plus beaux hôtels particuliers du XVIIe siècle, que Maurice Magnin et sa sœur Jeanne, tous deux esthètes et passionnés d'art, ont créé ce musée intimiste et raffiné. En 1939, Maurice lègue à l'Etat l'intégralité de la collection ainsi que l'hôtel particulier. Découvrez au fil des pièces des peintures flamandes, hollandaises, anglaises, italiennes et françaises. La demeure est par ailleurs agrémentée d'un superbe mobilier. Un petit bijou à découvrir lors d'ateliers, de conférences ou de visites commentées.

TOUR PHILIPPE LE BON ★

Palais des Ducs de Bourgogne
✆ 03 80 44 11 44
Visites tous les jours, à partir de 11h15 (10h30 mardi-dimanche d'avril à octobre). Adulte : 5 €.

Prêt à prendre de la hauteur ? Il vous faudra gravir les 316 marches pour atteindre son sommet à 46 m de hauteur. La visite dure 45 minutes, toujours accompagnée d'un guide. Édifiée entre 1450 et 1460 par l'architecte Jean Poncelet, la Tour avait davantage un rôle d'affirmation symbolique du pouvoir ducal que défensif. Un escalier en vis mène à la terrasse qui surplombe la ville et est décorée par un garde-corps de style gothique flamboyant. De juin à octobre, contemplez la ville, un verre à la main, avec les apéritifs de la Tour.

MUSÉE DES BEAUX-ARTS DE DIJON ★★★★

Place de la Libération
✆ 03 80 74 52 09
beaux-arts.dijon.fr
Fermé le mardi. Du 1er octobre au 31 mai, ouvert de 9h30 à 18h. Du 1er juin au 30 septembre, de 10h à 18h30. Gratuit.

Le musée des Beaux-Arts de Dijon se situe dans le centre de la ville, dans l'ancien palais ducal. Il s'agit de l'un des plus anciens musées de France. Sa fondation remonte à 1787, il avait pour ambition initiale d'exposer des œuvres permettant aux élèves des écoles de dessin de les prendre pour modèles. Au fil de sa longue histoire, il a connu différentes variations et a récemment été entièrement restructuré. Le maire de Dijon, le ministre de la Culture Franck Riester, et la présidente du Conseil régional, Marie-Guite Dufay, ont coupé le ruban le 17 mai 2019, mettant fin à un chantier de quinze ans. François Hollande, Laurent Fabius et Frédéric Mitterrand étaient aussi présents. Une surface d'exposition plus grande est désormais offerte au public, permettant la présentation de 1 500 œuvres. Le parcours de l'exposition permanente a été entièrement repensé. Chronologique et thématique, il permet de se balader dans cinquante salles retraçant huit périodes de l'histoire allant de l'Antiquité au XXe siècle, en faisant dialoguer les peintures, les sculptures, les objets d'art, le mobilier... En outre, le parti a été pris, dans la mesure du possible, de faire coïncider les époques des collections avec celles des bâtiments où elles sont exposées. À noter que de nouveaux outils offrant des contenus d'aide à la visite sont proposés comme les textes de salles, les cartels, les tables multimédia et Nomade (un guide multimédia fourni par le musée). Le bâtiment est enfin accessible à tous les publics. Les travaux de rénovation ont duré 15 ans, portés par la Ville, élaborés et mis en œuvre par le tandem d'architectes composé d'Yves Lion (maîtrise d'œuvre) et Éric Pallot, architecte en chef des monuments historiques. Une convention a été aussi signée avec le Musée du Louvre, ouvrant à de futures collaborations. Les collections du musée des Beaux-Arts de Dijon sont très riches. Au total, ce sont 130 000 œuvres qui sont conservées, de l'Antiquité à la période contemporaine. Par leur qualité mais aussi leur quantité, les collections médiévales sont les plus importantes. Parmi les trésors du musée, on compte notamment les tombeaux des ducs de Bourgogne. Ceux-ci sont présentés au sein de la grande salle du palais et font partie des monuments funéraires les plus impressionnants de la fin du Moyen Âge. Les tombeaux de Philippe le Hardi et de Jean sans Peur et Marguerite de Bavière viennent de la chartreuse de Champmol, un ancien monastère dijonnais de l'ordre des Chartreux. Ils ont été exceptionnellement restaurés après la Révolution et ont pris place dans la grande salle du palais ducal en 1827. Ils font partie des incontournables de Dijon. Impressionnante et majestueuse, l'architecture de ces tombeaux est marquée par les statues des pleurants en albâtre qui les soutiennent. Sculptés tout en finesse, ces quarante-et-un personnages religieux et laïcs témoignent des toutes les étapes du deuil. Si l'héritage des ducs de Bourgogne est important dans le parcours médiéval, on ne sous-estimera pas l'importance d'autres œuvres telles que celles des Italiens Taddeo Gaddi et Pietro Lorenzetti ou des Flamands Le Maître de Flémalle et Albrecht Bouts. Le musée des Beaux-Arts de Dijon abrite aussi une importante collection égyptienne riche de près de 1 000 pièces dont une centaine est exposée. Ces œuvres proviennent essentiellement des legs effectués par l'archéologue dijonnais Albert Gayet. On y trouve de nombreux témoignages des rituels funéraires de l'Egypte ancienne telles que le sarcophage d'Ankfef ou des masques funéraires. D'une pièce à l'autre, on voyagera ensuite vers les chefs-d'œuvre de la peinture européenne, depuis la Renaissance jusqu'au XIXe siècle. La Renaissance italienne est particulièrement bien représentée au Musée des Beaux-Arts de Dijon avec notamment des peintures de Giorgio Vasari, Le Titien ou Véronèse. Les collections du XVIIe siècle exposent, quant à elles, des œuvres de Guido Reni ou Pierre-Paul Rubens. L'originalité des collections du XVIIIe siècle réside dans les productions de l'Ecole de dessin de Dijon, à découvrir. Particulièrement active durant cette période, il s'agissait de la seule école d'art en dehors de Paris à organiser son « prix de Rome ». Suivent les collections du XIXe siècle desquelles se détachent des œuvres d'artistes renommés tels que Rodin, Delacroix, Manet ou Pissarro. Les espaces réservés au XXe siècle font quant à eux honneur à la sculpture bourguignonne – François Pompom et Henri Bouchard – et aux importantes donations effectuées par Kathleen et Pierre Granville. Le Musée des Beaux-Arts de Dijon s'ouvre aussi à la production contemporaine en organisant différentes expositions ou résidences d'artistes, on pourra y découvrir par exemple les œuvres de Yan Pei Ming. Outre ces différentes collections classées chronologiquement, le musée propose aussi un cabinet d'arts graphiques composé de 12 500 dessins et 60 000 estampes, produits depuis la fin du Moyen Âge jusqu'à la période contemporaine. Par ailleurs, suite à la rénovation du musée, une partie des collections extra-européennes est maintenant exposée. On y voit par exemple des ivoires d'Afrique, des porcelaines japonaises ou des sculptures indiennes. Le Musée des Beaux-Arts de Dijon, avec son importante collection et sa récente restructuration, est un incontournable de la ville.

MUSEUM D'HISTOIRE NATURELLE

1, avenue Albert-Ier
✆ 03 80 48 82 00
Ouvert le lundi et du mercredi au vendredi de 9h à 12h30 et de 14h à 18h ; le week-end de 14h à 18h. Gratuit.

Situé en lieu et place de l'ancienne caserne des arquebusiers, cette belle construction à arcades du XIXe siècle abrite le Muséum de Dijon, lui-même intégré dans un ensemble désormais entièrement dédié à la découverte du vivant : un espace pour apprendre et pour comprendre la biodiversité. Bienvenue au jardin des sciences de l'Arquebuse, un lieu entièrement rénové qui fait la part belle à la muséographie. Lorsque vous visitez ce musée, vous êtes sur un site complet qui compte un jardin botanique historique et exceptionnel, par ses variétés d'essences florales, mais encore le Pavillon du Raines, avec son planétarium, qui organise régulièrement des expositions scientifiques et ludiques, ainsi que le muséum d'histoire naturelle. Complètement rénové et repensé il y a quelques années, le musée vous invite au cœur de l'histoire du vivant et de la biodiversité. Avec plus de 100 000 visites par an, il est très prisé des dijonnais, des adultes comme des enfants et des visiteurs de la ville. Les collections sont surprenantes, entre les squelettes de dinosaures et les très nombreuses vitrines qui présentent des scènes d'animaux en pleine nature. Une chose est sûre, vous ne vous ennuierez pas. Les plus curieux en apprendront beaucoup à propos des oiseaux, des poissons et des animaux de la jungle comme le gorille, l'éléphant, la girafe, le lion, le tigre… Une petite partie est même réservée aux animaux que l'on trouve dans la région. Un musée tout simplement passionnant.

PALAIS DES DUCS ET DES ÉTATS DE BOURGOGNE ★★★

Place de la Libération
✆ 03 80 74 52 71
Ouvert toute l'année. Gratuit. Visite libre ou guidée sur RV. Restauration. Boutique.

Haut-lieu de la vie politique et culturelle dijonnaise, le Palais des Ducs et des États de Bourgogne est un des symboles de Dijon. Commencez par gravir la Tour Philippe le Bon surplombant le palais et culminant du haut de ses 46 mètres. Après les 316 marches, vous pourrez contempler les toits de la ville, apercevoir les premiers contreforts du Jura et même, par beau temps, le Mont Blanc. La tour domine la cour d'honneur du Palais qui s'ouvre sur la place de la Libération. L'édifice, datant des XVIIe et XVIIIe siècles, abrite aujourd'hui le bureau d'accueil de la ville, les bureaux du Maire de Dijon et de ses conseillers et adjoints. La cour de Flore est située dans la partie classique du bâtiment. Sous le porche d'entrée de cette cour, vous découvrez le magnifique escalier Gabriel qui conduit à la salle des États. Cette pièce à la gloire de la Bourgogne abritait les réunions des États de Bourgogne. Dans la même cour, siège également la salle de Flore qui accueille les conseils municipaux. Pour aller voir la troisième cour, à savoir la cour de Bar, passez par l'arrière du Palais. Dans cette cour, découvrez les cuisines ducales construites à la demande de Philippe le Bon au XVe siècle avec six grands foyers de cheminée. C'est ici aussi que se situe l'entrée du musée des Beaux-Arts. Arrivés au niveau du Square des Ducs de Bourgogne, admirez la façade médiévale puis une fois votre visite terminée, n'hésitez pas à vous attabler à la Brasserie des Beaux-Arts.

100% COTE D'OR, LA MARQUE DU SAVOIR FAIRE LOCAL

www.cotedor-tourisme.com
Label de savoir-faire local.

Dévoilée en 2019 lors de la Foire internationale gastronomique de Dijon, la marque 100 % Côte-d'Or, qui reconnaît le savoir-faire local, est enfin officielle. Le premier produit à avoir bénéficié du label est le pain Côte-d'Or, en forme de C, que l'on pourra déguster avec le Côte-d'Or, un délicieux fromage à pâte molle proche du Soumaintrain. Pour tout savoir sur les conditions de labellisation ou connaître les établissements déjà labellisés, rendez-vous sur le site Côte-d'Or Tourisme.

BOURGOGNE TOURISME

www.bourgogne-tourisme.com

Bourgogne Tourisme est le site touristique par excellence qui centralise toutes les informations relatives à ce territoire. Parmi les rubriques proposées chacun trouvera son bonheur en fonction de ses loisirs préférés : œnotourisme, gastronomie, artisanat, patrimoine, sites naturels, activités nautiques, relaxation, parc de loisirs, sports et bien d'autres ! Selon le département que vous souhaitez découvrir, les rubriques "J'y vais", "J'y suis" vous donneront de nombreuses idées de sorties. N'hésitez pas à consulter ce portail pour un séjour inoubliable !

PARC DE LA COLOMBIÈRE

Cours du Général de Gaulle
www.dijon.fr
Ouvert toute l'année. De 8h à 19h. Gratuit. Animaux autorisés.

Le parc de la Colombière fait partie des parcs préférés des Dijonnais. C'est un véritable poumon vert au cœur de la ville et l'endroit idéal pour une balade en famille, un footing, un pique-nique ou simplement pour profiter d'un grand bol d'air. Ce jardin à la française de 33 ha a même obtenu le Label Ecojardin pour sa gestion écologique respectueuse de la biodiversité et est classé aux monuments historiques depuis 1925. Pour s'y rendre, rien de plus simple. Il suffit de suivre les allées du parc, surnommées les « Champs-Élysées dijonnais », et vous tomberez nez à nez avec les quelque 6 000 arbres qui habillent le domaine et les seize allées symétriques qui lui prêtent une ambiance hors du temps.

▶ Un peu d'histoire : construit au XVIIe siècle par Louis II de Bourbon, prince de Condé et gouverneur de Bourgogne, sa configuration évoluera au fil du temps. C'est le fils du Grand Condé qui en entreprend l'aménagement au moment où il fait construire le Castel de Colombière : un pavillon de chasse sur l'autre rive de l'Ouche. En arrivant, l'imposante grille du XVIIe siècle s'ouvre sur cet espace arboré. Une centaine de conifères, de vastes pelouses, épicéas, charmes, ifs, tilleuls et chênes sont aujourd'hui le terrain de jeu des écureuils que les enfants s'amusent à épier, tout en faisant un tour de rosalie ou une balade sur un âne.

▶ C'est à Antoine de Maerle, élève de Le Nôtre et créateur des jardins de Versailles, que l'on doit cette stricte géométrie qui permet aux 16 allées de rayonner à partir du cœur du parc. Une allée octogonale relie ces mêmes allées en faisant le tour du bois. Deux mails (grandes voies bordées d'arbres et de bancs) se trouvent de part et d'autre du parc et permettent aux piétons de déambuler autour d'une large pelouse. Les vestiges de la voie romaine d'Agrippa (qui reliait Langres à Chalon-sur-Saône) et un temple d'Amour du XVIIe siècle provenant du château de Bierre-lès-Semur sont abrités dans le sous-bois.

▶ Les aires de jeux, le centre équestre voisin ainsi que les paons, dindons et autres animaux sur place font aujourd'hui de ce parc un endroit complet et idéal pour un week-end nature et découverte qui comblera parents et enfants.

▶ Enfin, vous y trouverez également l'écodrome. De nombreuses animations autour de la nature sont proposées, ainsi que des activités à sensations, dès 3 ans, adaptées aux bambins et ouvertes à tous les âges. Découvrez sept parcours acrobatiques en hauteur, chacun équipé d'une ligne de vie 100 % sécurisée, ou encore l'adrénaline d'un saut à 12 mètres de haut !

CÔTE-D'OR ATTRACTIVITE

19, rue Ferdinand de Lesseps
✆ 03 80 63 69 49
www.cotedor-attractivite.com
Ouvert du lundi au vendredi de 9h à 17h.

Côte-d'Or Attractivité propose une large gamme d'expertises, de conseils, de connaissances, de réseaux et d'outils à votre disposition sur les thèmes suivants : tourisme durable, qualité du cadre de vie, nature, patrimoine, gastronomie et savoir-faire, hébergements, activités, services, territoires, marketing et communication. Si vous voulez porter un projet dans la région, reprendre un établissement ou lancer un service, n'hésitez pas à les solliciter pour être accompagné. Votre arrivée sera facilitée et vous pourrez vous installer en toute tranquillité !

OFFICE DE TOURISME DE DIJON MÉTROPOLE

11, rue des Forges
✆ 03 80 44 11 44
www.destinationdijon.com
Basse saison : lun.-sam 9h-13h et 14h-18h, dim. 9h-13h et 14h-16h. Haute saison : lun.-sam. 9h-18h30, dim. 9h-17h30.

Trois espaces permettent aux visiteurs d'optimiser leur séjour et de se documenter sur la capitale des Ducs : l'office de tourisme central, logé au Palais des Etats de Bourgogne, l'accueil Dijon Gare et celui du Puits de Moïse, au Centre hospitalier de la Chartreuse. Les hôtesses multilingues de l'espace central de la rue des Forges vous renseignent sur les offres culturelles, patrimoniales et muséales ou sur le Dijon City Pass pour visiter la ville à des prix très étudiés.

ÉCHAPPÉE NATURE

4, voie Creuse - **SAINT-JULIEN** ✆ 07 86 24 94 17
www.echappee-nature.fr
Ouvert tous les jours. Sur réservation. Tarif location un jour : 38 €/vélo VAE, deux jours : 69 €/vélo VAE.

Echappée Nature nous invite à vivre de fabuleuses expériences de balades thématiques aux alentours de Dijon et au sein du Parc national de forêts en vélo à assistance électrique. Les formules sont multiples, de la balade de 2h à la randonnée itinérante de plusieurs étapes. Enfourchez vos vélos et suivez votre guide Jean-Michel sur des parcours insolites, rythmés de rencontres humaines, de visites et dégustations (patrimoines et producteurs locaux), dans le respect de notre environnement naturel. De quoi éveiller nos sens et stimuler notre curiosité.

AÉROPORT DIJON BOURGOGNE

717, rue de l'Aviation
OUGES
✆ 03 36 37 63 54 51
www.dijon.aeroport.fr
Ouvert tous les jours et les jours fériés de 9h à 18h.

À quelques kilomètres de Dijon, l'aéroport de Dijon-Longvic est principalement dédié aux missions de service public : des vols d'affaires et privés. Dans un second temps, l'aérodrome accueille aussi les vols militaires, les loisirs aériens, ainsi que les vols de formation. La patrouille acrobatique Breitling Apache a contribué à la notoriété de ce lieu où se retrouvent les passionnés d'aviation, en lien avec les aéro-clubs de la région. Les amateurs viennent y exercer leur passion de haute voltige ou encore pratiquer les sauts en parachute, avec BFCP parachutisme.

CENTRE PORSCHE DIJON

7, rue Paul Langevin
CHENÔVE
✆ 03 80 52 80 53
Services Porsche Drive. Lundi-vendredi 8h-12h30, 13h45-17h. Location à la journée, à la semaine. A partir de 410 €/jour.

Conduire une Porsche devient facile en choisissant les offres de location du Centre Porsche Drive de Dijon. Un service location exclusif de Porsche contemporaines mais aussi de Porsche anciennes, 100 % collector. Parmi les clauses, attardez-vous à celle des cautions. Elles sont importantes compte tenu de la valeur des voitures. Mais l'expérience est unique pour les admirateurs de la marque qui ont envie de connaître cet art de rouler ! Porsche Drive est désormais directement disponible au château de Saulon et au moulin d'Hauterive.

GARE DE DIJON

31, cour de la Gare
✆ 36 35
Ouvert tous les jours de 4h30 à 23h15. Le dimanche et jours fériés de 5h45 à 23h15.

Vous pouvez accéder à la gare en tram ou en voiture : un parking est à votre disposition juste devant, gratuit pendant les vingt premières minutes. Dans le grand hall des départs, vous pouvez accéder aux guichets SNCF TER (sur votre droite, en entrant) et Grandes lignes (au fond). Pensez à utiliser les bornes automatiques ! Côté boutiques, vous trouverez plusieurs cafés, une pharmacie, une boulangerie, une sandwicherie, un Quick et des Points Relay. Vous trouverez aussi plusieurs services : assistance voyageurs handicapés, objets trouvés, toilettes...

CONSEIL RÉGIONAL BOURGOGNE FRANCHE COMTÉ

17, boulevard de la Trémouille ✆ 03 80 44 33 00
www.bourgognefranchecomte.fr

La région est d'une richesse si foisonnante, que beaucoup diront qu'elle est « bénie des Dieux ».

Balades par monts et par eaux

Les amoureux des flots bleus vogueront au fil de l'eau, tandis que les pêcheurs d'eaux douces viendront taquiner la carpe. Neufs canaux et rivières sillonnent la Bourgogne, la plaçant au rang d'honneur du réseau fluvial en France, le canal de Bourgogne, le canal de Roanne, la Saône, la Seille, la Loire et l'Yonne. Les passionnés de vélo auront foison de sentiers à explorer, entre les chemins de halages et les voies bleues et vertes.

La culture de la gastronomie

Les Bourguignons sont fiers de leur gastronomie, et à raison ! En Bourgogne on ne met pas d'eau dans son vin mais de la crème de Cassis de Dijon ! Des rouges aux blancs à rosir de plaisir et des crémants à émoustiller les plus timides. Et parce qu'un bon vin est plus apprécié avec un bon repas, parcourez les restaurants et auberges où l'hospitalité est un art. Jambon persillé ou escargots de Bourgogne sauront ouvrir les appétits, avant de déguster les fameux poulet Gaston-Gérard, bœuf bourguignon, et nombreux fromages de caractère comme l'excellent Brillat-Savarin ou l'indétrônable comté.

Tout le charme de l'Histoire

Amateurs de vieilles pierres, venez en Bourgogne ! De la tour Philippe le Bon au majestueux château d'Ancy le Franc, découvrez le sacré dans la cité Clunisienne, la Célèbre Roche de Solutré, le château fort en construction à Guédelon, et les lieux de la bataille d'Alésia à Alise sur Reine. La liste des trésors de cette région est si grande qu'elle ne saurait être exhaustive !

Ressources naturelles

Consciente de la richesse de ses sols et du trésor patrimonial dont elle bénéficie, la région s'est engagée à mener une politique ambitieuse dans le domaine agro-écologique, visant à protéger les écosystèmes et à produire des AOC de grandes qualités.

La Bourgogne vibrante et culturelle

La culture est partout, la rue et les caves sont autant de lieux d'expression. Aux beaux jours le festival Chalon dans la rue reste un immanquable tout comme les Musicaves où se confondent musiques du monde et terroir. Tandis que Beaune déroule le tapis rouge lors du festival international d'opéra baroque, les sports mécaniques comme les grandes équipes font monter les clameurs dans les gradins. Alors venez vibrer !

KEOLIS BOURGOGNE

17, rue du Bailly
✆ 08 80 74 12 12
Devis sur demande pour les sorties en groupe, les séjours en France et à l'étranger.

Acteur mondial de la mobilité, le groupe Keolis est une compagnie de référence en Bourgogne-Franche-Comté depuis 1909. Engagée pour le développement durable, la société gère 18 lignes régulières du réseau Mobigo, 5 lignes, 2 Flexo, 2 Proxi, 12 Bus Class', ainsi que les navettes électriques de centre-ville du réseau Divia Mobilités. La société organise également des voyages touristiques en groupe, en France ou à l'étranger (devis gratuits sur le site). Avec Stadigo, Keolis prend aussi en charge le convoi des supporters du DFCO lors des matchs à domicile.

CHRIS BIKE

13, impasse de Reggio
✆ 07 61 66 66 50
www.chrisbike.com
Ouvert du lundi au samedi de 9h à 19h.

Chris Bike Dijon, spécialiste du vélo sportif et extrême à Dijon, propose un parc de plus de 25 VTT, VAE de route, de descente ou même de piste en location. Si vous cherchez à découvrir de nouveaux horizons, CBD organise une fois par mois un voyage en France ou à l'étranger pour des groupes de 25 personnes. Tout est compris dans les formules : prêt de matériel, transport, gîte, et au moins 3 jours de roulage. La garantie de pratiquer sur des spots exceptionnels. Des voyages sportifs qui fédèrent la petite communauté de passionnés du Club CBD.

MOBIGO

✆ 03 80 11 29 29
www.viamobigo.fr
Centrale d'appel ouverte du lundi au samedi 7h-20h

Vous cherchez des informations sur les TER, les bus, les trams ou les cars en Bourgogne-Franche-Comté ? Ne cherchez plus ! Mobigo est l'outil indispensable pour vous accompagner durant tous vos déplacements. Cette centrale d'information multimodale vous aide à préparer tous vos trajets et à rejoindre sans difficulté vos hébergements ou activités. Tous les itinéraires et les infos trafic sont à retrouver sur le site Internet et l'application mobile ; les téléconseillers Mobigo sont aussi à votre service au 03 80 11 29 29 (du lundi au samedi de 7h à 20h).

DIVIA MOBILITÉS

15/16, place Darcy
✆ 03 80 11 29 29
www.divia.fr
Ouvert du lundi au samedi de 9h30 à 19h.

DiviaMobilités propose des solutions de déplacement en transport en commun (bus, tramway, vélo avec DiviaVélodi ou en version électrique, avec DiviaCity, parckage voitures), sur l'ensemble du réseau urbain. Vous pourrez souscrire à un abonnement dans cet espace d'accueil, mais aussi dans plus de 70 commerces relais DiviaMobilités, 58 distributeurs automatiques disponibles aux stations Tramway 24h/24 et 7j/7 et depuis votre espace personnel de la e-boutique de DiviaMobilités. Pour les voitures, près de 4 000 places sont disponibles dans les 10 parkings de la ville.

LES 2 ROUES ÉLECTRIQUES

13, avenue Jean-Jaurès
✆ 03 80 46 12 36
www.les-2-roues-electriques.fr
Mardi à vendredi, 10h-12h et 14h-19h, samedi 9h30-12h et 14h-18h30. VAE à partir de 24 €/jour.

Les 2 Roues Électriques, qui furent l'un des premiers spécialistes du vélo électrique à Dijon, proposent la location de vélos classiques et électriques. Le parc est important avec des VTT, VTC, tandems, vélos enfants et remorques… Pour une balade occasionnelle ou un essai grandeur nature, on peut les louer à partir de la demi-journée jusqu'à plusieurs mois. En plus, la boutique fait face au port du Canal, le point de départ rêvé pour une escapade. Les 2 Roues Électriques peuvent aussi vous livrer sur votre lieu de séjour ou de départ, pratique.

DIVIAVÉLODI

16, place Darcy
✆ 03 80 11 29 29
divia.fr/page/diviavelodi
Du lundi au samedi 9h30-19h. Abonnement pour 24 heures à 1 an : de 1,50 € à 30 €.

A l'heure du triomphe des mobilités douces, le vélo est à la fois pratique, bon pour la santé, et évidemment parfait pour la planète. A Dijon, Divia a mis en place une flotte de 800 vélos en libre-service : Diviavelodi. Les usagers peuvent ainsi profiter des 340 km de pistes cyclables de la métropole dijonnaise. Une offre à destination des résidents autant que des visiteurs par le biais d'abonnements de 24h à 1 an. Pour souscrire à l'offre Diviavélodi, rien de plus simple : rendez-vous à l'agence commerciale DiviaMobilités ou au DiviaVéloPark de Dijon Gare.

CAMPING DU LAC KIR** €

3, boulevard Chanoine-Kir
✆ 06 66 96 56 26
www.camping-du-lac-dijon.com
Ouvert d'avril à début novembre. Arrivée de 14h à 18h. Réservation recommandée. 121 emplacements. Animaux acceptés.

Ce camping offre de très nombreux avantages, puisque c'est dans un véritable écrin de verdure qu'il est installé à 300 mètres du lac Kir tout en étant à quelques minutes à pied, en bus ou à vélo du centre-ville. Ici les vacanciers trouveront pas moins de 121 emplacements pour planter leur tente. Le Camping du Lac Kir est idéal pour les familles ou les vacances entre amis tant les activités proposées sont nombreuses. Sur place : aire de jeux pour les plus jeunes, ping-pong, location de vélo et à moins de 300 mètres les joies des activités aquatiques sur le lac.

HÔTEL B&B DIJON CENTRE** €

5, rue du Château
✆ 03 80 30 26 81
Accueil 24h/24. 60 chambres : double dès 55 € ; triple dès 65 €. Petit déjeuner buffet : 6,85 € (enfant -10 ans : 3 €).

Près de la gare et du centre-ville de Dijon, l'emplacement du B&B Dijon Centre est idéal et sa prestation de qualité. Séjournez dans l'une des 60 chambres confortables et bien équipées (wifi gratuit, télévision et climatisation). Bref, voilà tout le confort d'un hôtel deux étoiles, avec de nombreux petits plus : grand nombre de prises électriques dans les chambres, chambres aux multiples configurations pour les familles et décoration sympa ! Enfin, le petit déjeuner est fort copieux. Et tout ça pour un prix ultra-raisonnable ! On dit oui au B&B Dijon Centre !

HÔTEL DES DUCS*** €€

5, rue Lamonnoye
✆ 03 80 67 31 31
www.hoteldesducs.com
35 chambres. Chambre double à partir de 79 €. Petit déjeuner en chambre : 12 €. Parking. Escape game.

En plein centre historique, l'Hôtel des Ducs fait face au Grand Théâtre, jouxte la place Saint-Michel avec ses nombreux restaurants et cafés, le Palais des ducs de Bourgogne ainsi que la place de la Libération. Du côté de l'hôtel, les 34 chambres à la décoration moderne offrent un grand confort. Totalement équipées, vous y trouverez une télévision écran plat, un accès au wifi, la climatisation et pour les professionnels une salle de réunion de 45 m². Une adresse idéale pour visiter Dijon ou pour se confronter à l'aventure avec 4 escapes games immersifs !

HÔTEL IBIS CENTRE-CLEMENCEAU*** €€

2, avenue Marbotte
✆ 03 80 74 67 30
www.hotel-ibisclemenceau-dijon.com
51 chambres Ibis Budget à partir de 59 € et 85 chambres Ibis Rouge à partir de 79 €.

L'hôtel Ibis est parfaitement adapté pour un séjour pro ou touristique à Dijon. Côté affaire, ses 85 chambres « Sweet room » équipées en wifi gratuit et Ibis Music, vous invitent à allier business et détente. La literie est d'excellente qualité et les équipements bienvenus (climatisation…). L'hôtel dispose par ailleurs d'un bar, parfait pour vous prendre un apéritif ou vous restaurer. Le plus ? Son emplacement à côté de l'Auditorium, du palais des Congrès et d'une station de tram.

HÔTEL IBIS STYLES DIJON CENTRAL*** €€

3, place Grangier
✆ 03 80 30 44 00
www.hotel-ibiscentral-dijon.fr
Chambre double à partir de 90 €. Petit déj inclus. Restauration (brasserie Le Petit Central et restaurant Le Central).

Cet hôtel de la gamme Ibis Styles ne manque pas d'atouts. Idéalement placé, non loin des musées de la ville, il dispose aussi d'une brasserie, d'un restaurant, d'un service traiteur et d'un espace pour les réunions de travail. Les 90 chambres, au design moderne et aux couleurs « pépins de raisin » ou « graines de moutarde », sont lumineuses et confortables. Les voyageurs pourront profiter du room service, et pour les pros une salle de 35 m² est accessible.

HÔTEL-RESTAURANT LA FLAMBÉE*** €€

2, route de Chevigny
SENNECEY-LÈS-DIJON
✆ 03 80 47 35 35
www.laflambee.fr
Chambre double dès 98 €. Petit déjeuner buffet ou en chambre : 13 €. Parking inclus.

L'hôtel-restaurant La Flambée, situé à quelques kilomètres de Dijon, convient pour un séjour touristique ou professionnel. Le hall d'accueil jouxte un espace bar cosy et moderne. Spacieuses, les chambres invitent au repos. De nombreux équipements comme la piscine sont autant d'atouts pour ce bel établissement niché dans un magnifique parc arboré. En salle comme en terrasse, le restaurant permet de prolonger le plaisir afin de goûter aux délices régionaux.

HÔTEL WILSON*** €€

1, rue de Longvic ✆ 03 80 66 82 50
www.wilson-hotel.com

27 chambres : double de 89 € à 145 € ; triple de 135 € à 180 €. Soirée étape à partir de 120 €. Petit déjeuner 14 €.

L'hôtel Wilson « Les Collectionneurs » est un ancien relais de poste du XVIIe siècle qui a gardé ses nombreux charmes. Idéalement placé, donnant sur la place du même nom, ses 27 chambres offrent un grand confort, avec literie de qualité, connectivité et équipements à la pointe. L'hôtel Wilson est aussi à même de proposer une salle de séminaire et des séjours clés en main, pour ceux qui aspirent à travailler dans un cadre adapté, chic, mais aussi propice à la détente. Un vrai hôtel de charme ! À noter : l'excellente adresse du restaurant Origine juste à côté.

LA COUR BERBISEY €€€

31, rue Berbisey
✆ 03 45 83 12 38
www.lacourberbisey.fr

Les Collectionneurs. 5 chambres. De 150 € à 290 €. Petit déjeuner inclus. Sauna.

Offrez-vous un magnifique séjour à la Cour Berbisey, hôtel particulier situé au centre-ville, aménagé en chambres d'hôtes d'exception. Dans cette demeure datée du XVIIe siècle, calme et tranquillité sont les maîtres-mots, avec quatre suites à disposition de la clientèle chacune parfaitement équipée. Pour compléter ce décor idyllique aux plafonds à la française, boiseries, parquets et mobiliers anciens, faites-vous plaisir en prenant un bain de jouvence dans la piscine intérieure chauffée ou encore au sauna. Le petit déjeuner continental est généreux.

MAMA SHELTER DIJON** €€

8, rue Docteur Maret
https://fr.mamashelter.com/

120 chambres. Restauration. Cinéma.

Après Lisbonne, Londres, Paris ou encore Bordeaux, Mama Shelter s'installe enfin à Dijon… et pas n'importe où ! L'enseigne hôtelière s'est réservée une place de choix, à deux pas de la superbe cathédrale Saint-Bénigne, dans les anciens locaux de la CPAM. Le concept de ce tout nouvel hôtel est simple : une décoration branchée, des prix abordables et des équipements premium tels qu'une salle de cinéma ou un *rooftop*. Date d'ouverture estimée de ce petit bijou : début d'été 2023. On ne sait pas vous, mais nous, on a vraiment hâter de tester l'établissement !

GRAND HÔTEL LA CLOCHE MGALLERY***** €€€

14, place Darcy ✆ 03 80 30 12 32
www.hotel-lacloche.fr

Chambre simple à partir de 139 €, double à partir de 159 €. Petit déjeuner 25 €. Parking 15 €. Animaux 25 €.

Dirigé par Antoine Muñoz, le Grand Hôtel La Cloche sublime la place Darcy. Passé le grand hall d'entrée, les clients peuvent découvrir le restaurant bistronomique pour y déguster, repas et brunch sous la verrière, mais aussi un bar chic et contemporain, un spa sous les anciennes voûtes de pierre, des espaces de réception et la nouvelle boutique de vins. Les couloirs feutrés desservent 83 chambres et 5 suites aux équipements ultra modernes. Les voyageurs seront comblés.

LA PETITE MAISON CARRE €€

16, rue Vannerie
TALANT
✆ 07 81 89 59 51

1 chambre (+ 1 gite pour 4 tout équipé).

La Petite Maison Carré au cœur du village de Talant propose soit un gîte tout équipé réparti sur 3 niveaux, soit une chambre d'hôtes disposant d'un joli salon de détente. Ces hébergements sont orientés côté cour, très au calme, et avec une petite terrasse. Thierry Roughol, votre maître de maison qui œuvre dans la rénovation de l'habitat, a choisi une déco très authentique façon maison de famille un brin chic qui plait. Vous logez dans un charmant quartier à proximité du meilleur de la Métropole de Dijon dont la Cité internationale de la Gastronomie.

HOSTELLERIE DU CHAPEAU ROUGE**** €€€

5, rue Michelet ✆ 03 80 50 88 88
www.chapeau-rouge.fr

Ouvert toute l'année. 28 chambres dont 3 juniors suites. Chambre : 125 à 292 €. Suite : 225 à 332 €. Restaurant étoilé.

Située dans l'épicentre historique de la ville, non loin des plus beaux monuments, l'Hostellerie du Chapeau Rouge constitue l'étape de luxe de Dijon. Dans cet ancien relais de poste du XIXe siècle, l'élégance et la modernité se déclinent dans les 28 chambres haut de gamme. Profitez de l'espace bien-être et savourez le plaisir d'un sauna, d'un massage, d'un bain à remous ou réservez un soin complet du corps. Le clou de l'étape passe immanquablement par la table du chef étoilé.

HÔTEL MERCURE DIJON CLEMENCEAU**** €€€

22, boulevard de la Marne ✆ 03 80 72 31 13
www.hotel-mercure-dijon.fr
123 chambres : Supérieure dès 99 €, Privilège dès 119 €, Junior Suite dès 139 €. Petit déjeuner : 20 €.

Luxe, modernité et confort règnent à l'Hôtel Mercure du centre dijonnais, situé à proximité du Palais des congrès et desservi par le tramway. L'hôtel propose 123 chambres spacieuses et met également à disposition salles de conférence, salons de réception, une piscine extérieure, un agréable jardin avec terrasse ombragée, ainsi qu'un parking couvert et clos payant de 60 places. Ce niveau de qualité se retrouve dans les restaurants Le Château Bourgogne comme dans le bar lounge Le M21.

VERTIGO HÔTEL SPA**** €€€

3, rue Devosge
✆ 03 80 40 40 40
www.vertigohoteldijon.com
Chambre double à partir de 180 €. Petit déjeuner buffet : 20 €. Animaux : 20 €. Parking : 15 €.

A 5 minutes de la gare, non loin de la place Darcy, cet hôtel spa ultra moderne fait revivre un superbe bâtiment des années folles, inscrit aux Monuments historiques. Membre du concept Design Hôtel, les visiteurs ont la chance de pénétrer dans un lieu où la modernité est à part égale avec l'élégance. 42 chambres et suites confortables sont accessibles, avec de nombreux services proposés. Espace Spa Nuxe, piscine hammam, sauna, espace fitness. L'Ambassy Bar est un espace chic pour un petit déjeuner gourmand et pour se restaurer à toutes heures.

HÔTEL IBIS DIJON GARE*** €€

15 A, avenue Albert 1er ✆ 03 80 43 01 12
www.hotel-ibisgare-dijon.fr
128 chambres. Chambre double à partir de 65 €. Petit déjeuner : 11 €. Parking. Séminaires. Restauration.

© IBIS DIJON GARE

Cet établissement hôtelier 3 étoiles possède de nombreux atouts. Ses 128 chambres sont entièrement rénovées, dotées d'une literie confortable et d'équipements modernes pour ne manquer de rien. C'est l'endroit privilégié des professionnels pour l'organisation de réunions. L'hôtel est dirigé par Mélina Marais et propose un parc important d'espaces de travail avec plusieurs salles de séminaires. Proche de la gare, du tram et des commerces du centre-ville il est très fonctionnel. Et pour bien manger, rendez-vous dans son restaurant le Klub.

DIJON LA BELLE ADRESSE €€€

21, rue Monge ✆ 06 67 54 99 91
www.dijonlabelleadresse.com
4 appartements de 55 à 70 m². Jusqu'à 4 personnes. À partir de 120 €/nuit. Service VIP sur demande. Cuisine équipée.

En plein centre-ville, dans une rue vivante avec bars et restos, la Belle Adresse peut être la vôtre le temps d'un séjour dans l'un des quatre appartements de standing, installés dans une belle maison bourgeoise dijonnaise. Un confort haut de gamme avec une parfaite insonorisation et un mobilier de grande qualité. Moutarde, cassis, pain d'épices : des mots évocateurs pour nommer chacun des appartements. Au dernier étage : l'appartement Chambertin, une surface optimum avec terrasse. Vous pourrez choisir l'option VIP proposant de nombreux services personnalisés.

LUXURY FLAT IN DIJON €€€

5, rue du Palais
✆ 06 79 52 49 16
www.luxuryflatindijon.fr
3 appartements de 80 € à 160 € la nuit. 2 nuits minimum. Non-fumeur. Animaux non admis.

C'est dans un décor raffiné et en plein cœur du centre historique de Dijon que Bénigne le Compasseur, Logis des Frémyot, et Baronne de Chantal accueillent les voyageurs pour un séjour placé sous le signe du luxe. Des prestations haut de gamme qui émerveilleront les amoureux de vieilles pierres durant des séjours de deux nuits au minimum. Entre pierres de Bourgogne, tomettes, parquets et boiseries, cuisines et salles de bains récemment rénovées, autre TV écran plat ou literie de qualité : c'est une halte sans faille qui vous donnera sans doute envie de revenir.

DIJONNAIS

CHEZ MES SOEURS €

18, avenue de la Concorde
✆ 06 61 91 80 12
www.chezmessoeurs.fr
Lundi 10h-18h, du mardi au vendredi 8h-18h. Menu bowl 14,90 €. Menus burger et soupe 12,90 €. Sur place ou à emporter.

C'est un petit cocon bien agréable, pour une pause gourmande qui vous attend dans ce quartier-ci. Dans une atmosphère chaleureuse, Chez mes sœurs est l'une des trois adresses créées par Annabelle, Anne-Claire et Anne-Sophie où il fait bon faire étape. Des menus simples tendance street-food oui, mais 100 % faits maison, et conçus à partir de recettes et de produits sains ! Les portions sont généreuses à l'image des créatrices du concept. À l'heure du thé, on apprécie aussi le lieu pour une pause goûter ou lecture, grâce aux livres laissés en libre-service.

RESTAURANT L'INSTANT €

7, rue de Cracovie
✆ 03 80 78 95 66
Ouvert le midi du lundi au samedi de 11h30 à 15h. Entrée + plat ou plat + dessert à 17,50 €. Formule complète à 19,90 €.

Prenez le temps d'une pause déjeuner au restaurant l'Instant, dans la galerie du CC Leclerc Dijon Nord. Découvrez sa décoration moderne. Deux formules du midi s'offrent à vous, avec au menu des plats de saison comme le velouté de butternut. D'autres plats à la carte sont alléchants comme le burger maison à l'époisses ou le fish and chips du chef. Les coupes glacées de fabrication locale « Duchesse des glaces » ainsi que les desserts maison sont exquis, spécialement la tarte au citron.

L'ALSACIEN €

3, rue Mably ✆ 03 80 60 84 78
www.lalsacien.com
Ouvert du lundi au dimanche 12h-22h30. Carte 25 € environ.

Après Paris, Nantes, Lyon et Besançon, L'Alsacien, dirigé par Valentin et Lucie, s'est installé depuis deux ans à Dijon. Ici, ne vous attendez pas à trouver choucroutes ou autres spécialités alsaciennes, car une seule est à l'honneur. En effet, le restaurant au concept original se définit comme un bar à flammekueches. Super-choix de tartes flambées à partager, des recettes classiques ou originales comme la flammeküeche au munster très savoureuse. Régalez-vous aussi de la Traditionnelle, généreuse et crémeuse à souhait, ou la Gratinée pour une touche de fromage en plus. Excellente tarte aux pommes. L'ambiance est assurée grâce à une équipe au top, accueillante et aux petits soins.

LE 17.45 €€

48, rue Monge ✆ 03 45 42 80 58
www.le17-45.fr
Ouvert du lundi au samedi de 17h45 à 1h. Planches déjà composées dès 15 € ou planches à composer soi-même.

Vous avez une soirée en famille ou entre amis et vous ne savez pas trop où aller pour contenter tout le monde ? On a LA solution : elle se trouve à deux pas de la très festive place Émile Zola. Son nom : le 17.45. Un restaurant dirigé par Clément, de planches à la déco bistrot où convivialité et gourmandise se conjuguent à la perfection. Prenez place autour d'une table en bois, commencez par choisir votre breuvage, et c'est parti. Optez pour une planche toute prête ou faites votre choix parmi une multitude de fromages, charcuteries et accompagnements végé.

LE PETIT BISTROT €

30, avenue de Tavaux - **CHEVIGNY-SAINT-SAUVEUR**
✆ 03 80 48 23 61
le-petit-bistrot.eatbu.com
Ouvert du lundi au vendredi le midi. Jeudi et vendredi soir. Formules de 14,20 € à 16,50 €, pizzas. Terrasse guinguette.

L'ambiance conviviale du Petit Bistrot devient plus visible aux beaux jours quand la terrasse guinguette ouvre. Aux commandes, Marilyne épaulée de Nicolas en cuisine et d'une équipe bien rodée au service. Ici on se régale de propositions qui suivent l'envie du moment, avec des produits de saison. Esprit brasserie donc avec en sus une carte de pizzas et des plats à emporter. En fin de semaine, le Petit Bistrot devient festif avec un programme d'animations bien rodé, concerts, soirées karaoké. C'est évident quand on aperçoit les lampions !

BRASSERIE DES BEAUX-ARTS €€

1, rue Rameau ✆ 03 80 66 45 36
www.brasserie-beaux-arts.com
Ouvert tous les jours de 9h à 18h sauf le mardi. Restauration le midi uniquement. Lieu privatisable en soirée.

Entre la pierre minérale du musée et le square verdoyant des Ducs, la Brasserie des Beaux-Arts offre un cadre enchanteur pour prendre un café au soleil du matin. On aime l'ambiance feutrée et chic de l'intérieur, avec ses grandes baies vitrées, et surtout sa cuisine, fine et inspirée, à l'heure du déjeuner. La carte se décline au fil des saisons. En hiver, on s'ouvre l'appétit avec une panna cotta de petits pois et basilic, avant d'enchaîner avec le risotto aux palourdes. Mi-cuit chocolat noir au yuzu pour la touche sucrée, sans oublier une belle carte des vins.

BRASSERIE LE PETIT CENTRAL €€

3, place Grangier
✆ 03 80 30 44 00
Lundi-samedi : 9h-14h30, 19h-23h. Menu du jour : de 16,90 à 19 €. Menu régional : de 24 à 30 €.

Décoration chic et branchée pour la brasserie le Petit Central où le personnel vous accueille avec le sourire. Du côté de la table, les classiques de la région et les incontournables de la brasserie continueront de vous faire plaisir avec le fameux club sandwich. Coup de cœur pour le steak tartare haché minute et assaisonné à la perfection. À l'heure du thé comme de l'apéritif, on profite des grandes baies vitrées, calés entre deux coussins. Un lieu agréable au cœur de la ville.

LE CHAT QUI PENSE €€

18, rue Monge ✆ 06 80 84 79 62
www.lechatquipense.com
Ouvert du lundi au vendredi pour le déjeuner uniquement. Réservation impérative. Menus à 26 € et 32 €. Terrasse privée.

Tout d'abord, vous devrez réserver, car sans montrer patte blanche, vous ne découvrirez pas ce chat surprenant. C'est le sourire d'Isabelle qui nous accueille derrière la porte de cette belle maison. Pierres, poutres, verrière, parquet, luminaires savamment choisis, nous voila plongés dans l'univers de la famille Sonnet. La cuisine d'Isabelle traduit la passion des bons produits, quant au service, c'est Gilles qui s'en charge, avec la douceur qui le personnalise. On ne boude pas son plaisir à se délecter de saveurs nouvelles, bercé par le calme de ce chat délicat.

LE COIN CACHÉ €€

2, place Barbe
✆ 03 80 55 35 55
www.le-coin-cache.fr
Ouvert le lundi, le mardi, le jeudi et le vendredi le midi et de 19h à 22h ; le mercredi midi. Menu 23€ midi, 36€ soir.

Cocon bucolique à deux pas du centre-ville, on aime s'installer en terrasse sous la glycine du Coin Caché. L'accueil en salle est assuré par Séverine, tandis que le chef Gilles, prépare tous ses plats à partir de produits frais en cuisine : quenelles de volaille champignons, tarte ricotta rillettes de saumon curry, dos de lieu noir lentilles vertes crème chorizo... Ici, on ne peut être déçu. Le midi une seule formule propose trois entrées, trois plats et trois desserts au choix et le soir, un menu classique ainsi que les plats à la carte.

LE COMPTOIR €€

15-17, avenue Foch
✆ 03 80 43 40 01
www.campanile-dijon-centre.com
Formule express du midi à 11,90 €. Vin au verre. Accueil des groupes.

L'hôtel Campanile Centre-Gare, dirigé par Philippe Gaillard, se trouve juste en face de la gare. Son restaurant Le Comptoir vous invite à passer un bon moment en repas d'affaires ou en famille. A la carte, plat ou pizza du jour, mais aussi burgers, bourguignon ou classique, ou encore dos de cabillaud et son risotto. De quoi vous faire envie pour reprendre des forces ! Des plats variés, on aime aussi la carte des vins AOC, dont les premiers crus Givry en rouge et Montagny en blanc. Le chef pense également aux végétariens avec un excellent crumble de légumes bio.

LUXXMY RESTAURANT DU FAUVERNEY LODGE €€

3, rue de Chassagne - **FAUVERNEY**
✆ 03 80 55 60 62
www.luxxmy.fr
Tous les jours 11h-15, 18h-23h30. Carte : 30 € environ. Traiteur. Soirées à thème. Bar à cocktails.

LUXXMY est un restaurant aux influences sri-lankaises et indiennes que Chantal Jacquard et sa brigade de chefs sri-lankais et indiens ont créé dans sa ferme, Le Fauverney Lodge. La cuisine bourguignonne n'est pas oubliée, mais c'est bien pour cette cuisine du monde, voire végétarienne et même végane qu'il faut venir. On savoure des plats raffinés qui nous transportent dans un voyage gustatif bienfaisant dont les subtils mariages d'épices assaisonnent les plats aux vertus ayurvédiques.

L'OMBRELLE €€

29, rue du Château - **MAGNY-SUR-TILLE**
✆ 06 85 63 93 49
Ouvert 7j/7 de 12h à 23h de juin à fin août. Réservation les vendredis soir de concert. Barbecues/ frites maison.

Déjà idéal pour une journée baignade, le Lac de la Tille accueille maintenant l'incontournable guinguette de Delphine et Roberto. Un esprit 100% vacances qui en fait le spot idéal pour s'attabler ou profiter d'une journée transat au bord de l'eau. Les plus chanceux auront suivi la page Facebook de l'Ombrelle pour ne rater aucune soirée barbecue. Pas d'inquiétude, il y a aussi glaces et bières artisanales, frites maison, ou autres planches de charcuteries. Les vendredis soirs, pensez à réserver pour les concerts car l'ambiance festive et dansante est contagieuse !

LE PRÉ AUX CLERCS €€

13, place de la Libération ✆ 03 80 38 05 05
www.lepreauxclercs.fr

Tous les jours le midi et le soir. Service continu. Menus à 36 €. Formules du midi : de 25 à 28 €. Planche + vin 38 €.

Le Pré aux Clercs s'inscrit dans le continuum de l'œuvre du chef étoilé Georges Blanc, en témoigne une décoration faisant l'éloge du bien vivre et du bien manger. La carte, à la tendance bistronomique affichée, fleure bon les produits de saison et attire chaque jour une foule conséquente de Dijonnais et de touristes. Dans le menu « Image de Saison », gravlax de saumon et jambon persillé côtoient un tartare de bœuf limousin ou des quenelles d'esturgeon. Fromages affinés Alain Heiss ou desserts maison, c'est selon… On aime le service continu et la vaste terrasse.

LE REFUGE DES PIRATES €€

10, rue Marguerite Yourcenar ✆ 03 80 56 55 08
www.refugedespirates.fr

Mardi-dimanche 11h30-15h, 18h30-22h30 (23h vendredi-samedi) et le lundi midi. Menu enfant : 9,50 €. Carte 30 € environ.

Le Refuge des Pirates, situé près de la Toison d'Or, est le seul restaurant de Bourgogne à avoir cette thématique Pirate des Caraïbes. Pour passer un bon moment, c'est le repère tout indiqué, avec de nombreuses animations : effets spéciaux, cascadeurs et combats d'épée. On y savoure des plats exotiques comme le tartare de saumon à la mangue, une nouvelle recette du propriétaire Romuald Ferrant qui tient à ce que tout soit préparé maison, jusqu'au pesto fait avec du basilic cultivé en terrasse du restaurant.

RESTAURANT LE CENTRAL €€

3, place Grangier
✆ 03 80 30 44 00

Ouvert du lundi au samedi de 12h à 14h et de 19h à 23h. Ouvert jusqu'à minuit sur réservation. Menus de 27 € à 33 €.

Le restaurant Le Central vous accueille, à mi-chemin entre une ambiance bistro rétro et le restaurant gastronomique. Concoctées par le chef Ralf Mestre et sa brigade, les assiettes sont à la hauteur de nos attentes et respectent l'esprit bistronomique. Ris de veau braisés au Noilly-Prat et girolles, sole meunière, ou encore suprême de poulet fermier nous rappellent la chaleur des repas dominicaux. Le traditionnel «chariot des desserts» sonne comme un rituel immanquable, tandis qu'il est difficile de résister au folklore de la crêpe Suzette flambée devant nous.

RESTAURANT LE KLUB - IBIS HOTEL DIJON GARE €€

15a, avenue Albert-Ier
✆ 03 80 43 01 12
www.hotel-ibisgare-dijon.fr/restaurant

Ouvert tous les jours de 12h à 14h et de 19h à 22h. Plats à la carte : environ 19 €. Terrasse.

L'hôtel Ibis Gare est dirigé par Melina Marais et son restaurant Le Klub mérite d'y faire une escale ! Le chef Stéphane Fouillot vous propose de déguster plusieurs incontournables de la gastronomie bourguignonne, mais aussi des propositions qui varient en fonction des saisons. Goûtez le tartare de bœuf classique, ou plus singulier et moins attendu, au cognac ou au parmesan. Accompagnez le tout d'un saint-romain, un grand plaisir ! Les douceurs à la carte poussent à la gourmandise.

LE TABLIER €€

1, rue de Chatel
ROUVRES-EN-PLAINE
✆ 03 80 82 75 21

Ouvert du lundi au samedi midi, vendredi soir, jeudi soir en haute saison. Formule du midi de 16,40 € à 20,90 €.

Le Tablier est la nouvelle table de Rouvres en plaine. Un restaurant bistronomique que Claire Plissonnier colore de ses créations hautes en couleurs et saveurs. Très abordable dans les formules du midi, on se laisse volontiers séduire par ses suggestions. La salle et son bar façon bistrot revisité promettent la convivialité. En été une immense terrasse en cour intérieure prend le relais. Alors, œuf frit pain d'épices émulsion d'époisses ou ravioles de haddock au curry vert ? On ne vous dit que cela. Succès annoncé pour une adresse où l'on a envie de revenir !

LE TRAPPEUR €€

18, rue Pasteur
✆ 09 51 12 69 68
www.letrappeur-dijon.net

Ouvert du mardi au samedi de 12h à 14h ; du mardi au jeudi de 18h30 à 22h ; le vendredi et le samedi de 18h30 à 23h.

Bienvenue dans le premier restaurant québécois de Dijon ! Situé juste au milieu de la rue Pasteur, Le Trappeur vous ouvre les portes de son restaurant où la bonne humeur et la convivialité sont reines. Dans un décor rustique façon chalet de bûcheron, venez déguster la célèbre poutine, ce plat à base de frites, de cheddar en grains et d'une mystérieuse sauce brune ou préférez le smoked meat, cette spécialité de poitrine de bœuf originaire de Montréal. L'accent du patron ne laisse pas de doute quant à l'authenticité des recettes. Une adresse dépaysante.

LE CHÂTEAU BOURGOGNE €€€

22, boulevard de la Marne
✆ 03 80 72 31 13
Tous les jours midi et soir (fermé samedi midi). Formule déjeuner à p. de 26 €, dîner à p. de 31 €. Brunch buffet 45 €.

Dirigé par Alexander Krips et à quelques pas de l'Auditorium, le Château Bourgogne est un établissement de grande qualité. En cuisine, le chef Gonzalo Pineiro est un chef exigeant qui ne jure que par le frais, le local et le fait maison. Vous pourrez par exemple déguster un croustillant de volaille fermière au comté, sauce au vin jaune, gnocchis de betterave. Poisson, viande ou proposition végé pour satisfaire le plus grand nombre. La cave fait de l'œil aux amateurs de bons crus. Un excellent rapport qualité-prix pour une vie de château !

CIBO €€€

24, rue Jeannin
✆ 03 80 28 80 76
Du mardi au vendredi 12h-14h et 19h30-22h. Midi 4 plats 55 €. Soir, formule dégustation : 10 plats 105 €.

Cibo, c'est une étoile au Guide Michelin, pas moins de trois toques Gault et Millau et une réputation qui n'est plus à faire. Passez la porte, c'est être saisi par la beauté des lieux. À table, la cuisine ouverte laisse entrevoir la beauté du geste. Dans l'assiette, des produits simples, mais cuisinés avec raffinement dans le respect de leurs saveurs originelles. La carte propose un menu unique fait de produits locaux et rigoureusement sélectionnés dans un rayon de 200 km. Vous serez séduit par le visuel de l'assiette très soigné.

LA DAME D'AQUITAINE €€€

23, place Bossuet
✆ 03 80 30 45 65
www.ladamedaquitaine.fr
Ouvert du lundi soir ; du mardi au samedi midi et soir. Menus entre 42 et 78 €. Vin au verre. Accueil des groupes.

Bienvenue à la table de la Dame d'Aquitaine, tenue en famille par Sabine et Laurent Perriguey. Dans la grande salle au sein d'une crypte du XIIIe siècle, le service est assuré avec distinction par Sabine et sa sœur. L'expérience culinaire est garantie, entre régionalisme et saisonnalité, par la carte gourmande du chef Laurent. Parmi ses suggestions, le foie gras maison ou le carpaccio de noix de gigot d'agneau fumé de Mr Lemoine, copeaux de parmesan et jeunes pousses. Découvrez en face, le Bistrot de la Dame. En été, essayez la terrasse au Jardin de la Dame.

L'ESSENTIEL €€

12, rue Audra
✆ 03 80 30 14 52
www.lessentiel-dijon.com
Ouvert du mardi au samedi de 12h à 13h30 et de 19h30 à 21h30. Formules de 46 à 94 €. Menu du jour.

© CECILE MORELLE 5 GRAMMES

C'est tout proche de la célèbre place Darcy que vous accueillent Madame Bernigaud et sa charmante équipe. À la carte de cette table gastronomique, des plats audacieux préparés à base de produits de saison par Richard, le chef. L'incontournable du moment : la poitrine de veau confite, escargots au beurre de persil, salsifis, céleri et sauce suprême. Un véritable délice et bien présenté ! Une cuisine inventive, moderne qui sublime les saveurs traditionnelles françaises. Il n'en fallait pas plus pour nous combler ! Pensez à réserver, surtout pour la terrasse !

LES JARDINS BY LA CLOCHE €€€

14, place Darcy ✆ 03 80 30 12 32
www.hotel-lacloche.fr
Tous les jours 12h-14h et 19h-22h. Menus de 32 à 58 €. Brunch le dimanche à 42 €. Réservation obligatoire.

Quoi de plus chic que de s'offrir un déjeuner ou un dîner dans le restaurant du célèbre Grand Hôtel La Cloche ? C'est sous une élégante verrière à la décoration contemporaine que vous serez installé pour profiter de cette expérience. Au menu : tourte forestière aux éclats de foie gras, suprême de volaille fermière ou encore pomme fondante au thé chai. Des mets préparés avec finesse par le chef Aurélien Mauny et son équipe et qui évoluent selon les saisons. Laissez-vous également tenter par le brunch du dimanche, un vrai régal.

LOISEAU DES DUCS €€€

3, rue Vauban ✆ 03 80 30 28 09

www.bernard-loiseau.com

1 étoile Michelin. Ouvert du mardi au samedi midi et soir. Menu déjeuner Vauban de 40 € à 55 €. Menu Talmay à 120 €.

Loiseau des Ducs est l'un des 4 restaurants du Groupe Bernard Loiseau en Bourgogne et la première adresse dijonnaise installée en 2013. Vous déjeunez ou dînez dans l»ambiance cosy de la salle voûtée d'un hôtel particulier du XVIe siècle. Le nouveau chef Jean-Bruno Gosse propose des plats qui tout en étant ancrés dans la tradition Bernard Loiseau réinterprètent la cuisine bourguignonne avec grande subtilité. Le déjeuner Vauban offre une belle entrée en matière pour un prix abordable agrémenté par l'œnothèque qui permet d'accéder à 40 crus servis au verre.

RESTAURANT WILLIAM FRACHOT €€€

5, rue Michelet ✆ 03 80 50 88 88

www.chapeau-rouge.fr

Ouvert du mercredi au samedi midi et soir. Réservation recommandée. Menus de 115 € à 195 € (en 4, 5 et 8 services).

Doublement étoilé Michelin, le restaurant de William Frachot est intimiste et harmonieux, à l'image de la cuisine qui y est servie. Laissez-vous tenter par le menu Esprit en 8 services ou par le menu Émotions (4 services) dans lequel le chef revisite la cuisine bourguignonne comme la quenelle de sandre au caviar d'Aquitaine ou soufflé à la cazette du Morvan. N'oubliez pas de plonger vos yeux dans le livre de cave et les coups de cœur du meilleur sommelier de France, Maxime Brunet.

POURQUOI PAS ? €€€

13, rue Monge

✆ 03 80 50 11 77

www.pourquoipas-dijon.com

Du mardi au vendredi 19h15-21h15 ; le samedi 12h-13h15 et 19h15-21h15. Réservation impérative. Menus de 36 € à 70 €.

A deux pas de la place Émile Zola, ce restaurant à la devanture colorée et nouvellement embellie est tenu par Muriel et Julien et renferme un vrai trésor. Une cuisine à la fois goûteuse et originale où légumes oubliés et viande de qualité sont mis à l'honneur. Velouté aux cèpes et fruits secs torréfiés, paleron de veau confit en meurette... Des recettes twistées et remises au goût du jour avec brio. Le plus : tous les plats sont préparés à partir de produits frais et le restaurant propose des alternatives végétariennes. Pensez à réserver, c'est souvent complet !

LA TABLE DES CLIMATS €€€

12, parvis de l'Unesco

✆ 03 80 41 74 98

https://www.latabledesclimats.fr/

Ouvert mardi-samedi 12h-13h30 et 19h-21h30 ; dimanche 12h-13h30. Formule à 39 € (midi uniquement), 59 € et 71 €.

Lorsque les climats de Bourgogne sont rentrés à l'Unesco, on aurait eu du mal à se passer d'un restaurant en leur honneur. Cet établissement « vinostronomique » est placé sous la direction culinaire d'Éric Pras, chef triplement étoilé de la Maison Lameloise et MOF 2004. La Table des Climats propose un repas unique sous le signe de la concordance mets-vins. C'est le jeune chef Kévin Julien qui est chargé d'associer les vins les plus remarquables de Bourgogne avec des recettes du terroir revisitées. Carte de plus de 800 références à l'œnothèque et terrasse.

DIJONNAIS

Maisons pittoresques à pan de bois.

LE BAR BY LA CLOCHE

14, place Darcy
✆ 03 80 30 12 32
www.hotel-lacloche.fr/bar-by-cloche

Ouvert tous les jours de 10h à 0h. Planches de fromages à 18 €, de charcuterie à 24 €. Cocktails de 12 € à 18 €. fumoir

Face au parc Darcy et dans un bâtiment à l'architecture remarquable, le bar de l'hôtel La Cloche offre une ambiance feutrée, chic et lounge, relevée par le bleu électrique des canapés en cuir. Un cadre qui tutoie l'exception que ce soit pour l'heure du thé, en afterwork, ou en fin de semaine avec une ambiance DJ lounge. A toute heure, la superbe carte des cocktails ainsi que le petit fooding émerveillera tous les palais. Aux beaux jours, le jardin intérieur est à découvrir tandis que les amateurs de cigares pourront profiter de l'élégant fumoir.

LA CAUSERIE DES MONDES

16, rue Vauban
✆ 03 80 49 96 59

Ouvert lundi, mardi, jeudi, vendredi et samedi de 10h à 18h30. Petite restauration et salon de thé. Terrasse.

La Causerie des Mondes est lieu délicieusement vintage où se bousculent les nostalgiques, car il flotte ici un air de déjeuner chez grand-mère. Des tables en bois disparates, des livres en rayonnages, des babioles ici et là, aux côtés d'une ardoise où s'affichent les pâtisseries du jour. On vient pour un potage maison, un clafoutis, un plat qui réchauffe, un pain perdu ou simplement pour prendre un thé. En bref, pour se réchauffer le cœur et le corps, se détendre et même se ressourcer, la Causerie des Mondes est l'endroit que l'on recommande.

DUCHESSE DES GLACES

5, avenue de Dallas
✆ 03 80 45 56 55
https://duchessedesglaces.fr

Distribué dans de nombreux points de vente dans la région (voir site Internet).

Romuald Ferrant, propriétaire du Refuge des Pirates et de l'American Way de Valmy, a créé la fabrique de glaces artisanales Duchesse des Glaces. Les professionnels et les clients sont séduits, de nombreux restaurants ou encore Passion Froid et Super U pour la grande distribution. Cette année Romuald a lancé de nouveaux parfums comme la glace au pain d'épices, mascarpone, stracciatella... La recette du succès ? Du talent et du local, avec le lait de la ferme de Labergement ou encore des fraises cultivées en Saône-et-Loire. Et la pêche de Romuald !

LA FABRIQUE DU PAIN D'ÉPICES MULOT & PETITJEAN

6, boulevard de l'Ouest
✆ 03 80 53 17 10
www.mulotpetitjean.com

Musée ouvert du mardi au samedi de 10h à 12h30 et de 14h à 18h30. Adulte : 8 € ; Enfant (12-17 ans) : 6 €. Boutique.

Souvent copié, jamais égalé, le pain d'épices Mulot et Petitjean est la Madeleine de Proust des Dijonnais. La maison perpétue la tradition de l'authentique pain d'épices décliné sous toutes les formes. Dans un parcours thématique dans un espace de près de 450 m², la fabrication se déroule sous nos yeux : on peut suivre les étapes de la fabrication du pain d'épices à travers l'exposition de la collection de machines et outils de l'entreprise et les témoignages de collaborateurs sur grand écran.

© ROZENN KREBEL

© ROZENN KREBEL

DIJONNAIS

MADELEINE CAFÉ

8-12, rue Verrerie
✆ 03 80 69 24 91
www.madeleinecafe.fr
Du mardi au samedi 9h30-18h30. Restauration le midi sur place ou à emporter. Brunch le samedi de 12h à 14h. Traiteur.

Le Madeleine Café est le rendez-vous incontournable du quartier des antiquaires depuis 2018. Dans un décor boisé, frais l'été et chaleureux l'hiver, c'est l'endroit de ceux qui aiment prendre leur temps avec un bon livre ou papoter entre amis. Si vous ne venez pas pour un petit déjeuner gourmand, hâtez-vous-y le midi en dégustant une proposition de la carte du jour et de saison. Salon de thé et de café, le plaisir ne serait pas complet sans les pâtisseries. De délicieux nectars, jus pressés ou smoothies permettent d'adoucir les beaux jours qui reviennent.

20 BY LA CLOCHE

5, rue Devosge
✆ 03 80 58 58 20
Ouvert du mardi au vendredi de 15h à 21h ; le samedi 10h-19h. Boutique et cave. Dégustations (infos sur demande).

Le grand hôtel La Cloche MGallery vous ouvre les portes de sa boutique entièrement dédiée au vin, avec Charles-Antoine Musitelli comme maître à bord. 20 by La Cloche propose à ses visiteurs une sélection de grands vins, souvent de Bourgogne. Vous pourrez échanger face au mural des crus de la région, profiter d'un entre-soi cosy pour les amateurs d'œnologie ou rencontrer des viticulteurs. Subtil mélange entre une boutique, une cave et un espace dégustation, 20 by La Cloche se positionne comme le lieu de prédilection des amoureux du vin.

MULOT & PETITJEAN

13, place Bossuet
✆ 03 80 30 22 45
www.mulotpetitjean.com
Ouvert du mardi au samedi de 10h à 12h et de 14h à 19h. Cinq boutiques à Dijon, une à Beaune et e-boutique. Livraison.

Le véritable pain d'épices, c'est ici ! Mulot & Petitjean fait partie des monstres sacrés de la gastronomie dijonnaise. Aventure familiale depuis 1796, labellisée « Entreprise du patrimoine vivant », Mulot & Petitjean offre à tous un savoir-faire artisanal d'excellence. Quel bel hôtel particulier du XVe siècle style néogothique ! où vous retrouverez toute la gamme de la marque : que ce soit les pains d'épices natures, à la coupe, aux fruits confits. La dernière innovation : les nonnettes apéritives saveur pois-chiche-menthe et confit d'oignons. On adore !

AS DU VIN

100, avenue du Drapeau
✆ 03 80 28 78 77
www.asduvin.com
Ouverture du lundi au samedi 9h-12h30 et 14h-20h. Livraison. Vins, spiritueux, whiskys, champagnes et idées cadeaux.

Depuis 2009, As du Vin assure à tous les néophytes ou passionnés des vins et spiritueux une maison pour les accueillir. Leur maître mot ? La convivialité. Les 2 As, François-Xavier et Nicolas comptent plus de 700 références de vins, crémants, champagnes, whiskys et bières dans leur boutique indépendante. Outre un large choix de vins de Bourgogne, ils disposent aussi de bouteilles issues d'une bonne sélection de Domaines Français (Loire, Sud-Ouest…). Très ancrés dans leur époque, As du Vin propose surtout des vins Bio et biodynamiques.

LA RHUMERIE JAMAÏQUE

14, place de la République
✆ 03 80 73 52 19
lecerclejamaique.com
Ouvert mardi 16h-3h ; mercredi 16h-4h ; du jeudi au samedi 16h-5h. Privatisation possible.

Depuis 1985, la Rhumerie Jamaïque est fréquentée par toutes les tranches d'âge. La Jam, comme les Dijonnais aiment la nommer familièrement, est dirigée par Gilles Jarant qui se porte garant d'une ambiance festive et chaleureuse. Ici, on se croise dans un cadre sécurisé pour partager un moment musical. Au bar avec un verre de vin ou un cocktail, en boîte de nuit dans la partie caveau, ou à l'occasion d'un concert, ce club à la décoration chic et baroque propose trois ambiances pour répondre à toutes les dynamiques. Notez aussi que vous pouvez privatiser le lieu.

BIENVENUE À LA FERME

1, rue des Coulots - **BRETENIÈRE**
✆ 03 80 68 66 50
www.bienvenue-a-la-ferme.com
Samedi-lundi et jours fériés 10h-12h et 14h-19h ; du dimanche au vendredi et les jours fériés 10h-12h30 et 14h-18h.

Bienvenue à la Ferme est une marque nationale portée par les Chambres d'Agriculture et créée pour consommer local. Elle représente un réseau de 8 000 producteurs en France, proposant de la vente directe. Côté Côte-d'Or, 80 producteurs portent déjà les couleurs de la marque avec passion et professionnalisme. Viandes, fruits, légumes et autres vins, des produits sains et respectueux de l'environnement qui optent pour un parcours direct du jardin à l'assiette !

Pour ne rien rater des manifestations et évènements de la marque, suivez le site Internet !

© PÂTISSERIE POURRIER

© PHILIPPE HIEST

© POURRIER

FRANCK POURRIER

26, rue Musette ✆ 03 80 48 37 70
https://www.franck-pourrier.com/

Du mardi au jeudi de 9h à 12h30 et de 13h30 à 19h. Du vendredi au samedi de 8h30 à 19h. Le dimanche de 9h à 12h30.

Située tout près des halles centrales de Dijon, la boutique de Julie et Franck Pourrier est bien connue à Dijon. Découvrez ses pâtisseries de qualité avec ou Sans Gluten comme l'Extase, mousse framboise, fruité fruits rouges, biscuit thym ou le délicieux Croc Musette, mousse chocolat noir, croustillant praliné, biscuit chocolat noir ou encore le Papille au cassis !

Mention spéciale est attribuée pour la Meilleure Galette des Rois goûtée jusqu'ici. Pour les amateurs de chocolat, il y a du choix avec un praliné maison… Vous l'aurez compris que du «Made in Franck» !

© PHILIPPE HIEST

© PHILIPPE HIEST

BOUTIQUE DE LA TRUFFE - L'OR DES VALOIS

5, rue Chaudronnerie
✆ 03 80 37 23 70
www.truffedebourgogne.fr
Ouvert du mardi au samedi de 10h à 19h. Boutique en ligne.

La Boutique de la Truffe est un lieu unique en Bourgogne, dédié au fameux champignon, que Thierry Bezeux récoltant et négociant, a baptisé L'Or des Valois et permettant de trouver de la truffe tout au long de l'année. Le célèbre *Tuber uncinatum* se caractérise par sa couleur gris foncé et son parfum marqué et se décline en produits gourmands. Notez que ce passionné vous propose de vivre une expérience unique, à travers des ateliers dans le caveau de la boutique et sur réservation.

BOUTIQUE MAILLE

32, rue de la Liberté
✆ 03 80 30 41 02
www.maille.com
Ouvert du lundi au samedi de 10h à 19h. Livraison possible.

La moutarde Maille est dans la lignée de ces grandes maisons connues du monde entier pour le symbole de la gastronomie qu'elles représentent. L'incontournable boutique trône depuis 1845 et vous invite à un voyage de gourmet avec une sélection de moutarde en pots : à la truffe, au chablis, au cassis ou à l'italienne avec parmesan et truffe blanche. On choisira un pot en verre ou en grès que l'on pourra même venir remplir une fois vide grâce au système de moutardes à la pompe. De nombreux produits se déclinent à travers des huiles, vinaigres et cornichons.

BRASSERIE DES TROIS FONTAINES

17, rue de la Plucharde - **BRETENIÈRE**
✆ 03 80 79 20 12
Ouvert mercredi-vendredi 14h-19h ; samedi 9h-15h. Visites brasserie sur rdv. Apéro vendredi soir (infos en ligne).

Virgile et Peggy Berthiot rêvaient de brasser un jour leur propre bière, un souhait exaucé depuis l'ouverture de leur brasserie des Trois Fontaines, il y a 20 ans. En effet, la Mandubienne et la Téméraire, bières artisanales et 100 % naturelles, sont désormais connues dans toute la Bourgogne. Mieux encore, la Mandubienne est 100 % côte-d'orienne ! On est séduit par leur arôme authentique au malt d'orge provenant de Marliens. Venez savourer une bonne bière dans leur bar-boutique.

LA BURGONDE

6, place des Ducs-de-Bourgogne
✆ 03 80 27 40 36
www.la-burgonde.com
Du mardi au jeudi de 10h à 12h et de 14h à 19h ; le vendredi et le samedi de 10h à 19h. Boutique en ligne.

Si vous cherchez un souvenir de Bourgogne ou une idée cadeau 100 % originale, rendez-vous place des Ducs, au cœur du centre historique et touristique de Dijon. La Burgonde est une marque créée par Nathalie Jacquey qui matérialise son amour pour la région avec des produits inédits, marqués d'un slogan fort et tendance, et de fabrication régionale. Les tout-petits ont aussi droit à leur objet, un doudou *made in* Dijon, Smailoo l'escargoo, tout doux. Ici vous pouvez également faire réaliser une série de tee-shirts ou de plaques à l'effigie de votre enseigne ou marque.

CENTRE COMMERCIAL TOISON D'OR

Route de Langres ✆ 03 80 74 18 88
www.latoisondor.com
Ouvert du lundi au vendredi de 10h à 20h ; le samedi de 9h à 20h. Ouvert quelques dimanches dans l'année.

Avec ses 150 enseignes et ses 7 millions de visiteurs par an, La Toison d'Or est le plus grand centre commercial de la région. Boutique de vêtements, de chaussures, de déco, de maquillage, de bijoux, restaurant asiatique, pizzeria, hôtel, coiffeurs et même grande surface : il y en a pour tous les goûts. Parmi les enseignes les plus en vogue : Adidas, Calzedonia, Apple Store, Nyx, Five Guys ou encore Starbucks. N'oubliez votre carte de fidélité pour bénéficier d'offres promotionnelles !

LA DAME D'AQUITAINE

23, place Bossuet
✆ 03 80 30 45 65
www.ladamedaquitaine.fr
Livraison possible. Service traiteur sur devis.

En plus de disposer d'un excellent restaurant installé dans une somptueuse crypte du XIIIe siècle, la Dame d'Aquitaine propose un ensemble de prestations de service traiteur et d'accueil de groupes. Qu'il s'agisse de salle de travail, de dégustations de vin ou de moments gourmands plus festifs, ce lieu est sans nul doute un écrin privilégié. Côté gastronomie, c'est au chef Laurent Perriguey que revient la tâche de vous surprendre. Le service traiteur, sur place ou à emporter, réunit à la fois fonctionnalité et créativité en s'adaptant parfaitement à vos envies.

DOMAINE DE LA CRAS

PLOMBIÈRES-LÈS-DIJON ✆ 06 71 68 07 63
www.domainedelacras.marcsoyard.fr
Ouvert tous les jours. Sur rendez-vous. Fermé les jours fériés et pendant les vendanges. Livraison possible.

Exploité par le viticulteur passionné Marc Soyard, le domaine de la Cras appartient au Grand Dijon depuis 2013. Sur 160 ha, il est situé sur le plateau entre Dijon, Plombières et Corcelles-Les-Monts. Le domaine compte 8 ha de vignes plantées en Pinot Noir et en Chardonnay. Le Grand Dijon obtient chaque année pas moins de 2 000 bouteilles issues du domaine. Le but, sur le long terme, est d'obtenir l'appellation Côte de Dijon. Ouvert aux visites sur rendez-vous, vous serez chaleureusement accueilli dans un environnement naturel avec une vue imprenable.

DISTILLERIE EMILE COULIN

12, rue de la Gare - **FOUGEROLLES**
✆ 03 84 49 13 80 - www.distilleriespeureux.com
Ouvert toute l'année. Ouvert du mercredi au samedi de 9h à 12h 30 et de 14h à 18h30.

À Fougerolles, noyée dans un immense verger de cerisiers, la culture de la cerise est ancestrale. C'est ici que la distillerie artisanale Coulin élabore des alcools de fruits « haute couture » : eaux-de-vie de fruits et de baies sauvages (kirsch, poire, framboise sauvage, mirabelle, prunelle et houx). Mais aussi des liqueurs, apéritifs et des fruits à l'eau-de-vie. L'embouteillage et la vente en boutique se font à cette adresse, où on se fera un plaisir de vous accueillir pour vous présenter et vous faire déguster quelques spécimens de sa production.

DRIVE FERMIER 21

3, rue Léon Delessard
✆ 07 85 76 13 52
drivefermier21.fr
Retrait chaque vendredi de 12h30 à 19h.

Du bio en partie, du local à 100 % ! Le Drive fermier 21 vous propose de nombreux produits fermiers 100 % Côte-d'Or : pain, fruits et légumes, viandes, charcuterie, volailles et œufs, fromages et produits laitiers, glaces, poissons, escargots, aromates et condiments, produits de la ruche, confitures et produits sucrés, épicerie, boissons sans et avec alcool, vins et spiritueux, bières fermières et maltes... Rendez-vous sur le site pour passer tranquillement votre commande. Faites votre panier avant le mercredi à minuit et venez chercher votre commande le vendredi.

E.LECLERC DIJON CAP NORD

7, rue de Cracovie
✆ 03 80 78 94 94
www.e-leclerc.com/dijon
Ouvert du lundi au samedi de 8h30 à 20h ; le dimanche de 8h30 à 12h30. Service drive.

Dans la zone nord de Dijon, le centre commercial E. Leclerc fait des prix bas un combat, tout en conservant l'exigence de produits de qualité. Le magasin valorise le terroir avec les Alliances locales, un partenariat de proximité qui met en avant producteurs et éleveurs de la région. A cela s'ajoutent des services efficaces, comme la location de véhicules à prix compétitifs ou le Drive. Envie de vous faire plaisir ? Le Manège à Bijoux et l'agence de voyages sont là pour vous. Et pour croquer un bout, rendez-vous au restaurant L'Instant ou encore au Patio gourmand.

FABRICE GILLOTTE

21, rue du Bourg
✆ 03 80 35 58 50
https://fabricegillotte.com
Du mardi au vendredi 9h15-12h10, 14h-19h ; samedi 9h-12h30, 14h à 19h. Vente en ligne. Grand atelier à Norges-la-Ville.

On craque pour Fabrice Gillotte. MOF et multirécompensé, Fabrice a ouvert son Grand Atelier à Norges-la-Ville où produits et créations sont fabriqués et vendus directement. Le « Steve Jobs de la chocolaterie » continue de renouveler son art. 2023 est l'année de l'amour avec de jolis chocolats en cœur, tablette de chocolat auréolée d'amoureux. Les Croc'Télé et l'assortiment Snacking grignotage pour une pause plaisir. Les irrésistibles oursons, égéries de FG, sont de retour. Les coccinelles adorables et le trèfle tellement attractif ! Divines glaces artisanales !

LA FABRIQUE

4, place François-Rude
✆ 03 71 19 18 60
Ouvert tous les jours de 10h à 19h.

La Fabrique, ce n'est pas le repaire des brigands, mais celui des amateurs de bières et de spiritueux. Passez la porte et découvrez les étals de bières locales et régionales. Vous serez guidé avec le sourire. En rayons, les meilleures brasseries sont représentées avec des bières plus ou moins houblonnées et maltées avec des noms chargés d'humour comme La Buée de la microbrasserie VIF. Pour compléter l'offre, plus de 25 rhums (dont du bourguignon !) et pas moins d'une trentaine de références de whiskies sont proposés. Pensez-y pour un cadeau de dernière minute !

LA FERME DE BRAY-JÉRÔME CORNEMILLOT

Chemin de la Mongeotte
✆ 06 13 29 57 49
Ouvert le mercredi de 16h à 18h30 ; le samedi de 9h30 à 12h15.

La Ferme de Bray située à Dijon est gérée par Marine et Jérôme, spécialisés dans l'élevage de vaches charolaises et la production de céréales. Associés avec Nicolas, de la Ferme de Poissy, leurs produits sont en vente directe, proposant un large choix de morceaux disponibles au détail : steaks hachés, côtes de bœuf, rosbif, bavette...Testez le veau de lait Colis de viande de 5 kg ou le Colis barbecue. Vous y trouverez aussi lentilles et céréales.

LAPIERRE EXPERIENCE CENTER DIJON

Rond-Point Georges Pompidou
✆ 03 80 43 24 43
Ouvert du mardi au samedi de 10h à 19h. Vente, SAV et entretien toutes marques.

Ce magasin des cycles Lapierre est un showroom ultramoderne, condensé des technologies et des innovations vélo. 24 écrans, 3 bornes numériques avec applications, mise en scène des produits : rien n'est trop beau pour vous faire vivre une expérience VIP pour votre achat et jusqu'à sa livraison. Pour certains achats, vous bénéficiez d'une étude posturale pour bien choisir et régler votre équipement. Un showroom incontournable pour ses services premium et son ADN dijonnais.

LA MOUTARDERIE FALLOT

16, rue de la Chouette
✆ 09 54 04 12 62
www.fallot.com
Ouvert le lundi de 12h à 19h ; du mardi au samedi de 10h à 19h ; le dimanche de 10h à 13h.

Direction rue de la chouette pour visiter la boutique de la Moutarderie Fallot. La maison beaunoise propose de découvrir comment est fabriquée la moutarde, selon un procédé artisanal : les graines de sénevé sont broyées à la meule de pierre. Une à deux fois par mois, la meule exposée est opérationnelle pour préparer une authentique moutarde de Dijon sous vos yeux. Attardez-vous au bar à moutardes qui permet de découvrir les plus en vogue. Un espace interactif qui mêle tradition et modernité. Si vous en avez le temps, faites un tour à la maison mère à Beaune.

MULOT & PETITJEAN

1, rue de la Chouette
✆ 03 80 61 42 22
www.mulotpetitjean.com
Ouvert du mardi au samedi de 10h à 12h30 et de 14h à 19h.

La maison Mulot & Petitjean fondée en 1796 est aussi installée dans le sublime quartier historique. Fourrées à l'orange ou au cassis, poire-vanille mais aussi au chocolat et caramel, les nonnettes sont toujours un régal. On adore les mini-nonnettes à assortir avec des biscuits et des Jacquelines – friandises baptisées ainsi en hommage au Jaquemart de l'église Notre-Dame. Incontournable pain d'épices nature ou aux fruits, fourré ou avec une autre recette : le spécial toast à tartiner à l'aneth, aux graines de son de moutarde, à la figue et aux noix. Incontournable !

LAC DE LA TILLE

29, rue du Château
MAGNY-SUR-TILLE
✆ 03 80 31 56 39
https://lacdelatille.net
Plage ouverte de fin mai à fin août tous les jours de 10h30 à 19h30. Entrée payante. Plage surveillée. Restauration.

© GÉRARD CHAUVIN

Situé à proximité de Dijon, c'est un lieu de baignade et de loisirs parfaitement aménagé sur une ancienne sablière. La qualité des eaux est parfaite, et la température y varie entre 20 et 30 °C. La baignade est surveillée par deux maîtres-nageurs. Nombreuses activités pour les plus jeunes, qui ont accès au mini-parc avec structures gonflables, circuit auto-moto, trampolines et l'aire de jeux. Il est aussi possible de louer des bateaux à pédales, canoës, paddles. Et il y a une buvette et la guinguette L'Ombrelle avec concert le vendredi soir.

TRAITEUR LE CHÂTEAU BOURGOGNE

22, boulevard de la Marne
✆ 03 80 72 31 13
www.hotel-mercure-dijon.fr/traiteur
Devis sur demande. Buffets, cocktails, repas séminaire, plateaux-repas.

Le Château Bourgogne réunit le savoir-faire d'un chef et le professionnalisme d'une équipe au service des professionnels et des particuliers, une référence parmi les traiteurs locaux. Pour une occasion intime ou une réception accueillant jusqu'à 5 000 personnes, ils vous accompagnent. En cuisine, le chef Gonzalo Pineiro et ses pâtissiers régalent vos invités, avec une cuisine qui allie tradition et modernité, de quoi réussir vos buffets. La maison livre aussi des plateaux-repas.

VÉDRENNE

1, rue Bossuet
✆ 03 80 49 98 52
www.vedrenne.fr
Du mardi au samedi de 10h à 12h30 et de 14h à 19h.

La boutique Védrenne de la rue Bossuet est une jolie vitrine du groupe du même nom installé à Nuits-Saint-Georges. Créée en 1923, la maison Védrenne est une véritable institution. Parmi les productions de la distillerie, on peut parler de la crème de cassis « Supercassis » à 20 degrés qui est un pur délice, ou, très tendance, le curaçao triple sec. Les crèmes de fruits se déclinent à la châtaigne, myrtille, pêche de vigne et les liqueurs permettent de réaliser des cocktails étonnants, comme celle à la fleur de sureau. Les références en boutique sont nombreuses.

BALADES EN BOURGOGNE

19, rue Ferdinand de Lesseps
✆ 03 80 63 69 49
www.cotedor-tourisme.com
Application gratuite à télécharger. 193 balades à faire à pied, à vélo, en voiture, à VTT et en canoë.

Avec 192 balades répertoriées, l'application Balades en Bourgogne, téléchargeable gratuitement en version française ou anglaise est le compagnon de randonnées indispensable, qu'il faut avoir en poche. Ludique et interactive, avec des cartographies téléchargeables pour s'orienter et pratiquer la randonnée de plusieurs façons et selon le niveau de difficulté choisi. Voie bleue, voie des vignes, balade culturelle ou gourmande, c'est selon… Un outil à utiliser sans modération pour découvrir aussi des lieux de visites moins connus comme la Maison de la Forêt à Leuglay.

LE LAC KIR

Avenue du Ier-Consul
Baignade surveillée, voiliers, canoë-kayak, planches à voile, terrains de volley-ball, beach-volley et beach soccer.

Labellisé Ecojardin, le Lac Kir est incontestablement le lieu favori de tous les Dijonnais. Créé dans les années 1960 par le Chanoine Kir, ce lac artificiel propose 30 ha d'espaces verts et 37 ha de plan d'eau pour réjouir les amateurs de balades et d'activités nautique. Surnommé la plage dijonnaise, le lac réunit sportifs ou adeptes de farniente autour des loisirs phares : voiliers, canoës, volley-ball… Notons que la baignade est surveillée et que des animations rythment la saison estivale. Un nouveau bar de plage, le K, permettra de vous restaurer sur place.

ÉCOLE DES VINS DE BOURGOGNE - ATELIERS IMMERSIFS DE DÉGUSTATION À DIJON

12, Parvis de l'UNESCO ✆ 03 80 25 04 80
www.ecoledesvins-bourgogne.com
Une quinzaine de programmes allant de 2h à 5 jours. Détails et réservations en ligne sur les deux sites Internet.

La Cité Internationale de la Gastronomie et du Vin de Dijon accueille un pôle culture et formation de 5 000 m². L'Ecole des Vins de Bourgogne, installée dans le hall principal, dispose de 70 m² dédiés à un concept unique de 4 ateliers de dégustation imaginés pour éveiller les cinq sens. Ces ateliers-dégustations inédits permettent de découvrir les vins de Bourgogne autrement, d'acquérir les premières notions de la dégustation et de profiter d'une expérience multisensorielle. Vous êtes immergé au cœur d'une parcelle de vignes grâce à des images et vidéos projetées sur les 4 murs de la pièce, avant de déguster le vin qui en est issu. Ou encore, vous êtes plongé dans les fruits qui composent les arômes du vin que vous goûtez. Chaque atelier s'organise autour d'un temps de dégustation de 3 à 5 vins et donne les clés de compréhension des vins de Bourgogne. 4 ateliers dégustations et 4 thématiques : Initiation à la dégustation, L'effet millésime, Bourgogne, Vins de terroirs, Accord mets et vins. Ces ateliers durent de 40 minutes à 1 heure et chacun d'eux peut accueillir 18 personnes au maximum par session. Néophytes et amateurs, si vous ne trouvez pas votre bonheur parmi ces 4 ateliers-dégustations, demandez un atelier sur mesure. Ils sont aussi ouverts aux entreprises en français et en anglais. D'une manière ou d'une autre, vous plongez assurément, ces ateliers sont inspirants, ils vous donnent l'envie de découvrir plus encore la Bourgogne et la diversité des vins de Bourgogne.

LE SPA BY LA CLOCHE

14, place Darcy ✆ 03 80 44 92 48
www.hotel-lacloche.fr/spa
Du lundi au samedi de 10h à 20h, le dimanche de 10h à 12h sur réservation (16h sous conditions). Réservation en ligne.

Rendez-vous au Grand Hôtel La Cloche, près de la place Darcy, pour une parenthèse de bien-être sans précédent. 200 m² y sont dédiés à votre relaxation et à votre beauté. Hammam, sauna, douche multi-sensorielle, professionnelles à l'écoute… Mélodie et son équipe font tout pour que vous passiez le plus relaxant des moments. Côté soin, il y a du choix : soins du visage et corps sur mesure, massage, drainage. Parmi les marques utilisées, on retrouve Biologique Recherche et Ardevie. L'établissement propose aussi la manucure, la pédicure ou encore l'épilation.

PISCINE OLYMPIQUE DE DIJON MÉTROPOLE

12, rue Alain Bombard ✆ 03 80 27 04 60
www.piscineolympique-dijon.fr
Lundi et jeudi 10h-20h, mardi et vendredi 10h-21h, mercredi 9h-20h, samedi 10h-19h, dimanche 9h-19h. Entrée : 4,30 €.

La piscine olympique de Dijon Métropole propose aux visiteurs des équipements sportifs à la pointe, avec quatre espaces accessibles : aquatique, plongée, forme et bien-être. Le complexe compte trois bassins : un de 50 m, un de 25 et un « ludique ». Vous pouvez nager ou pratiquer l'une des nombreuses activités proposées : aquacycle, aquagym, aqua punch, bébés nageurs, cours de natation pour tous les âges, et même des cours pour apprivoiser sa peur de l'eau. C'est encore ici que l'on peut faire de la plongée, dans ces deux fosses, uniques en Bourgogne, de 6 et 20 m de profondeur. Au programme : baptême et cours (niveaux 1 et 2), stage d'apnée… C'est la première fosse de France à avoir obtenu le label Eco-Sub. Ce « titre » vient souligner le fait que les contraintes et les responsabilités écologiques du lieu sont entièrement respectées. De plus, la fosse est accessible à un tarif très réduit et entièrement sécurisé. Sur place, on vous prête le matériel nécessaire (combinaison, bouteille, détenteur, masque, palme, gilet). Enfin si vous n'êtes pas un grand adepte de l'eau, peut-être trouverez-vous votre bonheur avec les cours de *fitness* : aérobic, step, CAF, stretching, body sculpt, Pilates et Zumba. On affectionne particulièrement l'espace Bien-être où vous attendent hammam et sauna. Le choix est vaste, il y a forcément une activité qui vous conviendra ! Sachez aussi que la piscine organise régulièrement compétitions et événements, dont la fête de la Plongée.

OPÉRA DE DIJON

18, boulevard de Verdun
✆ 03 80 48 82 82
www.opera-dijon.fr
Billetterie ouverte du mardi au samedi de 11h à 18h. Opéra de 5,50 € à 65 €.

La saison 2021/2022 de l'Opéra de Dijon est conduite par Dominique Pitoiset, qui en a ouvert la programmation davantage lyrique et classique, aux spectacles musique du monde, cirque et danse. Au Grand Théâtre où des travaux de rénovation sont en cours, comme à l'Auditorium, découvrez un programme tout en lyrisme, avec de l'opéra, dont le *Couronnement de Poppée* de Monteverdi, les œuvres de Mahler présentées par l'Orchestre Victor Hugo Franche-Comté ou des pièces contemporaines du répertoire de Moondog interprétées par l'Ensemble 0, le tout à des tarifs accessibles.

CHENÔVE

Située au sud de la Métropole dijonnaise, Chenôve est dynamique pour sa diversité culturelle et pour son large pôle économique. Les aménagements et les activités portés par la ville et les associations font de Chenôve une banlieue attractive. Elue ville la plus sportive de Bourgogne-Franche-Comté, elle est labellisée « terre de jeux 2024 », pourtant, ses ambitions vont plus loin. Avec la construction du parc végétalisé de 2 ha, Chenôve souhaite replacer la nature au cœur de la ville. Un espace végétalisé qui promeut la mobilité douce pour le bonheur de tous. Un projet colossal qui doit s'achever en 2024 et qui invite les investisseurs à s'installer.

LE CÈDRE

9, esplanade de la République
✆ 03 80 51 56 25
Du lundi au vendredi de 13h30 à 18h. Bureau ouvert 1 heure avant le spectacle en dehors des horaires d'ouverture.

Le Cèdre est un véritable arbre des possibles et s'inscrit dans le plan de culture globale de la ville de Chenôve : l'émancipation en est le maître mot. La « Culture pour tous », c'est possible grâce aux nombreuses associations de proximité et aux multiples partenaires qui participent au dispositif « Nos voisins sont formidables ». Très accessible, situé au terminus T2 du tramway, au centre de Chenôve, le Cèdre est un établissement culturel qui offre un espace modulable de 211 m², confortable et spacieux, à la fois pour accueillir les artistes, avec ses 5 loges et sa cuisine, et le public, avec une salle de spectacle de 692 à 1300 places et un bar ouvert lors des événements et représentations. La programmation est éclectique et foisonnante, mêlant danse, théâtre, musique et humour. Les tarifs sont attractifs, adaptés et accessibles à tous et varient en fonction des spectacles ou encore de l'abonnement auquel vous avez souscrit. Sachez que le fait d'être abonné vous permet par ailleurs d'obtenir des réductions dans d'autres structures culturelles de l'agglomération. Les entreprises pourront également trouver sur place, plusieurs espaces mis à leur disposition pour des réunions ou des séminaires qu'ils souhaitent organiser. Le Cèdre abrite également le conservatoire à rayonnement communal et l'association Figure2Style, une école de danse et de culture hip-hop. Un véritable espace d'échanges où se rencontrent toutes les générations, tous les genres et tous les publics, que l'on est impatients de pouvoir fréquenter à nouveau !

JARDIN PUBLIC DU CLOS DU ROY

5, rue Paul-Bert
✆ 03 80 59 96 27
Ouvert tous les jours, en été de 9h à 19h ; à l'automne et au printemps de 9h à 18h et en hiver de 9h à 17h. Gratuit.

Ce jardin public est aménagé avec soin au pied du fameux plateau et au cœur des vignes. L'endroit idéal pour des sorties familiales, le temps d'un pique-nique ou d'une pause goûter avec les enfants, pour profiter de la sérénité ambiante et verdoyante. Le jardin comprend un parc animalier avec « les animaux de la ferme » : 25 espèces différentes pour environ 140 animaux. Il comporte aussi des vignes, un verger, un espace pique-nique, des jeux, une mare, ainsi qu'un jardin éducatif.

LA PLACE ANNE-LAPRÉVÔTÉ

Il y a un siècle, cette ancienne place principale abritait tonneliers, cafés, vignerons, et maisons médiévales à colombages. Si la commune de Chenôve est aujourd'hui considérablement urbanisée, cet ancien village vigneron a su garder son identité et les vestiges du passé. La place Anne Laprévôté, porte le nom d'une bienfaitrice de la ville et c'est au cœur du vieux village qu'elle poursuit son histoire. Fontaine, façades ou bâtiments classés, sont autant d'éléments à observer entre les quelques cafés ou restaurants qui bordent toujours cette jolie place ombragée.

LE PLATEAU DE CHENÔVE

www.ville-chenove.fr
Ouvert toute l'année. Accès libre.

Sur 240 ha de verdure, le plateau de Chenôve est LE poumon vert de l'agglomération dijonnaise. Avec une diversité impressionnante de milieux et de paysages, il offre autant de possibilités d'évasions nature pour qui souhaite en profiter. Point de départ de nombreuses randonnées, le plateau de Chenôve appartient au réseau Natura 2000. Fraîcheur, pentes escarpées dans les combes calcaires, lavières et pelouses sèches, landes, fruticées et bosquets, forêts de feuillus et résineux, à 387 mètres d'altitude, un lieu riche à préserver.

LES PRESSOIRS DES DUCS DE BOURGOGNE ET LE VIGNOBLE

8, Rue Roger Salengro
✆ 03 80 52 82 83
www.ville-chenove.fr
Ouverts en période estivale. Visite sur rendez-vous.

Les Pressoirs des Ducs de Bourgognes témoignent à eux seuls, par leurs tailles impressionnantes, de la grandeur du vignoble, qui s'étend aujourd'hui sur 65 ha. Ils sont, avec ceux du Clos Vougeot, les plus grands et les plus anciens de la région. Construits autour de 1400, sous le règne de Jean Sans Peur, ils sont depuis 1934 inscrits à l'inventaire supplémentaire des Monuments historiques. Ils se visitent sur rendez-vous et sont ouverts pendant la période estivale.

HÔTEL L'ESCARGOTIÈRE*** €€

120, avenue Roland-Carraz
✆ 03 80 54 04 04
www.hotel-escargotiere.fr
Chambre double à partir de 66 €. Suite à partir de 103 €. Demi-pension à partir de 125 €. Petit déjeuner buffet : 12 €.

Situé entre ville et vignobles, l'Escargotière ne manque pas d'atouts. Des chambres confortables et rénovées, des formules tout compris, un restaurant traditionnel lumineux : les voyageurs sont conquis ! Les suites constituent un luxe appréciable pour qui veut s'offrir un vrai moment de douceur. Avec ses 41 chambres équipées, sa salle de 120 m², l'Escargotière s'avère être un espace fort pratique pour l'organisation d'un banquet. Classé et labellisé, l'établissement constitue sans nul doute le lieu idéal, que l'on voyage seul ou en famille.

AUBERGE DU VIEUX PRESSOIR €€

2, place Anne Laprévoté
✆ 03 80 27 17 39
www.aubergeduvieuxpressoir.com
Du lundi au samedi 12h-13h30. Vendredi, samedi 19h-21h. Menu déjeuner : 18 € ou 22 €. Menu (soir) : 35 €.

A quelques pas de la ville et sur la route des vins, l'Auberge du Vieux Pressoir est idéale pour déguster une cuisine de terroir. Le couple Simon, épaulé par leur fille au service, vous accueille. La cuisine française est ici à l'honneur. Une formule du jour permet un déjeuner rapide et copieux, très appréciée des gens de passage, tandis que les autres menus invitent à s'attabler plus longuement. La proximité de Marsannay-la-Côte se fait sentir dans la carte des vins.

TALANT

Aux portes de Dijon, offrant un panorama sur le lac Kir, la ville de Talant compte 11 655 habitants, perchée sur un éperon rocheux de 353 m d'altitude. C'est de loin le meilleur endroit pour venir admirer le feu d'artifice du 14 juillet. Le cœur de ville offre un cadre de vie agréable, avec un patrimoine important dont l'église Notre-Dame et le cellier de l'ancien château, classés monuments historiques. Pour se promener, prenez le circuit enchanteur « En Chamont » qui mène à la combe aux Fées, un espace d'importance régionale, ou encore le circuit des « Trois Fontaines » pour faire le tour du vieux Talant, quartier qui remonte au XIIIe siècle.

VIEUX BOURG DE TALANT

✆ 03 80 44 60 59

Le vieux bourg de Talant fait face à la butte qui abrite le vieux Fontaine-lès-Dijon. À près de 350 mètres d'altitude, le «mons de Talant » surplombe Dijon et offre un panorama époustouflant. Au début du XIIIe siècle, les ducs de Bourgogne construisent une forteresse afin de conserver les richesses et les archives de la cour. Le village se formera autour et obtiendra un titre communal par Eudes III en 1216, ainsi qu'un blason. Le bâtiment ne résistera pas aux guerres de religion et sera détruit en 1598. La vue, les ruelles et le patrimoine auront résisté au temps.

L'ECRIN

Rond-Point de l'Europe

✆ 03 80 44 60 93

https://lecrin.talant.fr

Parking gratuit.

Ouvert en 2019, le complexe culturel pluridisciplinaire de la ville de Talant de L'Écrin souffle bientôt ses quatre bougies. Cette salle de spectacle de 432 places est marrainée par la réalisatrice Coline Serreau. Avec une programmation éclectique mêlant théâtre, musique, humour et cirque, les ambitions de L'Écrin sont de rayonner aussi bien dans l'agglomération dijonnaise qu'au niveau national. Deux espaces supplémentaires, un foyer-bar et une salle de 560 m^{2} sont disponibles pour des prestations privées.

HÔTEL LA BONBONNIÈRE*** €€

24, rue des Orfèvres

✆ 03 80 57 31 95

www.labonbonnierehotel.fr

Qualité Tourisme. 23 chambres (dont 6 avec terrasse). Chambre double à partir de 80 €. Petit déjeuner buffet : 12 €.

Ce charmant établissement hôtelier est perché sur les hauteurs du vieux Talant. Une Bonbonnière agréable surplombant le lac Kir et la ville de Dijon tenue par Christophe Richard. Décorées avec élégance, les chambres sont des plus confortables, de la simple à la familiale. Attablez-vous à la grande terrasse panoramique. Insolite : un jeu de dames à taille humaine permet aux petits comme aux grands de s'amuser. Une salle de fitness pour garder la forme et un petit déjeuner copieux, y compris pour les végans. Une adresse à retenir !

ÉGLISE NOTRE-DAME DE TALANT ★

34-36, rue Longe l'Eglise

✆ 03 80 58 23 39

www.paroissedetalant.fr

Renseignements à la mairie de Talant pour les visites : 03 80 44 60 00.

Installée sur la butte de Talant, elle offre une vue imprenable sur la ville de Dijon et le lac Kir. De forme basilicale, c'est l'une des premières églises entièrement gothique du duché de Bourgogne. Prenez le temps d'admirer ses arcades, sa nef et ses statues ainsi qu'une belle Mise au tombeau. A voir aussi, les vitraux modernes réalisés par l'artiste Gérard Garouste, rendant hommage aux femmes de la Bible, et l'orgue de Taizé, réalisé en 1958 et acheté en 1974 par la ville de Talant.

LONGVIC

La ville de Longvic, située au sud-est de l'agglomération dijonnaise, compte environ 8 900 habitants. Bien que très industrialisée, Longvic est également très engagée pour l'environnement, associée au programme des Nations unies "Agenda 2030". Ses nombreux espaces verts, dont le Clos des Carmélites, son verger conservatoire et l'arboretum, offrent douceur et qualité de vie à ses habitants. Son centre-ville, avec son château qui date du XIXe siècle, s'ouvre sur la nouvelle place piétonne Nelson Mandela. De surcroît, la commune est traversée par le Canal de Bourgogne. Sa voie verte permet différentes activités autour de la marche, du vélo et autres...

HÔTEL-RESTAURANT KYRIAD DIJON - LONGVIC*** €€

7, rue de Beauregard ✆ 03 80 67 22 22
www.kyriad-dijon-longvic.fr

Accueil 24h/24. 56 chambres. Chambre simple à partir de 65 €. Petit déjeuner : 9,90 €. Restaurant, terrasse.

C'est au sud de Dijon que l'hôtel-restaurant Kyriad accueille ses voyageurs. 56 chambres modernes disposant de l'équipement nécessaire pour un séjour confortable. Les offres de réservations attirent les amateurs de bonnes affaires, à l'image de l'offre Kool Week-end avec une remise de 25% sur le séjour. Une promotion alléchante pour découvrir Dijon et ses vignobles environnants. Restaurant, bar ou salle de réunion équipée ; tout est réuni pour un séjour pro, duo ou solo réussi !

QUETIGNY

A l'est de l'agglomération dijonnaise, Quetigny est particulièrement bien desservie par de grands axes routiers (rocade) ainsi que par les transports en commun (tram et bus). Quetigny attache beaucoup d'importance à la qualité de son environnement. Le jury national des villes fleuries lui a d'ailleurs décerné les « 4 fleurs » et cela depuis 2009 ! La municipalité a souhaité soutenir le Golf Public (50 ha sur 120 ha d'espaces verts que comporte la commune), le parc tertiaire du Cap Vert et notamment le multiplexe « Ciné Cap Vert ». Cette zone d'activités qui rassemble des enseignes phares compte d'ailleurs parmi les plus importantes de France.

HOTEL BEST WESTERN DIJON QUETIGNY €€

1, rue du Cap Vert
✆ 03 74 95 12 03
www.bestwestern.fr

Accueil 24h/24. Chambre standard à partir de 79 € et familiale 110 €. Parking. Petit déjeuner 14 €.

L'hôtel 3-étoiles Best Western Dijon Quetigny dirigé par Clémence Berthier propose aux voyageurs d'affaires et de tourisme des prestations adaptées à tous les types de séjours. A la fois très facile d'accès en voiture (parking privé), directement accessible par le tram depuis la gare et depuis l'aéroport Dijon-Longvic, l'hôtel est au cœur de la zone commerciale du Cap Vert. Inauguré en 2019, il propose de jolies chambres modernes et contemporaines avec un petit déjeuner copieux.

BRASSERIE L'ESCALE €

Centre Commercial Carrefour
✆ 03 80 46 16 75

Ouvert du lundi au samedi de 9h à 20h. Menus 13,50€ à 15.60€. Chèque Vacances, Chèque Restaurant.

Pour déjeuner avant ou après un après-midi shopping, rendez-vous à l'Escale Café, situé au Centre Commercial Grand Quétigny où l'on est très bien accueilli par Cyrille, le gérant, et toute son équipe. Une brasserie avec un étage, qui permet de recevoir une clientèle plus nombreuse et sa partie sandwicherie, pour les plus pressés. A la carte, le choix est très large avec des burgers sauce époisses ou à l'américaine et des plats plus traditionnels. La carte des desserts laisse rêveur : mousse au chocolat, flan pâtissier, cookies...

FRANTALIA €€

10b, allée Gutenberg
✆ 03 80 36 04 53

Lundi à samedi le midi. Jeudi-vendredi le soir. Formule midi de 19 € à 26 €. Menu enfant : 10 €. Carte : 25 € env.

Frantalia est le petit frère du Caffè Vergnano et le dernier bébé de la famille Novelli. Une salle spacieuse et moderne pour accueillir les amoureux de cuisine italienne. Une carte qui varie au gré des envies du chef et qui vous permet de goûter cette cuisine qui sent bon le soleil et le basilic. Que l'on s'oriente vers la formule pizza ou la formule croque les formules à petits prix permettent de se restaurer copieusement sans se ruiner. Des salades repas sont aussi à la carte. C'est bon, c'est frais et c'est généreux, on adore !

CAFFÈ VERGNANO 1882

10, allée Gutenberg
✆ 03 80 33 22 73
www.caffevergnano.com

Ouvert du lundi au samedi de 11h45 à 14h30 ; le jeudi et le vendredi de 18h30 à 21h.

Direction Quetigny, dans le beau Caffè Vergnano 1882 et sa terrasse. Un style contemporain pour une salle spacieuse. Découvrez le panel de produits italiens en rayon et un espace pour s'attabler et consommer sur place. Derrière le bar, la cafetière chromée nous transporte dans l'univers des baristas. Tout ici invite au voyage, au travers de la tradition du café, entre ses différents grains et goûts, qu'il soit corsé, doux ou fruité. L'équipe jeune et dynamique vous reçoit avec un sourire franc et vous embarque avec enthousiasme dans l'Italie qu'elle aime.

GOLF BLUEGREEN QUETIGNY

Rue du Golf
✆ 03 80 48 95 20
www.bluegreen.fr/quetigny
Tous les jours 8h30-12h et 12h30-17h. Cours collectif, individuel adulte et enfant. Green free à partir de 16 €.

Situé à tout juste 10 minutes de Dijon, le golf Bluedreen de Quetigny offre à tous les amateurs un vaste espace de verdure et de vallons. Créé en 1990 par l'architecte Chris Pittman, il représente une belle zone d'entraînement avec 90 postes de practice. Le parcours 18 trous, traversé par la rivière Mirande sera l'occasion d'une belle balade appréciée par tous les profils de joueurs. Les habitants de Quetigny profiteront d'un tarif spécial, tandis que les grands comme les plus jeunes pourront suivre les cours d'un professionnel en privé comme en groupe.

RESTAURANT LES BASTIDES €€

43, avenue de la République ✆ 03 80 65 01 11
http://restaurantlesbastides.fr
Du mardi au samedi midi : 11h45-13h45 ; vendredi soir : 18h45-21h30. Formules du jour 16,50 et 21 €. Plats à emporter.

Depuis 2 ans, Julie et Vincent Muller vous accueillent dans leur restaurant Les Bastides à Chevigny-Saint-Sauveur. On y savoure une cuisine traditionnelle dans un cadre spacieux. A chaque jour son menu, avec un ou deux plats au choix suivis du dessert. En automne, réchauffez-vous avec un velouté de courgettes, des tagliatelles au canard sauce olive et pour finir une mousse au chocolat consistante au menu du jour. A la carte, excellente côte de veau rôtie avec son écrasée de pommes de terre maison. Cadre accueillant et service rapide. Excellente adresse !

CHEVIGNY-SAINT-SAUVEUR

Chevigny-Saint-Sauveur est une des communes les plus importantes de la Métropole Dijonnaise où elle occupe la 4e place, elle est classée 5e commune du département avec plus de 11 800 habitants début 2020. Chevigny-Saint-Sauveur est une ville de loisirs, sa forêt est un lieu propice à l'évasion dans la nature, le parc d'aventures Parc Evasion permet d'y pratiquer l'accrobranche alors que plusieurs sentiers de randonnées sont aménagés. Les fêtes se multiplient et s'installent durablement, celle de l'Escargot en février connait un franc succès avec plus de 20 000 participants.

PARC ÉVASION CHEVIGNY

Chemin des Grands-Pâquiers
✆ 06 30 29 92 80
www.parc-evasion.com
Ouverture en juillet 2023 - Ouvert 7j/7 de Pâques à la Toussaint. Sur réservation le reste de l'année. Chèques Vacances.

Parc Evasion Chevigny prend la place d'Acro'Mania. Petit frère du Parc Evasion de Curley près de Gevrey-Chambertin, on peut compter sur la créativité de Brice et Loïc pour innover sur leur nouveau site de loisirs. Toutes les activités sont nouvelles en commençant par l'accrobranche en Accro-spider, c'est-à-dire que vous évoluez sans baudrier, l'espace étant sécurisé par un filet de 2 000 m². Tir à l'Arc, laser game, structures gonflables adultes, jeux pour enfants et espace de restauration, burger et buvette compléteront cet espace de forêt proche de la ville.

LE PETIT BISTROT €

30, avenue de Tavaux
✆ 03 80 48 23 61
le-petit-bistrot.eatbu.com
Ouvert du lundi au vendredi le midi. Jeudi et vendredi soir. Formules de 14,20 € à 16,50 €, pizzas. Terrasse guinguette.

L'ambiance conviviale du Petit Bistrot devient plus visible aux beaux jours quand la terrasse guinguette ouvre. Aux commandes, Marilyne épaulée de Nicolas en cuisine et d'une équipe bien rodée au service. Ici on se régale de propositions qui suivent l'envie du moment, avec des produits de saison. Esprit brasserie donc avec en sus une carte de pizzas et des plats à emporter. En fin de semaine, le Petit Bistrot devient festif avec un programme d'animations bien rodé, concerts, soirées karaoké. C'est évident quand on aperçoit les lampions !

SAINT-APOLLINAIRE

Nichée au cœur d'un plateau très légèrement ondulé, Saint-Apollinaire se situe à environ 5 km au nord-est de Dijon. Cette commune de la première couronne de l'agglomération dijonnaise offre une réelle qualité de vie à ses habitants. Elle possède un joli patrimoine comme en attestent l'ancien château, l'église des XIe et XIIe siècles ou encore le parc du Clos Saint-François. Aujourd'hui, Saint-Apollinaire connaît une croissance démographique bien réelle, grâce notamment aux créations d'emplois suscités par le parc d'activités Capnord. Parmi les points forts de la ville : le sport, comme le montre le dynamisme des clubs et la qualité des équipements.

HOLIDAY INN EXPRESS*** €€

Rue de la Glacière
✆ 03 80 46 70 30
84 chambres à partir de 90 €. Petit déjeuner buffet. Non fumeur. Piscine. Parking. Restaurants à proximité.

L'hôtel Holiday Inn Express dirigé par Franck Monin dispose de 84 chambres modernes, bien décorées et rénovées dont certaines aménagées pour les personnes à mobilité réduite. Les familles choisiront les chambres communicantes ! Côté services, à noter notamment le petit déjeuner copieux offert, la superbe piscine extérieure et le parking gratuit. Salle de séminaire pouvant accueillir jusqu'à 30 personnes. Enfin, ce trois-étoiles très confortable propose des tarifs attractifs. Une adresse idéalement située à retenir et pour nous une de nos préférées !

MARSANNAY-LA-CÔTE

En charmante ambassadrice de l'art de vivre bourguignon, la commune de Marsannay-la-Côte rayonne par la qualité de vie qu'elle offre à ses 5 387 habitants. Située aux portes de Dijon, c'est d'abord la beauté de son cadre, entre vignoble et nature environnante qui séduit. Sans oublier sa dimension viticole, avec l'appellation Marsannay, qui s'étend de Chenôve à Couchey, où chaque domaine est bio ou en reconversion biologique. Il fait bon y vivre si l'on recherche une vie locale dynamique, tout comme y séjourner, pour découvrir de bonnes tables et bientôt profiter d'une dégustation au Caveau des vignerons, dont l'ouverture est prévue en juillet.

VILLE DE MARSANNAY-LA-COTE

Place Jean-Bart
✆ 03 80 54 09 00
www.ville-marsannay-la-cote.fr
La mairie vous accueille du lundi au vendredi de 8h30 à 12h et de 13h30 à 17h30.

Marsannay-la-Côte est située aux portes de la Côte de Nuits, dans la Métropole dijonnaise. Si Marsannay-la-Côte brille par son appellation prestigieuse de vins, avec 186 ha de vignes AOC, la ville offre une grande qualité de vie. Dans un environnement à la fois urbain et proche de la nature, c'est aussi la vie associative qui contribue à son attractivité. Forte de 68 associations, Marsannay-la-Côte est porteuse de nombreux projets, sous l'impulsion de son maire Jean-Michel Verpillot.

B&B HÔTEL DIJON SUD 2** €

190, allée Olivier-de-la-Marche
✆ 08 92 70 75 25
www.hotelbb.com
Chambre double à partir de de 52 €. Petit déjeuner buffet : 6,85 €. Animaux acceptés (4 €/nuit). Wifi gratuit.

Idéalement situé à l'écart de la ville, l'hôtel profite toutefois d'un emplacement de choix desservi par les transports en commun. Ainsi, le centre-ville et ses trésors à découvrir, l'aéroport, l'A311 ou les vignobles ne sont qu'à quelques minutes. Un établissement qui convient aux familles comme aux voyageurs d'affaires pour son confort et ses offres de séjours. Le petit déjeuner est généreux et les enfants, jusqu'à 10 ans, bénéficient même d'un tarif réduit. Un hôtel agréable et efficace pour une étape reposante sur la route des grands crus.

NOVOTEL DIJON ROUTE DES GRANDS CRUS**** €€€

11, route de Beaune
✆ 03 80 51 59 00
Chambre double à partir de 90 €. Parking. Chambre PMR. Salles de réunions. Animaux acceptés. Piscine extérieure.

Situé au cœur d'une région viticole réputée et à proximité des axes routiers majeurs, le complexe hôtelier de Romane Denni est une aubaine pour les voyageurs. Dans l'établissement, plus d'une centaine de chambres confortables, dont certaines adaptées PMR, répondent aux normes imposées par la gamme Novotel, mais à la sauce bourguignonne. Boutique, piscine, salle fitness, bar à vin et l'excellent restaurant Les Climats sont autant de belles raisons de faire étape.

BRASSERIE LES CLIMATS NOVOTEL €€

11, route de Beaune
✆ 03 80 51 59 04
https://lesclimats.brasseriemaison.fr/
Ouvert 7/7 midi et soir. Formule du midi 16 €, enfant 13€. Animation musicale les jeudis soir.

Derrière un bâtiment sobre, c'est une salle vraiment cocooning et colorée qui attend les clients de passage. Clients de l'hôtel ou non, ces derniers pourront découvrir une carte tendance brasserie, laissant tout de même de la place à quelques spécialités régionales, tels les œufs en meurette, le persillé de la maison Renard ou le tartare de charolais. L'ouverture 7j/7 est un réel avantage pour cet établissement situé sur la route des grands crus et à une dizaine de minutes de Dijon.

LE PATARA €€

69 rue de Mazy
✆ 03 80 43 67 99
lepatara.eatbu.com
Lundi, mardi et jeudi midi ; vendredi et samedi midi et soir. Menu du jour 16,90 €. Pizza dès 6,50 €. À emporter.

Le Patara, à Marsannay-là-Côte, est un établissement où il fait bon se retrouver entre amis. Une chaleur que Linda la propriétaire cultive avec sympathie. La formule déjeuner change quotidiennement, et les pizzas se consomment sur place ou à emporter. Les prix sont très raisonnables, généreux et permettent de venir en famille. Découvrez des plats traditionnels : escargots, œufs en meurette, poulet Gaston-Gérard et plats à l'époisses pour les amateurs... Certains soirs, l'établissement propose également des ambiances musicales en terrasse.

LA TABLE DU ROCHER €€

85, route de Beaune ✆ 03 80 52 20 75
www.latabledurocher.fr
Mardi à samedi le midi et 1er dimanche du mois ; vendredi et samedi le soir. Menu 33 €/41 €. Menu du jour : 16 €/20 €.

Un restaurant typique que l'on aime beaucoup avec sa fresque murale classée.Côté cuisine, vous ne serez pas déçu. Christophe Dumay s'affaire aux fourneaux pour proposer son Tataki de thon aux graines de sésame, piquillos et oignons rouges et son Œuf de la ferme des Frères Plançon en meurette de crémant de Bourgogne petits oignons et lardons et Ile flottante chocolat, pistaches caramélisées. Michel Philippon se charge à merveille des vins. La carte du jour regorge de sympathiques références à nos régions.Très bon rapport qualité/prix.Convivialité et belle Terrasse.

CHÂTEAU DE MARSANNAY

2, rue des Vignes ✆ 03 80 51 71 11
www.chateau-marsannay.com
Ouvert tous les jours sauf de mi-novembre à fin mars. Visites et dégustations, réceptions sur réservation.

Le château de Marsannay est une des 3 propriétés de la famille Halley avec le Marché aux Vins et le Château de Meursault. Il possède 40 ha de vignes, dont 28 ha sur les meilleurs terroirs d'appellation Marsannay. Près de 200 000 bouteilles sont produites par an, parmi elles quelques célèbres joyaux du vignoble : les 4 Grands Crus Clos de Vougeot, Ruchottes-Chambertin, Chambertin, Echezeaux, les Premiers Crus Vosne-Romanée, Gevrey-Chambertin Bel-Air, ou autre Gevrey-Chambertin Champeaux.

Visite et dégustation sur réservation à ne pas rater.

DOMAINE CHARLES AUDOIN

7, rue de la Boulotte
✆ 03 80 52 34 24

Vignerons de pères en fils, Marie-Françoise et Charles Audoin ont toujours excellé dans ce domaine. Depuis, Cyril leur fils a intégré le domaine familial. Le domaine de 14 ha produit une belle sélection de vins, certification HVE. Les vendanges sont faites manuellement, traditionnelles dans le respect de la vigne. Découvrez leurs vins : Bourgogne Aligoté et Marsannay Blanc (3 terroirs différents), Marsannay Rosé, Marsannay Rouge (9 terroirs différents), Fixin, Gevrey Chambertin et Pommard (En Mareau) pour les vins rouges. Visites et dégustations sur rdv.

DOMAINE DU VIEUX COLLÈGE

4, rue du Vieux Collège
✆ 03 80 52 12 43
www.domaineduvieuxcollege.com/
Visites sur rendez-vous. Journées portes ouvertes pour le week-end de la Pentecôte. Vin bio.

Le Domaine du Vieux Collège s'étend sur 25 ha entre Marsannay, Fixin et Gevrey-Chambertin. Existant depuis 7 générations, Eric Guyard le fait perdurer depuis 2006, passionné par le végétal et les terroirs. Il travaille le Marsannay rosé, le Pinot noir pour les vins rouges, le Chardonnay pour les blancs, et l'Aligoté pour le Bourgogne Aligoté. Dans le respect de l'environnement, il vinifie le raisin à maturité. Les traitements à base d'engrais et de produits chimiques sont ici exclus, pour des vins 100 % bio ! Deux portes ouvertes sont organisées 2 fois/an.Futé !

DOMAINE HUGUENOT

5, rue de Carrières ✆ 03 80 52 11 56
www.domainehuguenot.com
Agriculture biologique. Membre du réseau « Vigneron indépendant ». Dégustation et vente sur rendez-vous.

Vignerons en agriculture biologique, venez visiter ce charmant domaine familial à Marsannay-la-Côte, qui existe depuis 10 générations. Valérie et Philippe travaillent dans le respect de la biodiversité et du terroir, toujours en quête de qualité. Dans leurs nouveaux locaux, venez déguster leur vaste gamme de vins blancs et rouges, appellations « Régionales » ou « Villages », avec notamment leur « Fixin Blanc », cuvée d'exception, et leur Marsannay « Champs-Perdrix » rouge plein de finesse. Profitez également de leurs rares 1er Cru et Grand Cru. Accueil chaleureux.

FESTINS LES PETITS BONHEURS

23, route de Beaune ✆ 03 80 54 39 39
festins-traiteur.fr

Ouvert du mardi au samedi de 9h à 19h.
Plateaux-repas. Réceptions. Cocktails. Buffets. Boutique. Epicerie fine.

Impossible de ne pas remarquer la belle boutique de Séverine Goué directrice et Grégory André chef cuisinier. Festins, c'est à la fois un lieu pour s'offrir de véritables gourmandises ou pour profiter d'un service traiteur de haut vol. Les cartes saisonnières affichent des propositions de plats et desserts en portions individuelles ou en version à partager. Pensez aussi aux plateaux-repas ultra-frais, en livraison directement à votre bureau, et à la Festibox de cinq plats cuisinés.

LE MARSANNAY-CAVEAU DES VIGNERONS

41, rue de Marzy
✆ 03 80 68 99 42
Ouvert du mercredi au samedi de 10h à 13h et de 14h à 19h ; le dimanche de 10h à 13h. Dégustation sur place.

Un Caveau des Vignerons sera inauguré cette année en juillet. Dédié à l'appellation Marsannay, qui s'étend sur 186 ha de vignes AOC, tous ses domaines viticoles privilégient l'agriculture biologique. Le caveau proposera près de 108 références à déguster et à la vente, ainsi que diverses animations. L'appellation du vignoble de la Côte de Nuits en Côte d'Or, est de plus en plus reconnue, pour ses vins rouges et rosés, son cépage pinot noir, mais aussi son vin blanc et son pinot blanc.

COUCHEY

Couchey est un petit village viticole situé sur la route des Grands Crus, à 8 km au Sud-Ouest de Dijon. Ses habitants furent surnommés les loups, car d'après la légende, lors d'une famine, ils attaquèrent un convoi de nourriture. Admirez le clocher de son église Saint-Germain, qui se pare de tuiles vernissées. Si le village est réputé pour ses vins, qui portent l'appellation de Marsannay, il l'est aussi pour ses eaux purgatives. On y apprécie la promenade de l'allée des tilleuls, lesquels sont plusieurs fois centenaires. Dans le parc du château dit de Bauffremont se niche un colombier joliment restauré. Notez encore, le style Napoléon III de la mairie.

WINE AND TOURS

10, rue Gaston Roupnel
✆ 03 80 59 88 19
www.wine-and-tours.com

Située en Côte-d'Or, Wine And Tours (dirigée par Dimitri Bourgeois), tournée vers l'œnotourisme, vous propose de visiter la Bourgogne-Franche-Comté. Les clients seront amenés à découvrir les vignobles. Des circuits sur mesure pendant lesquels Dimitri s'occupera de tout, de votre arrivée à l'aéroport pour les touristes internationaux à vos transferts. Du Beaujolais jusqu'à Chablis, de Marsannay à Beaune (mais aussi dans le Jura), visites, dégustations, rencontres, haltes gourmandes ou découvertes par les airs sont ainsi proposées...

DOMAINE DEREY

1, rue Jules Ferry
✆ 03 80 52 15 04
http://www.dereyf.com
Du lundi au samedi 10h à 12h et 14h à 17h sur RDV. Contacter à l'avance pour les groupes de plus de 9 personnes.

Sur pas moins de 20 hectares répartis entre les communes de Marsannay-la-Côte, Fixin, Couchey, Gevrey-Chambertin et Dijon (une des rares vignes vraiment dijonnaises), les 3 frères Pierre-Marie, Maxime et Romain vinifient en famille ! Fondé au début des années 1950, les 70 ans de viticulture s'expriment aujourd'hui à travers la visite des caves et la dégustation des vins de ce vignoble. La diversité des climats de Bourgogne offre une palette de grands vins très différents, comme le Clos des Marcs d'Or, le Fixin premier cru, les Hervelets, ou l'Aligoté.

DOMAINE PHILIPPE ROBERT

26, rue Pasteur
✆ 06 74 39 38 72
www.domainerobert.com
Cave ouverte sur rendez-vous du lundi au samedi de 9h à 18h. Vente en ligne ou au domaine.

Le domaine Philippe Robert s'étend sur 8 hectares. Une culture du vignoble qui se transmet depuis 4 générations. Vinifiant au départ l'appellation Bourgogne, l'entreprise familiale s'est diversifiée proposant des pinots noirs issus des vignes de Marsannay, Fixin, Gevrey-Chambertin et Chardonnay. Il y a plus de 25 ans Philippe succéda à ses parents et c'est depuis avec Johann, son fils aîné, que ce domaine perdure. Des vins comme les Marsannay «Les Genelières» ou «Champs perdrix» ainsi que des Fixin «Entre Deux velles» sont à découvrir en cave. Prenez rendez-vous !

PRENOIS

La commune de Prenois est intimement liée à Dijon par la présence du Circuit de Dijon–Prenois créé en 1972, dans un de ses vallons. Les épreuves de sports mécanique qui s'y déroule attirent chaque année plus de 250 000 visiteurs. La bourgade a cependant conservé son charme de village de Côte-d'Or mariant maisons contemporaines aux bâtisses de pierres sèches qui ont fait son histoire. On y vient aussi pour son restaurant gastronomique l'Auberge de la Charme. C'est aussi le point de départ ou de passage de sentiers de balades pédestres en direction du Val Suzon offrant le charme de paysages variés entre plateaux herbeux, valons, falaises et forêts.

SAVOIR-FAIRE 100% CÔTE-D'OR
LE DÉPARTEMENT
pour offrir
Consommez local en Côte-d'Or
pour recevoir
pour tous les jours
Tous les produits sur l'appli
«Savoir-Faire 100% Côte-d'Or»
Téléchargement gratuit
La Côte-d'Or j'adore
UMIH CÔTE-D'OR
CCI CÔTE-D'OR SAÔNE-ET-LOIRE
MÉTROPOLE DE BOURGOGNE
Chambre de Métiers et de l'Artisanat
BOURGOGNE FRANCHE-COMTÉ
AGRICULTURES & TERRITOIRES
CHAMBRE D'AGRICULTURE CÔTE-D'OR
Côte d'Or
LE DÉPARTEMENT
our votre santé, mangez au moins cinq fruits et légumes par jour. www.mangerbouger.fr

© WARM-UP

CIRCUIT DIJON-PRENOIS®

Circuit automobile ✆ 03 80 35 32 22
www.circuit-dijon-prenois.com
Calendrier des événements et les horaires d'ouverture sur www.circuit-dijon-prenois.com

Le Circuit Dijon-Prenois® est un circuit de légende et un véritable acteur économique de la région dijonnaise, au cœur de la région Bourgogne Franche-Comté, à mi-chemin entre Paris et Lyon et non loin de la Suisse. Créé en 1972, il n'a cessé de se moderniser autant pour s'adapter aux exigences du sport automobile par une mise en sécurité optimum que pour l'accueil du public. Depuis 2022 on peut considérer que 100% de la structure a été rénovée. Reconnu par les pilotes comme étant l'un des plus beaux d'Europe avec un tracé comportant du relief, sa piste de 3,8 km permet l'organisation de tous types d'événements avec un niveau de sécurité optimum 100% sous contrôle vidéo. Il accueille chaque année près de 300 000 visiteurs dans le cadre de manifestations qui font partie de l'histoire du sport automobile, des courses de GT, de voitures ou motos historiques, de voitures modernes et mythiques. Tout au long de l'année il est aussi loué par des clubs auto, moto, français et européens qui viennent profiter de sa piste et ses infrastructures flambant neuves. Le Restaurant du Circuit est dorénavant opérationnel avec ses cuisines et salles modulables transformables en salon ou self et une splendide terrasse donnant sur la ligne de départ. Des formules d'ouverture hors évènements sont mises en place. Le site Internet permet de consulter l'agenda des manifestations publiques mais aussi de réserver la piste de vitesse et le restaurant. La programmation 2023 donne une douzaine de rendez-vous aux amateurs de sports mécaniques.

© WARM-UP

RESTAURANT DU CIRCUIT DIJON-PRENOIS® €€

Circuit Automobile

✆ 03 80 35 32 22

www.circuit-dijon-prenois.com

Ouvert 7j/7 à midi, réservation la veille. Soir sur réservation groupes 5 à 7 jours à l'avance. Fermé du 15/11 au 01/03.

A l'occasion de la reconstruction des structures d'accueil le Circuit Dijon-Prenois® s'est doté, d'un restaurant dont la salle peut accueillir jusqu'à 150 couverts en version self, et de lodges avec tables nappées pour des repas gastronomiques. Le restaurant géré par Patrick Milleron, gérant du traiteur Finesse de Bourgogne est accessible à tous, il faut juste réserver au préalable pour disposer des codes d'accès au circuit dont l'entrée est strictement sécurisée.

L'AUBERGE DE LA CHARME €€€

12, rue de la Charme

✆ 03 80 35 32 84

www.aubergedelacharme.com

1 étoile au Michelin. Du vendredi midi au dimanche midi. Menus : 50 € à 165 €. Vente à emporter. Privatisation possible.

Dans cette auberge étoilée Michelin, la gastronomie s'exprime avec brio. Une belle réputation née du talent et de l'audace, venant s'ajouter à une cuisine divine orchestrée par des passionnés. L'équipe de chefs talentueux ne pouvait que produire des merveilles, formée de Nicolas Isnard, David Le Comte, Cécile Sagory et du chef Anthony Lamome. Côté pâtisserie c'est un vrai voyage sensoriel. A noter : le restaurant propose des plats à emporter, la formule s'applique aussi pour un brunch le dimanche matin et leur food truck est à fréquenter d'urgence.

KARTING DIJON-PRENOIS®

Complexe karting

✆ 03 80 35 36 50

https://www.circuit-dijon-prenois.com/

Vérifier la disponibilité de la piste sur le site Internet. Sessions de 10 min. Formules enfants et adultes.

À seulement quelques kilomètres de Dijon, le Karting Dijon-Prenois vous offre l'opportunité de piloter de véritables bolides sur 1 100 mètres de piste, avec une sécurité optimale. Doté d'une piste ultra-moderne, débutants (dès 7 ans) et initiés peuvent y pratiquer les plaisirs du pilotage et de la vitesse. Après un court briefing, vous enfilez votre combinaison, votre casque, vous êtes alors paré pour les sensations fortes ! La piste est aussi accessible aux personnes à mobilité réduite : deux karts sont équipés d'un accélérateur et d'un frein au volant.

MESSIGNY-ET-VANTOUX

Aux portes de la réserve naturelle du Val Suzon, Messigny-et-Vantoux est un joli village, situé à quelques kilomètres au nord de Dijon. Entourée de forêts, de prairies et bordée par les eaux vives du Suzon, la commune est le point de départ de nombreuses balades. Chaque année, diverses manifestations sont organisées : marchés, expositions et récemment la première édition de la Journée des Arts dans la Rue, qui met en valeur les talents cachés des habitants. Le village s'est également doté d'un nouveau complexe sportif et festif, dont le nom sera choisi par les habitants dans une démarche participative. Messigny-et-Vantoux a donc tout pour plaire !

FORÊT DOMANIALE DU VAL SUZON - FORÊT D'EXCEPTION

Parc de Jouvence

Ouvert toute l'année. Gratuit. Parking gratuit.

Après avoir été classée réserve naturelle régionale en 2011, la forêt du Val Suzon fut labellisée, Forêt d'exception® en 2016. Elle abrite de nombreuses essences notamment des chênes, des hêtres, des tilleuls, des pins ou encore des épicéas. Elle est la 5e forêt de France ayant reçu ce label sur un total de 19 forêts engagées dans la démarche, dont 14, labellisées par l'Office national des forêts. Cette forêt domaniale de 2 100 ha est située au nord-ouest de Dijon. Un site à découvrir.

L'AUBERGE DES TILLEULS €€

8, place de l'Eglise

✆ 03 80 35 45 22

www.restaurant-tilleuls.fr

Ouvert tous les jours sauf le dimanche et le lundi. Menus de 24 € à 48 €. A la carte : 30 € en moyenne.

A l'Auberge des Tilleuls et loin de l'agitation dijonnaise, Anne-Claire et Nicolas vous promettent un moment de régal convivial et chaleureux. C'est une équipe qui vous accueille avec passion et sourires. Le chef Nicolas Arnold ne laisse rien au hasard pour mêler modernité et tradition : des produits nobles, un juste équilibre des assaisonnements, un dressage tout en finesse, et une carte qui rythme les saisons. Entre menu surprise et traditionnel ris de veau rôtis à l'armagnac, une chose est sûre, c'est un terroir sublimé dans cette belle adresse !

PAYS DE GEVREY-CHAMBERTIN NUITS-SAINT-GEORGES

16 communes viticoles occupent les pentes de la Côte de Nuits, sur 37 kilomètres. Parmi elles, des villages de charme sont à découvrir, dont Chambolle-Musigny avec son église Sainte-Barbe, classée Monument historique. De nombreuses anecdotes historiques vous seront contées en chemin et au fil des découvertes œnologiques. Car vous êtes ici sur le parcours des amateurs de grands vins. Une étape incontournable, Gevrey-Chambertin, pour déguster quelques-uns des 9 Grands Crus les plus renommés du monde, parmi 84 appellations. Côté patrimoine, il y a de quoi faire, à Morey-Saint-Denis remarquez la très belle bâtisse vigneronne du XVIIe siècle, du Castel de Très Girard, à Fixin, l'église de Fixey à Fixin, ou à Gevrey-Chambertin, le superbe château médiéval du XIe siècle. Faites un crochet par le joli village de Reulle-Vergy au cœur des Hautes Côtes de Nuits. Une route que l'on peut aussi faire à vélo pour découvrir le vignoble.

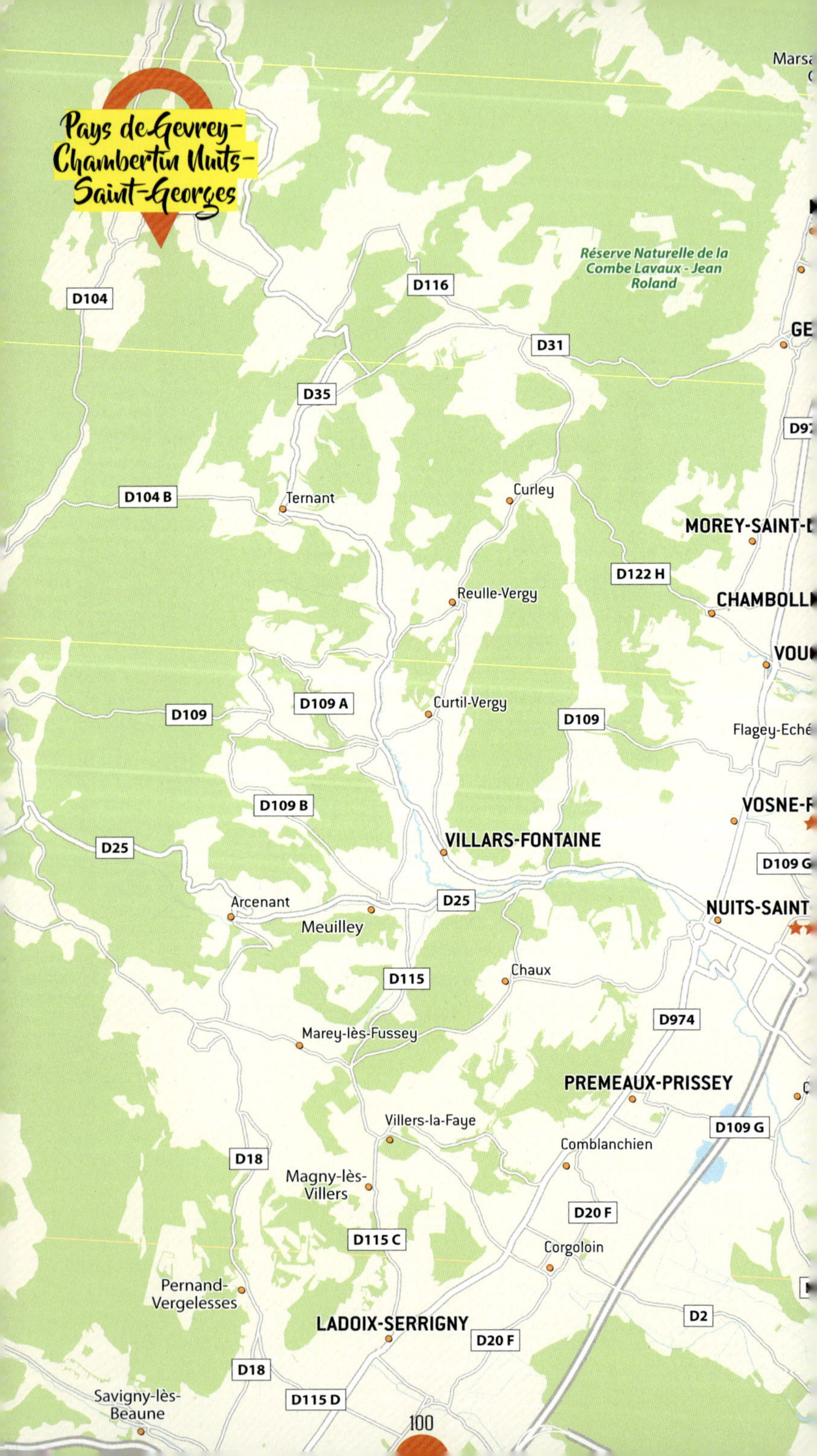

Pays de Gevrey-Chambertin Nuits-Saint-Georges
Réserve Naturelle de la Combe Lavaux - Jean Roland
D104
D116
D31
D35
D104 B
Ternant
Curley
MOREY-SAINT-
D122 H
Reulle-Vergy
CHAMBOLL
VOU
D109
D109 A
Curtil-Vergy
D109
Flagey-Eché
D109 B
VOSNE-
D25
VILLARS-FONTAINE
D109 G
Arcenant
Meuilley
D25
NUITS-SAINT
D115
Chaux
D974
Marey-lès-Fussey
PREMEAUX-PRISSEY
Villers-la-Faye
D109 G
Comblanchien
D18
Magny-lès-Villers
D20 F
D115 C
Corgoloin
Pernand-Vergelesses
D2
LADOIX-SERRIGNY
D20 F
D18
Savigny-lès-Beaune
D115 D
Marsa
GE
D9

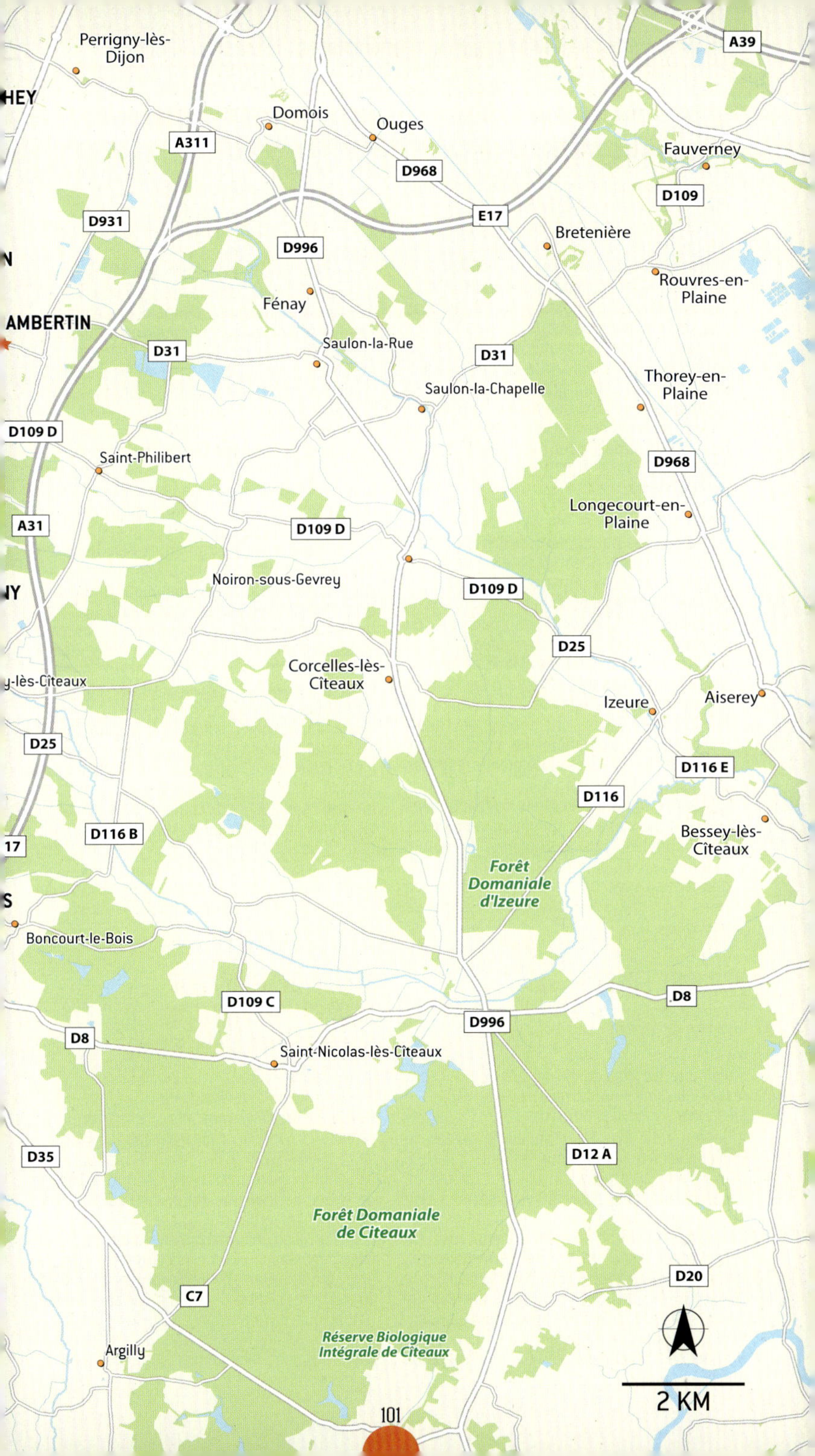
Perrigny-lès-Dijon
HEY
A311
Domois
Ouges
D968
A39
Fauverney
D109
D931
E17
D996
Bretenière
N
Rouvres-en-Plaine
Fénay
AMBERTIN
D31
Saulon-la-Rue
D31
Saulon-la-Chapelle
Thorey-en-Plaine
D109 D
Saint-Philibert
D968
Longecourt-en-Plaine
A31
D109 D
Noiron-sous-Gevrey
NY
D109 D
D25
Corcelles-lès-Cîteaux
y-lès-Cîteaux
Izeure
Aiserey
D25
D116 E
D116
D116 B
Bessey-lès-Cîteaux
17
Forêt Domaniale d'Izeure
S
Boncourt-le-Bois
D8
D109 C
D996
D8
Saint-Nicolas-lès-Cîteaux
D35
D12 A
Forêt Domaniale de Citeaux
D20
C7
Réserve Biologique Intégrale de Citeaux
Argilly
2 KM

GEVREY-CHAMBERTIN ★

Gevrey-Chambertin est connue mondialement des amateurs de vin éclairés et pour ses 9 grands crus (sur les 33 grands crus bourguignons) et ses 27 premiers crus. Les offices de tourisme de Gevrey-Chambertin et Nuits-Saint-Georges sont dorénavant unis par la communauté de communes qui propose une offre touristique incroyable en matière de gastronomie, d'activités de plein air, de patrimoine, d'histoire et de culture. Au programme vous seront proposées des visites gourmandes au Cassissium avec son musée interactif, ou encore non loin d'ici, à la Maison aux 1 000 truffes, pour découvrir le cavage de l'Or des Valois. Autant de points d'intérêt à découvrir.

Tourisme

Au détour des petites rues de Gevrey-Chambertin, les visiteurs pourront aussi découvrir plusieurs édifices remarquables, tels que l'église Saint-Aignan, édifiée au XIIe siècle, ou encore le château, datant quant à lui du Moyen Âge. La petite cité historique accueille également une combe. Il s'agit d'une dépression de 487 hectares, s'ouvrant sur le beau vignoble, mise en lumière à la halle Chambertin. Mais Gevrey-Chambertin est aussi un haut lieu gastronomique comptant de belles tables étoilées. Les grands espaces ne manquent pas non plus aux alentours grâce aux nombreux sentiers de randonnées pouvant satisfaire les marcheurs comme les cyclotouristes. Les passionnés de nature seront ravis et pourront même faire la découverte d'espèces végétales et animales rares. Un secteur à inscrire sur son carnet de voyages.

HALLE CHAMBERTIN

1, rue Gaston Roupnel
✆ 03 80 34 38 40
www.gevreynuitstourisme.com
Ouvert du mardi au samedi 9h30-12h30 et 13h30-17h30. Dimanche matin en haute saison. Dégustations de 10 à 25 €/personne.

Pour vous rendre à la Halle Chambertin, rien n'est plus simple, elle se trouve au centre du village, dans l'ancienne mairie de la commune. Aménagée par la Communauté de communes Gevrey-Chambertin Nuits-Saint-Georges, elle forme un pôle central en matière d'œnotourisme, abritant notamment l'Office Gevrey-Chambertin Nuits-Saint-Georges Tourisme. C'est encore et surtout le centre d'interprétation des Climats et de l'histoire de la commune, axé sur 3 thèmes : vin, tourisme et nature. Trois maîtres mots clefs, pour connaître ce territoire viticole qui regroupe 9 des Grands Crus, parmi les 24 de la Côte de Nuits et les 33 de la Bourgogne. Dans ces anciennes halles construites en 1830, les arômes du « Vin des rois, roi des Vins » se dévoilent au cours d'une dégustation commentée d'appellations de domaines locaux. 16 vins, abrités dans des enomatics, sont ainsi proposés à la dégustation au verre. La Halle forme également une vitrine sur la Combe Lavaux Jean-Roland, une réserve naturelle protégée située sur les hauteurs des communes de Brochon et de Gevrey-Chambertin, qui s'étend sur 487 ha. La présentation de son histoire géologique et de sa biodiversité est ici mise en scène de façon très ludique. Profitez par ailleurs de Radio Chambertin et de ses postes d'écoute, afin de découvrir les témoignages d'expériences et les compétences de la commune. Enfin la Galerie des Pépites présente figures et trésors historiques de Gevrey-Chambertin, dont la couronne du Roi Chambertin et des objets représentatifs des traditions gibriaçoises.

PHILIPPE LECLERC

Rue des Halles
✆ 03 80 34 30 72
www.philippe-leclerc.com
Ouvert tous les jours de 9h30 à 19h. Sans réservation sauf pour groupes de plus de 15 personnes. Visite libre ou guidée

À Gevrey, il ne faut pas manquer le caveau de Philippe Leclerc. Ouvert tous les jours il ne ressemble à aucun autre. On y visite un musée dédié au monde viticole et vinicole dont une étonnante extension est en préparation. Derrière l'image d'un personnage excentrique, Philippe Leclerc cache un homme perfectionniste, talentueux et généreux. Homme de la terre et de la vigne il est aussi celui de la pierre, car une fois les vins en cave, il vit sa passion pour l'architecture et l'histoire des métiers d'antan en transformant ses fameuses caves en véritable trésor.

OFFICE DE TOURISME GEVREY-CHAMBERTIN-NUITS-SAINT-GEORGES

1, rue Gaston Roupnel ✆ 03 80 34 38 40
www.gevreynuitstourisme.com
Ouvert 7j/7 de juin à septembre ; le reste de l'année, les horaires et jours changent. Location de vélos électrique.

Jouxtant la grande Halle Chambertin, le bureau de l'office de tourisme est installé au centre de Gevrey-Chambertin. Ici les visiteurs découvrent à la fois un lieu d'information, une boutique, un espace dégustation et un espace muséographique spacieux, ludique et pédagogique. Partez à la découverte des climats de la commune de la réserve naturelle de la combe Lavaux, de la culture bourguignonne et des bonnes tables. Puisez des idées d'activités culturelles et sportives à pratiquer.

RÉSERVE NATURELLE - COMBE LAVAUX - JEAN ROLAND

Combe Lavaux
✆ 03 80 51 04 51
www.ot-gevreychambertin.fr
Topo-guides proposés par l'Office de Tourisme de Gevrey Chambertin.

Avant de vous embarquer pour une randonnée pleine nature à la Combe Lavaux, on ne saurait que trop vous recommander de vous rendre à la Halle Chambertin. Une présentation du site ainsi que des topo-guides pour les balades pédestres et les grimpeurs y sont proposés. Au sein du réseau Natura 2000 qui s'étend sur 2100 ha, la Côte dijonnaise recèle une diversité écologique exceptionnelle. Cette réserve s'étend des communes de Brochon à Gevrey-Chambertin, sur 487 ha. C'est à Jean Roland, naturaliste, que l'on doit la reconnaissance en 2004 de la Combe Lavaux comme réserve naturelle de France. Il s'agit d'une ancienne vallée asséchée, véritable livre ouvert sur l'histoire géologique, témoignant de la présence de la mer au jurassique. Un lieu idéal pour randonner et découvrir une faune diversifiée, où chouettes, hiboux, grenouilles, chevreuils et faucons pèlerins peuplent ses deux versants. Ces derniers présentent une flore qui l'est tout autant, méridionale au sud, alpine et continentale au nord. Il fait en moyenne 5 °C de moins sur le versant nord, plus ombragé et humide. Une zone marécageuse abrite des espèces originales : valériane tubéreuse, cresson rude, ail-ciboulette et véronique en épi. Ne manquez pas le sentier Bernard Quarteaux, pour une randonnée de plus de 6 km, des paysages magnifiques se dévoilent sur les falaises abruptes et la plaine viticole. L'escalade est interdite entre la mi-février et la mi-juin, car c'est la période de nidification du faucon pèlerin.

Ô ROUGE*** €€

Rue de Lavaux ✆ 03 80 34 34 15
www.orouge.fr
Hôtel 3-étoiles. 21 chambres à 148 €. Chambre PMR 190 €. Séminaire. Ô Frichtis ouvert de 14h à 22h. Boutique. Spa.

Cet hôtel rénové possède une vue imprenable sur le vignoble de l'appellation Gevrey-Chambertin. Il a été décoré de manière contemporaine par une artiste locale, lui procurant une atmosphère unique. Un spa a été aménagé dans une maison particulière face à l'hôtel avec piscine extérieure, solarium, sauna, hammam, bain bouillonnant. Les formules sont au top : Ô Epicurien avec dîner au Castel de Très Girard, Ô Amour avec dîner et champagne, Ô Dynamique avec prêt d'un vélo électrique. Ne manquez pas le bar-bistrot Ô Frichti, pour déguster vins et snacking de qualité.

LES GRIOTTES €€

3, place de la Mairie
✆ 03 80 58 51 51
www.restaurant-lesgriottes.fr
Ouvert du mercredi au dimanche midi et soir. Menu midi 19,90 € 2 plats, 24,90 € 3 plats. Menu à 35 € + carte.

Les Griottes, nouveau venu parmi les restaurants de Gevrey-Chambertin, est un incontournable : on aime la carte élaborée par le chef Guillaume Royer qui propose les plats locaux et de saison en revisitant les grands classiques bourguignons comme les œufs en meurette ou le coq au vin, mais toujours avec une touche d'originalité ! Ne pas manquer les desserts dont le Paris-Griottes, déclinaison chocolat gaufre qui vaut le détour, et la belle carte des vins. Tout cela dans un décor soigné et moderne. À midi en semaine, la formule à petit prix régale les plus pressés.

© LES GRIOTTES

© LES GRIOTTES

PAYS DE GEVREY-CHAMBERTIN

CHÂTEAU DE SAULON**** €€€

67, rue de Dijon - **SAULON-LA-RUE**
✆ 03 80 79 25 25
www.chateau-saulon.com

Vignobles & Découvertes. Les Collectionneurs. 42 chambres à partir de 95 €. Restaurant. Piscine. Réceptions.

Dans son domaine verdoyant de 27 hectares, le Château de Saulon respecte l'authenticité de sa construction du XVIIe en alliant modernisme et luxe. Ce savant mariage s'exprime dans le charme des chambres spacieuses et confortables qui ont toutes une vue apaisante. Côté parc, la piscine s'ouvre sur un espace bien-être prochainement prolongée par un spa aménagé dans les caveaux. La table bistronomique du restaurant Deux Rivières est parfaite pour demeurer au Domaine. Le pavillon au style de grande halle rend ses soirées féeriques par son éclairage façon guinguette.

HÔTEL LA RÔTISSERIE DU CHAMBERTIN**** €€€

6, rue du Chambertin
✆ 03 80 34 33 20
www.rotisserie-chambertin.com

Accueil jusqu'à 21h. 9 chambres. Chambre double de 209 € à 239 € ; suite de 299 € à 319 €. Petit-déjeuner : 18 €.

Au cœur de la route des Grands crus, dans une magnifique bâtisse bourgeoise, La Rôtisserie du Chambertin vous accueille dans des chambres et suites dont les noms reprennent les célèbres parcelles viticoles des alentours. Décoration chaleureuse, charme, confort et authenticité : tout ce qu'il faut pour passer un séjour au calme et découvrir la région. Profitez également du délicieux petit-déjeuner, avec ses produits frais, faits maison et bio... un régal !

LA JEANNETTE €

1, rue Gaizot
✆ 03 80 33 41 95

Ouvert le lundi et mardi et du jeudi au samedi de 10h à 19h. Fermeture à 16h le dimanche. Formule 14,50 €. PJ 11 €.

Gérée non pas par Jeannette mais par Carine Veyset, cette adresse est aussi insolite qu'attachante. Ici, les bons petits plats se mêlent à l'ambiance vintage d'une boutique atypique : meubles en formica, affiches de cinéma, images de pin-up et tourne-disque. À l'ardoise, les propositions sont généreuses et font honneur à la région. Au menu, terrine maison, escargots coquilles, velouté de saison, bœuf bourguignon, saucisse de Montbéliard et cancoillotte chaude. Un esprit familial, où chacun se parle. Un lieu comme on en aimerait plus.

RESTAURANT DEUX RIVIÈRES €€

67, route de Dijon - **SAULON-LA-RUE**
✆ 03 80 79 25 25 - www.chateau-saulon.com

Lundi mardi midi + du mercredi au dimanche midi soir. Formule du midi 19,50 € à 25 €. Menus de 37 € à 65 €. Terrasse.

Deux Rivières, le restaurant du Domaine du Château de Saulon, est un lieu privilégié à 15 minutes de Dijon. La cuisine bistronomique du chef Benjamin Gaudrillet est très accessible en formule du midi, préparée à base de produits de saison dont les cueillettes du potage. Les salles voûtées et feutrées sont installées dans une dépendance du château. Ne pas manquer les cocktails du sommelier ni les desserts de la cheffe pâtissière Céline Savadori qui excelle dans ses créations. On aime la convivialité du lieu entretenue par un service très attentionné.

LE CLOS LENOIR 1623 €€

61, route de Beaune
✆ 03 80 27 37 14

Du mardi au samedi midi et vendredi soir. Ouvert le soir sur réservation. Formule du midi 22,90 € 2 plats, 24,90 € 3 plats.

Le Clos Lenoir 1623 est immanquable à l'entrée sud de Gevrey, il occupe une superbe bâtisse en pierre qui abritait en 1623 un poulailler et sa meule à grain dont il reste les vestiges. La cour fermée est isolée de la route, elle donne sur un clos de vignes, la terrasse est immense et la salle typiquement bourguignonne. Bienvenue chez Sandrine et Charlotte. Sandrine qui mitonne ses petits plats déroge rarement à sa verrine de velouté façon mise en bouche. Après tout le monde y a droit. On aime l'ambiance particulièrement chaleureuse et le franc parler de nos miss.

LA TABLE DE PIERRE BOURÉE €€

40, route de Beaune ✆ 03 80 34 13 97
http://pierre-bouree-fils.com/

Sur réservation à midi en semaine. Menus de 40 € à 80 € de 4 à 7 vins au verre. Vignobles & Découvertes.

La Table de dégustation du Domaine Pierre Bourée Fils est ouverte toute la haute saison entre la vente des Hospices de Nuits jusqu'à celui de la vente des Hospices de Beaune. La dégustation des vins prend ici tout son sens lorsqu'on les apprécie autour de bons plats avec la « parole du vigneron » Jean-Christophe et son fils Vincent Vallet. L'ambiance est conviviale autour d'un unique menu en accord avec les vins du domaine. En général, on repart avec un achat de ses coups de cœur.

© FOUQUIN

© FOUQUIN

© NADÈGE HUBERT

LE CLOS DU ROY TRAITEUR

20, rue du Richebourg
✆ 03 80 51 33 66
https://leclosduroy.com

Livraison. Devis sur demande. Commande 48h à l'avance. Menus de 89 € à 116 €. Cocktails, brunchs.

Le Clos du Roy, ce n'est pas un mais trois chefs au service des particuliers ! La fine équipe composée de Philippe Poillot, de Pierre Lebaupin et de Tony Belliet est aux manettes pour réaliser le repas festif que vous souhaitez. Repas de banquet, cocktail, apéro dînatoire, tout est possible. Pour savourer ce repas, vous avez le choix entre une salle d'une capacité de plus 100 couverts, le salon intimiste d'une vingtaine de couverts ou à emporter. Un service traiteur de haut vol, avec des menus composés de plats représentatifs d'une cuisine régionale.

© FOUQUIN

© LE CLOS DU ROY

LE BISTROT LUCIEN - LA RÔTISSERIE DU CHAMBERTIN €€€

6, rue du Chambertin
✆ 03 80 34 33 20
www.rotisserie-chambertin.com

Ouvert du mardi au samedi midi et soir ; le dimanche midi. Menus de 24 € à 39 €. Terrasse. Bar à vin.

Si la table d'hôtes est primée d'une étoile Michelin, le bistrot Lucien ne démérite pas avec son Bib gourmand. L'âme chaleureuse entre pierre et bois de ce bistrot invite à prendre le temps autour d'un repas simple, d'un verre de vin et de quelques amis choisis. Du vrai, du bon, du local, la carte annonce la couleur. Rillettes de cochon bio, tripes mijotées à l'aligoté, bœuf confit à la bourguignonne. Mention spéciale pour la poire pochée au vin, granité à la cardamome.

LA TABLE D'HÔTES DE LA RÔTISSERIE DU CHAMBERTIN €€€

6, rue du Chambertin ✆ 03 80 34 33 20
www.rotisserie-chambertin.com

Du jeudi au samedi. Réservation vivement recommandée. Menus 58 € (midi) 90 € (soir). Chambres et bar à vin.

La Table d'Hôtes de la Rôtisserie du Chambertin vous propose un voyage au pays du raffinement au cœur du village vigneron. Une maison en pierres, une atmosphère calme et une carte réfléchie, le tout géré par le duo formé par Lucie et Thomas Collomb. Le chef signe une carte proche du terroir local mettant à l'honneur le bio et le circuit court, voire très court. Entre talent et écoresponsabilité, la maison s'est ainsi vue récompensée d'une étoile Michelin et labellisée Green Food.

LE TUE CHIEN

7, rue Richebourg

Ouvert du mardi au samedi de 8h à 21h. Ouverture dimanche selon saisons. Sélections vins, bières, planches apéritives.

Cela vient d'une expression pratiquée quand on veut du vin, c'est aussi le nom de la Paulée de Gevrey-Chambertin. D'ailleurs les portraits des 6 chiens de vignerons personnifiés et habillés sont rassurants et même collectors ! Le nouveau bar à vin de Gevrey fait tout bien, déco industrie bois et acier, sélection de vins des plus sérieuses, de la commune, de la Côte de Nuits et d'ailleurs, des bières, des planches gourmandes, des produits en circuits courts. Un bar à vin post Saint-Vincent 2020 créé et animé par des Gibriaçois qui ont le sens de la fête.

LE CLOS DU ROY

20, rue Richebourg
✆ 03 80 51 33 66
leclosduroy.com

Ouvert du mercredi au samedi de 9h30à 18h et le dimanche de 9h30 à 14h. Traiteur. Pâtisserie. Salon de dégustation.

Avec l'ouverture de cette jolie boutique, la petite ville de Gevrey-Chambertin se pare d'un traiteur de choix. Le Clos du Roy formé par l'équipe de chefs Philippe Poillot, Pierre Lebautin et le pâtissier Tony Belliet a en effet choisi d'exporter son savoir-faire au milieu du pays des grands crus. Une équipe de choc pour proposer des plats cuisinés et des trésors pâtissiers, à emporter, en portion individuelle ou en format de réception. Le salon de dégustation privé permettra sur réservation de se restaurer sur place tout en dégustant quelques fameux nectars.

DOMAINE PIERRE BOURÉE FILS

11-13, route de Beaune
✆ 03 80 34 30 25
www.pierre-bouree-fils.com

Accueil sur rendez-vous. Visite de la cuverie et des caves 15 € par pers. Dégustation à la Table de Pierre Bourrée.

Le Domaine Pierre Bourée Fils, propriétaire de 7 ha de vignes et négociant, propose un catalogue de plus de 40 appellations. Il doit son succès à son attachement aux traditions et à son savoir-faire exercé dans sa nouvelle cuverie de 400 m². Le Domaine Pierre Bourée Fils possède sa table de dégustation, La Table de Pierre Bourée, un lieu où l'on peut découvrir les vins notamment au cours d'un repas de midi accompagné de 4 à 7 vins en présence du vigneron, sur réservation.

DOMAINE QUIVY

7, rue Gaston-Roupnel ✆ 03 80 34 31 02
www.gerardquivy.Org.fr

Ouvert tous les jours. Inscrit au titre des monuments historiques. Visites et dégustations gratuites.

C'est au cœur de Gevrey Chambertin que le Domaine Quivy vous acceuille dans un hôtel particulier du XVIIIe. Immergés dans une végétation luxuriante, ses bâtiments viticoles représentent un patrimoine historique et artistique remarquablement conservé inscrit aux Monuments historiques. C'est aussi un must car vous accédez à de prestigieux premiers et grands crus issus des 7 ha de vignes en propriété sur la commune. Votre dégustation se déroule dans un authentique caveau bourguignon surplombant la cave. La production est à l'image du lieu, raffinée, précise et constante.

PHILIPPE LECLERC

Rue des Halles ✆ 03 80 34 30 72
www.philippe-leclerc.com
Ouvert tous les jours de 9h30 à 19h. Sans réservation sauf pour groupes de plus de 15 personnes. Dégustations gratuites

Le Domaine Philippe Leclerc vous accueille tous les jours dans un authentique caveau du centre du village. Les vins issus des 7,5 ha de vieilles vignes en appellations Bourgogne, Chambolle-Musigny et Gevrey-Chambertin, dont 4 en 1er Cru, font honneur à la renommée de la commune. Respect de la terre et des traditions, culture raisonnée, absence d'insecticides, 2 ans en futs de chêne, caractérisent des vins à la typicité marquée. Apprenez à connaitre ce personnage perfectionniste et hospitalier qui vit ses passions en les partageant, et il n'y a pas que le vin.

FERME DU PONTOT - DISTRIBUTEUR DE PRODUITS FERMIERS

Route de Saulon ✆ 06 80 41 58 75
www.gaec-du-pontot.com
Distributeur œufs + fruits et légumes 24h/24. Labels Bienvenue à la Ferme, Bleu Blanc Cœur et 100 % Côte-d'Or.

Si les œufs de la Ferme du Pontot ne viennent pas vers chez vous, c'est vous qui pouvez aller vers eux et les acheter en direct au distributeur libre service de la ferme. Philippe et Gérard Plançon ont définitivement choisi la vente directe des œufs plein air de leur ferme qui comptera bientôt 20 000 poules rousses. Une partie des 15 000 œufs journaliers est consommée par les meilleurs restaurants de Beaune à Dijon. Les œufs du Pontot reçoivent dorénavant le label « Bleu, blanc, cœur ».

PARC ÉVASION CURLEY

RD116 - **CURLEY**
✆ 06 87 87 50 42
www.parc-evasion.com
Ouvert toute l'année. Juin, juillet, août, 7j/7 de 10h à 19h. Puis les week-ends selon calendrier, ou sur réservation.

Vous avez envie de vous défouler, de dépenser votre énergie, de faire du sport, et tout ça dans un parc forestier au cœur des Hautes Côtes de Nuits. Alors ce parc de loisirs est l'endroit qu'il vous faut ! Accrobranche, paintball, tir à l'arc, lasertag, course aux trésors, archery tag, arc trap, sumo, bubble foot, big foot, escape game, voici quelques-unes des (très) nombreuses activités proposées. Pour vous remettre de vos émotions et vous rassasier après ces efforts, des barbecues champêtres sont organisés par une équipe enjouée et aux petits soins.

BROCHON

Ce village jouit d'une réputation mondiale de prestige grâce à ses vins de Bourgogne avec sur son territoire l'une des plus célèbres parcelles de Gevrey-Chambertin, Les Evocelles qui doivent leur nom à un terrain broussailleux appelé "Les Brosselles". Il s'agit du climat le plus remarquable de Brochon, idéalement situé, au débouché de la combe et en haut de coteau. Le vignoble s'étend sur une superficie de 110 ha. Ses vins dont le Bourgogne, le Gevrey-Chambertin et le Côte-de-Nuits se marient à plaisir avec un fromage local de renommée internationale comme l'Ami du Chambertin. Le château du village fut construit à la toute fin du XIXe siècle, bâti sur le modèle d'Azay-le-Rideau. Réhabilité en lycée, il fut le dernier château de style Renaissance construit en France. C'est Stephen Liégard, écrivain et homme politique, qui le fit édifier. Il est notamment connu pour être à l'origine de l'appellation « Côte d'Azur », appelée jusqu'alors « Riviera ». Il a aussi inspiré Alphonse Daudet, son contemporain, pour le personnage du « sous-préfet aux champs », dans *Les Lettres de mon Moulin*... Le château se trouve sur un domaine ayant appartenu aux Chartreux de Dijon. A voir aussi, l'éolienne de Brochon qui fut commandée à la fin du XIXème siècle par Stéphen Liégeard pour permettre l'alimentation en eau courante du château. Celle-ci est inscrite à l'inventaire des Monuments historiques depuis 1984 et surmonte un réservoir construit en pierres de taille dans lequel plongeurs sauveteurs et pompiers s'entraînent.

LA TABLE D'EOLE €€

9, place Jolyot de Crébillon
✆ 03 45 83 56 10
www.latabledeole.com
Ouvert du lundi au samedi le midi. Formule à 17,90 €. Plats à emporter.

Blandine Velut développe brillamment sa table d'un charmant village proche de Gevrey-Chambertin. Elle tient son cap depuis 2015 dans sa cuisine ouverte que l'on surplombe depuis sa salle bistrot. Tout est préparé maison avec des produits locaux et même avec les aromates du jardin du restaurant. Le rapport qualité-plaisir-prix est imbattable, on peut revenir souvent car l'ardoise aux 5 choix par plats est fréquemment renouvelée. Le nom du restaurant rend hommage à l'éolienne de Brochon qui, il y a longtemps, acheminait l'eau courante au château Stéphen Liégeard.

DOMAINE LE CLOS DES MAZIÈRES

3, rue de la Mazière
✆ 06 36 66 73 88
leclosdesmazieres.fr
Tous les jours de l'année, de 9h à 19h, sans rendez-vous.

C'est à Brochon, donc dans son domaine de 2 ha, que Georges Laurent exploite sa vigne afin de produire des Côtes-de-Nuits-Villages, Fixin et Gevrey-Chambertin. Passionné autant que bienveillant, ce dernier reçoit les amateurs d'écotourisme pour une dégustation visite, avec une découverte en immersion de 120 minutes entre vignes et caves. Alors partez à la rencontre du travail de la vigne, du savoir-faire, du terroir bourguignon et des vins du domaine.

FROMAGERIE GAUGRY

74, Route Nationale ✆ 03 80 34 00 07
gaugryfromager.fr
Ouvert du mardi au samedi de 9h à 12h30 et de 14h à 18h30. Visites libres de 9h à 11h30 et de 14h à 17h30.

La maison Gaugry fondée en 1946 est une adresse très connue des amateurs de fromages bourguignons. Ici, les stars se nomment l'Ami du Chambertin, un délicieux fromage à pâte molle médaillé d'argent au Mondial du fromage et des produits laitiers en 2021, soumaintrain, époisses, chaource et autres. Des spécialités, dont deux en production bio, font de cet établissement un incontournable. Notez qu'il est possible de découvrir la production le temps d'une visite libre et même de se régaler de quelques fromages sélectionnés. Une visite gourmande en somme !

GRANDS BOURGOGNES

ZA Le Saule ✆ 03 80 79 29 90
www.grandsbourgognes.com
Caviste et boutique en ligne. Grands crus français et étrangers. Ouvert du lundi au samedi 9h-12h30/14h-18h30

Amateurs de vins, ils le sont les frères Lionel et Didier Petitcolas pour avoir recensé autant de belles appellations. Si la faveur se porte aux grands crus de Bourgogne, on découvre chez ce caviste, moult références de tout ce que le vignoble mondial compte de meilleur. Avec près de 250 domaines et 2 500 appellations, de 7 à 7 000 € la bouteille, c'est une magnifique vitrine, pour les vignerons du monde entier. Une team présente et dynamique se tient prête à vous accueillir dans la boutique de Brochon, mais vous pouvez aussi commander en ligne et être livré.

BURGUNDY BIKE

12, rue de la Maladière ✆ 06 38 16 50 33
www.burgundybike.com
7j/7 de 9h à 19h. Dès 10 €/h, Demi-journée 15 € ; journée 20 € ; week-end 50 €. Pousseur PMR 15 €/h. Tarifs groupes.

Rien de tel que le vélo pour découvrir la Côte-d'Or et ses magnifiques vignobles ! La société de location Burgundy Bike met à disposition une flotte de 50 vélos, tous styles confondus, et propose de nombreux circuits dans la région. Vous pouvez louer des VTC, des vélos à assistance électrique, des vélos PMR, pour enfant ou des tandems, et vous embarquer pour une courte promenade ou pour une journée en plein air avec dégustation incluse. L'entreprise apporte les vélos à votre logement, ou vous propose de les récupérer sur place (sur rdv). Pensez à réserver !

VILLARS-FONTAINE

Le village de Villars-Fontaine se définit comme la porte des hautes côtes, en venant de Nuits-Saint-Georges à 5 km de là. Les anciennes carrières qui ne sont plus exploitées constituent désormais un atout incroyable pour la commune qui a su y développer de nombreuses animations à ciel ouvert, dont le festival Street Art on the Rock en août. Villars-Fontaine s'attache à associer l'art avec le vin et la gastronomie qui font la renommée de la région, sur ce lieu emblématique nommé La Karrière. Villars-Fontaine, c'est aussi son château, domaine viticole de 30 ha sur de la marne blanche qui rappelle celle des meilleurs vins blancs de la montagne de Corton.

LA KARRIÈRE

RD 35
✆ 06 30 25 42 90
http://villart.fr/actu/
Mai, juin, octobre : samedi/dimanche/jours fériés, 11h-18h. Juillet, août, septembre : mercredi au dimanche, 11h-18h.

La Karrière est un lieu spectaculaire où se mêlent l'art et la nature. Centre de création artistique par excellence, gérée par une association, elle anime le territoire des Hautes Côtes de Nuit et fait se rencontrer la musique, l'art graphique et le vin. Situé sur le site d'une ancienne carrière de pierres de Comblanchien, le théâtre et ses fresques monumentales réalisées sur les fronts de taille de plus de 12 mètres impressionnent. Le programme culturel est annoncé via le site, et le lieu est également visitable hors événements.

L'AUBERGE DU CÔTEAU €€

3, Route de la Côte-de-Nuits
✆ 03 74 95 34 62
Ouvert du lundi au mercredi le midi ; du vendredi au dimanche le midi et le soir. Formule du midi : 15 €.

L'Auberge du Côteau est une adresse incontournable lors d'un passage dans les Hautes Côtes de Nuits ! Les deux jeunes chefs qui ont repris l'établissement à l'été 2022 proposent une délicieuse cuisine du terroir : terrine maison, jambon persillé, œufs en meurette... mais ce qu'on préfère, ce sont les viandes, cuites au feu de bois dans la belle cheminée du restaurant. Si vous venez en groupe, partagez une belle côte de bœuf ! Pensez aussi à garder une place pour les bons desserts maison. Le menu du midi, en semaine, est aussi une formule parfaite.

CHAMBOLLE-MUSIGNY

Chambolle-Musigny est un village viticole situé sur la Route des Grands Crus, qui est bien connu internationalement pour ses vins, qualifiés par Gaston Roupnel de « Vins de soie et de dentelle ». Parmi eux, deux grands crus : le Musigny et le Bonnes-Mares. Ils font partie des incontournables de la Côte de Nuits pour qui souhaite découvrir la Bourgogne par le prisme de la gastronomie. Sans oublier ses 24 premiers crus comme les Amoureuses... Cependant, il y a plus à découvrir dans cette charmante commune parcourue par les vignes et la roche. Chambolle vient du latin *campus ebulliens* (« le champ bouillant »), qui fait référence à la rivière qui traverse le village lorsque l'orage gronde. Le nom Musigny a été rajouté à la fin du XIXe siècle. L'église Sainte-Barbe, située au cœur du village, fut construite entre 1500 et 1506 et compte plusieurs œuvres classées au patrimoine culturel national. Édifiée à la demande de Jean Moisson, un ancêtre de la famille du comte de Vogüé, elle possède un clocher en dôme à l'impériale qui rappelle ceux de la Franche-Comté. Des peintures murales décorent son chœur classé aux monuments historiques. À voir également, un superbe cadran solaire. Face à l'église, le tilleul de Sully d'une circonférence de 5 mètres force le respect, mais ce ne sont pas les infusions que l'on peut faire avec ses fleurs qui font la réputation de Chambolle-Musigny. Autre petit trésor, d'architecture cette fois, la jolie fontaine qui présente un fronton triangulaire, au centre du village face à la rue Sainte-Barbe.

LE CAVEAU DES MUSIGNYS

1, rue Traversière
✆ 03 80 62 84 01
caveau-des-musignys.fr

Ouvert du mercredi au lundi de 10h à 18h. Accueil des groupes sur réservation.

Sous les cuisines du fameux restaurant le Millésime se trouve ce magnifique caveau voûté et boisé : c'est ici, dans cet univers chaleureux, que l'on découvre les sélections rigoureuses d'Annie Guette, directrice et sommelière. Près de 500 références, à 90 % régionales, font de l'œil aux amoureux des Bourgognes, les 10 % restant se disputent le reste du monde. Un passage à ne pas manquer avant de déjeuner ou dîner à la table du chef Mathieu Mazoyer, où l'on retrouve également la sélection de vins du Caveau. Vente en ligne également sur le site Internet.

FIXIN ★

De belles demeures massives, avec tours anciennes et cours intérieures, sont regroupées, bercées par le chant des oiseaux et le passage des cyclistes. C'est à peine si le vrombissement des voitures sur la route nationale, située en contrebas, vient perturber l'endroit. A l'horizon, Dijon semble vous dire au revoir : le visiteur entre de plain-pied dans la mythique côte des vins. Les vignes s'étirent, nonchalantes, bordées par les bois. Sur les hauteurs de la commune, vous pouvez apprécier le musée dédié à Napoléon, juste à côté, au cœur d'un parc boisé, demeure la fameuse statue, Le Réveil de Napoléon, sculptée par François Rude pour l'officier Noisot.

LE MILLÉSIME €€

1, rue Traversière ✆ 03 80 62 80 37
www.restaurant-le-millesime.com

Ouvert du mardi au samedi de midi et soir. Menus de 39 € à 79 €. Formule du midi : 24.90 €. Terrasse.

Le Millésime est une table remarquable installée dans une élégante maison vigneronne qui séduit toujours autant. Sa salle lumineuse et ses tables élégamment dressées présagent un bon moment. Dynamique et créative, la carte de Mathieu Mazoyer propose une cuisine de saison sans cesse renouvelée. Les plats ont tous une présentation soignée, moderne et colorée. En accord avec vos mets, 500 références de vins sont à la carte, dont de nombreux crus conservés dans la cave vitrine située derrière le bar. Nous on craque pour le Millésime et on y retourne.

LE PARC NOISOT

Rue de la Perrière
✆ 03 80 52 45 52

Parc gratuit et ouvert toute l'année. Musée : de mi-juin à mi-septembre le samedi et le dimanche de 15h à 18h.

Fixin est connu pour ses vignes, mais peut-être un peu moins pour ses promenades. Découvrez le beau Parc Noisot surplombant le cloché d'ardoises du charmant village viticole. C'est à Claude Charles Noisot (1787-1861), officier de la garde impériale de Napoléon Ier, que l'on doit ces magnifiques 5 ha de grands arbres. Un domaine superbe de pins de Corse en hommage à Bonaparte et qui donnera le nom du célèbre Clos en contrebas. Trois sentiers de randonnée sont accessibles. L'un d'eux fait 3,5 km, avec peu de dénivelé. Complétez votre sortie d'une visite du musée.

CHEZ JEANNETTE €€

7, rue Noisot
✆ 03 80 52 45 49
www.chez-jeannette.fr

Logis. Ouvert du mardi soir au dimanche midi. Menus de 25 € à 43 €. Terrasse.

Chez Jeannette, le restaurant de Fabrice et Alexandra Bigolet, tient sa réputation d'excellente adresse. Les plats créatifs de Fabrice sont inspirés de la cuisine bourguignonne. Ils sont résolument gastronomiques sans tomber dans les travers de menus exorbitants. Déclinaisons d'escargots, cromesquis, veloutés, crémeux et mariages subtils de saveurs, tout y est. Le style bourguignon et feutré de la salle aux poutres apparentes est relevé de tables nappées de blanc et le service est à la cloche ! La carte des vins est 100 % Bourgogne tout en restant accessible.

LA CAVE DU CLOS

6, rue de La Perrière
✆ 03 80 52 45 63
www.lacaveduclos.com

Ouvert tous les jours de 10h à 18h30. Dégustations, apéritifs dînatoires. Carte Wine Lover.

Accolée au restaurant Au Clos Napoléon, il est difficile de résister à l'appel de la Cave du Clos après avoir dégusté un de ses fameux crus durant le repas. Si les appellations font la part belle aux vins du terroir bourguignon, les amateurs découvrent pléthore de noms tous plus évocateurs les uns que les autres en Jura, Alsace et Champagne. Avec près de 300 appellations présentées, vous pouvez prendre le temps de choisir lors d'une dégustation orchestrée par le caviste sommelier du Clos et profiter de certains avantages en devenant membre du club Wine Lover.

MOREY-SAINT-DENIS

Morey-Saint-Denis est situé entre deux noms prestigieux qui ont souvent porté ombrage à ses vins : Chambolle-Musigny et Gevrey-Chambertin. Son territoire occupe une petite superficie et ses productions sont moins volumineuses que celles de ses voisines. Il compte néanmoins six Grands Crus d'exception : les Bonnes-Mares, les Quatre-Clos, le Clos-Saint-Denis, le Clos-de-la-Roche, le Clos-de-Tart et le Clos-des-Lambrays. Le village est charmant et on y trouve quelques belles bâtisses : une maison des Templiers, un ancien four banal devenu une boulangerie, une intéressante maison à tourelle du XVIe siècle. Alors que l'église actuelle date du début du XVIIIe.

AU CLOS NAPOLÉON €€

4, rue de la Perrière
✆ 03 80 52 45 63
www.clos-napoleon.com

Vignobles & Découvertes. Ouvert tous les jours le midi et le soir. Réservation recommandée. Menu de la semaine 19,90 €.

Aller Au Clos, c'est comme aller chez des amis. Déjà 15 ans que José Gonzalez et Gérald Ulmann maîtrisent le destin du Clos Napoléon. Depuis 2022 le chef Guillaume Royer est leur partenaire conseils. L'esprit bistrot chic et cosy ravit, c'est pourquoi la réservation est recommandée. Ici la cuisine fleure bon le bien-manger, la belle humeur et le très bon vin. La pierre tutoie quelques tableaux contemporains dans quatre salles. Quant à la coquette terrasse ombragée, elle fait de l'œil au célèbre vignoble de Fixin. La carte des vins est animée par la Cave du Clos !

© ALEXANDRE NIOUET

© ALEXANDRE NIOUET

En 1925, le village reçoit un invité de marque : le sultan du Maroc, arrière-grand-père du roi actuel, est accueilli chez le consul Guiot, dont la maison est aujourd'hui le cellier de Dionysos. Morey est aussi le village natal de Riepp, le facteur de l'orgue de la cathédrale Saint- Bénigne de Dijon. Chaque année en mars (depuis presque 25 ans !) s'y déroule le week-end du goût. C'est l'occasion de déguster une multitude de produits régionaux. L'événement est organisé au Cellier de Dionysos où une trentaine d'artisans qui vous proposent de déguster leurs productions. Pains, vins et fromages sont à l'honneur !

CAVEAU DES VIGNERONS

3, place de l'Eglise
✆ 03 80 51 86 79
www.domaine-des-beaumont.com
Lundi de 14h à 18h, du mardi au samedi de 10h à 13h et de 14h à 19h.

Quoi de mieux qu'un groupement de 12 viticulteurs pour vous faire découvrir le meilleur des vins de la Côte de Nuits ? Et c'est ce que propose le Caveau des Vignerons ! Parmi les plus de 170 références, vous trouverez des vins rouges du village bien sûr mais aussi de Chambolle-Musigny, de Gevrey-Chambertin, de Nuits-Saint-Georges... Ce fonctionnement permet de proposer les mêmes prix qu'en vente directe au domaine ; vous pourrez déguster gratuitement et vous familiariser avec la diversité des styles et des savoir-faire. Le Caveau est situé au centre du village.

CASTEL DE TRÈS GIRARD**** €€€

7, rue de Très-Girard
✆ 03 80 34 33 09
www.castel-tres-girard.com
8 chambres. Restaurant ouvert tous les jours, midi et soir. Menus de 30 à 80 €. Bar à manger, terrasse et piscine.

Le Castel de Très-Girard est un hôtel de charme logé dans un bâtiment historique du XVIIe siècle où les chaleureuses pierres apparentes côtoient l'art contemporain avec raffinement et harmonie. Vue sur les vignes ou le jardin. Régalez-vous aussi à la table du chef Olivier Perreaut. L'hôtel était jadis un pressoir rend hommage à ce passé viticole avec une carte des vins de plus de 1 500 références. L'ambiance estivale est au top sur les terrasses en espalier près de la piscine.

CASTEL DE TRÈS GIRARD €€

7, rue de Très-Girard
✆ 03 80 34 33 09
www.castel-tres-girard.com
Ouvert tous les jours midi et soir. Formule du midi : 26 et 30 €. Soir 30 € et 35 €. Menu gastronomique 80 €. Terrasse.

La table du chef Olivier Perraut au Castel de Castel de Très-Girard régale les gourmets, résidents ou non de l'hôtel. Logé dans un ancien pressoir du XVIIe siècle, l'établissement ne manque ni de charme ni de calme pour qui souhaite s'accorder une parenthèse gourmande. Hommage au fait maison, au circuit court et à la tradition culinaire, d'ailleurs récompensés par le label maître restaurateur. Si l'esprit se veut bistronomique, les plats signatures et inspirés de voyage invitent à la découverte. Mention spéciale pour la carte des vins de plus de 1 500 crus.

DOMAINE DES BEAUMONT

9, rue Ribordot
✆ 03 80 51 86 79
www.domaine-des-beaumont.com
Lundi et mardi après-midi, jeudi à samedi matin et après-midi, dimanche matin. Vins disponibles au Caveau des vignerons.

Thierry Beaumont est la septième génération de vignerons de la famille Beaumont ! En 2023, il entame sa 44e saison de culture de la vigne, dans son domaine de 5,5 hectares qui produit 30 000 bouteilles chaque année. Proche de la nature, il défend une viticulture raisonnée et durable, et préserve les levures naturelles de ses raisins pour ses vinifications. Rendez-vous au Caveau pour déguster les productions du Domaine des Beaumont, ainsi que celles de 11 autres vignerons du village : il est ouvert toute la semaine, sur une large plage horaire.

NUITS-SAINT-GEORGES ★★

Nuits-Saint-Georges est la capitale des vins de la Côte de Nuits. On raconte que la compagnie de chemins de fer Paris-Lyon-Marseille aurait souhaité faire rebaptiser la petite ville Nuits-sous-Beaune. La population rejeta en bloc cette proposition et préféra, en 1892, adjoindre à Nuits le terme « Saint-Georges », nom du cru le plus réputé des environs. Cette renommée, Nuits la doit aussi à un certain monsieur Fagon, médecin de Louis XIV, qui imposa le fameux vin à la table royale. Ici, la Côte de Nuits et les Hautes Côtes produisent surtout des vins rouges à la renommée mondiale, 24 Grands Crus, dont un blanc et 10 Appellations Villages.

ABBAYE DE CÎTEAUX ✝ ★★★

D 996 - **SAINT-NICOLAS-LÈS-CÎTEAUX**
✆ 03 80 61 34 28
www.citeaux-abbaye.com
Visites guidées sur réservation. Accueil enfants (livret pédagogique). Produits gourmands et liturgiques des abbayes.

Fondée en 1098 par un groupe de moines, l'abbaye de Cîteaux demeure un haut lieu de pèlerinage. Bien que le lieu fasse l'objet de conditions strictes, il offre le privilège d'être visité et guidé à des horaires fixes. Ainsi, ce sont pas moins de 60 000 visiteurs qui viennent chaque année fouler les dalles anciennes. Messes et retraites sont également possibles à qui le souhaite. Avec ou sans visite, un passage à la boutique permet de se procurer quelques gourmandises, dont le fromage des moines, médaillé d'argent au Concours international de Lyon, en 2020.

LE CASSISSIUM ★

8, passage Montgolfier
✆ 03 80 62 49 70
www.cassissium.fr
HS : 7j/7 de 10h à 13h et de 14h à 19h. Visites guidées sur réservation, boutique ; ateliers cocktails. Entrée 10,50 €.

Créé en 2001, le Cassissium dirigé par Jean-Michel Tissot permet de mieux connaître cette petite baie noire qu'est le cassis. Un espace muséographique et une visite ludique, interactive grâce aux différents ateliers proposés. Expositions, écrans tactiles, manipulations d'objets, tiroirs viennent compléter les informations données dans le film et la visite guidée. Dégustation en fin de parcours des produits et des sirops de la gamme Védrenne, jolie boutique. Initiation à la mixologie et la réalisation de deux cocktails chaque 1er vendredi du mois d'avril à octobre.

L'IMAGINARIUM ★

Avenue du Jura
✆ 03 80 62 61 40
www.imaginarium-bourgogne.com
HS mercredi au lundi de 10h-19h le mardi de 14h-19h. Formules de visite de 10 € à 25 € (1h30). Réservation conseillée.

L'Imaginarium est un beau site œnotouristique qui permet aux petits comme aux grands de découvrir le monde de la vigne et l'élaboration des vins effervescents. Vous avez le choix : du circuit découverte avec la visite des espaces « Magie des Bulles » (spectacle son et lumière) et « Sacrée Vigne » avec la dégustation d'un Crémant et de 2 vins de terroirs français à la visite « l'éveil des sens et vins d'exception » avec une dégustation de 5 vins d'exception : Appellations Villages, Premier Cru et Grand Cru de Bourgogne. Le choix est également large à la boutique !

I BRAVI RAGAZZI €€

34, Grande Rue
✆ 03 45 83 01 44
Ouvert du mardi soir au samedi soir. Réservation recommandée. Pizzas, salades et pâtes. Terrasse.

C'est un petit air d'Italie qui flotte dans ce coquet restaurant, Un voyage proposé par Eva et Francesco originaires du lac Majeur et formés dans le berceau de la pizza à Naples. À leur expérience de la restauration, ils ajoutent leur exigence d'authenticité dans des préparations essentiellement composées de produits bio. On adore la chaleureuse décoration de la salle, entre confortables banquettes et chaises en fer forgé. Ici : pizzas napolitaines, bien sûr, et recettes typiques et inspirées. Panna cotta ou tiramisù en dessert et l'évasion est totale.

© PROPULSE

© PROPULSE

MUSÉE DE NUITS-SAINT-GEORGES

12, rue Camille-Rodier ✆ 03 80 62 01 37
www.gevreynuitstourisme.com
Ouvert du 2 mai au 31 octobre du mardi au vendredi 10h-12h et 14h-18h le WE 14h-18h. Gratuit. Groupes sur rendez-vous.

C'est dans une ancienne maison de vins que s'est installé en 1975 le musée de Nuits-Saint-Georges : depuis, les belles caves voûtées abritent d'intéressantes collections archéologiques, et notamment des vestiges gallo-romains trouvés sur le site des Bolards. Vous pouvez également y voir un remarquable mobilier mérovingien, découvert lors de fouilles dans le canton de Nuits. Un voyage dans le temps passionnant, qui permet de comprendre la vie quotidienne de nos ancêtres.

OFFICE DE TOURISME GEVREY-CHAMBERTIN-NUITS-SAINT-GEORGES

3, rue Sonoys ✆ 03 80 62 11 17
www.gevreynuitstourisme.com
Vignobles et Découvertes. Boutique. Locations de VAE. Visites guidées. Pass touristique. Séjours clé en main

L'office de tourisme Gevrey-Chambertin, Nuits-Saint-Georges vous donne rendez-vous pour trouver les informations nécessaires sur les adresses à tester via une offre adaptée aux personnes à mobilité réduite. Un patrimoine local lui aussi d'exception, sublimé par les châteaux et les abbayes cisterciennes. Plusieurs événements rythmeront la saison estivale, dont Gevrey Wine Food and Music et la 2e édition de «Promenons-nous dans les crus». A visiter, le Cassissium et l'Imaginarium !

MAISON AUX MILLE TRUFFES BY L'OR DES VALOIS ★

La Chaume - **MAREY-LÈS-FUSSEY**
✆ 03 80 30 08 91
www.truffedebourgogne.fr
Ouvert tous les jours sauf mardis et mercredis, de 10h à 17h, de mi-février à mi-janvier. Cavage et dégustation : 32 €.

Ici, les secrets de ce champignon célèbre se dévoilent toute l'année ! Située au cœur des Hautes-côtes de Nuits, ce lieu unique dédié aux amoureux de nature et de gastronomie est idéal pour une balade découverte en famille : visitez le petit musée et le parc boisé d'1,5 ha, et assistez à des démonstrations de cavage. Vous saurez tout sur la star *Tuber uncinatum* et sur son écosystème ! Différentes formules proposées, et soirées découvertes organisées certains samedis.

LA SOLEXERIE

17, rue des Blés
✆ 07 88 76 97 58
www.lasolexerie.fr
Accueil vélo. BS du mardi au samedi 10h 18h. HS du mardi au dimanche 10h 18h. Café-vélo. Location vente VAE + Solex.

A la Solexerie, située à la gare de Nuits-Saint-Georges, les amateurs de balades à vélo se donnent rendez-vous pour partir en escapade sur la route des Climats de Bourgogne. Jérémy Rizet loue des VAE mais aussi d'authentiques Solex. Proposée à la location comme à la vente vous trouvez une gamme de VAE, VTC, VTT et vélos enfants. Comptez sur l'expertise d'un passionné qui saura aussi vous conseiller sur le choix des meilleurs itinéraires. Prêt de remorque pour installer les petits jusqu'à 5 ans. Son conseil : retour en TER si vous allez loin.

LA GENTILHOMMIÈRE*** €€€

13, vallée de la Serrée
✆ 03 80 61 12 06
www.lagentilhommiere.fr
31 chambres (dont 10 suites junior et 1 suite). Chambre double dès 79 €. Suite dès 130 €. Restaurant, séminaires.

A la tête de ce bel hôtel 3 étoiles, les frères Petitcolas, ont fait de la Gentilhommière l'auberge chic où il fait bon poser ses valises. Niché au cœur d'un écrin de verdure, l'établissement joue de son cadre pour offrir aux voyageurs l'étape de luxe dont ils rêvent. Les 20 chambres cosy et les 11 suites de plain-pied offrent un confort incontesté aux amateurs de tranquillité. Escapades découvertes ou farniente au bord de la piscine, chacun profite comme il l'entend des lieux. De même, les salles de travail et de banquet sont idéales pour l'accueil d'événements.

CAFÉ DE LA GARE €

93, rue Henri Challand
✆ 09 50 47 29 89
Ouvert du lundi au vendredi et les jours fériés. Le week-end sur réservation pour les groupes.

Le Café de la Gare à Nuits-Saint-Georges repris en 2013 par Valérie et Didier Rinquin est une bonne petite adresse, un bistrot à l'ancienne, avec son côté-bar et sa jolie salle à manger avec son buffet. La cuisine est 100 % maison et les rituels bien en place. Tête de veau le 3e jeudi du mois, couscous le 1er et tous les mercredis c'est faux-filet/frites maison. Le buffet d'entrées est toujours bien garni et il y a 2 choix pour le plat du jour. La terrasse et la façade soignée passe le message que l'adresse est bonne, on ne se trompe pas !

RELAIS DE CÎTEAUX €

51, route de Seurre
CORCELLES-LÈS-CÎTEAUX
✆ 09 82 25 64 34
Du dimanche au vendredi midi. Ouvert de 7h à 17h en semaine, samedi midi sur réservation groupes. Formule midi 15,50 €.

Immanquable sur la route de Seurre, route touristique ou du travail, le Relais de Cîteaux est une étape gourmande conviviale et petit prix. Isabelle et Rudy Claeys, accompagnés de leurs enfants, assurent des services de midi jusqu'à 50 couverts. En semaine, petits prix mais choix de 2 ou 3 alternatives généreuses de plats traditionnels aux tonalités régionales. Belles viandes ou poissons, formule Burger. Bonne nouvelle, c'est ouvert le dimanche à midi avec un menu plus complet. Le samedi est réservé aux groupes qui réservent.

LE VIEUX RELAIS €

Route de Cîteaux
SAINT-NICOLAS-LÈS-CÎTEAUX
✆ 03 80 62 12 29
Menus de 20 € à 25 € (pour le menu du samedi midi). Formule du midi : 15,60 € (2 choix pour entrée, plat, dessert).

Christophe Bois à la tête de ce relais qui n'a rien de vieux ni de petit, a instauré un rendez-vous de bonne table conviviale et accessible. Dernière une façade attirante se dresse une salle de 60 couverts et une terrasse couverte de 20 places, autant dire que les habitudes sont prises et que les touristes avertis en balade en Côte-de-Nuits s'arrêtent volontiers. Cuisinier de métier, il prépare une cuisine traditionnelle, maison, généreuse à prix serrés. Côté vins, l'ardoise de suggestions est régionale et tout aussi accessible. Une étape bonne surprise.

CAFÉ DU CENTRE €€

22, place de la République
✆ 03 80 61 34 47
https://brasserieducentre-nuits.com/
Ouvert tous les jours midi et soir. Bar ouvert dès 6h. Formule midi : 16,90 € (entrée, plat et dessert).

Idéalement situé au cœur de la rue historique et commerçante, le Café du Centre connaît un vrai renouveau avec l'arrivée de Jean-Jacques Morette, chef pâtissier, accompagné de son frère Pierre Roland pour le service. On y mange de bons petits plats bourguignons (jambon persillé, escargot, bœuf bourguignon, coq au vin...) et, bien sûr, on ne fait pas l'impasse sur les excellents desserts, comme le dôme aux amandes et fruits rouges ou le brownie au chocolat. Ajoutez à cela une belle carte des vins et une ambiance décontractée : voici un passage incontournable.

PLACE MEUILLOTINE €€

14, grande Rue
MEUILLEY
✆ 09 80 66 88 61
www.place-meuillotine.fr
Du lundi au jeudi 7h-14h/17h-19h30 ; vendredi-samedi 7h-14h/19h-22h ; dimanche 7h30-12h. Menu du jour 14,90 €. Terrasse.

Place Meuillotine distille ce petit charme d'antan des bistrots de village à l'ambiance chaleureuse et à la cuisine authentique, locale et abordable. Janique et Virgil qui ont respectivement 20 et 10 ans de métier animent leur petit univers qui s'étendra sur une grande terrasse en 2023. Les suggestions font la part belle aux producteurs régionaux, Œufs pochés au Brillat Savarin Delin, rognon de bœuf de la ferme Masuez et son beurre de cassis de la ferme Fruirouge et dessert chocolat de Clo&Co mettent la Côte-d'Or à l'honneur. Les habitués viennent aussi pour la tête de veau.

© PLACE MEUILLOTINE

© PLACE MEUILLOTINE

PAYS DE GEVREY-CHAMBERTIN

LA GENTILHOMMIÈRE €€

13, vallée de la Serrée
✆ 03 80 61 12 06
www.lagentilhommiere.fr
Ouvert du mardi midi au dimanche soir. Menu du midi 30 €. Menu du soir 35 € + carte. Terrasse.

Agencé en contrebas de la vallée du Meuzin, le long bâtiment aux tuiles vernissées de la Gentilhommière jouit d'un cadre d'exception propice à la détente. Le restaurant Le Chef Coq, dans la veine de cet hôtel classé 3 étoiles, accueille ses convives dans une salle de caractère. Bien ancrée dans sa région, la carte de Jérémy, le chef, affiche une cuisine bistronomique raffinée au menu du jour abordable midi et soir. Un lieu chic et chaleureux en hiver, et décontracté et très au calme en bord de piscine en extérieur. Le service courtois est à l'image du lieu.

LE GRILL DE NUITS €€

48, grande Rue
✆ 03 80 27 54 51
Ouvert du jeudi au lundi de 11h45 à 14h15 et de 19h à 21h30. Menus de 26 € à 32 €. Côte de bœuf pour deux : 53 €.

Situé au tout début de la rue piétonne, Le Grill de Nuits propose une cuisine d'esprit brasserie où se côtoient allègrement spécialités locales et inspiration du chef. Les convives s'attablent dans une salle moderne, d'une capacité modeste et à l'ambiance chaleureuse. Sur les tables, point de nappage, mais une jolie verrerie et des herbes aromatiques fraîches pour rappeler qu'ici, on mange bien et on boit bon ! On aime l'efficacité du service et la salle lumineuse donnant sur la cuisine du chef Olivier. Une bonne adresse en somme.

LE MEUZINC €€

8, route de la Serrée
✆ 03 80 61 04 79
www.facebook.com/lemeuzincNSG
Basse saison : ouvert du jeudi au lundi le midi et le soir. Haute saison : tous les jours le midi et le soir. Terrasse.

Le Meuzinc a pris un sérieux coup de jeune depuis sa reprise par Jonathan Frizot Frey qui bonifie son expérience des grandes brasseries parisiennes en créant un univers très actuel, dans la déco sobre des salles, en créant une immense nouvelle terrasse côté coteau et en proposant une carte bien constituée avec des plats maison aux produits locaux avec à chaque fois une touche d'originalité, comme l'œuf meurette 100% revisité, une vraie carte de fromages, des desserts de rêve et bien sûr une jolie carte des vins. Un endroit charmant.

LA TABLE DU CARRÉ €€

D8, La Chaume - **MAREY-LÈS-FUSSEY**
✆ 03 80 62 91 29
www.le-carre-saint-pierre.fr
BS : du mardi au samedi le soir. HS : du mardi au vendredi le soir. Carte : entrées de 9 à 16 €, plats de 14 à 28 €.

Située au cœur des Hautes Côtes de Nuits, la Table est celle du Carré Saint-Pierre, traiteur et lieu de mariages, dont le chef met ses talents au service des clients de passage et ceux des chambres d'hôtes. La cuisine bistronomique de Bourgogne est raffinée et la salle aux allures contemporaines donne sur les vignes ou la combe forestière locale. En soirée estivale la terrasse est fabuleuse. La carte des vins est affutée et la table est parfaite pour les résidents des chambres rénovées et très au calme. Une halte idéale pour des randonnées ou des virées en VTT.

CHRISTIAN QUENEL RESTAURANT €€€

12, place de l'Eglise - **FLAGEY-ECHÉZEAUX**
✆ 03 80 62 88 10
www.restaurant-christianquenel.com
Mardi, jeudi, vendredi, samedi midi/soir. Lundi soir, dimanche midi. Menu à partir de 52 €. Terrasse. Service traiteur.

C'est dans ce village au nom évocateur que le restaurant gastronomique de Christian Quenel nous ouvre ses portes. On s'attable dans une salle lumineuse, jouxtant la terrasse ombragée, et on se laisse conter une savante cuisine orchestrée par le Maître Restaurateur. Créativité et tradition se côtoient dans les belles suggestions, avec en plats signatures les œufs parfaits à la cuisson maîtrisée ou encore l'excellent ris de veau, servi cet automne avec un potimarron rôti.

ABBAYE DE CÎTEAUX

D 996 - **SAINT-NICOLAS-LÈS-CÎTEAUX**
✆ 03 80 61 34 28
www.citeaux-abbaye.com
Label Tourisme & Handicap. Du mardi au samedi de 10h à 12h30 et de 14h à 18h ; le dimanche de 14h à 18h.

Outre les souvenirs tournés sur la spiritualité propre à la visite, la boutique de l'abbaye propose une sélection de produits gourmands, dont le fameux fromage « Le cîteaux ». Produit ici par les moines de l'abbaye de Cîteaux, ce délicieux fromage au lait de vache de leur propre troupeau de montbéliardes a notamment obtenu en 2020 la médaille d'argent au concours international de Lyon. Bonbons au miel local, biscuits et pains d'épices, vins, bières, apportez votre panier, car les propositions font envie et signent le savoir-faire d'autres abbayes.

LA CUVERIE DES URSULINES

5, chemin des Plateaux
✆ 03 80 62 61 61
www.boisset.fr
Du mardi au samedi (janvier-mars) et 7j/7 d'avr. à déc. 10h-12h30 et 14h-18h. Visites guidées et dégustations sur RDV.

Cet ancien couvent datant du XVIIIe siècle qui accueillait des Ursulines, est un lieu hors du commun où grandissent les vins de la famille Boisset. Avec 2 000 hl, 1 500 m² et 15 m de haut, ce projet architectural monumental et surprenant a été réalisé par Frédéric Didier, architecte en chef des Monuments historiques. Un lieu somptueux donc qui se découvre le temps des visites dégustations possibles exclusivement sur réservation. Les vitraux et le toit végétalisés contribuent à l'insolite de cette cave surprenante et s'ajoutent au voyage œnologique.

DANIEL CACHOT

352, rue du Bernon
BROIN
✆ 03 80 26 96 82
www.daniel-cachot.fr
Ouvert le samedi ou sur rendez-vous.

Daniel Cachot est connu pour son savoir-faire artisanal et figure parmi ces agriculteurs passionnés et respectueux du produit. Nul hasard, donc, si nombre de ses gourmandes productions se voient médaillées d'or. Dans sa ferme, il entretient et récolte pommes, rhubarbe, pêches de vigne, raisin et autres fruits rouges pour les décliner en jus et nectars. Laissez-vous tenter par les fabuleuses confitures qui ont le goût des tartines de notre enfance, tout comme les pâtes de fruits, véritables madeleines de Proust. Crème de fruits et eau-de-vie complètent l'offre.

DOMAINE ALAIN MAURICE GAVIGNET

69, rue Félix Tisserand
✆ 03 80 62 11 79
www.domaineamgavignet.fr/nos-vins
Du mardi au samedi de 9h30 à 12h et de 14h à 18h. Domaine de 3 ha de vignes.

Ce domaine viticole existe depuis quatre générations. Découvrez des vins tels que le Hautes-Côtes-de-Nuits blanc « Dames Huguettes », le Bourgogne Passetoutgrain, aux notes de cerise et de framboise, ou encore le délicat Nuits-Saint-Georges 1er Cru « Les Chabœufs » ou un Echezeaux à la robe de velours intense. Médaillé d'or au Concours général agricole en 2019 pour son Hautes-Côtes-de-Nuits rouge 2017 « Les Dames Huguettes »,. L'accueil est top et le rapport qualité-prix excellent.

DOMAINE DUFOULEUR GUY ET YVAN

15, rue Thurot ✆ 03 80 61 09 35
www.domaineguyetyvandufouleur.fr
Ouvert du lundi au vendredi de 9h à 12h et de 14h à 18h. Le week-end uniquement sur rendez-vous. Livraison possible.

Ce domaine familial propose à la vente et à la dégustation ses 9 vins blancs et 15 vins rouges : Fixin 1er cru en Monopole, Côte de Nuits, Pommard, Santenay, les appellations sont belles, la dégustation aussi ! La gestion des 30 hectares est assurée par Yvan Dufouleur, fils aîné de Guy, et son oncle Xavier Dufouleur, cogérant. La passion des vignerons est palpable, et les vins sont de haute qualité. Vente directe et dégustation au domaine possibles, mais sur réservation uniquement.

DOMAINE LAURENT JEANNIARD

85, route Nationale
CORGOLOIN
✆ 03 80 62 72 53
www.domainelaurentjeanniard.fr
Visite sur rendez-vous.

Muriel et Laurent Jeanniard se sont installés à Corgoloin, dans un ancien relais de diligence au milieu de leurs vignes. En passionnés, ils ont créé leur domaine en 2006 et exploitent aujourd'hui près de 8 hectares : Bourgogne Hautes Côtes de Nuits en rouge, mais aussi rosé, Bourgogne Pinot Noir, Chardonnay et Aligoté. Ils commercialisent également les vins des domaines familiaux comme le Morey St Denis Village 1er Cru. Accueil et dégustation sur rdv sur place bien sympathique.

FERME FRUIROUGE

2, place de l'Eglise
✆ 03 80 62 36 25
www.fruirouge.fr
100% Bio. Ouvert du jeudi au lundi et les jours fériés de 9h à 12h et de 14h à 19h.

Mention spéciale pour cette adresse qui recèle de gourmandes propositions 100 % bio. C'est entre passion et bonne humeur qu'Isabelle, Sylvain et Camille, labellisés « Artisans de qualité » cultivent et transforment framboises, fraises, groseilles, cerises... ou encore cassis noir de Bourgogne et proposent quelques merveilles gourmandes telles que confitures, boissons avec ou sans alcool, crèmes, beurres et pâtes de fruits. Les visites sont commentées avec autant de passion. Tout nouveau pour les mordus d'aventure, le Fil Game dans les vignes !

LA MAISON DES VIGNERONS - NUITS-SAINT-GEORGES

4, rue Charles-Arnoult
✆ 03 80 62 18 77
www.maisondesvignerons.fr
Ouvert du lundi au samedi de 9h à 12h et de 14h à 18h. Livraison possible.

Cette maison des vignerons créée par le syndicat viticole et présidée par Yvan Dufouleur est une superbe vitrine pour les 40 vignerons de Nuits-Saint-Georges et Premeaux-Prissey adhérents. Sa vocation étant de rassembler un grand nombre de références en un même lieu. Du rouge pour l'essentiel, mais aussi des blancs, des vins rosés, des crémants, en magnums ou bouteilles sont disponibles. Vins et carafes viennent compléter l'offre déjà fort attractive. Une escale fortement recommandée !

DOMAINE DUPASQUIER ET FILS

4, route de Nuits-Saint-Georges
✆ 03 80 61 13 78
www.restonsenvigne.fr
Ouvert du lundi au vendredi de 8h à 12h et de 13h30 à 17h30. Week-ends et jours fériés sur réservation.

Depuis plus de 100 ans, ce domaine familial gère 10 ha de vignes, qui s'étendent sur les communes de Nuits-Saint-Georges, Premeaux-Prissey, Aloxe-Corton et Pernand-Vergelesses. Les vins sont élaborés de manière traditionnelle et les vignes travaillées en lutte raisonnée. Sur place ou sur les salons, découvrez une jolie gamme de vins blancs et de rouges, régulièrement primés : cette année, le Nuits-Saint-Georges 1er cru Les Vaucrains a reçu la médaille d'or du concours Burgondia.

PRÉMEAUX-PRISSEY

« Prémeaux » viendrait de « premières eaux »… Un comble dans la région ! Il serait lié aux nombreuses sources découvertes sur le territoire de la commune à l'époque gallo-romaine. Elles participent au dynamisme économique de la commune de 1927 jusqu'en 1970 où l'on embouteille une eau minérale. Pour ce qui est du vin, pas de grands crus, mais dix premiers crus dont huit clos : Clos-de-la-Maréchale, qui tire son nom de l'épouse d'un officier du Second Empire, Clos-des-Argillières… Ne manquez pas les deux églises du XIIIe siècle qui contiennent des tombeaux classés.

TNCO TÉLÉSKI NAUTIQUE CÔTE D'OR

Zone Loisirs Saule Guillaume
✆ 06 86 92 99 59
www.teleskinautiquecotedor.com
Ouvert de fin avril à septembre. Adultes à partir de 20 €/h. Enfants à partir de 16 €/h.

Le TNCO se situe sur le plan d'eau de Bois-Guillaume (12 ha) pour la pratique du wakeboard (ski nautique) et du kneeboard (la même chose à genou). 4 modules pour le wakepark. Location possible de paddles et pédalos. Les amateurs de glisse sur l'eau et de vitesse s'éclatent ! Vous pouvez profiter du beau temps et de la vue depuis la grande terrasse aménagée de chaises longues, fauteuils et tables basses. Les accros peuvent s'installer au camping mitoyen pour séjourner.

DOMAINE DUBOIS

7, Route de Nuits St Georges
✆ 03 80 62 30 61
www.domaine-dubois.fr
Du lundi au samedi de 9h à 11h30 et de 14h à 17h30. Dimanches et jours fériés uniquement sur rdv.

Le Domaine Dubois, ce sont 21 appellations sur 21 hectares de vignes : Bourgogne blanc et rouge, Nuits-Saint-Georges 1er cru, Savigny-les-Beaune 1er cru, Clos de Vougeot… La production totale s'élève à environ 100 000 bouteilles par an et si une partie est destinée à l'export et au commerce traditionnel, une autre est disponible à la vente au caveau ! Raphaël et Béatrice, frère et sœur, s'applique à faire vivre ce beau domaine familial, qui voit sa 9e génération de vignerons. Lui s'occupe de la partie viticole, et elle, œnologue, fait découvrir les vins.

VOSNE-ROMANÉE ★

On raconte qu'à la Révolution, le vin de Vosne-Romanée fut proclamé « le plus excellent de tous les vins de la République française ». Six grands crus remarquables sont cultivés ici : le célébrissime Romanée-Conti, Romanée, Romanée-Saint-Vivant, La Tâche, le Richebourg et la Grande-rue. On compte aussi 14 premiers crus. Roupnel appelait ce joli village et son vignoble « la perle du milieu du collier bourguignon. » S'il n'est pas possible de visiter les deux châteaux, le village possède d'autres belles demeures, comme le pavillon de la Goyotte (pavillon de chasse du XVIIe siècle racheté par le prince de Conti) ou le prieuré Saint-Vivant.

LE RICHEBOURG SPA & HÔTEL**** €€€

Ruelle du Pont ✆ 03 80 61 59 59
www.hotel-lerichebourg.com

22 chambres et 4 suites. Chambre à partir de 89 €, suite à partir de 161 €. Restaurant, brunch, séjour, spa ouvert 7j/7.

Confort, luxe et détente, tel est le programme que promet Le Richebourg Spa & Hôtel installé au cœur de Vosne-Romanée. Un hôtel d'exception, moderne et cosy aux 4 étoiles bien assumées. Les lignes épurées des différents espaces invitent au repos et au lâcher prise. Les spacieuses chambres et suites s'adaptent aux séjours à deux ou plus avec accès libre à l'espace spa. Mention spéciale pour les formules brunch ou slunch du dimanche pour achever un week-end en douceur.

RESTAURANT LE RICHEBOURG €€

Ruelle du Pont ✆ 03 80 61 59 59
www.richebourg-restaurant.fr

7j/7 midi et soir. Menus de 55 à 69 €. Formule du midi de 25 à 30 €. Brunch/slunch. Terrasse. Réservation recommandée.

Le Richebourg est un lieu délicieux au sens propre comme au figuré, et ce succès revient aux talents de ses deux chefs Romuald Sikorski et Stéphane Ory. Si leur cuisine s'inspire du terroir bourguignon, elle a aussi l'audace de le revisiter : bœuf bourguignon, duo de porc, dos de merlu, tout est magnifiquement cuisiné et une vraie attention est portée aux détails. Les desserts sont eux aussi de grande qualité (clafoutis aux pommes et framboises, royal au chocolat). Le cadre est idyllique, le service impeccable ; c'est donc un établissement à ne pas manquer.

DOMAINE NICOLE LAMARCHE

9, rue des Communes
✆ 03 80 61 07 94
www.domaine-lamarche.com

Visite du domaine sur rendez-vous (par téléphone ou formulaire de contact site).

Direction Vosne-Romanée, au Domaine Nicole Lamarche, existant depuis 1797. Le Domaine de 11 hectares est géré depuis 2006 par Nicole Lamarche. Passé depuis longtemps à l'agriculture biologique (2010), le résultat est là avec des vins ultra prestigieux comme l'exceptionnelle « La Grande Rue Monopole », située à côté de la parcelle mondialement connue du Domaine de la Romanée-Conti. Des Premiers Crus et quelques appellations Villages et Bourgogne. Pas de visite possible sauf exception (uniquement sur rendez-vous car peu de vins sont à vendre). Adresse exceptionnelle.

VOUGEOT

Très célèbre notamment grâce à son château du clos de Vougeot, ce petit village est typique de la côte bourguignonne. Avec ses vieilles pierres, ses murets et ses demeures historiques, l'endroit est incontestablement plein de charme. Pour en profiter, déambulez à pied dans les rues, notamment celle du vieux Château, et admirez les vignes qui la longent. Même si elles ne produisent désormais plus de vin, elles sont magnifiques à admirer et témoignent de toute l'histoire de la Bourgogne. Depuis 1940, le château appartient à la Société des amis du Château du Clos de Vougeot et c'est la Confrérie des Chevaliers du Tastevin qui en assure la gestion.

CHÂTEAU DE GILLY - RESTAURANT LE CLOS PRIEUR***** €€€

2, place du Château - **GILLY-LÈS-CÎTEAUX**
✆ 03 80 62 89 98 - www.restaurantclosprieur.fr

« Grandes étapes françaises ». Accueil 24h/24. 48 chambres et suites dès 181 €. Restaurant. 6 salles de séminaire. Caveau.

À 2 km du Château de Vougeot et de son célèbre Clos, le Château de Gilly est l'étape idéale pour découvrir ce délicieux secteur de la Bourgogne viticole. Cette ancienne résidence des abbés de Cîteaux du XIVe siècle, désormais hôtel 5 étoiles, saura combler les attentes des plus exigeants. Un lieu d'exception pour faire étape et découvrir une cuisine gastronomique et régionale. Les chambres et suites raffinées, jouissent d'une vue imprenable sur les jardins à la française.

AU CREUX DE VOUGEOT €€

6, rue de Cîteaux
✆ 09 52 86 24 81

Ouvert du mercredi au dimanche le midi et le soir. Menu à 33 €. Formule du midi en semaine : 19 €.

Situé à l'entrée de Vougeot au bord de la Vouge, ce restaurant à l'ambiance familiale et décontractée vous propose un menu composé de plats typiquement bourguignons. Le chef Baptiste Girard mijote une cuisine traditionnelle aux accents de terroir. A la carte les obligatoires escargots, gougères, œufs meurette et persillés. Pendant les beaux jours, profitez de la terrasse entre rivière et jardin fleuri ; les jours les plus frais, la grande salle lumineuse conviendra parfaitement. Une valeur sûre à la renommée méritée. Pensez à réserver !

LE CHÂTEAU DU CLOS DE VOUGEOT ★★★

La Montagne
✆ 03 80 62 86 09
www.closdevougeot.fr

Tous les jours 9h30-18h en HS et 10h-17h en BS. Visite libre 9 €/guidée 12 €, étudiant/enfant 4 €, moins 8 ans gratuit.

Le Château du Clos de Vougeot est l'un des joyaux historiques et gastronomiques de la Côte de Nuits ! Construit au XIIe siècle par les moines de l'abbaye de Cîteaux au milieu d'un écrin de vignes, c'est aujourd'hui l'un des vignobles les plus réputés au monde, et, chaque année, les visiteurs sont des milliers à venir visiter ce magnifique édifice. Classé Monument historique, il accueille également la confrérie des Chevaliers du Tastevin. Que vous choisissiez une visite libre ou guidée, visitez le superbe cellier du XIIe siècle conçu pour accueillir des milliers de bouteilles, une cuverie des XIIe et XIIIe siècles qui abrite de très beaux pressoirs, ou encore des anciennes cuisines et des superbes salons Renaissance, et ne manquez pas l'œnothèque du château, flambant neuve. Si vous voulez également profiter de votre visite pour déguster des vins, choisissez l'expérience sensorielle Cœur de Climats : vous visiterez la cuverie, le Grand Cellier Cistercien, le dortoir des moines convers, puis assisterez à la diffusion du film *Jamais en Vain, Toujours en Vin*, raconté par Pierre Arditi, avant de découvrir cinq vins de Bourgogne issus du label du Tastevinage, accompagnés de gougères. Le Château du Clos de Vougeot organise également chaque année des événements culturels, artistiques et œnotouristiques. Cette année, pour célébrer le centenaire de la disparition de Gustave Eiffel, une exposition retraçant son enfance en Bourgogne lui est consacrée. Dijon, Gilly-lès-Cîteaux, Clos de Vougeot... : autant de lieux qui ont nourri l'imagination de cet ingénieur célèbre dans le monde entier ! 14 tableaux, installés dans le dortoir des moines, retracent son parcours depuis sa naissance jusqu'à ses débuts de constructeur. Parmi les pièces les plus intéressantes se trouvent une lettre du jeune Gustave, alors âgé d'une dizaine d'années, dans laquelle il raconte sa visite au Château du Clos de Vougeot. D'autres événements sont à ne pas manquer cette année : le festival Musique et Vin (du 24 juin au 2 juillet 2023), le festival Livres en vignes (premier week-end d'octobre), ou encore les journées mondiales de l'œuf en meurette (14 et 15 octobre 2023). Pour vous restaurer, rendez-vous à la Table de Léonce, où vous pourrez déguster un délicieux menu typiquement bourguignon, confectionné à partir de produits frais et locaux (gougères, truite fumée, belle sélection de fromages...). Tout ce qu'il faut pour passer un moment incroyable dans ce Château emblématique de la région.

CHÂTEAU DE GILLY - RESTAURANT LE CLOS PRIEUR €€€

2, place du Château - **GILLY-LÈS-CÎTEAUX**
✆ 03 80 62 89 98
www.restaurantclosprieur.fr

Du mercredi au dimanche midi et soir. Formule déjeuner 32 €. Menu Gastronomique 66 €. Jeune gourmet 60 €. Enfant 19 €.

Que diriez-vous de faire une étape gastronomique dans un lieu d'exception à quelques minutes du clos de Vougeot ? C'est ce que propose le restaurant du château de Gilly, Le Clos Prieur. En semaine, on profitera d'une formule déjeuner tandis que les gourmets pourront s'offrir le dîner raffiné dont ils rêvent. La cuisine convoque tous les sens et permet de découvrir l'étendue du talent du chef Julien Girard. Si l'audace est de mise, la tradition bourguignonne n'est jamais bien loin.

DOMAINE GUILLAUME LEGOU

16, rue des Cerisiers
GILLY-LÈS-CÎTEAUX
✆ 06 12 54 20 39

Dégustations sur rendez-vous. Vins rouges, blancs et Crémants.

Le Domaine vous fait découvrir d'excellents vins, dans leur cuverie à Gilly-les-Citeaux. A déguster sans plus attendre : «Les Bas de Vosne" produit à partir d'une parcelle située sur la commune de Vosne-Romanée, un vin tout en légèreté qui est l'assemblage de deux cépages : le pinot noir et le gamay. Goûtez encore "L'Hermitage", Hautes Côtes-de-Nuits 2019, un vin qui se conserve entre 3 et 5 ans, issu de parcelles situées sur les hauteurs de Nuits-Saint-Georges. Les dégustations se font sur rendez-vous au domaine.

LA MAISON VOUGEOT

1, rue du Vieux Château
✆ 03 80 61 06 10
www.lamaisonvougeot.com

Ouvert du mercredi au dimanche de 10h à 13h et de 14h à 18h. Dégustations à partir de 27 €.

La Maison Vougeot réunit dans un magnifique écrin les trois grandes maisons que sont le domaine de la Vougeraie, Jean-Claude Boisset et JCB By Jean-Charles Boisset. En plus de la belle cave et des crus de Bourgogne, vous trouverez également une boutique où sont disponibles des créations inspirées par l'univers du vin, comme des savons et parfums d'ambiance. Une adresse d'exception pour déguster de très bons crus et et connaître l'histoire viticole de la famille Boisset, au cœur d'un des villages mythiques de la côte de Nuits. Pensez à réserver votre dégustation.

PAYS BEAUNOIS

Situé au sud de la Côte d'Or, au cœur de la Bourgogne, le Pays Beaunois est un concentré d'excellence. Beaune, capitale des vins de Bourgogne, est la locomotive de ce territoire, avec ses Hospices, joyau mondialement connu, et ses milliers de visiteurs. La beauté de cette ville est sublimée par un périmètre de 20 km, une nature préservée et des villages de charme. Des coteaux bien exposés, un océan de Climats classés au patrimoine mondial de l'Unesco, des cirques de falaises, des points de vue panoramiques, le Pays Beaunois est aussi fait de châteaux, d'abbayes, de ruelles médiévales, de maisons typiques des Côtes et Hautes Côtes. Les hommes et les femmes qui travaillent à rendre ce paysage inoubliable aiment partager leur savoir-faire dans le secret des caves. Ce terroir de gastronomes regorge d'hébergements, d'adresses gourmandes, d'activités, de sites à visiter ! Testez la dernière-née : la cité des Climats et vins de Bourgogne !

D115 K
Crugey
D8
Colombier
D115
D17 C
D115
D33
D115 B
Thorey-sur-Ouche
D14
D115 I
Bou
D104
D17
D104 A
Bligny-sur-Ouche
A6
D111
Lusigny-sur-Ouche
D
D104
Lacanche
Bessey-en-Chaume
Montceau-et-
Écharnant
D104 M
D17
Bouze-lè
Cussy-la-Colonne
Nantoux
D906
D33
Meloisey
D14 A
Molinot
D17
D17 D
SAINT-ROMAIN
VOLNAY
D14
Aubigny-la-
Ronce
AUXEY-DURESSI
D33 D
D17 I
D973
MEU
D111 E
D974
La Rochepot
NOLAY
D33
D906
PULIGNY-MO
CHASSAGNE-
MONTRACHET
Corpeau
D11
D113 A
5 KM
SANTENAY

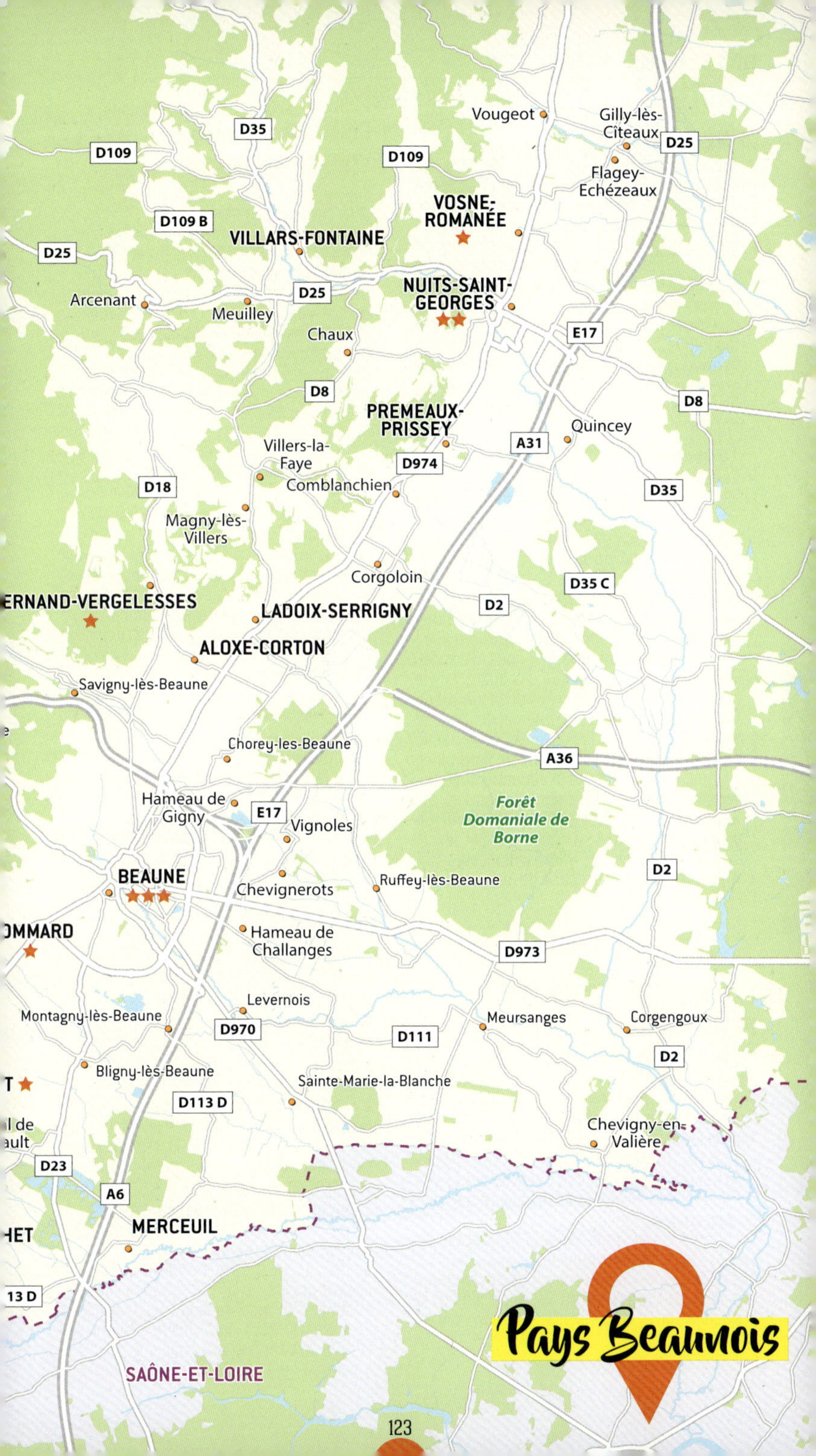

Vougeot
Gilly-lès-Cîteaux
D25
D35
D109
D109
Flagey-Echézeaux
VOSNE-ROMANÉE
D109 B
VILLARS-FONTAINE
D25
NUITS-SAINT-GEORGES
D25
Arcenant
Meuilley
Chaux
E17
D8
D8
PREMEAUX-PRISSEY
Quincey
A31
Villers-la-Faye
D974
Comblanchien
D18
D35
Magny-lès-Villers
Corgoloin
D35 C
ERNAND-VERGELESSES
D2
LADOIX-SERRIGNY
ALOXE-CORTON
Savigny-lès-Beaune
Chorey-les-Beaune
A36
Hameau de Gigny
E17
Forêt Domaniale de Borne
Vignoles
D2
BEAUNE
Chevignerots
Ruffey-lès-Beaune
OMMARD
Hameau de Challanges
D973
Levernois
Montagny-lès-Beaune
D970
Meursanges
Corgengoux
D111
D2
Bligny-lès-Beaune
Sainte-Marie-la-Blanche
D113 D
Chevigny-en-Valière
D23
A6
MERCEUIL
HET
13 D
SAÔNE-ET-LOIRE
Pays Beaunois

BEAUNE ★★★

Avec la Cité des Climats et des vins de Bourgogne, Beaune se positionne comme *the place to be* pour découvrir, apprécier, déguster, se former aux vins et aux climats de Bourgogne. Grand public, passionnés de vins et professionnels partagent la culture millénaire des vins de Bourgogne dans cet univers du vin. Ce nouveau bâtiment avec son impressionnante vrille est une prouesse technique. Son parc arboré de 10 ha fait le lien avec la ville de Beaune, un joyau bourguignon qui attire aujourd'hui près de 2 millions de touristes par an et demain beaucoup plus encore.

Tourisme

Cette mise en lumière donnée aux Climats du vignoble bourguignon, inscrits au patrimoine mondial de l'UNESCO s'ajoute à la beauté de Beaune. La ville doit beaucoup au chancelier Rolin, bras droit du duc de Bourgogne Philippe le Hardi. Il a fondé et laissé un trésor inestimable connu partout dans le monde : les Hospices de Beaune, rendus célèbres dans le cultissime film *La Grande Vadrouille* ! Ce monument gothique aux toits de tuiles vernissées est un musée évoquant la vie hospitalière. Les rues pavées de Beaune, son architecture soignée, son chemin de ronde et ses tours de garde, la collégiale Notre Dame, le Beffroi en font un concentré de patrimoine unique. Beaune est aussi aérienne que souterraine avec ses kilomètres de caves qui abritent futs et bouteilles. La cuisine bourguignonne, plantureuse et substantielle régale depuis les Ducs de Bourgogne, Louis XIV, Anne d'Autriche et Christine de Suède.

LA COLLÉGIALE-BASILIQUE NOTRE-DAME ✞ ★

Impasse Notre-Dame
✆ 03 80 26 22 70

Ouvert toute l'année. Tous les jours et les jours fériés de 8h30 à 19h. Gratuit.

Fille de Cluny, cette église des XIIe et XIIIe siècles est un bel exemple d'art roman bourguignon : trois étages, piliers cruciformes avec des ajouts gothiques, un clocher Renaissance et la remarquable chapelle St-Léger. Entrez pour admirer la superbe statue de la Vierge à l'Enfant du XIIe siècle. A faire, la visite guidée organisée par l'office de tourisme pour découvrir une magnifique collection de tapisseries du XVe siècle. En été, la projection son et lumière enflamme son fronton.

CITÉ DES CLIMATS ET VINS DE BOURGOGNE ☛

Rue du Moulin-Noizé
www.cite-vins-bourgogne.fr

Adulte : 14 €, 2 dégustations de vin incluses. Parcours enfants. Restauration, bar de découvertes accords mets et vins.

Le terme « cité » fait écho à un concept décliné sur trois lieux : Chablis, Beaune et Mâcon. Trois centres pensés en réseau représentant toute la Bourgogne viticole du nord au sud. Trois portes d'entrée vers les vignobles comme des invitations à pousser l'expérience dans les domaines à la rencontre des talents de la région. Trois porte-parole de la Bourgogne et du bourgogne, trois parcours de visite complémentaires pour mettre en valeur la spécificité de chaque territoire.

▸ **La Cité des Climats et vins de Bourgogne de Beaune,** véritable prouesse technique avec sa vrille de 24 m de haut, et son pont suspendu, est un exemple en matière d'écoresponsabilité grâce à une construction raisonnée qui s'inscrit dans une démarche de tourisme durable. Le parc de la Chartreuse de 10 ha planté de 500 arbres et la centaine de pieds de vigne sur le toit du bâtiment en font un écrin vert. On peut se promener le long de la vrille, profiter du parc et emprunter les voies douces jusqu'au centre historique.

▸ **A l'intérieur,** derrière une trame de claires-voies en chêne, un design moderne, des contenus multimédias interactifs, un parcours de visite immersif et sensoriel de 1 100 m², des ateliers œno-culturels, une programmation variée, des initiations, des dégustations, des formations... Les visiteurs plongent assurément dans l'univers du vin où une mise en lumière particulière est donnée aux climats du vignoble de Bourgogne, inscrits au patrimoine mondial de l'Unesco en 2015. Présenter cette culture millénaire au plus grand nombre est la mission de la Cité.

▸ **Pour les adultes :** visites immersives, offres de découverte sur mesure, formations aux grands crus et dégustations font de ce nouveau lieu le totem de l'œnotourisme.

▸ **Pour les enfants :** parcours de visite riches d'animations ludiques et multisensorielles, événements, activités créatives spécialement conçues à leur intention comme le parcours des 7 cabottes.

▸ **Percevoir les nuances du vin** dans le verre, respirer ses arômes, les yeux rivés sur les climats depuis le meilleur rooftop de Beaune, c'est ce que propose la Cité des Climats et vins. Le billet d'entrée inclut 2 dégustations de vin. Grand public, passionnés et professionnels de la filière viti-vinicole, ce site est un incontournable depuis son ouverture inaugurale des 17 et 18 juin.

L'HÔTEL-DIEU DE BEAUNE ★★★★

Rue de l'Hôtel-Dieu ✆ 03 80 24 45 00
hospices-de-beaune.com
Ouvert toute l'année. Gratuit jusqu'à 10 ans. Adulte : 12 €, enfant (de 10 à 17 ans) : 4 €. Boutique et animations.

Ne vous fiez pas à l'aspect austère de la façade extérieure, la saison qui s'ouvre à l'hôtel-Dieu est placée sous le signe de l'hospitalité. Tout le rappelle ici, dès le porche franchi. Vous êtes ébloui et vous comprenez instantanément pourquoi ce monument est emblématique. Fondation hospitalière du Moyen Age, les Hospices de Beaune sont un des monuments historiques français les plus prestigieux. Son architecture gothique flamboyante et ses toits polychromes à couper le souffle, son vignoble de renom font de ce musée un joyau de la Bourgogne. Un peu d'histoire pour mieux comprendre : le Chancelier Nicolas Rolin et son épouse Guigone de Salins sont les fondateurs des Hospices. Sa charte de fondation datée du 4 août 1443 prévoyait entre autres «la distribution de pain blanc aux pauvres de Jésus-Christ demandant aumône». Pour se replacer dans le contexte historique, la longue guerre de 100 ans est juste terminée, une période de grands troubles et de misère. D'autre part, la peste a décimé les campagnes. Au cours de ses séjours en Flandre, dont le Duc de Bourgogne était suzerain, Nicolas Rolin s'est inspiré de l'architecture des hôpitaux du Nord pour concevoir son hôpital. Il a fait appel à des artisans beaunois pour l'édification de son Palais pour les « Pôvres ». Voici donc que s'élève à Beaune un hôtel-Dieu à l'architecture remarquable au service des plus démunis ! L'édifice a été utilisé à cette fin jusqu'en 1971, avant d'être transformé en musée. Aujourd'hui, l'hôtel-Dieu fait partie d'un ensemble nommé les Hospices civils de Beaune. Sous cette appellation sont regroupés l'hôtel-Dieu et son musée, le centre hospitalier Nicolas Rolin, une maison de retraite, une école infirmière et un domaine viticole. Côté architecture, la façade gothique de l'hôtel-Dieu de Beaune est un symbole de la Bourgogne. Son style médiéval s'inspire de l'esthétique des Flandres qui étaient alors sous la domination du duché de Bourgogne. Le toit est recouvert de tuiles vernissées aux couleurs vives qui forment un tableau resplendissant au soleil ! Sous cette très belle toiture, l'organisation harmonieuse des bâtiments règle la vie de l'institution charitable : sous une voûte en berceau toute en bois du XVe siècle, la salle des Pôvres en est le cœur. Ici, on accueille et on soigne les malades. La cuisine aux vastes cheminées gothiques est présentée telle qu'elle était au début du XIXe siècle. L'élément phare est le tournebroche automatisé qui date de la fin du XVIIe siècle. À l'apothicairerie, on découvre des étagères sur lesquelles trônent mortier, flacons, fioles et pots de faïence dans lesquels on conservait les ingrédients pour créer les remèdes. C'est le sanctuaire de toutes sortes de potions et d'onguents : poudre de cloportes, yeux d'écrevisses, poudre de noix vomiques... On imagine aisément les allées et venues des sœurs et le bruit de leurs sabots sur les pavés. Le cultissime film *La Grande Vadrouille* tourné par Gérard Oury livre une version romanesque de la vie à l'hôtel-Dieu mais ce film continue d'assurer plus de 60 ans après, sa renommée. Des scènes cultes avec Bourvil et Louis de Funès, Big Moustache, Sœur Marie-Odile...

La visite continue par les salles qui accueillaient les malades de 1452 au XXe siècle et le polyptyque du *Jugement Dernier*, chef d'œuvre du milieu du XVe siècle commandé à Rogier Van der Weyden, l'un des grands maitres de la peinture flamande. Ce retable, originellement exposé dans la chapelle des Pôvres afin que les malades puissent l'admirer, bénéficie aujourd'hui d'une pièce dédiée. De riches donateurs ont offert au musée une collection de peintures murales du XVIIe, des coffres, des tapisseries du XVe au XVIIe siècle.

En 1457, Guillemette Levernier a fait don des premières vignes aux Hospices et cette tradition a perduré pendant 5 siècles. Le domaine viticole compte aujourd'hui 60 ha en conversion à l'agriculture biologique à partir du millésime 2022. 50 ha sont plantés en Pinot noir, 10 ha en Chardonnay. Les parcelles du domaine sont situées dans des zones d'appellation premier crus et grands crus d'exception. Au total, ce domaine viticole compte 85% de premiers crus et grands crus vendus aux enchères chaque troisième dimanche de novembre. Cette vente, longtemps organisée par Christie's est aujourd'hui mise en scène par la maison Sotheby's. Des centaines d'enchérisseurs se livrent bataille sous la halle de Beaune ou par internet pour acquérir les pièces mises en vente. Il s'agit de la plus célèbre vente de charité vinicole dans le monde. Le produit de la vente est consacré à l'amélioration des équipements de l'hôpital et à la conservation du patrimoine de l'hôtel-Dieu.

▶ **La saison 2023, sous le signe de l'hospitalité,** propose une large programmation qui se décline en visites, expositions, concerts, spectacles et ateliers à destination de tous les publics. De janvier à juin, des ateliers créatifs, des visites-spectacles et des rencontres-concerts sont prévus. Demandez le programme de la saison 2023 « Hospitalité » qui inclut également les expositions « Œuvres de miséricorde » jusqu'au 31 décembre, « Seule étoile » jusqu'au 30 septembre et une nuit étoilée à l'hôtel-Dieu le 13 mai. Au fil des mois, l'objectif est de faire découvrir aux visiteurs les mille et une facettes de cette vénérable institution, magnifique témoin d'une tradition hospitalière pluriséculaire.

L'hôtel-Dieu est ouvert tous les jours dès 9h en visite libre ou guidée.

▶ **Sur la route des grands crus, c'est un incontournable de la Bourgogne.**

LA MAISON DES CLIMATS - PATRIMOINE MONDIAL

6, boulevard Perpreuil ✆ 03 80 26 21 30
www.climats-bourgogne.com
7j/7. Haute saison : lundi au dimanche et jours fériés de 9h30 à 18h30. Hors saison horaires de fin 17h30 ou 18h.

Libre et gratuite, c'est l'exposition de référence pour comprendre les Climats du vignoble de Bourgogne, ces plus de 1 200 parcelles de vignes nommées, délimitées depuis des siècles, inscrites au Patrimoine mondial de l'Unesco depuis 2015. Salle d'exposition, film sur grand écran, maquette de 9 mètres de long du vignoble des Côtes de Nuits et de Beaune, tablettes numériques interactives : incontournable avant toute dégustation. A faire en famille grâce à un livret dédié aux 6-12 ans.

LA ROUTE DES GRANDS CRUS

www.climats-bourgogne.com
Accessible en voiture, à pied, à cheval, à vélo toute l'année.

Il s'agit de l'itinéraire de prédilection pour découvrir les Climats, ces parcelles de vignes inscrites au patrimoine de l'Unesco le 4 juillet 2015 ! Tel un fil d'Ariane, cette ligne de Dijon aux Maranges déroule un paysage exceptionnel, essentiel à la compréhension et à la lecture des 1 247 climats. Cette route de 60 km sillonne 37 villages viticoles emblématiques avec chacun son identité unique et son architecture faite de maisons de pierre blotties autour d'un clocher au toit de tuiles vernissées. Des sites patrimoniaux importants comme le Château du Clos de Vougeot sont le témoignage de cette histoire millénaire, l'héritage des moines de Cîteaux. Des domaines, caveaux et caves voûtées labellisés Vignobles & Découvertes sont ouverts pour une dégustation, tous racontent l'histoire de ces hommes et de ces femmes d'aujourd'hui qui continuent de façonner ce paysage.

En voiture, à vélo par la Voie des Vignes, à cheval par le Chemin équestre de la Côte dijonnaise, à pied par le Chemin des Grands Crus avec l'application Balades en Bourgogne, tous les moyens sont bons pour découvrir cette première route des vins de France, créée en 1937 par le Conseil Général de la Côte-d'Or, coïncidant avec les premiers congés payés de 1936.

Surnommée « les Champs-Élysées de la Bourgogne », la route des grands crus est à consommer sans modération. L'écrivain Bernard Pivot a résumé ce patrimoine exceptionnel avec magnificence : «En Bourgogne, quand on parle d'un Climat, on ne lève pas les yeux au ciel, on les baisse sur la terre».

LA MOUTARDERIE FALLOT ★

31, faubourg Bretonnière
✆ 03 80 22 10 10
www.fallot.com
Entreprise du Patrimoine Vivant. Vignobles et Découvertes. Adulte 10 €. Espace boutique et dégustation.

Découvrez les procédés de fabrication qui remontent à l'Antiquité par lesquels les graines de sénevé sont broyées à la meule de pierre. Le parcours Découverte, interactif et immersif grâce à ses vidéos murales, passionne aussi les enfants. La visite se déroule dans les anciens bâtiments de style napoléonien qui abritaient la moutarderie à son origine. Vous découvrez les secrets de fabrication de la moutarde que vous préparez vous-même avant de déguster quelques mignardises à la moutarde. Le parcours Sensations fortes est la visite du site de production.

© MOUTARDERIE FALLOT

© MOUTARDERIE FALLOT

PAYS BEAUNOIS

OFFICE DE TOURISME BEAUNE & PAYS BEAUNOIS

6, boulevard Perpreuil ✆ 03 80 26 21 30
www.beaune-tourisme.fr

Ouvert 7j/7 : haute saison 9h30-18h, 18h30 en THS. Mi-saison 9h30-13h et 14h-18h et basse 10h-13h et 14h-17h30.

Une équipe est à votre écoute pour personnaliser et dynamiser votre séjour. Le Pays Beaunois est riche d'offres de séjour et d'activités en tout genre. Commencer par l'office de tourisme est une excellente idée. Un mobilier design, une borne 24h/24, un espace moderne sont présents dans chacun des 7 points d'accueil du Pays Beaunois. Conseils efficaces, bons plans, visites guidées, greeters, billetterie aux comptoirs et en ligne avec un nouveau site Internet pour la saison 2023 !

ACTIVE TOURS - BOURGOGNE ÉVASION BEAUNE

Allée du Docteur Bouley ✆ +33 3 80 26 17 12
www.active-tours.fr

Location de vélos, VAE, trottinettes électriques, remorques et vélos enfants. Tours vélo guidés avec dégustation vins.

Active Tours propose des séjours actifs en France en vélo ou à pied pour découvrir le vin. En autonomie ou avec un guide, sur un ou plusieurs jours, Active Tours s'occupe de tout. À Beaune, c'est son agence Bourgogne Évasion qui vous fait découvrir la côte viticole de façon ludique, en vélo. Sous l'impulsion de Florian, Guillaume et leur équipe de guides expérimentés, les coups de pédale vous font traverser les plus beaux paysages de vignes de la côte de Beaune et de la côte de Nuits.

BOUCHARD PÈRE & FILS

15, rue du Château ✆ 03 80 24 80 24
www.bouchard-pereetfils.com

BS lun-ven : 9h-12h/14h-17h. HS mar-sam : 10h-12h30/14h30-18h30, dim : 10h-12h30. Dégustations Maestro, Virtuoso.

Dite la « grande maison », fondée en 1731, c'est l'une des plus anciennes maisons de vins en Bourgogne. Déjà 9 générations y perpétuent les traditions ! La Cave du Château est un lieu moderne, dédié aux vins, situé au cœur de la forteresse royale de Beaune construite par Louis XI. Acquise en 1820 par Bernard Bouchard, il installe là le caveau du domaine. 4 tours, des remparts, une cave insolite qui abrite 2 000 bouteilles du XIXe s. Visites privées sur rdv, un Maestro quotidien à 14h30 ou des symphonies à déchiffrer Virtuoso, Prodigio en dégustant 8 Grands Vins.

HOTEL LE CEP - CAVEAU DE DEGUSTATION SAINT-FELIX

27, rue Maufoux ✆ 03 80 22 35 48
https://caveau-saint-felix.com

7J/7 sur réservation. Dégustations privatisées avec un expert-vins, conseils du chef sommelier et caveau bourguignon.

Voulez-vous tester un lieu magique de dégustation de Grands Crus aménagé dans un caveau d'exception ? Les dégustations thématiques sont animées par un chef sommelier, caviste et expert en vins. Vous accédez à une collection unique de plus de 1 000 références à déguster et à acheter, une offre issue de 360 domaines d'excellence, 36 cuvées des Hospices de Beaune. Les 3 caveaux sont privatisables aux clients de l'hôtel, aux amateurs de Grands Crus et aux membres du club Saint-Félix.

LA MOUTARDERIE FALLOT

31, faubourg Bretonnière
✆ 03 80 22 10 10
www.fallot.com

Entreprise du Patrimoine Vivant. Vignobles & Découvertes. Adulte 10 €. Espace boutique et dégustation.

Fondée en 1840, productrice de moutarde emblématique de la Bourgogne, indissociable de la gastronomie française, la moutarderie s'est dotée d'un outil industriel performant. Fallot perpétue dans la tradition des moutardiers le fameux broyage à la meule de pierre. Acteur clef de la relance de la culture de graines de moutarde en Bourgogne, la Maison Fallot est en route pour couvrir 100 % de ses besoins en graines localement. Deux parcours s'offrent à vous : Découvertes et Sensations fortes. Ne manquez pas la boutique Enjoy Fallot et son bar à moutardes !

BEAUNE HÔTEL** €€

55, rue Faubourg Bretonnière
✆ 03 80 22 11 01
www.beaunehotel.com

Vignobles & Découvertes. 7j/7. Fermeture de la Vente des Vins au 1er we des vacances de fév. 20 ch à partir de 77 €.

Franchissez le porche de cet hôtel familial pour en découvrir tout le charme dès la cour fleurie. Situé à proximité du centre-ville et de ses restaurants, ses atouts s'expriment avec une véranda où sont servis les petits déjeuners et un grand garage couvert sécurisé pour protéger voitures et vélos. Unique à Beaune. Ajoutez à cela des chambres totalement rénovées dans des couleurs tendance, climatisées et calmes et des lits de 160 à 180 cm. Côté accueil, tout est fait pour rendre votre séjour très agréable ! On lui donnerait volontiers plus de 2 étoiles !

PATRIARCHE PÈRE ET FILS

5-7, rue du Collège
✆ 03 80 24 53 78
www.patriarche.com
7j/7, accès visites 9h30-11h et 14h-17h de 20 € à 55 €. Boutique jusqu'à 12h et 18h. Bornes vidéo multilingue.

Incontournables et institutionnelles à Beaune, les caves Patriarche ont 243 ans. Un patrimoine privilégié pour la découverte des climats de Bourgogne inscrits au patrimoine mondial de l'Unesco. Ce sont les plus grandes caves de Bourgogne. Construites entre le XIIIe et le XVIIIe siècle, elles abritent 2 millions de bouteilles et vous conduisent au cœur d'un dédale de 5 km de galeries aux éclairages magiques jalonnées de bornes vidéo interactives et d'étapes de dégustation. Vous découvrez une histoire commencée en 1796 lorsque Jean-Baptiste Patriarche achète l'ancien couvent des Visitandines et y crée son entreprise de négoce. À la fin des années 1930, André Boisseaux en reprend les rênes, devenant l'un des premiers négociants-éleveurs de la région. L'entreprise est rachetée par Pierre Castel en 2011. Vous terminez votre parcours par la boutique où les vins sont valorisés aux côtés de produits du terroir et des arts du vin. Vous accédez à une gamme de plus de 300 références de vins d'exception, appellations régionales, 1ers Crus, Grands Crus, Crémants… Certains en Cuvée Émotion, distingués avec de belles étiquettes noir, argent et or. La signature « Patriarche Père et Fils » incarne deux cent quarante trois ans de tradition des vins de Bourgogne.

Vous pouvez réserver votre visite en ligne :

- **Visite dégustation «Liberté»**,
- **Visite «Privilège»**.

LE CENTRAL BOUTIQUE HÔTEL BEAUNE €€

2, rue Victor-Millot ✆ 03 80 24 77 24
www.lecentralbeaune.com
23 chambres, double à partir de 89 €, familiale de 149 € à 309 €. Petit déjeuner 14,50 €. Garage 35 € avec voiturier.

Hôtel cocon à côté des Hospices, rénové en 2018, redécoré en 2021, voici un établissement historique qui a su garder son âme et gagner en charme grâce à une décoration originale. Du fonctionnel au style chic et doux, les 23 chambres sont confortables. Espace de coworking, salon, club 1818 qui est un lieu hybride accueillant des artistes comme des réunions de travail. Le bar au style vintage sert à boire et à manger. Dans un esprit boutique, les œuvres d'art exposées sont à vendre.

MAISON CHAMPY

5, rue du Grenier à Sel
✆ 03 80 23 75 21
www.maisonchampy.com
Vignobles & Découvertes, Entreprise du Patrimoine Vivant. Visite dégustation Terroirs, immersive sur rdv de 25 à 135 €.

Fondée en 1720, la maison Champy est la 1ère maison de vins établie en Bourgogne. Le patrimoine est superbement valorisé avec des hommages à Gustave Eiffel et Louis Pasteur qui ont participé à sa réputation. Reconnue internationalement, la Maison Champy a intégré AdVini en 2016, une grande partie de ses 21 ha de vignes est cultivée en bio. Découvrez le temps d'une dégustation commentée et interactive, les caves du XVe où reposent des trésors, les secrets des fameux Climats dévoilés et une dégustation de 5 vins Terroirs (2 vins blancs et 3 vins rouges).

© MAISON CHAMPY

© MAISON CHAMPY

PAYS BEAUNOIS

VEUVE AMBAL-CRÉMANT DE BOURGOGNE

Le Pré Neuf ✆ 03 80 25 90 81
www.veuveambal.com

BS lundi à samedi 10h-13h/14h-18h, visites 10h30-14h30-15h30-16h30. HS 7j/7, visites les dimanches 10h30-14h30-15h30.

Veuve Ambal a acquis une forte réputation en tant que spécialiste et leader des vins effervescents de Bourgogne avec ses crémants, dont la collection Prestige rosé et ses spécialités comme le bio ou le blanc de blanc. Une fabrication semblable à la méthode champenoise que les visiteurs découvrent tout au long de la visite de l'usine, le temps d'une immersion passionnante d'environ 1h30 pour comprendre le processus commun aux deux régions. Des explications détaillées et traduites grâce à l'audioguide au fur et à mesure de la progression : l'assemblage, le tirage, le dégorgement, des étapes schématisées. Accès possible aux personnes à mobilité réduite et accessible même pour les plus jeunes grâce aux panneaux qui leurs sont destinés. A noter que les lignes de production ne sont pas en activité les samedis et dimanches mais il est possible de visiter. Quelle ingénieuse idée lors de la conception de l'architecture de l'usine en 2005 de prévoir de nous faire vivre en direct cette expérience : les bruits, les odeurs, les robots en pleine activité ! Au cours de la visite, on apprend aussi toute l'épopée de sa fondatrice Marie Ambal dite la veuve Ambal, et de sa descendance toujours à la tête de cet empire. A la boutique, vous trouvez la gamme traditionnelle et des bouteilles superbement décorées. La Maison Veuve Ambal est le plus important élaborateur de Crémant de Bourgogne : à visiter absolument ! Votre visite se termine par une dégustation commentée de 3 Crémants de Bourgogne.

GREET HÔTEL & RESTOOO BEAUNE*** €€

58, route de Verdun
✆ 03 80 24 15 30

52 chambres climatisées dès 65 €. Chambres familiales. Parking clos, piscine, parc, restaurant, bornes électriques.

Cet hôtel du groupe Accor, construit dans les années 1980, a été totalement rénové dans un concept innovant. Les chambres et le restaurant offrent un design original et écoresponsable avec des objets de déco chinés. Le style des 52 chambres est étonnant, chaleureux, familial et on peut profiter de nombreux services : bar, restaurant, piscine, jeux pour les enfants, chambres familiales de 6 personnes... Le Restooo, tout aussi décalé en aménagement, propose une cuisine de qualité.

HÔTEL DES TONNELIERS*** €€

46, Rue Thiers
✆ 03 80 24 06 34

Hôtel de charme au centre historique. 12 chambres (dont 2 chambres familiales). Chambre Standard de 80 € à 170 €.

Cet hôtel de charme (Hôtels et Demeures historiques collection) offre un hébergement de beau standing. Installé dans une magnifique demeure datant du XVIIe siècle, vous pouvez visiter Beaune sans avoir besoin de voiture. Ici, c'est le charme de l'ancien qui opère. Climatisées et spacieuses, les chambres sont personnalisées avec goût. La famille Epailly et son équipe sont aux petits soins de votre arrivée à votre départ. Les petits déjeuners sont servis sous la verrière Gustave Eiffel. Le plus : pour toute réservation en direct, le petit déjeuner est offert !

HÔTEL IBIS BEAUNE SUD*** €€

9, rue Yves-Bertrand-Burgalat ✆ 03 80 22 46 75
www.hotel-ibis-beaune.fr

103 chambres à partir de 79 € (tarifs dynamiques). Parking fermé. Restaurant La Ferme aux vins. Bornes électriques.

Très proche de la Cité des Climats, cet hôtel du groupe Hôtels Bourgogne Qualité offre un niveau de confort optimal. Les 103 chambres rénovées, climatisées, douillettes et modernes répondent aux derniers standards Ibis. Son restaurant, La Ferme aux Vins, est décoré dans un style tendance, les plaquages de bois en font un lieu chaleureux. La cuisine est régionale avec plus de 200 références de vins. La terrasse au bord de la piscine, le bar ouvert 24h/24, les 3 salles de séminaires, le service traiteur en font un lieu apprécié des professionnels et des touristes.

NOVOTEL BEAUNE**** €€

25, avenue Charles de Gaulle
✆ 03 80 24 59 00
www.novotel.com

Ouvert toute l'année, hôtel de 127 chambres avec piscine. Chambre double de 110 €. Restaurant Wine Please.

« Keep calm and sleep in Beaune » tel est l'un des messages affiché du Novotel Beaune, hôtel 4 étoiles de 127 chambres climatisées et insonorisées totalement rénové en 2019. Il procure naturellement grand confort dans un cadre contemporain, chaleureux, décoré avec soin. Voisin de la Cité des Climats avec un accès immédiat depuis l'A6, cet hôtel offre toutes les commodités : parking clos et gratuit, piscine, jardin, terrasse, salle de fitness, restaurant et bar, télésurveillance, Wifi, programme de fidélité avec la carte Accor...

© LE CEP & SPA HOLISTIQUE BEAUNE

© LE CEP & SPA HOLISTIQUE

© LE CEP & SPA HOLISTIQUE BEAUNE

LE CEP & SPA HOLISTIQUE MARIE DE BOURGOGNE***** €€€

23, rue Maufoux ✆ 03 80 22 35 48
www.hotel-cep-beaune.com

61 chambres dont 36 suites, Maison des Remparts. Room service. Spa et Centre ayurvédique, restaurants. Parking.

Membre des Small Luxury Hôtels of the World, le Cep allie luxe, charme et modernité dans un cadre unique près des Hospices, c'est un « palace des vignes » à l'architecture du XVIe siècle préservée. Le style romantique et chic des chambres aux plafonds à la française, boiseries et tissus signés, côtoie équipements high-tech et touches design. 12 suites dont celle nommée Sadi Carnot de style Art déco et un restaurant végétarien ayurvédique subliment l'offre du centre de mieux-être et spa.

© LE CEP & SPA HOLISTIQUE BEAUNE

© LE CEP & SPA HOLISTIQUE BEAUNE

ERMITAGE DE CORTON**** €€€

Route de Dijon - **CHOREY-LES-BEAUNE**
✆ 03 80 22 05 28
www.ermitagecorton.com

Chambres doubles à partir de 135 €, chambres familiales, hôtel avec restaurant, jardin et piscine.

Au cœur du vignoble, sur la route des Grands Crus, à 7 min. de Beaune, Clémence et Nicolas Chambon vous invitent à découvrir leur hôtel restaurant de charme. 12 chambres et suites de 2 à 4 personnes, très spacieuses (24m² minimum) et très confortables. Au restaurant gastronomique, on sert une cuisine inventive et équilibrée faite de produits locaux de saison. Au déjeuner, le chef exprime sa créativité dans la formule du marché. Le parc, les jeux pour enfants, la piscine, les massages, les excursions sur la colline de Corton en Combi VW de 1975 magnifient l'offre.

HOSTELLERIE CÈDRE ET SPA***** €€€

10-12, boulevard Maréchal-Foch
✆ 03 80 24 01 01 - www.cedrebeaune.com

40 chambres dès 200 €, suites personnalisées, hôtel 5 étoiles. Restaurant 1 étoile Guide Michelin. Bar lounge, Spa Nuxe.

Bienvenue à l'Hostellerie Cèdre et Spa, labellisée Authentic Hotel & Cruises et Clef Verte, à Beaune sur la route des Grands Crus. Face aux remparts, offrez-vous un séjour dans cette maison de maître vigneron de luxe, mêlant œnotourisme et détente. Installez-vous dans l'une des 40 chambres élégantes réparties en 4 catégories, 9 Junior Suites dont 6 en duplex et des chambres familiales. Goûtez les plats d'une grande finesse du chef Jordan Billan, 1 étoile au Guide Michelin en 2022.

HOSTELLERIE DE LEVERNOIS***** €€€

Rue du Golf - **LEVERNOIS** ✆ 03 80 24 73 58
www.levernois.com/restaurant

26 chambres doubles à partir de 370 € dans un cadre bucolique, un havre de paix et de beauté. Bassin de nage de 30 m.

Aux portes de Beaune, l'Hostellerie de Levernois est un écrin de verdure, de calme de 6 ha traversé par la Bouzaise. L'hôtel 5 étoiles aux chambres spacieuses, confortables au décor soigné, le bistrot du Bord de l'Eau, la Table de Levernois, restaurant étoilé où le chef Philippe Augé mijote des plats à tomber, tel le risotto vert Acquerello aux cuisses de grenouilles et escargots de Bourgogne, le caveau de dégustation, la Boutik, le bassin de nage, le potager forment un tout réussi.

HÔTEL ATHANOR BEAUNE CENTRE*** €€€

9-11, avenue de la République
✆ 03 80 24 09 20

Chambre double classique à partir de 99 € face à la Basilique Notre-Dame.

A côté des Hospices, face à la Basilique Notre-Dame, cet hôtel logé dans un cloître du XVIe s., classé Monument historique, bénéficie du charme de l'ancien et d'un grand confort actuel. Une rénovation complète en 2021, une déco tendance et un cachet indéniable font souffler sur cet hôtel un vent de modernité : bar, billard, salon des petits déjeuners, cheminée, chambres relookées, hôtel entièrement climatisé, chambres familiales exceptionnelles et une suite tout juste rénovée fin 2022.

HÔTEL DES REMPARTS**** €€€

48, rue Thiers
✆ 03 80 24 94 94
www.hotel-remparts-beaune.com

Boutique hôtel de luxe. 5 chambres de 200 € à 282 €, 2 Suites Doubles et 3 Suites Quadruples à partir de 330 €.

Ancien hôtel des ventes d'Élisée Epailly, premier commissaire-priseur de la vente aux enchères des vins des Hospices de Beaune, puis un hôtel 3 étoiles créé par la génération suivante Claude Epailly et sa femme Elyane. Rénové totalement, «Les Remparts Hôtels et Demeures Historiques» est un établissement 4 étoiles, un hôtel particulier familial avec sa tour, ses toits vernissés et sa superbe cour, le tout accolé aux remparts du XVe s. Bruno et Emmanuelle Epailly ont fait de ces lieux un magnifique boutique-hôtel. Réservez en direct, le petit-déjeuner est offert !

LES JARDINS DE LOÏS €€€

8, boulevard Bretonnière ✆ 06 73 85 11 06
www.jardinsdelois.com

Chambre double à partir de 185 € à cinq minutes à pied des Hospices de Beaune. 5 étoiles. 4 500 m² de jardin.

Vous séjournez dans une authentique propriété viticole, à deux pas du cœur historique de Beaune. Anne-Marie et Philippe Dufouleur, vignerons au domaine Lois Dufouleur attenant et propriétaires des lieux, ont choisi des matériaux nobles tels la pierre de bourgogne, le bois, le fer forgé. Le grand jardin arboré de 4 500 m² est inattendu, il apporte calme et détente après vos visites, comme le hammam. Les prestations luxueuses (lits king size, ascenseur, climatisation), l'accueil, la quiétude en font un endroit exceptionnel. Le caveau vous attend pour la dégustation.

LA CONCIERGERIE BEAUNOISE €€

12, rue Gaston et Louis Chevrolet
✆ 06 89 99 11 79
www.conciergeriebeaunoise.com

Services à la carte pour propriétaires de gîtes et clients touristiques en quête de biens d'exception.

La Conciergerie Beaunoise propose un ensemble de services indispensables aux propriétaires de gîtes désireux de qualifier leur offre. La cible principale est celle des gîtes de grande capacité dans la catégorie grand confort et luxe pour lesquels la demande est en croissance, l'offre y répondant mais pas toujours avec le bon niveau de services. La Conciergerie assure les mises en ligne et en visibilité du bien, la gestion des réservations, l'entretien global, la réservation de repas…

MARTY CAFE CANTINE €€

22, rue Carnot
✆ 03 80 21 78 99

Du lundi au samedi 8h-18h, fermé le dimanche. Restauration rapide sur place ou à emporter. Crêpes, pancakes, bubbles.

Marty Café est le nouveau nom du fameux Bien et Bon Beaunois repris par deux des employées de l'enseigne. Ce joli snack demeure un lieu convivial où faire une pause en journée, se restaurer, grignoter. Chaque jour un nouveau plat, une soupe, une salade. Vous pouvez prendre un petit déj ou un breakfast avec omelette, bacon et pancakes ou grignoter cookies, crêpes et bubble gaufres côté sucré ou crêpes, burgers, croque-monsieur ou madame côté salé. L'ouverture non-stop est appréciée, des plats simples pour un bon casse-croûte !

MISTER BREIZH €

39, rue du Faubourg Madeleine
✆ 06 32 01 23 59
www.mr-breizh.bzh

Nouvelle crêperie au savoir-faire breton. Ouvert du mardi soir au dimanche midi. Menu 13,50 € à 19,50 € le midi + carte.

Nicolas Brindjonc et Ghislaine Robert, originaires de Cancale et de Saint-Malo, ont repris la crêperie Au Crep'Ange pour « amener la Manche à Beaune » avec leurs authentiques crêpes bretonnes. Les galettes sont préparées à base de farines sélectionnées auprès d'un moulin du pays beaunois, d'œufs de Gevrey-Chambertin, de charcuteries beaunoises et de 100 % de savoir-faire breton. On a testé une galette de sarrasin chèvre noix miel et une crêpe caramel beurre salé, une bolée de cidre brut et le verdict est tombé : à refaire au plus vite !

MERCURE BEAUNE CENTRE**** €€€

7, avenue Charles de Gaulle
✆ 03 80 22 22 00
www.all.accor.com

107 chambres (13 suites, prix dynamiques/saison). Chambre double dès 114 €, suite 4 personnes dès 172 €. Restaurant M7.

Cet hôtel Mercure fait honneur aux codes de la marque. L'audace et l'esprit novateur du directeur Médéric Fauchille se ressentent partout, des couleurs douces, un design moderne, une ambiance cocooning au coin du feu du salon, une superbe cave à vin derrière une claustra de bois… Les chambres douillettes sont aux couleurs de la Bourgogne. La pergola bioclimatique permet de prendre le repas du M7 à l'ombre, au bord de la piscine. Et cela à quelques minutes de la Cité des Climats.

© MERCURE BEAUNE CENTRE

© MERCURE BEAUNE CENTRE

PAYS BEAUNOIS

LE CORBERON €

1, roue de Seurre
CORBERON
✆ 03 80 22 18 99

Du lundi au vendredi le midi. Haute saison : vendredi soir. Samedi sur réservation (20 pers). Formule du midi 16,50 €.

© LE CORBERON

Le Corberon, entre Beaune et Seurre, est un restaurant comme on en voit de moins en moins. Corine et Laurent Deschet vous proposent de déjeuner en semaine dans une ambiance conviviale, de manière économique avec un menu tout compris et deux choix par service. La cuisine 100 % maison préparée par Laurent, chef de cuisine à la longue expérience, est généreuse et soignée. Notez qu'il prépare souvent un plat « cuisine du monde ». La tête de veau est régulièrement à l'ardoise les vendredis. Le service est efficace pour satisfaire les plus pressés !

LE BACCHUS €€

6, rue du Faubourg-Madeleine
✆ 03 80 24 07 78

Ouvert du mardi au samedi midi et soir. Fermé jeudi soir de novembre à mars. Formule midi 16 € (plat et dessert).

Au Bacchus, la cuisine est savoureuse et recherchée du début à la fin. Le chef Olivier Baduel nous fait découvrir ses nouvelles créations : Tataki de saumon, Pavé de Bœuf Salers, Ile flottante sauce chocolat. Des formules déjeuner, des suggestions du jour, des plats du jour à la carte font saliver : Risotto de Dorade Royale, Suprême de volaille fermière, sauce à l'époisses. L'accueil et le service sont impeccables et chaleureux. Petite salle et grande cuisine dans un décor bois cosy avec une excellente carte des vins aussi servis au verre.

LA BEAUNE HEURE €€

21, rue du Faubourg Bretonnière
✆ 03 80 24 00 00
www.la-beaune-heure.eatbu.com

Ouvert du vendredi au mardi midi et soir. Suggestions à l'ardoise, 4 choix par plat. Menu bourguignon 29 €. Terrasse.

C'est un petit restaurant beaunois né en 2020 qui cache bien son jeu. Julien Pfluger au parcours régional ponctué de restaurants renommés, voire étoilés nous régale de bien jolis plats 100 % maison. Le risotto d'escargots en persillade émulsion d'ail doux est devenu le plat de référence. À l'ardoise, des choix pour satisfaire toutes les envies entre terre et mer. Le menu bourguignon plaît car il revisite subtilement les classiques. On adore la simplicité du lieu, la qualité des plats, les prix raisonnables et le talent : l'art d'être au bon endroit au bon moment !

8 CLOS €€

8, rue d'Alsace
✆ 03 80 21 04 19

Mercredi à lundi, menus 39 € (plat/dessert 32 €) ou 49 € (plat/dessert 43 €). Vins de vignerons récoltants à emporter.

Stéphane Léger, chef expérimenté et ancien étoilé et très inspiré fait du 8 Clos une adresse à ne pas manquer. Accompagné de Vanessa son épouse et Pierre son fils, il propose une cuisine bistronomique aux cuissons et mariages justes de produits frais et de saison. La longue salle aux banquettes en skaï noir et pierres apparentes, les salles à l'étage sont top. Croustillant de tête de veau au confit de poireaux, Tourte au foie gras et coq au vin, Truite de Crisenon morilles et vin jaune sont exquis. Superbes cave et carte des vins qui sont aussi à emporter.

BISTROT BOURGUIGNON €€

8, rue Monge
✆ 03 80 22 23 24

Du mardi au samedi le midi et le soir. Bar à vin ouvert le samedi en continu à partir de 11h. Menus de 30 € à 42 €.

Cadre charmant et produits 100% maison pour ce restaurant situé dans une rue piétonne de Beaune. L'établissement vient de changer de main. Son nouveau propriétaire, Christophe Meux, issu de la restauration et du commerce du vin, donne le ton avec une très belle décoration, une carte courte, gage de qualité (2 menus dont un avec 3 choix possibles), la carte des vins est étoffée de plus de 500 références et le service est impeccable. Le chef Michael Thibert soigne sa cuisine et ses assiettes sont joliment dressées. Aux beaux jours, vous apprécierez la terrasse.

© LE BÉLÉNA

© LE BÉLÉNA

© LE BÉLÉNA

LE BÉLÉNA €€

1, place Madeleine
✆ 03 80 22 12 25
www.lebelena-beaune.fr
Tous les jours (dim. et jours fériés aussi) midi et soir. Menus de 24 € à 45 €. Formule du midi 18 €. Terrasses.

Le Béléna est une institution beaunoise. Une brasserie accueillante où l'on revient volontiers pour la qualité et la diversité des plats au bon rapport qualité prix et pour le service rapide et efficace de la fine équipe de Madame Dominique Giesteira & fils. Le Chef, Florent Imbault et sa brigade dont une cheffe pâtissière réalisent des spécialités régionales tout en osant des mets plus originaux, des recettes inventives à base de produits de saison. On apprécie le nappage blanc des tables et l'ambiance feutrée même aux heures d'affluence.

© LE BÉLÉNA

© LE BÉLÉNA

GREET HÔTEL & RESTOOO BEAUNE €€

58, route de Verdun
✆ 03 80 24 15 30

7j/7 midi et soir. Formule plat, dessert 18 € (carte le soir). 52 chambres rénovées, terrasse. Bornes électriques.

© GREET HÔTEL BEAUNE

Le Restooo, c'est un concept original, un style écoresponsable sympa et des meubles chinés. L'accueil est pro et décontracté, la formule du déjeuner invite à partager un repas simple fait de produits frais. Pour le dîner, plusieurs choix à l'ardoise avec des plats au rapport qualité/prix excellent. Les enfants sont rois. Joli parc arboré avec tables et chaises, jeux, piscine, pétanque et ping-pong. On peut faire une pause ici le temps de la recharge de la voiture. *Have a greeeeeat day!*

BIZ'TRO €€

4, place Madeleine
✆ 03 80 20 06 96

Ouvert du mardi au samedi midi et soir. Menu de la semaine à 34 €, entrée/plat ou plat/dessert 26 €. Terrasse.

Quel fameux restaurant, grand frère de son voisin le BarBizier, un des bars à cocktails et vins les plus branchés de Beaune ! Son chef Sébastien Henry, habitué des cuisines de grands restaurants à Beaune et Paris allie chic, gourmandise et simplicité. L'originalité est poussée jusqu'au fameux Repas Bourguignon, des œufs parfaits encore dans leur nid et l'épaule d'agneau de la Ferme de Clavisy. On aime les suggestions de Seb ! Plats réinventés, produits de saison et carte des vins étoffée. En salle, une magnifique œuvre d'art, un arbre monumental, veille sur vous.

LE CAVEAU DES ARCHES €€

10, boulevard de Perpreuil
✆ 03 80 22 10 37
www.caveau-des-arches.com

Ouvert toute l'année, du mardi au samedi. Réservation recommandée. Menus de 28 € (bourguignon) à 42 € (tradition).

« La gourmandise est l'apanage exclusif de l'homme », disait Brillat-Savarin et c'est Michel Simon le sémillant propriétaire du Caveau des Arches qui le prône. Quelques marches puis pierres et lumière tamisée nous plongent dans l'univers intimiste et chaleureux d'un caveau du XVe. Marché du chef ou menus, la cuisine est raffinée, des plats parfaitement maîtrisés. Filet de Volaille à l'Epoisses « Berthaut » et un Parfait Glacé à la liqueur «Bonne Poire» émoustillent à coup sûr les papilles. Une savoureuse table où nous vous conseillons de réserver !

AU COQ BLEU €€

10, rue Carnot
✆ 03 45 63 58 98

Du lundi au samedi et dimanche midi. Fermeture les mercredis et jeudis. Spécialités bourguignonnes, burgers à la carte.

Quelle jolie décoration, l'accueil est chaleureux et on se sent bien. Une ambiance chic et feutrée pour découvrir la carte des mets composée de spécialités bourguignonnes, viandes, burgers, salades et bien sûr des spécialités de coq. Testez le Coq façon Gaston Gérard, sauce au comté du Jura et à la moutarde Fallot et ses tagliatelles fraîches, vous m'en direz des nouvelles ! Un des tableaux affiche ce slogan «la vie est courte, prenez un dessert» en effet on ne regrette pas ce choix. La carte des vins est sérieuse et la terrasse sur la rue piétonne est agréable.

LA FERME AUX VINS €€

9, rue Yves-Bertrand-Burgalat
✆ 03 80 22 46 75
www.lafermeauxvins.com

Vignobles & Découvertes. Tous les jours midi et soir. Menus 32 à 43 €. Formule midi 15 à 23 €. Traiteur. Hôtel 103 ch.

A la Ferme aux Vins, on vient chercher un cadre moderne et convivial pour déguster une cuisine riche en saveurs qui fait la part belle aux plats de partage tels la fondue bourguignonne ou vigneronne et aux produits de la mer. Le chef Florent Contet revisite les classiques régionaux avec des produits de saison aux présentations soignées. Le midi formule avec buffet d'entrées. Son service traiteur est devenu une référence à Beaune. En rapport avec son nom, la cave abrite plus de 200 références. Et vous êtes à 500 m de la Cité des Climats !

LE GALION €€

5, place Ziem
✆ 03 80 22 65 21
http://legalionbeaune.com/index.html
Ouvert 7j/7 de 10h à 15h et de 18h à 22h de mars jusqu'à la vente des vins de Beaune. Terrasse face à la chapelle.

Simple et généreuse, la table du Galion est à l'image de son propriétaire, Frédéric Laleure. Sur la place Ziem, depuis la terrasse, on admire la façade datant du XVIIe s. de l'ancien couvent des Carmélites. Quelques idées alléchantes : croque-monsieur à la truffe, cromesquis de Cîteaux, ketchup de cassis, burger de l'espace… Une équipe sympathique et très professionnelle, les plats sont faits maison et les desserts excellents. Lieu sympa à l'ambiance décontractée, idéal pour faire une pause, vin au verre, suggestions à l'ardoise et tapas.

LE MONGE €€

7, place Monge
✆ 03 80 22 30 68
www.brasserie-lemonge.com
Ouvert tous les jours 8h-22h. Service à toute heure. Formule midi : 16,50 € à 18 €. Menus : 25,80 € à 34,80 €. Terrasse.

Un chouette endroit qui rappelle les brasseries parisiennes à l'ambiance conviviale et joyeuse. Décoration Art déco, la verrière inonde la salle de lumière. Le chef Christophe Chartenay et sa brigade mijotent des petits plats maison à base de produits frais et des spécialités bourguignonnes. Pavé de bœuf sauce époisses, côte de veau sauce morilles ou œufs en meurette font le régal des plus exigeants. Les pizzas sont excellentes à déguster ici ou à emporter. Aux beaux jours, profitez des premiers rayons de soleil en terrasse pour un petit encas en journée.

LE PARISIEN €€

7, Petite place Carnot
✆ 03 80 22 18 58
7j/7 dès 8h30. Service 12h-22h. Menus : 19 € à 23 € + carte brasserie + petit déj. à 6,50 €. Menu enfant 12 €. Terrasse.

Le Parisien est une brasserie cosy de la petite place Carnot avec vue sur la grande. Les larges baies vitrées permettent cela, quand ce n'est pas depuis la vaste terrasse. Totalement rénovée, l'adresse invite à l'étape par son ambiance chaleureuse. L'équipe de cuisine est dirigée par Nicolas Point, un chef passé par de nombreuses adresses de renom entre Beaune et Lyon. Il est secondé par Amélia, cheffe pâtissière au talent évident. La carte typée brasserie n'est pas très longue car tout est maison, jusqu'aux desserts d'un excellent niveau !

BRASSERIE CARNOT €€

18, rue Carnot
✆ 03 80 22 32 93
www.brasserielecarnot.com
Tous les jours de 8h à 23h. Menu bourguignon à 38,50 €. Menu enfant 12,50 €. Plats à partir de 16 €. Belle terrasse.

Au Carnot, on vient à toute heure, attiré par sa vaste terrasse en rue piétonne et surtout son ambiance chic et contemporaine. Les banquettes et lustres à pampilles de verre se mêlent à l'esprit vintage de cette institution beaunoise. Son propriétaire, Frédéric Laleure, y entretient une image de bistronomie bourguignonne en conservant mais revisitant avec talent les recettes des classiques de la brasserie. A la carte proposition du menu bourguignon mais aussi des plats goûteux et généreux tel le délicieux Hamburger Angus au cheddar fumé sauce aux trois poivres.

© E VOILLEQUIN

© E VOILLEQUIN

PAYS BEAUNOIS

LUNCHBOX BY LE CEP €€

23, rue Maufoux
✆ 03 80 22 35 48
www.lunchbox-cep.com

Ouvert tous les jours le midi ; le vendredi et le samedi le soir. Menu unique à 28 €. Sur place ou à emporter.

Le Restaurant ayurvédique du Cep vient compléter l'offre de soins du Spa Holistique de l'hôtel. Idéalement, il faut connaître son dosha pour choisir ses mets. Un test rapide permet d'avoir une première approche, une consultation du médecin spécialiste en ayurvéda du Cep permet d'être précis. Tous les plats élaborés par un chef indien sont végétariens ayurvédiques. Des plats goûteux servis en buffet à emporter ou à déguster sur place dans un espace de douceur zen. Un vrai lieu de vie où on peut se restaurer de façon équilibrée, alliant plaisir gustatif et santé.

© LE CEP & SPA HOLISTIQUE BEAUNE

© LE CEP & SPA HOLISTIQUE BEAUNE

LA PART DES ANGES €€

24 bis, rue d'Alsace
✆ 03 80 22 07 68

Du mardi au samedi, midi et soir, bar à vin 17h-2h. Tapas, verrines salées, sucrées. Restauration (carte), pas de menu.

Ce restaurant bar-à-vin fleure bon la convivialité animé par une sympathique équipe et dans l'ambiance d'un bistrot chic. On aime ce lieu pour partager un verre, des tapas. Mais le must, c'est goûter aux talents de Julien Nicolas. Ce chef a œuvré chez Mathieu Viannay, La Mère Brazier, 2 étoiles à Lyon. Il renouvelle sans cesse ses plats 100% maison, 100% produits frais. Et votre cœur balance entre des cuisses de grenouille et un tartare de dorade aux avocats sachant que le plat qui suit est un Abanico de porc Ibérique et que côté desserts, c'est pas mal non plus !

PIETRO RESTAURANT €€

4, boulevard Jules Ferry
✆ 03 73 64 10 00
www.restaurant-pietro.com

Menu Terroir à partir de 29 € dans une élégante trattoria. Du mardi au samedi midi et soir. Réservation recommandée.

Cette élégante trattoria est située le long du boulevard. Les lieux repensés par son propriétaire Michel Simon sous la houlette de Carine, offrent un très beau cadre. En haut, l'espace est adapté aux repas rapides tandis que la salle voutée chaleureuse du sous-sol invite à prendre son temps, lové dans un fauteuil en velours. Pizzas faites par l'*esperto* Vincente venu de son Italie natale ou gastronomie transalpine par Ludivine. Burrata des pouilles à l'huile d'olive et parmesan, ravioles ricotta et chaource gratinées, tiramisu : c'est délicieux, *perfetto !*

LA TABLE MAGAZZINO €€

ZAC des Maladières ✆ 03 80 22 92 22
www.latablemagazzino.fr

HS du lundi au samedi midi et soir. BS fermé le soir du lundi au mercredi et dimanche. Terrasse. 28 chargeurs Tesla.

Tout près du magasin Leclerc de Beaune, La Table Magazzino créée par Joël et Christine Bertrand est un espace de 750 m² comprenant une épicerie italienne avec en son centre un bar-snacking rapide, ainsi qu'un restaurant à l'étage. On s'installe confortablement et on apprécie le cadre moderne et coloré de la Table qui propose une cuisine maison qui sent bon l'huile d'olive et la Méditerranée. *Pasta fresca*, escalopes milanaises, salade-repas et en dessert l'incontournable tiramisù ou une salade d'agrumes au sirop de thym avec boule de glace citron. C'est top.

M7 RESTAURANT BY MERCURE €€

7, avenue Charles-de-Gaulle ✆ 03 80 22 22 00
www.m7-restaurant.com

7j/7 midi et soir. Menu déjeuner : 18 à 25 €. Menu Signature (dîner) 45 ou 52 € (4 ou 5 services). Terrasse. Bar à vin.

Le restaurant M7 offre confort, calme et ambiance cosy à 10 minutes à pied de la Cité des Climats. L'entrée chaleureuse vous mène à une salle lumineuse au design moderne et aux tonalités gris, vert canard et or. L'été, profitez de la pergola bioclimatique avec vue sur la piscine et le jardin. Goûtez à la nouvelle carte originale et gourmande du chef Philippe Legrand mêlant plats locaux et saveurs du monde, des en-cas à toute heure et un menu dégustation en quatre ou cinq services. Sur les 622 bouteilles de la cave à vin, vous trouverez de quoi sublimer vos plats !

LE BENATON €€€

25, rue du Faubourg-Bretonnière
03 80 22 00 26
www.lebenaton.com
1 étoile au guide Michelin. Menus de 71 € à 95 € (+ carte). Suggestion du jour : 35 €. Terrasse.

Keishi Sugimura, qui a la réputation d'être le plus bourguignon des chefs japonais, offre une cuisine inspirée des terroirs français. Il est à sa place à Beaune, ville gourmande. La salle à l'esprit zen et la terrasse en jardin japonais rappellent les origines du chef. Beaux produits, audace des mariages de saveurs, présentations artistiques, les plats sont d'une grande élégance. Le menu De Bouche à Oreille le midi est un régal abordable, tandis que le menu Terre et Mer vous fait voyager : le pâté en croûte, pigeon de Corton, Wagyu japonais, que des mets raffinés.

ERMITAGE DE CORTON €€€

Route de Dijon - **CHOREY-LES-BEAUNE**
03 80 22 05 28
www.ermitagecorton.com
Ouvert 7/7 midi et soir. Fermé le mercredi de début novembre à fin mars. Menus de 59 € à 85 €. Formule du midi 33 €.

« En cuisine, on peut innover tout en respectant l'authenticité des produits » confie Vincent Chirat, chef expérimenté. Son plat signature est le pigeon, désossé et farci, cuit en croûte de sel, un régal ou encore la caille farcie aux morilles. Côté vins, des Grands Crus sont proposés au verre. La modernité vous attend dans la salle aux murs laqués, luminaires et fauteuils design, dans l'assiette, une cuisine savoureuse, juste et équilibrée. Le top : Visit & Wine Tour vous emmène explorer la colline de Corton en combi VW de 1975, 2h de visite, 2 vins dégustés.

HOSTELLERIE CÈDRE ET SPA €€€

10-12, boulevard Maréchal-Foch
03 80 24 01 01 - www.cedrebeaune.com
7j/7 19h-21h30, samedi et dimanche midi. Fermé lundi, mardi en BS. Menus de 90 à 150 €. 1 étoile au Guide Michelin.

Cet excellent restaurant étoilé Michelin se trouve au sein d'une ancienne maison de Maître vigneron du XIXe rénovée en Hôtel 5 étoiles. Dans les murmures d'un parc, à deux pas des Hospices, le Chef Jordan Billan conjugue la magie des saveurs puisées aux sources du terroir bourguignon avec brio : une cuisine inventive, fine, mention spéciale pour le soufflé aux pommes ! Au coin du feu, sous les plafonds moulurés, en terrasse sous les ombrages, le moment partagé sera divin. Plus de 600 références de vin à la carte. Bar lounge, ambiance romantique. Personnel au top.

LOISEAU DES VIGNES €€€

31, rue Maufoux
03 80 24 12 06
www.bernard-loiseau.com
Ouvert du mardi au samedi 12h-13h45 et 19h-21h30. Menu carte, prix moyen 55 €. Formule déjeuner de 28 € à 38 €.

Loiseau des Vignes est l'un des quatre restaurants du Groupe Bernard Loiseau en Bourgogne. La salle chargée d'histoire est rehaussée d'une décoration contemporaine. Spécificité des établissements Bernard Loiseau, et en particulier celui de Beaune, son œnothèque occupe un pan de mur complet et permet d'accéder à 70 références de vins pour la plupart introuvables. Le talent et la passion du chef, Mourad Haddouche, font de ce restaurant une expérience incontournable avec une cuisine de terroir à l'ADN unique partagée entre tradition et modernité.

BARBIZIER

2, place Madeleine
03 80 26 04 19
Ouvert du mardi au samedi de 18h à 1h45. Ambiance tamisée, super accueil, soirées sympas.

Julian Gouverd, aussi gérant du Biz'tro tout à côté, fait un clin d'œil à son histoire. Son grand-père créa l'entreprise de produits d'entretien Javel Barbizier à Besançon en 1938. Ambiance tamisée, décoration pastel avec un mur couvert de polaroids des soirées de l'année. La carte façon magazine est étoffée : excellents vins, whiskys, gins, mojitos. Les Mocktails, de savoureux cocktails, intenses et sans alcool, sont à tester ! Un amuse-bouche est offert, si vous avez encore faim, des planches de charcuterie, tartines, burgers et tapas sont d'excellents encas.

FABRICE GILLOTTE

33, rue Carnot 03 80 80 22 54
www.fabrice-gillotte.com
Ouvert du mardi au samedi de 9h30 à 12h30 et de 13h30 à 19h. Chocolats, macarons, pâtisseries, confiseries.

À Beaune, Dijon, Besançon, les vitrines de Fabrice Gillotte sont toutes somptueusement gourmandes. Cet artiste chocolatier MOF a su se faire apprécier des grands amateurs de délices chocolatés. Un Grand Atelier à Norges-la-Ville, une boutique en bleu et blanc à Beaune, une décoration chic et minimaliste, des boîtes craquantes, des créations thématiques : le paradis ! Chocolats en coffrets d'assortiments, pralinés d'exception, coffret « Croc'télé », Snacking grignotage… avis à tous les accros au chocolat, on peut commander en ligne ou se faire livrer. Le top !

LARCHE DES VINS

3, rue Poterne
✆ 03 80 21 67 88
www.larchedesvins.fr
Ouvert du mercredi au vendredi de 18h à 0h ; le samedi de 11h à 14h et de 17h à 0h.

Dès la fin d'après-midi, Larche des Vins, caviste en journée, devient un chaleureux Bar à Vin. La déco a été remarquablement réalisée entre pierres, boiserie et velours pour le confort. Félix et Romain les créateurs du lieu sont accompagnés d'Eliott le sommelier de Larche. Ses conseils sont précieux, car plus de mille références de vins vous font voyager au travers des régions de France et du monde jusqu'en Australie ou aux Etats-Unis. Petite carte de Tapas pour agrémenter vos dégustations. Le must : finir avec une Chartreuse, Larche collectionne les meilleures.

ALAIN HESS-FROMAGERIE-ÉPICERIE FINE-CAVE À VINS

7, place Carnot ✆ 03 80 24 73 51
fromageriealainhess.com
Du lundi au vendredi de 9h à 13h et de 14h30 à 19h15, samedi 9h-19h15, dimanche 10h-13h en haute saison seulement.

Une adresse incontournable à Beaune ! Plus de 200 sortes de fromages dont le Délice de Pommard inventé par Alain Hess lui-même. Ce fromage moulé artisanalement au torchon se décline en plusieurs saveurs : pain d'épices de Dijon, son de moutarde de Beaune, truffe noire d'été, bourgeons de cassis noir. Au sous-sol, trois superbes caves voûtées invitent à la dégustation des vins locaux avec une assiette de fromages de son choix, façon «bar à fromages». A faire et à vivre absolument !

ATHENAEUM DE LA VIGNE ET DU VIN

5, rue de l'Hôtel-Dieu ✆ 03 80 25 08 30
www.athenaeum.com
Ouvert tous les jours de 10h à 19h. Juillet et août fermeture à 19h30. Ouvert le dimanche. Livraison possible.

Librairie spécialisée située face aux Hospices, ce qui oblige un haut niveau de qualité ! Lieu unique dédié à l'univers de la connaissance du vin avec un rapport direct au savoir-vivre et à l'artisanat. Pas moins de 10 000 références dont 3 000 que pour les épicuriens : œuvres littéraires, guides touristiques, livres pour enfants, accessoires vins pour les connaisseurs. Dégustez des vins dans la salle climatisée, un lieu VIP aux crus bourguignons excellents et des ateliers dégustation.

GARUM €€€

10, rue de l'Hôtel-Dieu
✆ 03 80 24 79 41
www.garum-beaune.fr
BS : mardi au samedi midi et soir. HS : lundi au samedi midi et soir. Menus de 48 € à 52 € (carte). Grande terrasse.

Bistro chic dans une superbe maison bourgeoise au pied des remparts. Le chef Christophe Bocquillon a créé cet établissement, en lieu et place de l'ancien restaurant le Jardin des Remparts où pendant 7 ans il a fait briller son étoile. Voici un nouveau concept avec une cuisine décomplexée, bistronomique dédiée aux bons vivants avec des pièces de viande et de poisson d'exception. Tout est fait 100% maison, la charcuterie, les condiments, les vinaigres. Une grande terrasse estivale très convoitée à l'ambiance musicale, de l'apéritif convivial au déjeuner et au dîner.

© CHRISTOPHE BOQUILLON

© CHRISTOPHE BOQUILLON

AVINTURES

20, rue du Faubourg Saint-Nicolas
✆ 03 80 24 65 74
www.avintures.fr

Ouvert lundi, mardi, jeudi et vendredi de 10h à 19h ; mercredi et samedi de 10h à 12h30 et de 14h à 19h. Vente en ligne.

Thomas et Jingjing Turner nous invitent à découvrir « des vins curieux ». Thomas, fin connaisseur du monde du vin, formé à la Viti, dans un domaine beaunois et dans le commerce du vin en Asie, accompagné de Jingjing, très à la pointe des nouvelles technologies, se complètent pour proposer un format caviste novateur. Outre les choix portés sur les vins de France, bio, voire nature, on vient faire des découvertes étonnantes, en qualité et en prix. Le *must*, l'inédit même, c'est le QR code de chaque bouteille qui ouvre une fiche technique ou un *podcast* du vigneron !

BOUTIQUE MAISON CHAMPY

12, place de la Halle ✆ 03 80 23 75 21
www.maisonchampy.com

Espace boutique du mardi au samedi. Dégustation de 5 vins 35 €, visite des caves 25 €-55 €, visite immersive 135 €.

Champy fondée en 1720 est la plus ancienne des grandes maisons de Beaune, elle se visite rue du Grenier à Sel. Place de la Halle, la boutique chic et conviviale offre une vue imprenable sur l'Hôtel Dieu avec une équipe experte sur la mosaïque des climats. À l'étage, un espace lounge idéal pour une dégustation de 1ers et grands Crus de la Côte de Beaune et de Nuits. 500 000 bouteilles/an issues pour 1/3 des 25 ha de vignes du domaine. Dimitri Bazas, directeur technique et œnologue, est le garant d'une vinification rigoureuse, artisanale dont 30% est certifiée bio.

BRASSERIE DE FRANCE

16, rue Maurice Chantin
✆ 06 95 79 09 15
www.brasseriedefrance.com

Ateliers initiation à la zythologie, dégustation croisée Bières Vins 2h : 60 €/pers. Atelier de brassage 4h : 80 €/pers.

La Brasserie de France, 10 000 hectolitres/an crée un atelier d'un nouveau genre, « Bière expériences », ouvert aux particuliers, aux salariés. Le concept est simple : 20 personnes élaborent leur propre bière pendant 4 heures. Après 21 jours, ils récupèrent la bière créée. Comprendre les différences entre les bières, les proportions, savoir ce qu'est une IPA… Voici un atelier pour fabriquer, apprendre, analyser, mais aussi décrypter sa dégustation et bien sûr se régaler ! D'autres ateliers existent : initiation à la zythologie, dégustation croisée Bières et Vins…

CAVE SAINTE-MARIE-LA-BLANCHE

15, route de Verdun - **SAINTE-MARIE-LA-BLANCHE**
✆ 03 80 26 60 60

Du lundi au samedi : 9h-12h et 14h-18h. Fermeture à 18h30 d'avril à octobre. Caveau, bouteilles et vrac.

Le Caveau Sainte-Marie regroupe les productions de vignerons organisés en coopérative depuis près de 60 ans. Un acteur engagé qui participe à la promotion des Hautes Côtes de Beaune, de Nuits, des Crémants... L'équipe du caveau de vente vous accueille dans un lieu chaleureux, les dégustations sont gratuites et commentées. Il n'y a pas que le vin qui se partage, cette adresse aussi ! Les conseils sont professionnels et le rapport qualité-prix des bouteilles imbattable !

CAVEAU DÉLICAVE

24 bis, rue des Tonneliers
✆ 03 80 22 45 10
www.delicave.com

Caveau ouvert du lundi au vendredi, de 9h à 12h et de 14h à 18h. Le samedi sur rdv pour les groupes. Vente en ligne.

La Conseillerie des Tonneliers, créée par Claude Siegrist en 1978 à Beaune, a la volonté de mettre en avant de jolis vins de vignerons. Depuis 44 ans, les meilleurs crus de Bourgogne et d'autres régions de France sont recherchés telles des pépites pour le réseau professionnel, les touristes et les locaux. De vrais trésors, 1 000 références sélectionnées, un site de vente en ligne et un superbe caveau. Yvan son fils et Lætitia sa petite-fille, passionnés par la diversité des terroirs, ont à cœur de susciter l'émotion à travers des vins accessibles, à prix domaine.

DOMAINE AEGERTER

21, rue Carnot ✆ 03 80 22 62 72
www.aegerter.fr

Haute saison : du lundi au samedi de 10h à 19h30 ; le dimanche de 10h à 18h et 17h en basse saison.

Depuis 30 ans, la famille Aegerter a construit un empire. Jean Luc, le créateur et maintenant Paul, le fils produisent des grands vins de Bourgogne, issus de vignobles somptueux, leurs 10 ha de vignes en Côtes de Nuits, mais aussi des vins de parcelles provenant de l'ensemble de la Bourgogne aux appellations magiques. Dans cette vaste boutique ouverte 7/7 toute l'année, les clients retrouvent l'ensemble des vins produits par le domaine Aegerter et plus encore. Des vins tranquilles, effervescents, des millésimes récents, matures et une large gamme de spiritueux.

DOMAINE BAPTISTE GUYOT

48, faubourg Saint-Martin ✆ 03 80 22 46 55
www.domaine-baptiste-guyot.fr

Accueil sur rdv, fermé le dimanche. Marché artisanal en avril, et 31/10 et 01/11. Certifié HVE. Vendanges touristiques.

Baptiste Guyot est un jeune vigneron beaunois dont les vignes se répartissent sur 9 ha : Pommard, Monthelie, Volnay, Pernand-Vergelesses et Beaune avec le Clos du Foulot au cœur de la propriété. 2023 marque une nouvelle étape dans l'histoire du domaine avec l'extension et la rénovation des caves et de la cuverie sur 450 m². Secrétaire de l'appellation Beaune et président de la Saint-Vincent, il a reçu le trophée de Jeune talent de la côte de Beaune. S'ajoutent deux jolies chambres d'hôtes, vous êtes à 10 min. du centre ville et à deux pas du Parc de la Bouzaize !

DOMAINE BESANCENOT

78, faubourg Saint-Nicolas
✆ 03 80 22 18 76
www.domaine-besancenot.fr

Du lundi au vendredi de 9h15 à 12h15 et de 14h à 17h30 (appeler avant). Week-end sur rdv. Dégustations sur réservation.

Ce domaine produit 12 appellations réparties sur 10 ha dont 8 ha en Beaune Premiers Crus. Vigneron depuis 1850, en transmission du savoir-faire depuis 6 générations, les méthodes de travail sont traditionnelles. Le domaine est certifié HVE depuis 2018. Thérèse, chargée de la vinification accueille les visiteurs avec passion et chaleur. A s'offrir pour une virée entre amis, un cours d'œnologie ou la formule visite des climats de Beaune dans les vignes des premiers crus ou la visite Tribu, une dégustation familiale et ludique avec jeux et sirops pour les enfants.

DOMAINE DU LYCÉE VITICOLE

16, avenue Charles-Jaffelin
✆ 03 80 26 35 81
www.lavitibeaune.com/vins

Vignobles et Découvertes. Du lundi au vendredi 9h-12h et 14h-17h, le samedi matin en haute saison. Boutique en ligne.

Propriétaire récoltant le plus important de Beaune avec 22 ha de vignes, le Domaine du Lycée Viticole est aussi un lieu d'apprentissage dit *la Viti* et un centre d'expérimentation des techniques viticoles et vinicoles, véritable plate-forme de compétences. Les vignes sont en appellation Beaune, 40 % en 1ers Crus et 5 ha sont en culture biologique. La cuverie de plus de 1 500 m² permet de produire jusqu'à 120 000 bouteilles dans une production parcellaire poussée visant l'excellence.

L'ATELIER DES BONBONS

37, rue d'Alsace
✆ 06 95 80 71 14
www.latelierdesbonbons.fr

Ouvert mardi de 14h à 19h ; mercredi et jeudi de 10h à 12h30 et de 13h30 à 19h ; vendredi et samedi de 10h à 19h.

L'Atelier des Bonbons est une création de Benoit Combes et Marion Aoustet qui confectionnent leurs produits devant vous. Ils ont acquis la formule exclusive des cristaux de bonbons, ces confiseries à la texture friande. Dans leur fabrique, vous trouvez une foultitude de douceurs : sucres d'orge, sucettes, p'tits dodus à la rose ou au cassis, pâtes de fruits, guimauves, pâtes à tartiner, nougat brun, graines caramélisées, oursons en guimauve. Des productions artisanales de qualité 100 % faites main. Un lieu où l'on redevient un enfant qui satisfait sa gourmandise !

© L'ATELIER DES BONBONS

© L'ATELIER DES BONBONS

PAYS BEAUNOIS

DOMAINE LOÏS DUFOULEUR

8, boulevard Bretonnière ✆ 03 80 22 04 62
www.domaineloisdufouleur.com

Ouvert tous les jours. Vente dégustation sur rdv. Chambres d'hôtes et meublé de tourisme de charme, Les Jardins de Lois.

A 5 minutes des Hospices, Anne-Marie et Philippe Dufouleur exploitent 5 ha de vignes à Beaune et à Savigny-les-Beaune. 14 appellations dont 8 en rouge. La cuverie et les caves de leur jolie maison voisinent Les Jardins de Loïs, 5 chambres d'hôtes et un meublé très raffinés. Anne-Marie cultive ses vignes en culture raisonnée, Philippe assure la vinification en respectant la typicité de chaque climat : Beaune 1er Cru rouge, Clos des Perrières, Le Clos du Roi, Les Cent-Vignes... Animés d'un grand sens de l'accueil, ils sont de parfaits ambassadeurs de l'oenotourisme.

NUITON-BEAUNOY - LA CAVE DES HAUTES-CÔTES

93-95, route de Pommard ✆ 03 80 25 01 03
www.nuiton-beaunoy.fr

Vignerons engagés. Tous les jours : 9h30-12h30 et 13h30-18h30. Fermé 01/01, 01/05 et 25/12 et dim. de janvier à mars.

En 1957 tout a débuté dans un petit village des Hautes Côtes à Orches avec 10 vignerons. Aujourd'hui, elle compte 80 vignerons associés exploitant 350 ha de vignes des Maranges à Marsannay. C'est l'unique cave coopérative de Côte-d'Or. Labellisée « Vignerons engagés », la cave propose aussi des vins travaillés en culture raisonnée, des cuvées en conversion en AB et éco-conçues. 40 références, de l'appellation régionale aux grands crus, des Crémants et des vins Bourgogne Hautes Côtes.

ENJOY FALLOT - LA MOUTARDERIE

31, faubourg Bretonnière ✆ 03 80 22 10 10
www.enjoyfallot.com

Vignobles & Découvertes. Entreprise du Patrimoine Vivant. Ouvert du lundi au samedi, dimanche en haute saison.

Enjoy, 1re boutique de la Moutarderie Fallot, la 2nde est à Dijon. C'est la dernière moutarderie familiale de Bourgogne, un lieu moderne et coloré. Des distributeurs de moutarde en vrac, un bar à moutarde en accès libre permettent de déguster les moutardes les plus tendance. 100 % des graines de sénevé proviennent de Bourgogne auxquelles sont ajoutées les saveurs de curry, truffe, raifort, cassis… Assistez à la fabrication des moutardes à travers le parcours sensations fortes !

HOTEL LE CEP - CAVEAU DE DEGUSTATION SAINT-FELIX

27, rue Maufoux ✆ 03 80 22 35 48
https://caveau-saint-felix.com

Ouvert tous les jours. Sur réservation. Dégustations commentées, conseils et expertise de dénicheurs de pépites locales

Vous pouvez déguster et faire l'achat de vins dans ce lieu d'exception. Vous profitez des conseils et de l'expertise de «dénicheurs de pépites locales» qui aiment être proches de leurs visiteurs pour partager leur passion pour le vignoble bourguignon et présenter la collection unique de cette cave proposant des vins de 30 € à 30 000 €. Plus de 1 000 références issues de 360 domaines d'excellence. Vivez l'expérience pour le plaisir d'offrir et de s'offrir un flacon d'arôme d'excellence.

HELICE L'ESCARGOTIER BEAUNOIS

6, boulevard Jules Ferry
✆ 09 83 72 05 49

Ouvert mardi et mercredi de 10h à 12h30 et de 14h à 18h ; jeudi de 15h à 19h ; vendredi et samedi de 10h à 19h.

Hélice est la boutique de Karine Obriot qui a la passion pour les escargots et dont le principal fournisseur est la Maison Billot, spécialiste de l'escargot de Bourgogne depuis 1796. Les *Helix pomatia* sont issus du ramassage, le persillé est préparé avec du beurre de Normandie, de l'ail rose de Lautrec et du sel de Camargue. On les déguste ici frais à toute heure, une douzaine accompagnée d'un verre de chablis, régalez-vous ! En coquilles, frais, surgelés, cuisinés, tout est permis.

LARCHE DES VINS

3, rue Poterne
✆ 03 80 21 67 88
www.larchedesvins.fr

Mardi 10h-12h et 14h-18h ; mercredi à vendredi 10h-12h et 16h-00h, samedi 11h-14h et 17h-00h. Caviste et Bar à vin.

Superbe découverte : un caviste pas comme les autres car ici c'est aussi un bar à vin. Félix Arnulf et Romain Paxion ont fait de ce lieu caché un endroit cosy, séduisant, chaleureux tout de pierre, bois, ferronneries, lumières douces et velours. Côté caviste un catalogue de plus de 100 références, certaines peuvent être dégustées au verre. Toutes les régions de France sont représentées, il y a aussi des spiritueux d'exception. Le charme de la salle opère naturellement, installez vous pour déguster un des mille vins du bar en salle ou en terrasse avec des tapas.

MAGAZZINO

13, rue Gustave Eiffel
✆ 03 80 22 92 23
www.latablemagazzino.fr
Ouvert du lundi au samedi 9h-20h. Restauration rapide-restaurant. Parking 28 chargeurs Tesla compatibles ts véhicules.

Magazzino, c'est ce beau bâtiment vitré près du magasin Leclerc de Beaune. Un concept novateur créé par Joël et Christine Bertrand. Au rez-de-chaussée, une épicerie italienne de 750 m² avec un bar-restaurant rapide de plats typiques italiens et un vaste restaurant à l'étage. Les rayons regorgent de spécialités transalpines, charcuteries, fromages à la coupe, pizzas, produits secs pour l'apéritif, produits d'épicerie, vins, conserves… Au Magazzino, c'est simple, tout fait envie et on peut s'installer à l'espace snacking pour un déjeuner sur le pouce.

LA MANUFACTURE BEAUNE

20, rue Carnot
✆ 03 80 24 04 11
www.manufacture-perrin.com
Ouvert le lundi de 14h à 19h ; du mardi au samedi de 9h30 à 12h30 et de 13h30 à 19h.

Cette jolie boutique colorée, créée par la Manufacture de Bonneterie Perrin installée à Montceau-les-Mines, est située en zone piétonne. Elle présente les marques de l'entreprise estampillée « entreprise du patrimoine vivant ». C'est la *french touch* : des produits 100 % fabriqués en France, en Bourgogne mêlant qualité, savoir-faire et fun. Les chaussettes Perrin 1924 confortables, les caleçons Dagobert, les collants pepsy Berthe aux Grands Pieds et La Chaussette Française. Un choix époustouflant de chaussettes haut de gamme : fil d'Ecosse, laine, soie, cachemire.

MARCHÉ AUX VINS

7, rue de l'Hôtel-Dieu ✆ 03 80 25 08 20
www.marcheauxvins.com
Vignobles & Découvertes. De décembre à mars tous les jours 10h-12h/14h-19h et d'avril à nov. tous les jours 10h-19h.

Le Marché aux Vins est situé dans l'ancienne église des Cordeliers du XVe s. avec une vue imprenable sur les Hospices. Propriété de la famille Halley, tout comme les châteaux de Meursault et de Marsannay, ce lieu chargé d'histoire est la vitrine des meilleurs Premiers Crus et Grands Crus des domaines emblématiques de la région, Hospices de Beaune, de Nuits-Saint-Georges, Hôpital de Dijon, une sélection de champagnes et de spiritueux également. Vous pouvez découvrir ces vins grâce à une visite Découverte, une visite Dégustation Premiers Crus ou encore Grands Crus.

MICROBRASSERIE VIF

10, rue Jean-François Champollion
✆ 07 82 69 94 00
www.boirevif.com
Du lundi au vendredi, jours fériés de 9h à 17h. Vente directe sur rdv. Cannettes à partir de 3 €, vente en ligne.

Les Bières VIF sont nées en 2021 de la volonté de Thomas et Lara de se différencier avec caractère et modernité. On le comprend par le choix de la cannette comme contenant, par l'esthétique des étiquettes très artistiques et colorées réalisées par une aquarelliste, avant de les goûter. Les recettes sont inspirées des bières allemandes à la fermentation basse et à la faible alcoolisation ou des bières houblonnées et aromatiques. Tomas nous confie son projet de créer une *taproom* ; en attendant, le plaisir est au rendez-vous à chaque pschitt !

MILLÉSIMES À LA CARTE

1, rue du Moulin-Noize
✆ 03 80 20 68 68
www.millesimesalacarte.com
Du mardi au samedi 10h 12h et 14h30 19h. Sur rdv en dehors. Carte à partir de 5 €. Ateliers dégustations. Vente en ligne

Depuis plus de 35 ans, Thierry Prat a établi des relations avec les meilleurs domaines de Bourgogne pour proposer une large gamme de vins. Son concept unique créé il y a plus de 10 ans permet de déguster 40 vins au verre, y compris des Grands Crus et des Vieux Millésimes. Millésimes à la Carte propose la plus grande variété au monde de vins du Domaine des Hospices de Beaune avec plus de 300 cuvées différentes. On peut acheter une bouteille de la collection de 3 000 bouteilles de vieux millésimes dont certains remontent jusqu'à 1858.

MON MILLESIME

54, rue du Faubourg-Madeleine
✆ 03 80 22 92 71
www.monmillesime.com
Ouvert du lundi au samedi de 10h à 12h30 et de 14h30 à 19h30. Livraison possible (vente en ligne, achat de millésimes).

Philippe Renaud qui a créé Mon Millésime il y a déjà 18 ans, sélectionne ce qui se fait de mieux en Bourgogne, dans le Bordelais, le Rhône et en Champagne. Grands domaines, petits producteurs, il propose des vins de très grande qualité. Une de ses spécialités est le rachat de caves : collectionneurs, chineurs, vous pouvez donc trouver de nombreux millésimes et domaines à partir de 1834. Philippe Renaud partage ses connaissances viti-vinicoles à travers ses conseils : pour constituer votre propre cave, estimer votre collection, racheter vos vieilles bouteilles...

MULOT ET PETITJEAN

1, place Carnot
✆ 03 80 30 07 10
www.mulotpetitjean.com
Du mardi au samedi 10h-12h et 14h-19h.

Depuis 1796, Mulot et Petitjean fait la réputation de Dijon avec son emblématique pain d'épices à la farine de froment. Depuis 227 ans, la maison est « l'héritière d'une longue et prestigieuse histoire », aujourd'hui labellisée Entreprise du Patrimoine Vivant. La boutique vous propose des produits fabriqués à Dijon : pavés aux fruits confits, glacés minces, croquets, nonnettes fourrées à la framboise, au cassis, au chocolat... Sans oublier une gamme apéritive de mini-nonnettes au confit d'oignons ou aux pois chiches aromatisées à la menthe. Tous au pain d'épices !

L'ODYSSÉE BIO

6, avenue du Bataillon de la Garde
✆ 03 80 22 03 15
www.lodysseebio.com
Lundi 14h-19h, mardi à vendredi 9h-12h45/14h30-19h30, samedi 9h-19h. Naturopathie, réflexologie plantaire, iridologie.

Magasin bio indépendant, 400 m² dédiés à la demande croissante d'une alimentation bio, équilibrée et responsable. Serge Rizzo, naturopathe de formation, créateur de l'enseigne, avec 32 ans d'expérience, sélectionne avec rigueur fruits et légumes, pains, fromages, charcuteries, viandes et poissons, surgelés, vins, bières mais aussi compléments alimentaires, cosmétiques et tout pour une maison écolo. Avec son nouveau logo, une équipe forte de conseils, 2 naturopathes, des rdv (réflexologie plantaire, iridologie), des animations, l'Odyssée Bio est là pour votre bien.

PATRIARCHE PÈRE ET FILS

5-7, rue du Collège
✆ 03 80 24 53 78
www.patriarche.com
7j/7, accès visites 9h30-11h et 14h-17h de 20 € à 55 €. Boutique jusqu'à 12h et 18h. Bornes vidéo multilingue.

Les caves Patriarche, construites entre le XIIIe et le XIXe siècle, sont spectaculaires, elles abritent plus de 2 millions de bouteilles. Leur visite vous conduit au cœur de 5 km de galeries jalonnées d'étapes de dégustation. Entre ses grands vins dont les cuvées Signature Émotion et l'accès à son patrimoine valorisé par La Grande Visite, Patriarche affirme son statut de grande maison de l'œnotourisme en Bourgogne. La boutique vous permet d'accéder à une gamme de plus de 300 références de vins d'exception, appellations Régionales, 1ers Crus, Grands Crus, Crémants…

VEUVE AMBAL-CRÉMANT DE BOURGOGNE

Le Pré Neuf ✆ 03 80 25 90 81
www.veuveambal.com
Du lundi au samedi en basse saison et 7j/7 en haute saison. Départ des visites : 10h30/14h30/15h30/16h30. Dégustation.

Grande maison familiale, née en 1898, spécialisée dans les vins effervescents. Ses 250 ha de vignes couvrent 6 terroirs différents produisant de nombreux crémants d'appellation Bourgogne ainsi que des crus plus prestigieux : brut blanc de blanc, millésimé, grande cuvée, bio. La visite guidée ou audio-guidée dévoile les ateliers, caves, robots et automates. En boutique, retrouvez les produits du terroir bourguignon : anis de Flavigny, moutarde Fallot, vins Prosper Maufoux à Saint-Aubin.

BEAUNE CÔTÉ PLAGE

Chemin des Tauperies ✆ 06 63 98 09 31
www.beaunecoteplage.com
Baignade ouverte du 5 juin au 1er septembre. Entrée 6 €/pers, familles (2 adultes, 2 enfants) : 16 €.

De nombreuses activités gratuites sont proposées comme des cours d'aquagym, natation, disc golf, beach volley encadrées par les associations locales le dimanche. Consultez le programme sur : www.beaunecoteplage.com.

Vous pouvez louer un aqua bike. Sur place, Côté Resto vous permet dans une ambiance lounge de vous restaurer et de vous détendre en terrasse.

Ouvert depuis 2014, Beaune Côté Plage est devenu en quelques années le nouveau lieu de baignade en vogue. C'est sur les bords du lac Montagny-lès-Beaune que la Communauté d'Agglomération Beaune Côte & Sud a choisi d'implanter ce parc de loisirs aquatiques en partenariat avec Suez. Beaune Côté Plage dispose de 3 000 m² de bassins agrémentés d'un mur d'escalade aquatique de 6 m de haut, d'un toboggan, d'une liane et de plusieurs plongeoirs. De bons moments ludiques pour les petits et les grands. L'eau des bassins est traitée par filtration naturelle dans un bassin de régénération constitué notamment de roseaux. L'eau de ces piscines nouvelle génération est donc naturelle, sans traitement chimique ni chlore. L'esprit est très nature : pontons et bâtiments en bois, baignade naturelle. Les immenses plages invitent à y planter son parasol, sortir sa glacière, comme à la mer, et les terrains de jeux sont engazonnés. Un ponton à fleur d'eau permet de se déplacer entre les bassins. Très agréable pour profiter de la vue sur la Côte et du soleil.

Vous avez accès au site depuis le périphérique de Beaune au rond-point au croisement de la rue André-Gagey et de l'avenue André-Boisseaux.

LE CEP & SPA HOLISTIQUE MARIE DE BOURGOGNE

23, rue Maufoux ✆ 03 80 22 35 48
www.hotel-cep-beaune.com

Ouvert de 8h à 20h. Soins corps, visage vinésime, massages, cryothérapie. Cures et restaurant ayurvédiques.

Lauréat des « World Luxury Spa Awards », labellisé Spa de France, le Centre de Mieux-Etre Marie de Bourgogne combine le spa et le centre ayurvédique. 1 000 m² avec sauna, hammam, cryothérapie, chromothérapie, le tout associé à la médecine ancestrale indienne au service de votre mieux-être. Une palette exceptionnelle d'outils et 4 experts : bilan ayurvédique par le Dr Sibin, venu du berceau de l'ayurvéda en Inde. Nouveau : un restaurant ayurvédique et 12 suites pour les curistes.

LE CEP & SPA HOLISTIQUE MARIE DE BOURGOGNE

23, rue Maufoux
✆ 03 80 22 35 48
www.hotel-cep-beaune.com

Tous les jours de 8h à 20h. Spa high tech, cures ayurvédiques, yoga, restaurant ayurvédique, 12 suites pour curistes.

Associé au Spa Marie de Bourgogne, ce centre ayurvédique est unique en son genre. Le Dr Sibin, originaire du Kerala en Inde, berceau de l'ayurvéda, établit un bilan ayurvédique pour rééquilibrer votre dosha, diagnostique les déséquilibres, adapte les soins : massage avec des macérats huileux de plantes, conseils de vie, cure et recommandations alimentaires par la nutritionniste. L'ayurvéda est une science holistique qui a pour vocation de vous aider à rester en bonne santé. Une équipe d'experts s'active pour votre bien ! Cette médecine préventive et traditionnelle indienne est reconnue par l'Organisation Mondiale de la Santé depuis 1982. Alors que beaucoup recherchent une alternative à la médecine occidentale, l'ayurvéda est une réelle hygiène de vie. Vous pouvez venir au Spa Holistique Marie de Bourgogne pour un soin du corps revitalisant d'une heure, une chromothérapie ou en cure ayurvédique pour bénéficier des propriétés durables d'une cure personnalisée à visée détox, détente, booster d'immunité ou contrôle du poids. Nouveautés 2023 : des suites dédiées aux curistes et un restaurant ayurvédique la LunchBox ! Suite à un diagnostic personnalisé, la nourriture ayurvédique qui vous convient est définie en préventif. Le Spa Holistique Marie de Bourgogne vous propose une large palette d'expériences complémentaires, des cours de yoga, méditation, des repas ayurvédiques, des conseils de vie tout en vous invitant à découvrir et apprécier la Bourgogne.

ÉCOLE DES VINS DE BOURGOGNE

6, boulevard Perpreuil ✆ 03 80 26 35 10
www.ecoledesvins-bourgogne.com

Toute l'année. Ateliers Cités des Climats et vins de Bourgogne (Beaune, Mâcon, Chablis) et de la gastronomie (Dijon).

Créée en 1974 par le Bureau Interprofessionnel des Vins de Bourgogne, l'école propose des formations certifiantes, des cours d'œnologie, du sur mesure. Depuis mai 2023, l'école a rejoint les Cités des Climats et Vins avec un concept unique d'ateliers de dégustation et d'éveil des sens : l'idéal pour découvrir les vins de Bourgogne et acquérir les notions de la dégustation. Ateliers Accords mets et vins, conseils du sommelier, l'effet Millésime, des expériences multisensorielles au top.

HOSTELLERIE CÈDRE ET SPA

10-12, boulevard Maréchal-Foch
✆ 03 80 24 01 01 - www.cedrebeaune.com

Lundi de 13h à 19h30 ; du mardi au samedi de 10h à 19h30 ; dimanche de 10h à 18h. Massage de 30 minutes dès 60 €.

Au cœur de Beaune, le somptueux Spa Nuxe de l'Hostellerie Cèdre & Spa prend soin de vous, en solo ou en duo. Le personnel expert aux mains de fées est là pour vous : soins du visage, soins du corps, massages de 30 à 75 minutes. Vous êtes relaxé, détendu du crâne aux pieds ! Profitez aussi de l'ambiance tamisée du hammam et du bain bouillonnant. En exclusivité : le Nuxe Massage Cèdre inspiré par l'environnement naturel et historique de Beaune, une invitation à lâcher prise ! Une parenthèse bien-être et gourmande sublime avec son restaurant 1 étoile Michelin.

LA COMÉDIE DU VIN

12 Bis, boulevard Jules Ferry
✆ 03 80 24 88 94
www.lacomedieduvin.com

Ouvert du mardi au samedi midi et soir. Formule Bistro midi. Bar à vin, tapas le soir. Formule du midi de 23 à 28 €.

Institution culinaire et culturelle située dans un ancien ciné, La Comédie du Vin revêt ses habits de fête pour le spectacle. Expositions de peinture, concerts, cabarets, troupes de théâtre, musiciens... les évènements se succèdent de Ciné-Rétro, festival du burlesque sur écran géant au Festival Beaune Blues Boogie. Tout est prétexte à se mettre en scène et à passer un moment convivial dans ce lieu historique de partage. Bar à Vin et Tapas s'accordent parfaitement à la musique et au show. Vive le vin, les mets et la commedia dell'arte.

ALOXE-CORTON

Attention à la prononciation ! « Alosse-Corton », village connu pour ses vins, détient également un riche patrimoine architectural, parmi lesquels trois châteaux : celui de Corton-Grancey dont l'habitation remonte au XVIIIe siècle et les parties viticoles (caves et cuverie) aux années 1830, celui de « Corton André » du XIXe siècle et celui dit de « Corton » qui appartenait à la famille Vergnette de la Motte et qui fut transformé à la fin du XIXe. Aloxe-Corton, avec Ladoix-Serrigny et Pernand-Vergelesses, figure parmi les plus pittoresques communes de la région. Charlemagne aurait possédé des vignes sur la colline... d'où le nom de Corton-Charlemagne.

PERNAND-VERGELESSES ★

Un village tranquille de toute beauté situé au pied de la montagne de Corton. Pour y accéder, vous pouvez traverser la commune d'Aloxe-Corton, prendre un peu de hauteur, longer les murets des clos puis apercevoir le clocher d'une église aux tuiles vernissées et quelques maisons de vignerons regroupées autour d'elle. Un paysage sublime qui incarne à la perfection l'image de la Côte-d'Or ! Le village a la forme d'un amphithéâtre, pas étonnant que Jacques Copeau, fondateur du théâtre du Vieux Colombier à Paris, se fixa ici avec sa troupe en 1925. Depuis l'Oratoire de Frétille, vous avez un magnifique point de vue sur les vignes et la cité beaunoise.

CHATEAU CORTON C

5, rue des Cortons ✆ 03 80 26 28 79

www.corton-andre.com

Basse saison du lundi au samedi. Haute saison : tous les jours de 10h à 13h et de 14h à 18h30. Dégustation gratuite.

Majestueux, le château Corton se voit de loin avec ses toits colorés de tuiles vernissées. Situé au pied de la colline de Corton, les conditions sont optimales pour produire des vins prestigieux. Issus du travail de la famille Frey, célèbre dans le monde des vins. Caroline Frey, œnologue, vinfluenceuse et directrice de Paul Jaboulet Aîné (Vallée du Rhône), du château la Lagune (Médoc), du château Corton (Bourgogne) et du Jardin Secret (Suisse) exploite le potentiel des 7 ha de vignes en culture bio depuis 2021. La visite des caves du XVe s. et du XXe s. est libre.

DOMAINE MAURICE CHAPUIS

3, rue Boulmeau

✆ 03 80 26 40 99

www.domainechapuis.com

Visite et dégustations sur rendez-vous du lundi au samedi.

Le Domaine Maurice Chapuis est un domaine familial où le métier de vigneron se transmet depuis six générations. Anne-Marie et Maurice Chapuis passent la main à leurs enfants, Pierre à la production et Claire à la gestion, chacun s'étant formé au commerce et sur fond de transmission de traditions. Nouveau site Internet très moderne. Ce sont 11 ha de vignes qui sont travaillées en culture raisonnée sur des parcelles concentrées sur Aloxe-Corton et Chorey-lès-Beaune. L'accueil est d'une gentillesse hors pair dans des caves du XIVe siècle.

LE CHARLEMAGNE €€€

1, route des Vergelesses ✆ 03 80 21 51 45

www.lecharlemagne.fr

Étoilé Michelin. Ouvert du jeudi au lundi 19h-21h30 et le week-end 12h-13h30 et 19h-21h30. Menus de 80 € à 140 €.

L'esprit zen qui se dégage de ce restaurant étoilé Michelin, est peut-être le fait de sa décoration, mais surtout de son propriétaire Laurent Peugeot, qui s'est inspiré de ses voyages en Asie. Les influences japonisantes se retrouvent dans l'assiette à travers des présentations épurées aux senteurs exotiques et atypiques. Une cuisine responsable avec un approvisionnement local en circuit court, des produits 100 % de saison et des vins issus de producteurs locaux. Saint-Jacques yuzu sansho, courge muscade, shitaké, châtaignes grillées, un instant gourmand à vivre !

DOMAINE DUBREUIL-FONTAINE - MAISON DES BELLES-FILLES

18 rue Rameau-Lamarosse ✆ 03 80 21 55 43

www.dubreuil-fontaine.com

Ouvert du lundi au vendredi de 9h à 12h et de 14h à 18h ; le samedi de 9h à 12h. Possibilité de louer un gîte 6 pers.

Ce domaine de 20 ha pérennise son savoir-faire et la qualité de ses vins depuis 1879. Depuis 2011, Christine Gruère-Fontaine, qui représente la 5e génération, est la 1ère femme de la famille à être à la tête de l'exploitation. En 2019, Clémentine Gruère-Dubreuil, la 6e génération, rejoint le domaine. Voici une remarquable palette : du Pernand-Vergelesses aux prestigieux Corton Bressande, Corton Perrières et Corton Clos du Roi Grands Crus et côté blanc, le Corton Charlemagne Grand cru !

LADOIX-SERRIGNY

Située pratiquement au pied de la montagne du Corton, devant laquelle s'étendent les fameux vignobles qui donnent naissance au seul Grand Cru rouge de la Côte de Beaune : le Corton, et l'unique Grand Cru blanc : le Corton-Charlemagne, la commune de Ladoix-Serrigny est l'une des plus pittoresques de la région, avec celle d'Aloxe-Corton toute proche. Le village s'appelait Serrigny jusqu'en 1988. Il abrite un château du XVIIe siècle, avec douves, pont dormant, grilles monumentales et parc majestueux. A ne pas manquer : des fermes fortes des XIVe et XVe siècles, un moulin du XVIIe siècle, ainsi qu'une église du XIIe siècle au porche remarquable.

DOMAINE PERRIN CELINE

14, avenue de Corton ✆ 03 80 26 40 93
www.domaineperrinladoix.com
Lundi au vendredi 8h30-12h et 14h-17h, samedi 10h-12h et 14h-17h sur rdv. Culture, vinification biologiques depuis 2005.

On peut dire que tout est bien au domaine Perrin. La première exigence de Céline qui porte les valeurs de sa famille pour la 5e génération est de produire des vins certifiés AB. La deuxième est de les proposer à des prix compétitifs. Les vignes sont idéalement réparties sur 9 ha avec de nobles appellations, Ladoix-Serrigny, Pernand-Vergelesses, Aloxe-Corton et Meursault. L'accueil se fait dans une cave typique où l'on découvre les vins lors d'une dégustation commentée passionnante. Nos coups de cœur : Ladoix élevé en jarre et Ladoix 1er Cru «Les Joyeuses» 2019.

COMME À LA MAISON

20, route de Beaune
✆ 06 47 99 27 60
Du mardi au samedi. Boutique de produits gourmands et vins. Planches, burgers, brunch 1er dimanche du mois à réserver.

Voici un concept original de bar à vin et bières, caviste et créateur de cocktails, où il fait bon boire, manger et jouer, créé par Damien Gelot et son épouse Mélanie. On peut venir ici pour une pause gourmande, prendre un café, réparer son vélo. La boutique propose une sélection de vins régionaux, les vins des viticulteurs de Ladoix, des bières locales et une oenomatique permet de déguster 8 vins. Comme pour prolonger la pause, Damien prépare des burgers avec les pains frais du boulanger d'ici, des planches, des makis, le tout autour d'un jeu de société.

DOMAINE PIERRE RAVAUT

2, route de Beaune
✆ 03 80 21 42 32
www.pierre-ravaut.fr
Visite et dégustation sur rendez-vous.

Pierre Ravaut, 6e génération du domaine, possède dorénavant sa propre maison, un héritage riche et prometteur dans la pure tradition familiale. Situé sur la route principale du village avec des conditions de parking et d'accueil idéales, vous avez accès à un catalogue d'une dizaine de rouges et 4 blancs des appellations Bourgogne jusqu'aux fleurons des Climats de Bourgogne. La rencontre avec Pierre est troublante pour ceux qui connaissent Gaston dont il ne peut renier la filiation ! Aujourd'hui, c'est Vincent et son fils Jules qui assurent la continuité.

DOMAINE JEAN PIERRE MALDANT

30, route de Beaune ✆ 03 80 26 44 50
https://www.jeanpierre-maldant.fr/
Lundi au vendredi 9h30-12h et 13h30-17h30. Samedi sur rdv. Caveau pour les groupes 20 pers. maxi sur réservation.

Ce domaine s'étend sur 10 ha de vignes travaillées en micro-cuvées afin de respecter la typicité de chaque climat. La vinification est effectuée dans la cuverie située au pied de la montagne de Corton. Côté gentillesse, on reste au sommet avec Emilie et son frère Pierre-François. Ils proposent toute la hiérarchie des vins de Bourgogne jusqu'aux Grands Crus, parmi lesquels le célèbre Grand Cru blanc « Corton Charlemagne ». Culture raisonnée, labours à l'ancienne, la vigne est bichonnée.

MDB MARBRES DALLES BOURGOGNE

1, rue des Carrières - **MAGNY-LÈS-VILLERS**
✆ 03 80 62 98 68
www.mdbpierresnaturelles.com
Ouvert du lundi au jeudi de 7h30 à 17h ; le vendredi de 8h à 12h.

MDB est une entreprise de taille de pierre qui exploite une carrière de pierre de Corton historique. Les blocs de ce sol à vignes sont taillés à façon pour fabriquer, escaliers, éviers, lavabos, frontons, colonnes et toutes pièces sur mesure. L'atelier aux pratiques traditionnelles produit aussi dallages, pierres mireuses, gabions… Pierre de Chassagne, du Châtillonnais et autres trésors sont aussi disponibles. La balade jusqu'au showroom vaut le détour pour ses paysages.

SAVIGNY-LÈS-BEAUNE ★★

Savigny-lès-Beaune prend soin de sa qualité de vie. Niché dans une vallée le long du Rhoin, entre profondeurs boisées et vignes, ses vins ont été qualifiés par les papes de nourrissants, théologiques et morbifuges, autrement dit excellents pour la santé. Le château et sa collection de voitures de course Abarth, ses plus de 250 motos et son escadrille d'avions de chasse a de quoi intéresser petits et grands. En famille, on peut aussi suivre le parcours « Si Savigny m'était conté » ou la chasse au trésor pour découvrir coins et recoins de ce village ou encore se dégourdir les jambes et fatiguer les bambins sur l'un des chemins au départ du camping.

OFFICE DE TOURISME BEAUNE & PAYS BEAUNOIS / ANTENNE DE SAVIGNY-LÈS-BEAUNE

4, place Fournier ✆ 03 80 21 63 70
www.mairie-savignylesbeaune.fr

Basse saison et mi-saison : du mardi au samedi de 9h30 à 12h30. Haute saison : 9h30-12h30 et 14h-18h30. Agence postale.

On ne peut pas manquer ce point d'information touristique qui sert aussi d'agence postale, il fait face à la place Fournier et à sa jolie fontaine. Cet espace au design actuel est exigu mais optimisé. Le personnel saura vous renseigner sur la région mais aussi sur le village, ses ruelles typiques, ses linteaux de pierre gravés de noms de clos, l'église le parcours «Si Savigny m'était conté»... Une borne 24h/24 vous aide à rester informé en dehors des horaires d'ouverture de l'Antenne.

HÔTEL L'OUVRÉE €€

54, rue de Bourgogne ✆ 03 80 21 51 52
www.louvree.fr

12 chambres. Chambre double 112/145 €, suite 180/225 €. Petit-déj 16 €. Parking fermé. Restaurant gastronomique Le 428.

L'Ouvrée est un hôtel particulièrement charmant, à 5 minutes à pied de Savigny-lès-Beaune. Totalement rénové en 2020, moderne et chaleureux, ses chambres offrent des ambiances plaisantes. Toutes ont une vue sans vis-à-vis et certaines ont accès à une grande terrasse. Le calme qui règne dans cet environnement boisé au pied de parcelles de vignes est remarquable. La formule du petit déjeuner présenté en planche est aussi originale qu'exclusive. L'accès direct au 428 permet de déguster la cuisine gastronomique de Christophe Ledru, un menu surprise selon son envie.

CHÂTEAU DE SAVIGNY-LÈS-BEAUNE

Rue du Général-Leclerc ✆ 03 80 21 55 03
www.chateau-savigny.com

Toute l'année sauf les 3 premières semaines de janvier + 25/12. Collections voitures, avions, motos. Dégustations.

Le château de Savigny est un authentique château du Moyen Age construit en 1340 pour le duc Eudes par Jean de Frolois, Maréchal de Bourgogne, mais qui n'a au fil des siècles cessé d'y introduire vie et modernité. En effet, cette imposante propriété comprend le grand château qui abrite plusieurs musées visitables, des salons de réception à l'étage et de magnifiques caves des XIVe et XVIIe siècles. À côté, le petit château qui servait autrefois d'écurie accueille les visiteurs pour la dégustation et l'achat des vins de la propriété. Le Château est aussi un musée. Ce ne sont pas moins de 10 collections exceptionnelles constituées avec passion par Michel Pont qui sont ouvertes au public. Découvrez la salle aux 36 Abarth, toutes en état de rouler et de participer à des compétitions. Il y a un espace consacré à 40 tracteurs vignerons, un autre à 25 véhicules de pompiers, une collection de 200 motos, sans compter les outils viticoles et vinaires ainsi que les 4 000 maquettes d'avions, de voitures et de motos. L'exposition consacrée à l'aérospatiale avec de nombreuses maquettes de fusées et la présence d'un satellite connaît un vif succès pour sa thématique tendance. A l'étage, 3 salons se louent et peuvent accueillir jusqu'à 300 personnes pour des réceptions privées ou pro. Au rez-de-chaussée, un autre grand salon est privatisable pour des réceptions, dégustations, expositions. Le parc de 11 ha est propice à des réceptions extérieures et présente une spectaculaire exposition de 90 avions.

40 000 visiteurs par an ! C'est remarquable, compte tenu du fait que ses collections sont 100 % privées ! Unique et insolite.

C'est aussi un domaine viticole. Un château digne de ce nom ne pourrait être ce qu'il est sans un domaine viticole de grande valeur. Un vignoble de 15 ha et 9 Premiers Crus. Les appellations du domaine se situent à Beaune, Meursault, Pommard, Monthelie, Auxey-Duresses ou encore Volnay.

De magnifiques caves des XIVe et XVIIe siècles s'étendent sous le château. Les dégustations et la boutique sont accessibles librement indépendamment de la visite. Michel Pont, propriétaire passionné par ses collections, est décédé en septembre 2021, c'est son fils, Christophe qui continue ce travail de titan, offrir aux visiteurs un magnifique moment au Château de Savigny. Aux beaux jours, commencent les dégustations de vins en terrasse... Une visite incontournable, à faire absolument à Savigny-lès-Beaune, en famille ou entre amis.

LES PINARDIERS €€

5, place Fournier
✆ 03 80 21 50 00
Terrasse face au Château. Bar à vin, cave à vin, 300 références, planches mixtes charcuteries, fromages et végétariennes
Nouveau bar à vin géré par Jérôme Granados dans les anciens locaux du restaurant Aux Fourneaux. La décoration toute nouvelle, la terrasse et le concept sont très séduisants. C'est une invitation à déguster un verre de vin dans une bonne ambiance autour d'une planche : saucisson, jambon cru du Jura, morbier, comté fruité ou une planche végétarienne avec pickles, duo de mousses. Des desserts maison subliment votre grignotage. Une carte des vins pour la dégustation sur place et une belle gamme de crus à emporter, ce bar à vin est une nouvelle adresse à expérimenter !

RESTAURANT LE 428 €€€

54, rue de Bourgogne
✆ 03 80 21 51 52
www.louvree.fr
Ouvert du jeudi au lundi de 12h à 13h30 et de 19h à 21h30. Menus de 44 à 105 €. Formule du midi 32 €. Jardin. Terrasse.
Au 428, le restaurant de Christophe Ledru, on s'offre une évasion gastronomique où liberté et confiance sont les maîtres mots. On laisse en effet le chef élaborer des menus surprises à partir des produits frais du jour. On s'intéresse davantage à ce que vous n'aimez pas plutôt qu'à vos préférences. La créativité du chef fait le reste. Ayez confiance, vous ne serez pas déçu. L'esprit Art déco contemporain de la salle s'ouvrant sur une immense terrasse ombragée contribue au plaisir de l'instant. Un établissement qui figure au rang des belles tables du Pays Beaunois.

CHÂTEAU DE SAVIGNY-LÈS-BEAUNE

Rue du Général-Leclerc ✆ 03 80 21 55 03
www.chateau-savigny.com
Ouvert tous les jours sauf les 3 premières semaines de janvier. Adulte 12 €. Enfant 6 €. Dégustations seules possibles.
Ce château est un cadre exceptionnel pour son musée réputé qui abrite les collections de Michel Pont. Il est aussi célèbre pour les vins qui sont produits au domaine viticole, Les Caves de l'Orangerie. Une propriété de 11 ha complétée de 17 ha de vignes dont les 4 ha du fameux Clos du Château en Monopole. Les autres appellations élevées au domaine sont Beaune, Meursault, Pommard, Monthelie, Auxey-Duresses. Dégustations et achats possibles à la boutique du château, en accès libre.

PAVILLON DES VIGNERONS

13, rue Vauchey-Very
✆ 03 80 22 19 86
Ouvert du mardi au samedi 10h-12h et 16h-19h. Vins et Crémants des domaines de Savigny-lès-Beaune. Produits du terroir.
Le Pavillon des Vignerons est la vitrine viticole de 25 domaines de Savigny, qui ne se visitent pas tous et qui ont chacun des parcelles de vignes réparties en Côte de Beaune et Côte de Nuits. Ce Caveau des «Climats» affiche des prix identiques que ceux pratiqués aux domaines. Outre les Savigny, vous trouvez en Villages et Premiers Crus des vins de Beaune, Pernand-Vergelesses, Aloxe-Corton, Meursault, Monthelie, Chassagne Montrachet et de célèbres Grands Crus. La boutique propose aussi de jolis et essentiels goodies bourguignons, des produits de terroir.

NOLAY ★

Nolay, capitale des Hautes-Côtes, est une très belle escale viticole de tradition festive. Si les produits du terroir et les vins ont contribué à sa réputation, c'est aussi à ses magnifiques halles que Nolay doit beaucoup. Ce centre historique est au cœur de toutes les fêtes ! La chapelle Saint-Pierre du XVIe avec son clocheton, l'église Saint-Martin et ses jacquemarts, les maisons à pans de bois font de Nolay un village plein de charme. L'illustre famille Carnot, qui donna à la France un président et de grands scientifiques, est native de la commune. Le nez en l'air, le sentier Alice Poulleau ou Jean-Marc Boivin, le parcours en ville, sont à faire !

LE BOUT DU MONDE

A Nolay, prendre la direction de Cormot, Vauchignon.
Site accessible toute l'année. Respecter les lieux afin de préserver cet environnement naturel classé Natura 2000
Le Cirque du Bout du Monde est un havre de paix et de verdure. Entouré de falaises, vous profitez d'une nature préservée, le site est classé Natura 2000. Vous pouvez faire une randonnée de 10,5 km, 3h30, niveau moyen, départ du parking aménagé et fléché, balisage jaune n° 19 (Carte disponible à l'Office de Tourisme). Vous pouvez aussi aller jusqu'à la cascade, d'où sort un filet d'eau, un site ressourçant où vous pourrez tremper vos pieds dans la Cozanne et écouter le chant des oiseaux. Lieu idéal pour pique-niquer, emportez une couverture ou profitez des tables.

CHÂTEAU DE LA ROCHEPOT ★

RD111 D - **LA ROCHEPOT**

Magnifique château surplombant le bourg, tout droit sorti des contes de fées. Visible que de l'extérieur pour l'instant.

Le Château de La Rochepot est tout droit sorti des contes de fées. Construit sur un éperon rocheux, il surplombe le village qui a gardé tout son charme et son authenticité. Il apparaît magnifiquement lorsqu'on arrive d'Arnay ou de Nolay. Construit au XIIe siècle et détruit à la Révolution, il a été soigneusement reconstruit par la famille Carnot qui lui a redonné son style originel de forteresse médiévale avec pont-levis et chemin de ronde. Le toit en tuiles vernissées typique de la Bourgogne est remarquable. Il plaît à tous, il n'est visible que de l'extérieur.

LES HALLES DE NOLAY ★

Place des Halles

Ouvert toute l'année. Manifestations tout au long de l'année, demandez le programme à l'office de tourisme.

Quelle surprise de découvrir cet édifice imposant et superbe ! Ces halles, qui existaient déjà à la fin du XIVe siècle, sont remarquables : taille immense dont 420 m² sans appui au sol et une magnifique charpente. Le toit en laves bourguignonnes pèse entre 600 et 800 kg au m² ! Jusqu'au début du XXe siècle, les foires et marchés réunissaient ici des producteurs qui venaient de toute la région, Plaine de Saône, Auxois et Morvan compris. Le site mérite vraiment un arrêt. Ces halles rappellent le dynamisme de la bourgade à l'époque médiévale où l'on ne comptait pas moins de quinze églises et chapelles dans la cité. Elles sont le lieu de nombreuses manifestations tout au long de l'année qui font vibrer le charmant cœur historique de Nolay. Des ruelles étroites où des artisans se sont réapproprié des boutiques, les jacquemarts qui sonnent tous les quarts d'heure... On aime s'attabler sur le parvis de l'église et partager un verre de Hautes Côtes en regardant les halles ! Enfin, Nolay se trouve dans un écrin de verdure, amis sportifs, familles, vous pouvez emprunter la voie des vignes qui relie Santenay, Beaune et Dijon. Cette voie verte suit le tracé de l'ancienne voie ferrée et passe par deux viaducs assurant des vues exceptionnelles sur le village et la vallée de la Cozanne. On aperçoit les roches de Cormot qui invitent à la varappe. A 3 km, le Cirque du Bout du Monde, eh oui, le Bout du Monde est bourguignon, une nature intacte. De nombreux sentiers entre vignes, forêts et collines dévoilent une nature préservée.

LA VOIE DES VIGNES

Voie des vignes de Nolay à Santenay 14,2 km - à pied, à roller, à vélo, à VTT ; 264 mètres de dénivelé, niveau facile.

Ancienne ligne de chemin de fer Chagny-Autun, transformée en superbe voie verte à réaliser en famille, à pied, à vélo, en trottinette. A visiter lors de votre échappée : la cité médiévale de Nolay et ses halles ; le viaduc de la Roche à Bec, de Cormot avec une vue à 360° sur les falaises d'escalade, le vignoble de Nolay et des Maranges et la Vallée de la Cosanne ; 5 villages viticoles et Santenay, un joli village d'eau et de vin. Vous pouvez relier Beaune et Dijon par la voie des vignes à l'est et Epinac, Autun à l'ouest, Chagny et Chalon par la voie verte au sud.

OFFICE DE TOURISME BEAUNE & PAYS BEAUNOIS / ANTENNE DE NOLAY

13, rue de la République ✆ 03 80 21 80 73
www.nolay.com

BS et mi-saison : mardi au samedi 9h30-12h30 et 14h-17h30. HS : lundi au samedi > 18h30. Location de 16 vélos, 4 VAE.

Contemporain, lumineux, l'office de tourisme est installé dans une ancienne pharmacie face à une place réaménagée en parking. Une borne 24h/24, des écrans vidéo informent sur les événements et les activités. Ici, un expert vous conseille une chasse au trésor, une rando, une visite nocturne de la jolie cité médiévale. Vivez un OeNolay Tour, un moment unique de partage et de dégustation avec un vigneron. Location de 16 vélos et 4 électriques, la Voie des Vignes passe par Nolay !

LES CABOTTES €€

7, rue Collot - **CHANGE** ✆ 03 45 28 09 33
www.lescabottes.com

À partir de 145 € la nuit en tiny house avec bain nordique. Table d'hôte. Location de vélos. Gîte, 3 chambres d'hôte.

A flanc de coteau sur les hauteurs du village, face aux vignes, les *tiny houses* Les Cabottes sortent le grand jeu : une conception minimaliste, tout en étant très confortables et super équipées. Conçues en peuplier de l'Auxois, toutes disposent d'une immense terrasse à la vue unique avec un bain nordique. Comptez sur la bienveillance d'Alexane et Félix pour vous procurer les essentiels d'un séjour cocon et original au grand calme ! Coup de cœur pour la Cabotte bleue au toit ouvrant. Un gîte de charme, 3 chambres d'hôtes et un van complètent cette offre nature.

PAYS BEAUNOIS

CHEZ GAËL €

10, rue de la République
✆ 03 80 24 04 18
Toute l'année, 7j/7 de juin à fin septembre. Basse saison fermé le dimanche midi et lundi soir. Ambiance familiale.

Gaël Bernard, boulanger de formation, est un perfectionniste du snacking à emporter ou à déguster sur place. Burgers, bruschettas, paninis, pizzas, tacos ou kebabs sont préparés avec de pains de boulanger et à partir de produits frais de premier choix. Les desserts sont maison : moelleux, tartelettes Tatin ou citron et sundaes. Gaël vient d'installer son restaurant dans l'ancien Café de France au cadre authentique agrémenté d'un mobilier contemporain. Ambiance décontractée pour accéder à de l'excellent snacking. Tant qu'il y a du monde, il reste grand ouvert.

AU TIRE BOUCHON €€

73, rue de la République
✆ 03 80 21 74 62
Ouvert du mardi au samedi le midi et le soir. Dimanche midi en haute saison. Terrasse.

Restaurant convivial à souhait installé dans une belle salle voûtée en pierres apparentes. Bernard et Amandine Dufresne sont très accueillants. En hiver, Nanar, pour les intimes, propose des spécialités savoyardes. Toute l'année on retrouve les spécialités bourguignonnes et les viandes charolaises cuites au grill. Impossible de faire l'impasse sur l'entrecôte charolaise de 250 g ou le tartare à préparer soi-même ! Les frites sont fraîches, maison, les plats sont de type brasserie, de ceux qui réconfortent au rapport qualité prix très bon. Vins au verre. Terrasse.

MEURSAULT ★

Terre sainte pour les amateurs de vins blancs, Meursault reste, tout comme les Hospices de Beaune, l'un des symboles du film de Gérard Oury, *La Grande Vadrouille*, avec Bourvil et Louis de Funès : l'ancien château fort, aujourd'hui hôtel de ville, est le cadre d'une des scènes cultes du film. La place de la mairie est aussi le lieu central de rencontre autour de la fraîche fontaine l'été : elle évoque les quatre saisons du travail dans les vignes avec quatre petits anges vignerons. C'est aussi l'occasion de découvrir des bâtiments historiques comme l'église Saint-Nicolas, l'ancienne léproserie réhabilitée, le château de la Velle et bien d'autres.

OFFICE DE TOURISME BEAUNE & PAYS BEAUNOIS / ANTENNE DE MEURSAULT

9, place de l'Hôtel-de-Ville
✆ 03 80 21 25 90 - www.ot-meursault.fr
Basse-saison du mardi au samedi 9h30-12h30 et 14h-17h30. Haute-saison du lundi au samedi.

Passage conseillé avant toute visite pour trouver toutes les informations utiles sur les monuments de Meursault : l'église Saint-Nicolas, le château de Cîteaux, le château de la Velle, le château de Meursault, la Léproserie, les visites guidées thématiques. Capitale des grands vins blancs de Bourgogne, lieu de tournage de *La Grande Vadrouille*, l'Hôtel de Ville vous rappelle des souvenirs. Le vignoble peut se découvrir à pied en empruntant les sentiers ou à vélo par la Voie des Vignes.

LE MANOIR DES PARCELLAIRES DE SAULX

4, rue du Clos-de-Mazeray ✆ 03 80 21 21 83
www.de-saulx.com
Tous les jours de 9h à 12h et de 13h à 17h sur réservation. Superbe et nouveau caveau d'accueil. 3 formules dégustation.

Le Manoir des Parcellaires de Saulx est une maison de vins haute couture où chaque parcelle vendangée est vinifiée sans assemblage dans le plus grand respect de son climat ! Le caveau du manoir totalement réaménagé est de toute beauté. Vous y trouvez aussi les vins des domaines de Belleville à Rully et de la Commaraine à Pommard, dont celui du Clos de la Commaraine, un Pommard 1er Cru en Monopole, propriétés de la même famille. Au programme, accès au Wine Shop, visite des caves, dégustations commentées et accès à la terrasse du Manoir avec une vue à couper le souffle sur le vignoble de Meursault. Les bâtiments historiques, avec les caves voûtées et le grand caveau aux larges baies vitrées deviennent magiques en soirée lors des dégustations dans la lumière chaude des pierres. Le must est le tour sur le rooftop bourguignon avec une vue sur un océan de vignes. La dégustation peut aussi s'y dérouler. Côté formules, les petits groupes sont les bienvenus, même sans réservation, avec au programme la dégustation des vins de trois Côtes et une offre de snacking qualitative. Des offres sur mesure et à la carte sont envisageables sur demande et sur rendez-vous ainsi que la privatisation des lieux. Vous pouvez aussi simplement craquer pour une des formules existantes : une dégustation initiation de 3 vins, une découverte suivie d'une dégustation de 5 vins ou encore une dégustation de 5 vins et 1 Grand Cru. Chaque dégustation inclut la visite des caves où se déroule l'élevage des vins.

CHÂTEAU DE CÎTEAUX - LA CUEILLETTE**** €€€

18, rue de Cîteaux ✆ 03 80 20 62 80
www.lacueillette.com
Ouvert toute l'année. Label Spa de France. 19 chambres. Chambre double à partir de 210 €. Petit déjeuner 22 €.

Construit sur des caves du XIIe siècle creusées par les moines cisterciens, ce château entouré de vignes est une étape de prestige aux chambres luxueuses et tables raffinées. Le Spa haut de gamme de Fruitithérapie (soins aux fruits rouges) est ouvert à tous. 19 chambres 4 étoiles dont 2 suites avec terrasse à la superbe vue sur le vignoble. Salle de restaurant romantique style XIXe. Accès à la piscine intérieure chauffée, hammam, sauna, bains à remous, tisanerie, vélos… tout est là.

LE BOUCHON €€

1, place de l'Hôtel de Ville ✆ 03 80 21 29 56
www.restaurant-le-bouchon.com
Ouvert du lundi au jeudi les midis. Vendredi et samedi, midi et soir. Menu du jour 16 €. Menus de 29 € à 42 €. Terrasse.

La table de Mireille Bernard se veut conviviale, typique, traditionnelle dans l'esprit bouchon ! Dans la salle contemporaine, on vous dévoile les plats du jour, les suggestions du chef sur des tableaux en ardoise. Depuis la terrasse, vous voyez l'Hôtel de Ville, lieu immortalisé par la célèbre scène « Kommandantur » dans le film « La Grande Vadrouille ». Tartine d'époisses gratinée sur salade, œufs pochés sauce époisses, menu du jour ou terroir, vous ne serez pas déçu... avec une extraordinaire carte des vins. Le chef fait aussi son foie gras et saumon Gravlax...

LE GLOBE €€€

15, rue de Lattre-de-Tassigny
✆ 03 80 21 64 90
www.hotel-globe.fr
14 chambres Classique de 115 € à 135 € ; Supérieure de 135€ à 155 € ; Prestige de 145 € à 165 € ; Suite de 185 € à 205 €

Créé début 2020, sous la direction de Gaspard Faucher, propriétaire des Hauts de Meursault, cet hôtel offre 14 chambres et suites au confort douillet. Velours colorés, belles étoffes, grande literie, salle de bains moderne, objets à la façon d'un cabinet de curiosités, collection de tableaux, livres d'art... L'offre s'agrandit avec une très bonne table, un espace bar et un salon détente à l'ambiance cosy et chaleureuse, un jardin d'hiver et une terrasse. Le nom de l'hôtel fait un clin d'œil au film *La Grande Vadrouille*, qui a été partiellement tourné à Meursault.

LE CHEVREUIL €€

Place de la République
✆ 03 80 21 23 25
www.lechevreuil.fr
Menu du marché sauf week-end 25 €. Menus de 38 € à 71 € (menu 5 plats). Terrasse extérieure. Hôtel de 10 chambres.

Dans ce restaurant historique, opère un jeune couple, Tiago en cuisine et Eléonore Araujo en salle. Tiago, chef brésilien, propose une cuisine savoureuse, créative et graphique, un mix entre les classiques de la cuisine bourguignonne et des saveurs d'Amérique du Sud. On se régale avec la fameuse terrine chaude de la mère Daugier, spécialité du restaurant depuis 1870, mais aussi avec des plats plus modernes comme la tourte de ris de veau, cèpes et champignons de saison, réduction pinot noir et échalotes. Appréciez la terrasse côté château, plus intimiste.

LES ARTS €€

4, place de l'Hôtel-de-Ville
✆ 03 80 21 20 28
http://hotel-restaurant-les-arts.fr
Vendredi à samedi midi et soir. Dimanche à jeudi le midi. Menus 17 à 32 €. Chambres à partir de 55 €.

Sur la place qui jouxte la mairie, l'hôtel-restaurant propose une cuisine bien ancrée dans sa région et une carte des vins qui lui rend hommage. Esprit bistronomie avec des plats traditionnels, des classiques aux créations originales, testez la « tartipoisse », une sorte de tartiflette à l'époisses servie avec une salade verte, c'est une valeur sûre ! Tout est fait maison, un beau caveau du XIVe siècle accueille des dégustations. La terrasse est agréable. A l'hôtel, des chambres rénovées, avec un confort tout à fait correct pour des nuits sereines.

LE GLOBE €€

15, rue de Lattre-de-Tassigny
✆ 03 80 21 64 90
www.hotel-globe.fr
Du jeudi au lundi midi et soir. Dîners menu de saison 55 €, découverte 65 € et dégustation 75 €. A midi de 27 à 32 €.

Cet hôtel-restaurant est bien plus qu'un lieu confortable ; ouvert depuis 2020, il est installé au cœur de Meursault. Il propose une expérience 100% sensitive dans un univers feutré, cosy. Les chambres, le restaurant, les terrasses ou le salon-bibliothèque vous accueillent le temps d'un séjour, d'un déjeuner d'un dîner. Menus avec des produits de grande qualité élaborés par le chef Nicolas Marchant. Sa cuisine inventive comme un « risotto, la truffe en deux façons et vieux parmesan » est un délice, sans oublier une très belle sélection de vins au verre.

LES HAUTS DE MEURSAULT €€

5, route de Volnay
✆ 03 80 21 23 47
www.hotel-meursault.fr

Tous les jours le midi et le soir. Menu 24 €, réservation recommandée. Carte des grignotages toute la journée. Hôtel.

Dépaysement garanti : on revient volontiers dans ce restaurant à la salle lumineuse pour sa cuisine du jour, ses petits prix, la vue sur le vignoble et le calme. Plaques émaillées, objets vintage, vélo rouge, boîte aux lettres, babyfoot, la déco est originale. Côté cuisine, le restaurant sert des plats simples, efficaces, bourguignons tel le coq au vin avec des entrées froides et chaudes présentées sous forme de buffet. Côté brasserie : salades copieuses, ardoise de charcuteries pour une petite faim. Un plus pour la carte des vins étoffée, le must reste la vue !

CHÂTEAU DE CÎTEAUX - LA CUEILLETTE €€€

18, rue de Cîteaux ✆ 03 80 20 62 80
www.lacueillette.com

Le Bistrot du Potager les midis à partir de 39 €, La Cueillette les soirs, de 60 € à 90 €. Créativité et audace.

Un cadre exceptionnel, deux espaces distincts. Le restaurant gastronomique est idéal pour des dîners raffinés et une ambiance romantique. Takashi Kinoshita, chef étoilé, a pris la direction de la cuisine depuis mai 2023. Associer les produits de terroir de saison à quelques touches de légèreté japonaise est sa devise. Le Bistrot Le Potager installé dans le cadre rustique des anciennes cuisines régale le midi. Cet été, optez pour la nouvelle terrasse et les grillades au brasero.

AU FIL DU CLOS €€€

1, rue de Mazeray
✆ 03 80 20 40 82
www.aufilduclos.com

Ouvert du mardi au samedi. Formule du midi : 34 à 40 €. Menus 48 €, 67 € et 104 €. Menu enfant : 20 €. Terrasse.

Créé en 2019, Au Fil du Clos est un restaurant de caractère dans une maison familiale rénovée avec soin aux baies vitrées offrant une vue exceptionnelle sur le vignoble de Meursault, le clos et sa tour cistercienne. Jean-Christophe et Maud Moutet vous accueillent dans un univers fait de bois brut, de chaleur et de charme. Le chef expérimenté, que l'on a connu à Pommard, renouvelle sa carte autour des produits issus de l'agriculture biologique et du terroir local. Sa cuisine est savoureuse, moderne et raffinée tel ce pigeonneau rôti aux morilles.

CAVES ROPITEAU FRÈRES

Cour des Hospices ✆ 03 80 21 24 73
www.caves-ropiteau.com

Tous les jours 10h-12h30 14h-18h30 de Pâques à novembre. Tarifs sur demande. Réservation demandée par mail ou téléphone.

Les anciennes caves voûtées de l'Hospice de Meursault des XVe et XVIIe siècles abritent les cuvées de la maison depuis le XIXe siècle, fondée par Jean Ropiteau. Les vins accomplissent leur élevage, des appellations régionales, villages, 1ers Crus et Grands Crus et des vins prestigieux : Corton Charlemagne, Meursault Genevrières, Pommard Chaponnières, Volnay. De Pâques à fin novembre, rendez-vous aux caves pour une visite libre des caves et de la cuverie. Puis, vous pouvez composer vous-même votre dégustation à bonne température ! A réserver par téléphone ou mail.

CHÂTEAU DE MEURSAULT

Rue du Moulin Foulot
✆ 03 80 26 22 75
www.chateau-meursault.com

HS 7j/7 10h à 12h et 14h à 18h. BS fermé le lundi, mardi, à 13h le dimanche. Visite Grands Terroirs 49 € Exclusive 95 €.

Le domaine viticole est situé sur les terroirs de Meursault, Pommard, Puligny-Montrachet, Beaune et la colline de Corton. Le Château, l'orangerie, la cuverie, les dépendances, le pigeonnier, le parc et le verger forment un ensemble de 10 ha. Les 65 ha de vignes donnent naissance à 5 Grands Crus, 18 Premiers Crus, 12 vins d'appellations village ou régionale et 300 000 bouteilles par an. Les magnifiques caves s'étendent sur 3 500 m² avec 800 fûts. Le Château de Meursault organise des dégustations sur réservation avec une visite de ses caves du XIIe au XVIIIe siècle.

DOMAINE AGNÈS PAQUET

10, rue du Puits Bouret - **MELOISEY**
✆ 03 80 26 07 41
www.vinpaquet.com

Ouvert le lundi de 13h à 17h, du mardi au vendredi de 8h à 17h et le samedi de 8h à 12h.

C'est pour éviter la vente de la parcelle familiale d'Auxey-Duresses qu'Agnès Paquet, diplômée d'une école de commerce, a décidé de devenir vigneronne. Son premier millésime en 2001 est un vin à son nom et à son image, avec un style franc, pur, cristallin. Son domaine de 13 ha s'étend sur la Côte et les Hautes-Côtes de Beaune. Depuis 2022, sa production porte la mention AB (certification Ecocert). Chaleureuse et disponible, Agnès vous accueille au domaine et peut vous proposer de prolonger votre séjour en Bourgogne dans un de ses 3 gîtes magnifiquement rénovés.

LE MANOIR DES PARCELLAIRES DE SAULX

4, rue du Clos-de-Mazeray ✆ 03 80 21 21 83
www.de-saulx.com

Tous les jours de 9h à 12h et de 13h à 17h sur réservation. Superbe et nouveau caveau d'accueil. 3 formules dégustation.

Le Manoir des Parcellaires de Saulx est une ancienne maison de vins de Meursault dont les propriétaires, vignerons, négociants et bientôt hôteliers restaurateurs à l'Hôtel de la Commaraine sont inscrits dans une démarche d'excellence. Vous êtes accueilli dans un caveau totalement et superbement rénové menant jusqu'à une terrasse surplombant les vignobles murisaltiens. Chaque dégustation inclut la visite des caves et peut être accompagnée d'un snacking VIP.

LA PETITE BOUTIQUE

9, place de l'Hôtel-de-Ville
✆ 03 80 20 37 62

BS du mardi au samedi 10h-12h et 14h-19h, dimanche 10h-12h. HS tous les jours 9h-13h et 14h-19h. Anglais parlé.

Installée depuis 2016 au centre-ville de Meursault la Petite Boutique a tout d'une grande ! Anne Sophie Leblanc commerçante dans l'âme a souhaité créer un univers où chacun peut se faire plaisir, dénicher un bel objet déco, un joli souvenir et même un produit gourmand. Ses sélections sont Made in France et régionaux, ils sont fabriqués par des artisans créatifs et indépendants. Chinez un peu et vous allez craquer pour quelque chose de bon goût et très original. C'est le concept : vous permettre de vous offrir un objet bonheur avec un rayon de soleil en plus.

PROSPER MAUFOUX RESTAURANT - CHATEAU DE SAINT-AUBIN - €€€

3, rue des lavières - **SAINT-AUBIN**
✆ 03 80 20 23 82 - www.prosper-maufoux.com

Bistrot contemporain. Terrasse vue sur les vignes. 4 chambres d'hôtes. Piscine chauffée. Vins domaine Prosper Maufoux.

Dans un cadre superbe au milieu des vignes, vivez une expérience culinaire autour des vins Prosper Maufoux sur la terrasse du château de Saint-Aubin. Edouard Mignot, chef étoilé, propose une carte composée de grands classiques revisités de la cuisine bourguignonne, une assiette aux reflets des terroirs d'ici. Vous apprécierez le travail de précision du chef à travers ses plats comme la selle d'agneau rosée, caviar d'aubergine, pommes de terre rattes, oignon farci et son jus d'agneau.

DOMAINE MICHEL PRUNIER ET FILLE

18, route de Beaune ✆ 03 80 21 21 05
www.domainemichelprunieretfille.com

Vignobles et Découvertes. Ouvert du lundi au samedi de 9h à 12h et de 14h à 18h sur rendez-vous uniquement.

Michel Prunier, installé en 1968, transmet progressivement à sa fille Estelle un domaine de 12 ha. Tous deux signent des vins de caractère dans une même tradition de qualité et de respect des terres familiales. Le domaine s'étend sur 6 communes : Auxey-Duresses, Meursault, Volnay, Pommard, Beaune et Chorey-les-Beaune, 24 climats d'où sont issus 17 vins d'AOC régionales, villages et 1er Cru à des prix intéressants. Accueil, convivialité au top lors de votre visite des caves du XVIIe.

AUXEY-DURESSES ★

Ce bourg bénéficie d'une situation géographique particulière, quand vous venez de Beaune, juste après Meursault, la route plonge dans des coteaux vallonnés, la vue est splendide. Ce village appelé Auxey-le-Grand a pris en 1924, le nom de son premier cru : Les Duresses. Il est traversé par le ruisseau des Cloux que l'on peut longer par un chemin arboré et fleuri. La route qui le traverse mène à La Rochepot et Nolay. Un camp gaulois, puis romain, installé en haut du mont Melian, surveillait les allées et venues sur la route de l'étain. L'église St-Martin, inscrite aux MH date du XIVe siècle. Prononcez « aussé », pas de grand cru, mais 7 premiers crus.

SAINT-ROMAIN

Saint-Romain est une petite commune hors des sentiers battus, au fond d'un cirque de falaises abruptes. Plus exactement, ce sont deux villages pour un même nom, Saint-Romain-le-Bas et Saint-Romain-le-Haut. Ruines du château, belvédères, site archéologique, circuits de randonnée, viticulteurs, vous avez plusieurs options pour vos choix de visite. L'église située à Saint-Romain-le-Haut date du XVe siècle et possède une jolie tour-porche gothique, et, autre particularité, vous descendez un escalier de 11 marches pour y entrer. N'oubliez pas de flâner dans les rues et de visiter en été le musée sur la Préhistoire, situé à Saint-Romain-le-Bas à côté de la mairie.

LE BISTROT DES FALAISES €€

Place de la Mairie
✆ 06 72 67 99 11

Du jeudi au lundi le midi et le soir. Réservation recommandée. Suggestions à l'ardoise. Formule du midi 25 €. Terrasse.

Bertrand Gueucier nous fait profiter de son bagage culinaire acquis depuis plus de 15 ans dans les cuisines des meilleurs restaurants de la région. On aiment se presser ici et profiter de l'ambiance simple et authentique de la salle ou de la terrasse baignée de soleil donnant sur la petite place de la Mairie de Saint-Romain, un si joli village entouré de falaises. Crème de lentilles beluga, poulpe, chorizo suivie d'une joue de bœuf en bourguignon et tiramisù au café, voici un menu typique fait de produits frais et servi avec les vins des vignerons de Saint-Romain.

ST. ROMAIN COFFEE CO.

28, rue de la Tartebouille
✆ 06 81 47 83 30
www.saintromaincoffee.com

Joli lieu où acheter du café en grains ou moulu, déguster un expresso et découvrir le terroir d'Éthiopie.

Venez visiter à Saint-Romain ce joli café pour acheter du café en grains ou moulu, déguster un expresso et découvrir le terroir d'Éthiopie à travers des cafés d'exception. Vous pouvez visiter l'atelier de torréfaction, l'échange avec Matt est très agréable et ouvert. Goûtez le café du moment, frais, subtil, comme le Jimma-Agaro Biftu Gudina, préparé en filtre (30 g café et 500 g eau), un café aux saveurs fleuries (lys et muguet) avec des saveurs fruitées comme la fraise, la mûre et l'orange sanguine. Régalez-vous ! Bonne dégustation !

POMMARD ★

Construit sur le site d'un temple gaulois dédié à Pomona, chargée de la protection des fruits, Pommard avec ses maisons en pierre, est une belle étape sur la route des Grands Crus. 736 ha de vignes dont 122 classés en Premiers Crus. Les vins de Pommard sont très aimés depuis longtemps, ils étaient servis à la table de Louis XV, vins inspirants pour Ronsard, Flaubert et Victor Hugo ! Les Châteaux de Pommard et de la Commaraine sont des hauts lieux de l'œnotourisme et de l'hôtellerie de luxe. L'originalité du clocher plat de l'église et sa balustrade, une cabotte, la Fontaine de l'Artichaut, la source de Lulune sur la Chaume sont à découvrir !

CHÂTEAU DE POMMARD ★

15, rue Marey-Monge
✆ 03 80 22 07 99
www.chateaudepommard.com

Toute l'année, tous les jours 10h30-18h30. Dégustations de 18 € à 94 € selon la formule, en F et GB. Sur réservation.

Made by Nature in France. Chaque année, visiteurs et professionnels viennent de plus de 90 pays à travers le monde pour visiter le Château de Pommard. Ils y explorent le monde du vin auprès de conseillers certifiés par le Wine and Spirit Education Trust (WSET) et dégustent les meilleures expressions du Chardonnay et du Pinot Noir, au fil des villages qui façonnent la Route des Grands Crus. De la vigne au verre, curieux et œnophiles découvrent le Clos Marey-Monge, curiosité géologique riche en argile et en calcaire, qui réunit sept parcelles distinctes au sein de l'un des Climats de Bourgogne reconnu au Patrimoine mondial de l'UNESCO. Fondé en 1726, le Château de Pommard allie trois cents ans de savoir-faire et la vision innovante de la Famille Carabello-Baum. Aujourd'hui, critiques et œnophiles saluent la conversion à la biodynamie du Clos Marey-Monge. Plus énergiques, plus franches et vibrantes, les cuvées qui en sont issues révèlent l'expression la plus pure de leur terroir tout en respectant l'environnement. Des dégustations variées de 18 € à 94 € selon la formule : dégustation Clos Marey-Monge, Découverte de la Bourgogne ou Dégustation Sur Mesure, des expériences à réserver et à vivre en français et en anglais. L'Expérience Jeunesse à 5 € permet aux enfants de 5 à 12 ans de vivre une expérience ludique qui retrace le parcours d'une grappe de raisin et déguster 4 sirops de fruits produits par la Ferme Fruirouge. Les adultes, eux, comprennent mieux l'effet millésime sur l'assemblage emblématique, le Clos Marey-Monge Monopole.

AUPRÈS DU CLOCHER €€

1, rue de Nackenheim
✆ 03 80 22 21 79
www.aupresduclocher.com

Du jeudi soir au lundi soir. Le midi 49 €, le soir menu en 4 services 79 €, 5 services 90 €. Réservation conseillée.

Près du clocher de l'église de Pommard, le restaurant est tenu par David qui a officié dans des maisons connues (Loiseau des Vignes, la Maison de Maurice…). Il est ici sommelier. Rémi est le chef, après Lameloise, la Pyramide, il fait un retour au village. Anna vous accueille au 1er étage de cette ancienne maison vigneronne avec une vue imprenable sur le vignoble. Gastronomique, la carte allie tradition et originalité, une cuisine locavore qui va à l'essentiel, le goût. A déguster : Bœuf Charolais, Paleron Confit, jus de bœuf au Pinot Noir. Bon appétit !

DOMAINE LEJEUNE

1, place de l'Eglise
✆ 03 80 22 90 88

Accueil sur rendez-vous. Visite et dégustation 16 €. Vignobles et Découvertes.

Le Domaine Lejeune ancré dans la tradition des vignerons de Pommard n'en est pas moins à la pointe de la viticulture depuis sa certification Bio en 2019. Installé dans le chai de la très ancienne confrérie du Saint-Sacrement et propriété de la Famille Jullien de Pommerol depuis 1810, il possède une partie historique des plus intéressantes. Sa visite est appuyée de nombreuses explications sur le métier qu'Aubert Lefas a plaisir à transmettre avec passion. Vous y trouvez les Pommard 1ers crus Les Poutures, Les Argillières ou Les Rugiens, de parfaits vins de garde.

LES DOMAINES DE POMMARD

6, place de l'Europe
✆ 03 80 24 17 20

De lundi à vendredi 9h30-12h30 et 14h-18h15, samedi 9h30-18h30, dimanche 9h-17h. Boutique commune à 16 vignerons.

Voici une belle histoire qui a commencé en 1989 : seize vignerons du village créent une boutique de vente commune ! Vous découvrez dans un même lieu différents terroirs et millésimes, différentes méthodes de vinification, chaque vin ayant son âme tout en résultant du fruit du travail des vignerons. Une belle vitrine pour les domaines de la commune, les vignerons et Pommard. On sent combien Delphine est attachée à cette terre. Les vins sont vendus au même prix que chez les vignerons, du coup vous faites 16 caves en peu de temps ! Pratique quand on en manque !

SEBASTIEN HENON APPELLATION CHOCOLAT

5, place de l'Europe ✆ 03 45 63 85 89
https://www.sebastien-henon.com/

Du mardi au samedi 10h-12h30 et 14h-18h30. Chocolats, macarons, gourmandises et confiseries, tablettes création.

On craque pour les chocolats, les gourmandises et confiseries, les tablettes création, les macarons de Sébastien Hénon. Chocolatier-Confiseur, il a appris auprès des grands de la région. Après un passage en pâtisserie à Lyon, il revient en Côte-d'Or, il étoffe ses collections de fabrication artisanale. Une boutique ouvre à Dijon, une autre à Plombières-les-Dijon, lieu de création et des ateliers parents enfants «Chocolatez» et une troisième au centre de Pommard. Quelle jolie boutique !

CALABRIA RISTORANTE €

10, place de l'Europe
✆ 03 80 26 22 54

Ouvert du mardi au samedi 12h-13h30 et 19h-21h. Non-stop 12h-22h en haute saison. Pizzas, pâtes, salades, risottos.

Calabria Ristorante, c'est une valeur sûre qu'Aurore et Lucien Gomez ne cessent d'enjoliver dans la petite salle à l'italienne ou sur la terrasse attirante comme tout. Lucien, ambassadeur de produits gastronomiques et farines d'Aoste ou d'Émilie-Romagne, prépare des pizzas napolitaines contemporaines. Car il y a pizza et pizza. Au Calabria, tout est dans la qualité des empâtements que Lucien travaille avec des taux d'hydratation importants. La patte légère et aérée à bords épais est succulente, on ne laisse rien. Tout est préparé minute avec de beaux produits.

© E VOILLEQUIN

© CALABRIA RISTORANTE

PAYS BEAUNOIS

VOLNAY

Le village de Volnay, 300 habitants, jouit d'un emplacement prestigieux adossé à la montagne du Chaignot, orienté plein est pour le soleil du matin, et doté d'un terroir exceptionnel. On compte une soixantaine de domaines viticoles. L'église du XIIIe siècle fait face à la magnifique place centrale ombragée, et qui offre un magnifique balcon avec vue sur les vignes et, par temps clair, sur la chaîne du Mont-Blanc. De là, vous apercevez également la chapelle Notre-Dame-de-Pitié entourée du cimetière, qui fut reconstruite au XVe siècle, et qui a donné son nom à la parcelle de Premier Cru Clos de la Chapelle de l'autre côté de la route.

PULIGNY-MONTRACHET

Puligny-Montrachet et Chassagne-Montrachet s'étendent au pied du Montrachet (Mont Chauve), une petite colline rocailleuse qui produit les vins blancs les plus recherchés au monde. Alexandre Dumas disait de ce vin qu'« il devrait être bu à genoux et tête découverte » et Stendhal s'étonnait qu'une petite montagne bien sèche et bien laide produise un si grand vin. Les vignes existaient déjà ici il y'a plus de 2000 ans. Une table d'orientation permet de géolocaliser les climats en Premiers Crus (18) et en Grands Crus (4). Il fait bon flâner dans les rues, la beauté de la pierre est partout : maisons cossues, châteaux, fontaines, églises, porches, murets...

DOMAINE PASCAL MURE

2, Grande Rue
✆ 09 75 97 58 86
www.domaine-mure.com

Vente et dégustations sur rendez-vous. Bienvenue à la Ferme. Boutique en ligne.

Au domaine Pascal Mure, vous êtes toujours accueilli avec beaucoup d'attention. Pascal et Violette Mure secondés par leur fils Fabien y entretiennent un sens du partage de la passion de la vigne remarquable. Le domaine Mure s'étend sur 9 ha entre Beaune, Pommard, Volnay et Monthelie. Les Mure produisent essentiellement de la couleur rouge en appellation Villages et Premiers Crus. Un domaine à connaître pour la qualité de son accueil dans des bâtiments agrandis et une cuverie 100% modernisée. Appréciez au passage le renouveau des étiquettes 100% tendance !

MICHEL & MARC ROSSIGNOL

2, rue de l'Abreuvoir
✆ 03 80 21 62 90

Sur rdv - vente en ligne.

Marc Rossignol, dont l'ascendance vigneronne remonte au XVIIe et jusqu'en Champagne, produit des vins, entre tradition et modernité en culture raisonnée. Ses 6 ha de vignes couvrent les communes de Monthelie, Pommard, Beaune et Volnay. Des visites gustatives dans le domaine viticole permettent de découvrir les coulisses de la production et de très belles caves. Pommard 1er Cru « Les Chanlins », Côte de Beaune « Clos de Pierres Blanches » 2020, Médaille de Bronze, Monthelie 1er Cru « Les Champs Fulliots »... des vins faits avec passion et à déguster absolument !

PROSPER MAUFOUX - CHATEAU DE SAINT-AUBIN

3, rue des lavières - **SAINT-AUBIN**
✆ 03 80 20 68 71
www.prosper-maufoux.com

Ouvert à l'année. Expérience Prosper 1h, 5 vins 29 € ; Prestige 1h30, 6 vins 55 € ; Vélo VAE Vignoble 3h, 7 vins 95 €.

Ce domaine viticole est un joyau de 9 ha, majoritairement plantés en Chardonnay, conduits en viticulture durable et responsable, certifiée HVE3, s'étendant tout autour du château de Saint-Aubin. Une véritable collection d'expériences à partager : vous pouvez profiter d'une visite de cave avec une initiation à l'œnologie, découvrir le savoir-faire vigneron ou vivre une expérience vélo vignoble en vous baladant en vélo électrique dans les vignes de la Maison Prosper Maufoux. Intense !

COMO LE MONTRACHET**** €€€

10, place du Pasquier de la Fontaine
✆ 03 80 21 30 06 - www.comohotels.com

30 chambres (dont 2 suites Villa Christine). De 450 € à 1 200 €. Demi-pension (+ 80 €/personne). Petit déjeuner offert.

Ce bel hôtel 4 étoiles refait à neuf propose des chambres au design élégant aux accents de couleur bleu, vert et gris sur fond de toile de Jouy. L'ambiance se veut reposante. Au cœur d'un vignoble prestigieux, cet hôtel de luxe, doté d'une table exquise, est installé dans une auberge du XIXe siècle. Les épicuriens sont ravis. Les suites de 70 m² offrent un balcon, deux chambres, un grand espace salon dans la Villa Christine avec son jardin et sa cour. Le bar à vin et le restaurant gastronomique du chef Romain Versino valent votre détour. A expérimenter !

OLIVIER LEFLAIVE HÔTEL RESTAURANTS €€€

10, place du Monument
✆ 03 80 21 95 27
https://hotel.olivier-leflaive.com/
17 chambres à partir de 180 €, suites 270 € à 400 €. Visite de cave, Wine bike. Bistro d'Olivier, restaurant Klima.

Olivier Leflaive est un viticulteur d'exception. Le Bistro d'Olivier offre une cuisine pétillante concentrée sur le goût et les vins de la maison. Revenir à la source de la 1re table de dégustation en 1997, tel est le souhait de sa fille Julie, si attachée à la transmission. Elle gère l'hôtel 4 étoiles de 17 chambres à la décoration chic et Art déco en hommage à sa grand-mère et le restaurant Klima. Son chef Lionel Freitas sublime les produits et les remet au centre de l'assiette.

L'AUBERGE DU VIEUX VIGNERON €€

Route de Beaune - **CORPEAU** ✆ 03 80 21 39 00
www.aubergeduvieuxvigneron.com
Maître Restaurateur. Du mercredi au dimanche, midi et soir. Menu 34 €. Formule du midi 17 € du mercredi au vendredi.

Passage obligé à l'Auberge, conviviale avec sa déco rustique, sa grande cheminée centrale où les grillades au feu de bois vont bon train. Les plats de la carte et menus sont influencés par la cuisine locale parfois servis avec un bouillon thaï comme ce filet de bar et ses légumes de saison. Jean-Charles Fagot élabore lui-même sa carte des vins car il est aussi vigneron. Optez pour le menu régional, les œufs pochés au Chardonnay et la bavette d'aloyau grillée sauce Epoisses, miam-miam !

OLIVIER LEFLAIVE - KLIMA €€

10, Place du Monument
✆ 03 80 21 37 65
https://hotel.olivier-leflaive.com
1/04 au 30/11 mardi à samedi soir. Visite cave 20 €, vignes 35 €. Wine Bike 60 €. Hôtel 4-étoiles. Domaine viticole.

Julie Leflaive reprend la devise de son père, Olivier Leflaive : « Faire aimer la Bourgogne, les bourgognes et les Bourguignons ! ». De là est née une cuisine passionnée, créative et libre élaborée par le chef Lionel Freitas à l'image de ce plat : langoustine crispy, tête de veau rôtie, mayonnaise à la moutarde d'estragon, jus de veau vinaigré. Les plats sont sublimés par les vins du domaine. Vous pouvez aussi visiter les vignes, la cave et faire une balade en Wine Bike. La transmission est le fil conducteur de ce bel établissement.

OLIVIER LEFLAIVE - KLIMA €€

10, Place du Monument
✆ 03 80 21 37 65
https://hotel.olivier-leflaive.com
Du 1/04 au 30/11 mardi à samedi midi. Cuisine du souvenir. Visite cave, vignes et balade en Wine Bike. Hôtel 4-étoiles.

Revenir à la source de la première table de dégustation d'Olivier Leflaive en 1997, tel est le souhait de sa fille Julie, si attachée à la transmission, comme un trait d'union entre les deux générations. Une cuisine franche, directe, allant à l'essentiel tout en respectant les produits, une cuisine du souvenir. Noix de veau rôtie servie rosée, navets caramélisés, confit d'oignons au gingembre et jus réduit : voici l'une des belles propositions, des plats sublimés par les vins du domaine. Vous pouvez visiter la cave, les vignes et faire une balade en Wine Bike.

OLIVIER LEFLAIVE - LE BISTRO D'OLIVIER €€

10, Place du Monument ✆ 03 80 21 95 27
https://hotel.olivier-leflaive.com/
Du 1/04 au 30/11 mardi à samedi midi. Cuisine du souvenir. Visite cave, vignes et balade en Wine Bike. Hôtel 4-étoiles.

Revenir à la source de la première table de dégustation d'Olivier Leflaive en 1997, tel est le souhait de sa fille Julie, si attachée à la transmission. Une cuisine franche, directe, allant à l'essentiel dans le respect des produits, une cuisine du souvenir. Noix de veau rôtie servie rosée, navets caramélisés, confit d'oignons au gingembre et jus réduit..., des plats sublimés par les vins du domaine. Vous pouvez aussi visiter la cave, les vignes et faire une balade en Wine Bike.

COMO LE MONTRACHET €€€

10, place du Pasquier de la Fontaine
✆ 03 80 21 30 06
www.comohotels.com
Fermé de fin novembre à début janvier. Ouvert tous les jours le midi et le soir. Formule à 42 €. Menus de 85 à 120 €.

Établissement du groupe Como avec, à la direction, Florian Bonnin accompagné de son chef Romain Versino. Le restaurant gastronomique du Montrachet vous accueille dans une auberge du XIXe siècle et dans un intérieur refait à neuf, lumineux, pour découvrir la cuisine du talentueux chef. Parmi les menus, les Jardins de Puligny vous invitent à déguster un dos de lieu jaune cuit nacré, blettes de couleur, fenouil vanillé, jus au poivre du Sichuan. Plus de 1 200 références de vin, dont 200 Grands Crus sont proposés. Une option végétarienne quotidienne est à la carte.

PROSPER MAUFOUX RESTAURANT - CHATEAU DE SAINT-AUBIN - €€€

3, rue des lavières - **SAINT-AUBIN**
✆ 03 80 20 23 82 - www.prosper-maufoux.com
Bistrot contemporain. Terrasse vue sur les vignes. 4 chambres d'hôtes. Piscine chauffée. Vins domaine Prosper Maufoux.

Dans un cadre superbe au milieu des vignes, vivez une expérience culinaire autour des vins Prosper Maufoux sur la terrasse du château de Saint-Aubin. Edouard Mignot, chef étoilé, propose une carte composée de grands classiques revisités de la cuisine bourguignonne, une assiette aux reflets des terroirs d'ici. Vous apprécierez le travail de précision du chef à travers ses plats comme la selle d'agneau rosée, caviar d'aubergine, pommes de terre rattes, oignon farci et son jus d'agneau.

CAVEAU DE PULIGNY-MONTRACHET

1, rue de Poiseul ✆ 03 80 21 96 78
www.caveau-puligny.com
Basse saison (nov-fév) : du mardi au dimanche (10h-12h/15h-18h). Haute saison : 7J/7 (9h30-12h/15h-19h). Dégustations.

Julien Wallerand goûte plus de 2 000 vins par an pour vous offrir une sélection rigoureuse pas forcément de grands noms mais plutôt des appellations, des vins bien faits par les nouvelles générations de producteurs qui deviendront demain les références. Il choisit aussi des domaines déjà connus mais aux tarifs accessibles. Avec son collègue Emilien Masuyer, tous deux vous accueillent sur une belle terrasse ou dans un charmant caveau ou encore au bar à vins avec plus de 500 références.

DOMAINE JEAN-LOUIS CHAVY

27, rue des Bois
✆ 03 80 21 38 85
Visite sur rendez-vous.

Au domaine familial de Jean-Louis Chavy, le savoir-faire traditionnel viticole se transmet de génération en génération. Le raisin est récolté à la main et l'élevage se fait en fûts, partiellement renouvelés chaque année. Les 6,5 ha de vignes sont exclusivement plantés en chardonnay. Les vignes sont situées à Puligny-Montrachet et dans ses environs. Les appellations sont prestigieuses : Les Folatières, Les Perrières ou encore Les Champs Gain. La philosophie de Jean-Louis Chavy est de garder toute la pureté des fruits pour obtenir des vins purs et profonds.

MAISON CHANZY

1, Rue du Pot de Fer
✆ 03 80 21 78 73
Bar à vin. Tous les jours 10h-19h. Restaurant ouvert du jeudi au lundi de 12h à 15h, du vendredi au lundi de 19h à 21h.

Bar à vin, caveau de dégustation en pierres blanches rénové aux voûtes du XVIe s. Cette cave ouvre sur une magnifique terrasse et un jardin avec vue sur les coteaux du Montrachet. Ici, on peut déguster un verre de vin exclusivement du domaine Chanzy (80 ha en HVE), savourer le plat du jour, visiter les caves de production à Bouzeron. Chaque jour est proposée une thématique différente pour présenter la Bourgogne et ses vins de 15 à 65 €. Vous pouvez aussi réserver un menu préparé par le chef Mikaël Roussé et profiter des conseils du sommelier. Un lieu inspirant !

CHASSAGNE-MONTRACHET

Si 165 ha sont consacrés au blanc, l'enfant chéri de cette contrée, il existe quand même plus de 140 ha qui produisent un excellent vin rouge. Chassagne abrite 57 Premiers Crus et 3 Grands Crus connus dans le monde entier : Montrachet, Criots-Bâtard-Montrachet et Bâtard-Montrachet. Si vous croisez la route de l'une de ces petites merveilles, sachez que la durée de conservation préconisée est d'au minimum dix ans, voire d'une vingtaine d'années pour les premiers et les grands crus. C'est d'ici, qu'en 1869, un certain Louis Bachelet a émigré pour l'Amérique latine. Il est l'arrière-arrière-grand-père de l'ancienne présidente du Chili, Michelle Bachelet.

LA CABANE PAR ED EM €€

9, rue Charles Paquelin ✆ 03 80 26 66 37
www.restaurant-lacabanechassagne.com
Du vendredi au mardi midi et soir, 7J/7 en été. Carte tapas/bar à vin/pause sucrée les après-midi. Terrasse chauffée.

Restaurant convivial, gourmand et cosy en pleine verdure. Les plats de grande qualité sont signés Édouard Mignot, chef étoilé du restaurant Ed Em, et Émilie Rey, cheffe pâtissière. Ils vous accueillent à leur seconde table pour une pause à toute heure de la journée. Nouveauté 2023 : un food-truck et une carte saisonnière avec grillades, burgers, planches de charcuteries ou fromages, tartinades, tapas à partager. À moins de préférer une pause sucrée avec un café gourmand ou les glaces aux parfums fous, les mêmes qu'au restaurant Ed Em. Et si on osait les deux ?

RESTAURANT ED EM €€€

4, impasse des Chenevottes ✆ 03 80 21 94 94
www.restaurant-edem.com

Du jeudi au lundi le midi et du vendredi au lundi le soir. Réservation recommandée. Menus de 40 € à 145 €.

ED EM, le restaurant 1* Michelin d'Edouard Mignot et Emilie Rey est un restaurant gastronomique qui laisse s'exprimer la complémentarité de leurs talents. Les énoncés des plats tiennent du poème et la haute précision. L'attention est à son comble au moment du dessert qu'Emilie, cheffe pâtissière, réalise avec beaucoup d'inspiration. La carte des vins fait la part belle aux domaines de Chassagne-Montrachet et à ceux de la Côte Chalonnaise pour des prix plus accessibles. Goûtez au plat phare : matelote d'escargots, poireaux, voile de sarrasin. Une table d'exception.

DOMAINES FAMILLE PICARD

5, chemin du Château ✆ 03 80 21 98 57
www.famillepicard.fr

Du lundi au samedi 10h-18h. Haute saison dimanche 10h-18h. Visite + dégustation 20 €. Table d'hôtes de 65 € à 125 €.

Propriétaire de 135 hectares de vignes (dont une centaine en côte chalonnaise), le domaine produit une soixantaine d'appellations. En côte de Beaune, la famille possède 35 hectares cultivés en biodynamie par Francine Picard sous la marque Au pied du Mont Chauve. Un caveau de dégustation voûté accueille jusqu'à 180 personnes pour des dîners ou déjeuners et s'ajoute à une salle à manger de 32 places. Après la visite des magnifiques caves des XIe et XIVe siècles, la dégustation des meilleurs crus s'impose au cœur d'une boutique qui mêle histoire et modernité.

SANTENAY

« La Nice de la Côte-d'Or » comme la prénommait le chanoine Kir. Il faut dire que cette petite bourgade bien fleurie affiche une exposition plein sud. Elle est connue pour ses vins et ses eaux. Ces dernières sont considérées comme les plus lithinées d'Europe et reconnues depuis l'Antiquité pour leurs bienfaits. Elles soignent les maladies de l'appareil digestif, le diabète grâce à leur forte teneur en lithium. A la fin du XIXe siècle, on recensait 4 sites principaux : la fontaine Salée, la source Santana, la source Carnot et la source Lithium. En 2021, Santenay renaît ville thermale avec l'ouverture de la station Valvital. Curistes et touristes peuvent profiter de son espace détente.

OFFICE DE TOURISME BEAUNE & PAYS BEAUNOIS / ANTENNE DE SANTENAY

Place de la Gare ✆ 03 80 20 63 15
www.beaune-tourisme.fr

BS : mardi, jeudi, samedi 14h-18h. Mi-saison : jeudi-lundi 9h30-12h30 et 14h-18h. HS : 7j/7 9h30-12h30 et 14h-18h30.

Un design contemporain pour cet accueil situé dans l'ancienne gare dotée d'un grand parking. Un personnel agréable vous propose toute l'année des visites du moulin, de l'église Saint-Jean-de-Narosse. Si vous êtes curiste ou simple visiteur, une escapade à vélo peut vous tenter pour découvrir les villages alentour. Vous pouvez louer des vélos dans cet office de tourisme et accéder à la Voie Verte et à la Voie des Vignes, jouer au Casino ou profiter de l'espace détente de Valvital.

LES SARMENTS***** €€€

8, Grande Rue ✆ 06 88 39 65 41
www.gite-les-sarments.fr

Gîte 4 à 8 pers. Atout France 5 étoiles Vignobles & Découvertes. Prestations œnotouristiques, soins, détente sur mesure.

Les Sarments est un gîte résolument haut de gamme pour 8 personnes. Une maison de famille authentique située au centre du bourg, luxueusement rénovée avec 4 chambres raffinées avec salles de bain individuelles, cuisine américaine entièrement équipée avec îlot central, coin salon et cellier, espace détente avec billard américain et bar. La Cave voûtée, idéale pour des dégustations donne sur un patio où vous pouvez prendre vos repas. Les Petits Sarments est une modularité du gîte pour 4 et à la carte, la location se fait à la chambre sans les parties communes.

L'OUILLETTE €€

Place du Jet d'Eau
✆ 03 80 20 62 34
www.ouillette.fr

Du jeudi au lundi de 12h à 13h30 et de 19h à 21h. Menu carte de 36,50 € à 54 €. Le midi, menu bistrot 20 € ou 24 €.

Restaurant à l'atmosphère moderne et cosy de 30 couverts, sans compter la terrasse qui donne sur la place du Jet d'eau. De l'entrée au dessert, tout est fait maison avec des produits frais et du terroir. Simon, le chef fait preuve d'une grande créativité, il a à cœur d'élaborer une cuisine savoureuse. Œufs en meurette, poulet aux écrevisses, opaline de fruits rouges et sa mousseline vanille, le tout est exquis. La carte des vins est superbe avec ses 300 références ; à l'honneur, les Santenay ! L'établissement fait aussi hôtel. Une excellente adresse recommandée.

DOMAINE FLEUROT LAROSE - RENÉ FLEUROT ET FILS

7, route de Chassagne
✆ 03 80 20 61 15
www.domainefleurot-larose.com
Ouvert tous les jours 8h-12h et 14h-19h. Visite et dégustations sur rendez-vous.

C'est au château Passe-Temps, en 1872 que le domaine Fleurot-Laroze fonde son entreprise familiale. Spécialiste des grands vins de Bourgogne, il a su transmettre son savoir-faire de génération en génération. Des appellations à retenir, Batard-Montrachet Grand Cru, Chassagne-Montrachet 1er Cru Clos de la Roquemaure... des vins blancs d'exception ! Nicolas et son épouse cultivent la vigne. Visites et dégustations dans les caves à 10 mètres sous terre, un clin d'œil à la confiture de vin.

DOMAINE FRANCE DESSAUGE

7, Place de l'Eglise - **CHEILLY-LÈS-MARANGES**
✆ 03 85 91 13 73
www.dessauge-bourgogne.fr
Accueil dégustations au caveau sur rdv. Vente en ligne. Labellisé HVE3.

Le Domaine France Dessauge, bien que situé dans les Maranges en Saône-et-Loire, est reconnu en Côte de Beaune sur le plan oenotouristique. Sandrine et Jean-Baptiste Dessauge perpétuent les traditions familiales d'un domaine qui s'étend sur 25 ha de vignes produisant onze appellations différentes. Le caveau de dégustation se blottit entre cuverie et caves du XVIe siècle. Les Maranges produisent des vins affirmés. Avec les Santenay, ils sont aussi blancs que rouges. Les Crémants complètent la gamme de vins dont les prix sont tout doux. Un domaine familial attachant.

DOMAINE SORINE

1, place de la Poste
CHEILLY-LÈS-MARANGES
✆ 03 85 87 18 07
https://domainesorine.fr/
Sur rendez-vous, caveau dégustation, vente.

À Cheilly, en Côte de Beaune près de Santenay, le Domaine Sorine vous accueille dans les meilleures conditions. Imaginez une belle bâtisse tel un petit château, au cœur du village où Emma Carré et Christian Sorine vous présentent le fruit de leur travail sur 12 ha de vignes répartis entre Chassagne-Montrachet, Santenay et les Maranges. Un crémant, cinq blancs et sept rouges aux typicités larges et aux prix très bien placés, de l'aligoté au Chassagne-Montrachet rouge ou blanc en passant par les Maranges. Une belle rencontre et des coups de cœur pour les amateurs.

STATION THERMALE VALVITAL DE SANTENAY

Avenue des Sources
✆ 04 79 35 38 50
www.valvital.fr
Spécialisée en rhumatologie et affections digestives. Résidence hôtelière. Espace aquadétente et soins bien-être.

Il en a coulé de l'eau sous la ville de Santenay depuis la première station thermale, puisque si l'on en croit les archives de la ville, elle remonte à 1890 ! L'ouverture en 1903 d'un grand hôtel des bains fut un échec et les eaux pourtant très riches, n'avaient plus été véritablement exploitées dans un but thérapeutique depuis. En 2021, la station thermale Valvital a ouvert ses portes aux curistes amateurs d'eaux thermales, conseillées pour deux indications : le traitement des maladies des voies digestives et métaboliques, et la rhumatologie et séquelles de traumatismes ostéo-articulaires. Ce centre à taille humaine propose des cures thermales, des cures santé, une piscine thermale, la nage à contre-courant, des lits bouillonnants, des hydrojets, des cols de cygne et geysers, un sauna, un hammam, une grotte musicale, un solarium... accessibles aux touristes et aux familles. Une offre d'hébergement vient renforcer l'attractivité du site, la Résidence Villa Thermae Santenay avec ses 49 studios d'une résidence hôtelière de grand confort. Cette résidence est accessible aux non-curistes aussi. Situé à 20 km de Beaune et à proximité des grands axes routiers, Santenay est un village dynamique et déjà très touristique. Un casino, des vignerons, une voie verte en font une destination de choix. Il ne manquait plus que les thermes. Associant l'eau qui guérit, le vin, le soleil et les jeux, Santenay est vraiment aujourd'hui « le Nice de la Côte-d'Or », comme disait le Chanoine Kir.

CASINO JOA DE SANTENAY

9, avenue des Sources
✆ 03 80 26 22 44
www.joa-casino.com
Ouvert 7j/7. Du lundi au jeudi, dimanche et jours fériés 9h-2h. Vendredi, samedi, veille des fériés 9h-4h. Restaurant.

Evadez-vous au Casino Joa de Santenay dans un univers très actuel. Près de 150 machines vous invitent à tenter de gagner le jackpot. Les jeux de table sont nombreux : black jack, roulette anglaise, roulette électronique, poker et le nouveau Ultimate Texas Holdem Poker. La bâtisse, riche demeure bourgeoise rappelle Deauville, avec un intérieur qui allie raffinement et luxe dans une ambiance feutrée. Un espace découverte est dédié aux débutants. Le restaurant, ouvert midi et soir, avec vue sur les vignes, prolonge l'évasion. Dîners-spectacles organisés.

PAYS SEINE ET TILLES EN BOURGOGNE

Au nord de Dijon, le Pays Seine et Tilles est un mix de nature protégée et de patrimoine bâti préservé. C'est aussi la ligne de partage des eaux entre le bassin de la Seine et de la Saône, les sources ne manquent pas. C'est la limite méridionale du plateau calcaire de Langres, des paysages pour cette partie de plateaux entaillés par les vallées de la Tille et de l'Ignon. La protection de la nature et le respect de la faune et de la flore forment l'identité de ce territoire fait de massifs forestiers, de sources et de marais tufeux, de combes et de vallons. Ce terroir authentique vous invite à remonter dans le temps avec les châteaux de Chazeuil, Courtivon, Turcey, Grancey. Les remparts, les maisons fortes, les villages ancrés sur la roche et jamais bien loin de la forêt, les lavoirs, les puits, les fontaines agrémentent votre échappée pédestre ou cycliste. Votre soif de jolies découvertes est forcément rassasiée !

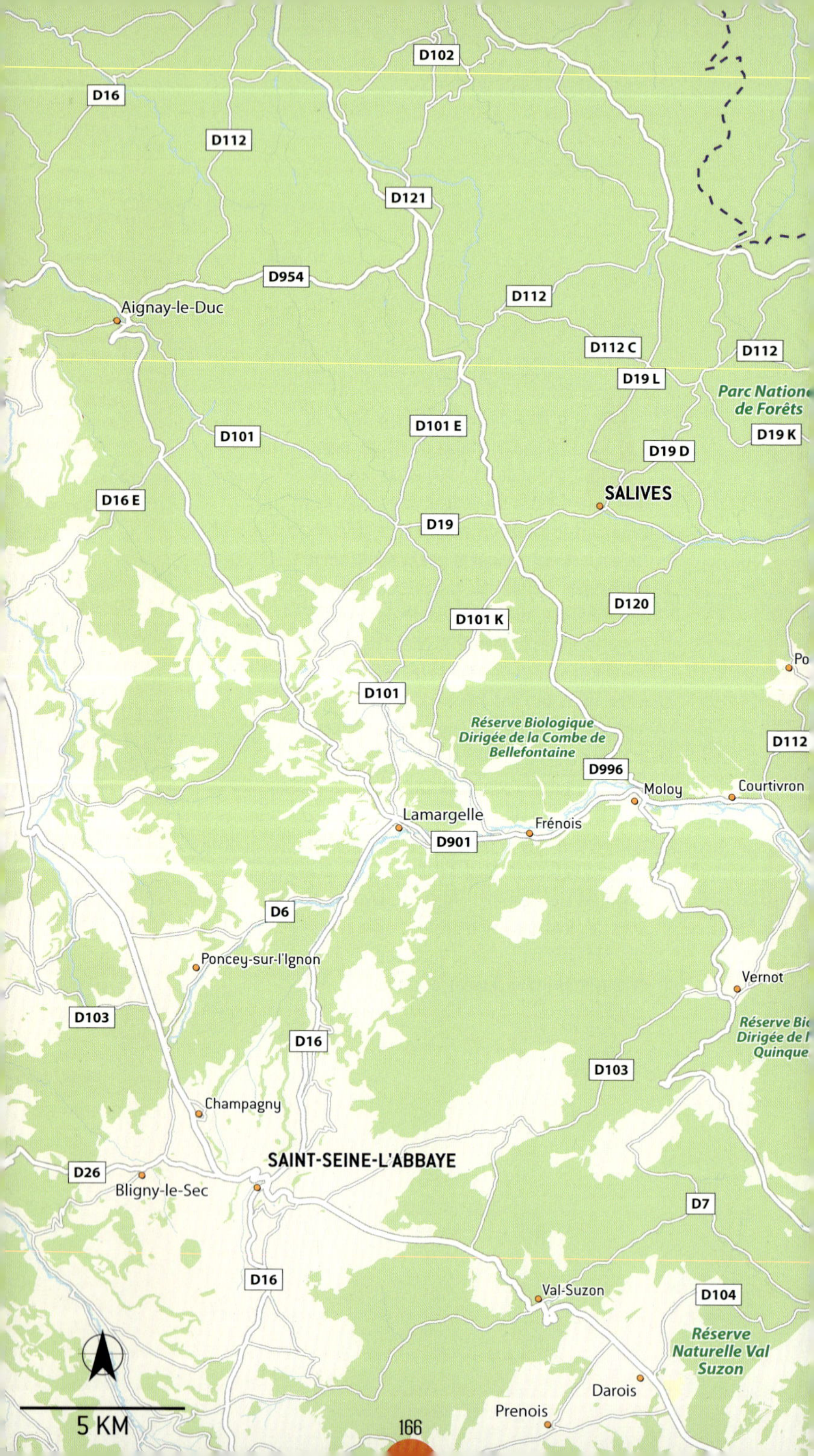
D102
D16
D112
D121
D954
Aignay-le-Duc
D112
D112 C
D112
D19 L
Parc Nation
de Forêts
D101 E
D101
D19 K
D19 D
SALIVES
D16 E
D19
D120
D101 K
Po
D101
Réserve Biologique
Dirigée de la Combe de
Bellefontaine
D112
D996
Moloy
Courtivron
Lamargelle
Frénois
D901
D6
Poncey-sur-l'Ignon
Vernot
Réserve Bi
Dirigée de l
Quinque
D103
D16
D103
Champagny
SAINT-SEINE-L'ABBAYE
D26
Bligny-le-Sec
D7
D16
Val-Suzon
D104
Réserve
Naturelle Val
Suzon
Darois
Prenois
5 KM

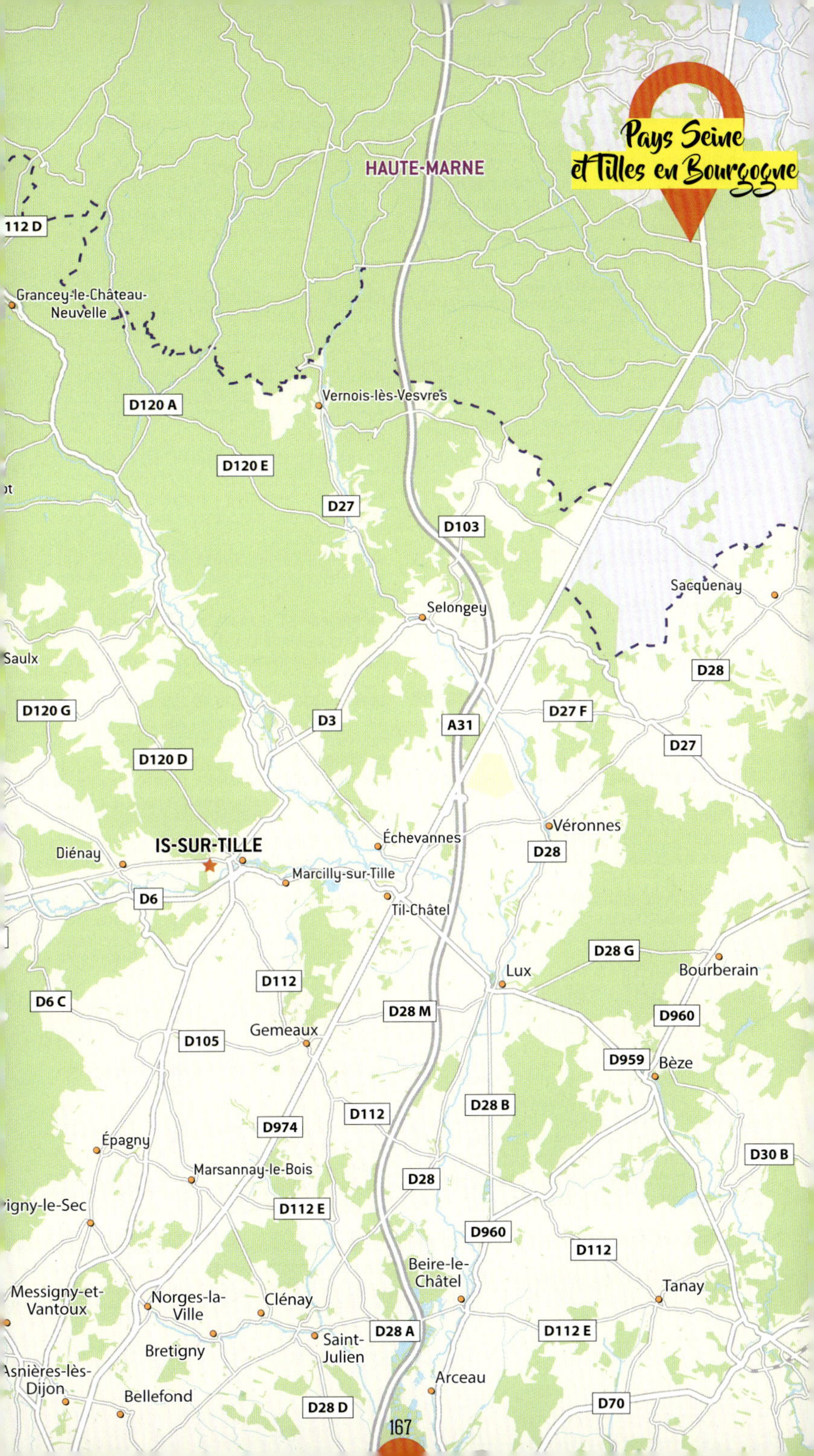
Pays Seine et Tilles en Bourgogne
HAUTE-MARNE
112 D
Grancey-le-Château-Neuvelle
D120 A
Vernois-lès-Vesvres
D120 E
D27
D103
Sacquenay
Selongey
Saulx
D28
D120 G
D3
A31
D27 F
D27
D120 D
Véronnes
IS-SUR-TILLE
Échevannes
D28
Diénay
Marcilly-sur-Tille
D6
Til-Châtel
D28 G
Lux
Bourberain
D112
D6 C
D28 M
D960
D105
Gemeaux
D959
Bèze
D28 B
D112
D974
Épagny
D30 B
Marsannay-le-Bois
D28
D112 E
D960
D112
Beire-le-Châtel
Messigny-et-Vantoux
Norges-la-Ville
Clénay
Tanay
D28 A
D112 E
Saint-Julien
Bretigny
Asnières-lès-Dijon
Arceau
Bellefond
D28 D
D70

IS-SUR-TILLE ★

À 20 km au nord de Dijon, la célèbre ville des mots croisés est traversée par l'Ignon, affluent de la Tille, et compte environ 4 400 habitants. D'un côté le plateau de Langres et de l'autre la plaine agricole de la Saône, « la ville en deux lettres sur la Tille » s'est développée grâce à l'eau. Un réseau de bras et de biefs, cinq ponts, des passerelles apportent beaucoup de charme aux promenades. Les lieux les plus pittoresques se trouvent rue Gambetta. Le centre vivant fait la part belle aux produits de terroir, la Confrérie de la Truffe de Bourgogne y a ses quartiers. Un festival biennal de mots croisés se tient en mai, clin d'œil aux cruciverbistes !

CHAPELLE SAINT-GERTRUDE

SELONGEY

✆ 03 80 95 24 03

www.covati-tourisme.fr

Une chapelle édifiée en 1530 sur les ruines d'une chapelle plus ancienne.

Edifiée en 1530, cette petite chapelle a été construite sur les ruines d'une chapelle plus ancienne ou d'un édifice païen, à la suite du vœu d'un marchand de draps originaire de Nivelle. Elle est composée de deux portiques à colonnades et d'un autel des morts à l'entrée côté est. Elle renferme une statue de Sainte-Gertrude, reconnaissable aux souris qui montent le long de son manteau et un autel de Sainte-Reine. Sainte-Gertrude de Nivelle, abbesse, est née en 626 et décédée en 659 à l'âge de 33 ans. Une belle promenade pour découvrir l'architecture de la région.

GOUFFRE DE LA COMBE AUX PRÊTRES

VILLECOMTE

Une grotte qui ravira les amateurs de spéléologie.

Avis aux amateurs de spéléologie : le gouffre de la Combe aux Prêtres est fait pour vous ! Après une descente le long de plusieurs puits (le premier de 6 m et le second de 20 m), vous découvrirez de magnifiques galeries, ornées de stalactites et de stalagmites, que vous pourrez explorer les pieds dans l'eau. Le gouffre est accessible aux non-plongeurs, mais, attention, il convient d'être particulièrement bien équipé et aguerri avant de se lancer dans l'exploration.

LA CONFRÉRIE DE LA TRUFFE DE BOURGOGNE

3, rue Gambetta ✆ 03 80 61 05 31

Produit emblématique, la truffe a ses rendez-vous gourmands de septembre à décembre durant la période de maturation.

Produit emblématique de la région, la truffe de Bourgogne possède même sa propre Confrérie ! Celle-ci a été créée en 1994 par neuf passionnés de ce produit subtil, de la reine de la famille des champignons. Les membres se feront un plaisir de vous faire découvrir les truffes et de vous révéler tous les secrets de celle que l'on connaît aussi sous le nom de Diamant noir de Bourgogne.

En partenariat avec l'Office de tourisme, la Confrérie propose des demi-journées découvertes en compagnie de chiens truffiers certains samedis d'automne. Au programme : présentation de la truffe, visite d'une truffière, démonstration de cavage, conseils culinaires et dégustation de produits truffés avec un verre de vin.

Le samedi 14 octobre 2023, Is-sur-Tille sera aussi le cadre de la Fête de la Truffe et des Papilles, un événement à ne pas louper. Vous pourrez y découvrir un marché aux truffes fraîches, accompagné d'un marché bio et de produits locaux. Sur le stand de la Confrérie, vous pourrez vous régaler de saucissons truffés et de sandwichs truffés, mais le clou du spectacle c'est sûrement l'omelette truffée géante qui sera proposée à la dégustation de 12h à 14h. La Fête de la Truffe et des Papilles est aussi l'occasion de répondre aux questions du public et de le sensibiliser au travail des chiens truffiers. Au cours du repas ont également lieu les intronisations des nouveaux membres qui souhaitent rejoindre cette belle confrérie, et participer à d'autres repas truffés !

CREUX BLEU

3, rue du Moulin

VILLECOMTE

Résurgence souterraine et lavoir. Site de promenade et pique-nique.

La résurgence du Creux Bleu provient d'une rivière souterraine. Le site a été aménagé au XIIe siècle, avec la construction d'un moulin à eau. L'eau est limpide et la source montre des reflets bleutés, dus à des algues microscopiques qui lui ont donné son nom. Ne manquez pas non plus le lavoir du XIXe siècle à plancher mobile. Une belle promenade aménagée vous permet de découvrir ce lieu hors du temps, au caractère presque magique. L'été, vous y croisez des spéléologues qui descendent dans le gouffre de la Combe aux Prêtres, une grotte sous-marine.

OFFICE DE TOURISME DES VALLÉES DE LA TILLE ET DE L'IGNON

Place de la République
✆ 03 80 95 24 03
www.covati-tourisme.fr
Du 1er mars au 31 octobre, ouvert du mardi au samedi, 9h30-12h30 et 14h-18h ; certains dimanches en été, de 10h à 12h.

Vous voulez découvrir le patrimoine naturel de la région, mais aussi les produits locaux, l'artisanat et le tourisme vert ? Alors, rendez-vous à l'Office du tourisme, situé sous l'ancien marché couvert. Toute l'année, l'équipe vous donne des informations sur les activités de la région, comme les 13 chemins de randonnée, les 2 parcours VTT ou encore la découverte de la truffe. Chaque dimanche, de 8h à 13h, ne manquez pas le marché des terroirs : vous allez vous régaler !

TRAIN TOURISTIQUE DES LAVIÈRES

Rue des Pins
✆ 03 80 95 36 36
Ouvert du 18 juin au 17 septembre le dimanche de 15h à 19h. 3 € et 2 €.

Née à Dijon en 1931, la locomotive Pétolat qui vous emmène en balade a été restaurée et classée monument historique. Elle quitte la gare des Lavières toutes les 20 min pour un circuit d'1,4 km dans une forêt de pins. Une idée de sortie qui plaira à toute la famille, et qui vous fera découvrir la région autrement. Ne manquez pas non plus les événements ponctuels, comme le train du crépuscule (le vendredi 30 juin de 18h à minuit) ou le vide-grenier du dimanche 27 août.

EPICUR'IS

22, rue Dominique Ancemot
✆ 03 80 95 32 25
Cave à vin. Ouvert du mardi au samedi de 9h à 12h30 et de 15h à 19h ; le dimanche de 9h à 12h.

© JEAN-ROLAND ROUSSEAUX

Jean-Roland Rousseau, issu du monde l'enseignement de la musique, aime transmettre sa passion et les connaissances des vins et des spiritueux. Dans sa charmante boutique du centre d'Is sur Tille, il sélectionne des vins de vignerons indépendants de Bourgogne, du Languedoc, du Quercy entre autres régions pour nous proposer le meilleur, l'étonnant, l'innovant et toujours au meilleur prix. Côté spiritueux, rhums, whiskies et bières là aussi des propositions nouvelles, «des dingueries» comme votre caviste aime à l'exprimer. Apprenez le bien boire comme le boire bien !

LA COMBE ROSSIGNOL €€

Route de Boussenois - **VERNOIS-LES-VESVRES**
✆ 06 40 51 68 56
lacomberossignol.com
Domaine perché (1-2 pers.) à partir de 180 €. Tiny House (1-3 pers.) 110 €. Cabanes (2-5 pers.) 220 €. Restauration.

Vous chercher un lieu insolite et ressourçant, un logement original et au cœur de la nature ? Alors La Combe Rossignol est l'endroit qu'il vous faut ! Ici, vous avez la possibilité de séjourner dans 4 hébergements tous plus extraordinaires les uns que les autres : une cabane flottante au milieu de l'étang, une autre aux allures de château féerique, une *tiny house* au bord de l'eau et un dôme perché pour une nuit comme à la belle étoile. Ajoutez à cela les délicieux petits-déjeuners et les bains nordiques, et vous êtes sûr de passer un moment hors du temps.

AUBERGE CÔTÉ RIVIÈRE €€

3, rue des Capucins
✆ 03 80 95 65 40
aubergecoteriviere.com
Ouvert du mardi au samedi midi et soir. Formule du midi : 20 €. Menus à 39 et 62 €. Terrasse.

Le terroir bourguignon est mis à l'honneur dans ce restaurant où le chef François Lagrue propose des plats raffinés, élaborés à partir de produits locaux de grande qualité. Goûtez aux gougères aux escargots, au sauté de volaille façon coq au vin, ou bien choisissez le menu autour de la truffe de Bourgogne (œuf meurette à la crème de truffe, pigeon et foie gras poêlé). En dessert, optez pour les fromages de la région ou pour le feuilleté aux pommes et crème au marc de Bourgogne. Une belle terrasse vous accueille en été. Restaurant privatisable pour des événements.

LES CHAMPS DU DESTIN

7 B, rue de la Montolle - **SACQUENAY**
✆ 03 80 75 95 60
www.leschampsdudestin.com
Jeudi et vendredi 15h30-18h30. Et sur les marchés de Dijon. Autres boutiques sur les départements 21, 52, 70, 90, 25.

Les Champs du Destin est un fournil 100 % bio créé par Jérôme Bruet. Les farines et céréales insolites sont produites sur les terres du village préservées depuis de très nombreuses années. Boulanger bio depuis 1994, Jérôme regorge de projets, il participe à des programmes de développement avec Agro Sup Dijon. Son laboratoire prépare une palette de 14 chocolats réalisés à base de pâte de cacao sans lécithine enrichis de multiples céréales. Parmi les nouveautés, il y a les bières des Champs du Destin produites à base de céréales originales et bio.

LE COMPTOIR GOURMAND - LA TABLE DE CLOTILDE €€

3, rue d'Amont ✆ 06 75 66 46 36
www.comptoir-gourmand.fr
Ouvert du lundi au samedi midi ; vendredi et samedi soir. Dimanche midi en HS. Menus de 11 € à 29,50 € selon les jours.

Forte de ses 20 années d'activité traiteur, la cheffe Clotilde Landais vous accueille dans un lieu plein de charme, côté Pub ou dans deux salles intimistes à l'ambiance bourguignonne et bien sûr en terrasse avec vue sur un patrimoine remarquable. La carte, réduite pour mieux mettre en lumière les produits frais, propose une cuisine traditionnelle revisitée et quelques spécialités comme le carpaccio de veau, parmesan, huile d'olive, ciboulette, vinaigre balsamique et fleurs du jardin.

LA LUXOISE BRASSERIE ARTISANALE

12, rue des Charrières
GEMEAUX
✆ 09 61 61 58 82
Brasserie 100 % bio, bar et boutique. Organisation d'événements et diffusion de matchs sportifs.

Cette brasserie artisanale propose une gamme de bières 100 % bio, qui sont toutes brassées à la main dans la commune de Gémeaux : goûtez à la Blonde de Lux, à l'Emouss'tille ou à la Papill'Hotte, qui sont aussi originales que leur nom le laisse penser ! En plus de la boutique, le bar de la brasserie est un endroit agréable où sont organisés des événements chaque mois, et où vous pourrez venir regarder les matchs de vos équipes sportives préférées.

GOLF DE SALIVES

2, chemin de Thorey
✆ 03 80 75 66 43
https://golf-salives.jimdofree.com
Tous les jours de 8h30 à 20h. Greenfee tarif adulte : 35 € la journée en semaine. 40 € le week-end et jours fériés.

Venez pratiquer votre swing sur le parcours de 9 trous de cet agréable golf, situé en plein cœur de la campagne bourguignonne. Long de 2 800 m, le site est toujours entretenu et le directeur, Philippe Matthieu, fait tout pour vous offrir les meilleures conditions de jeu. Avec son vallonnement et ses dénivelés, il offre un challenge technique et stratégique. Si vous êtes débutant, vous pourrez vous entraîner sur le practice et le putting-green à côté du club-house. Ne manquez pas les compétitions qui sont des rendez-vous conviviaux entre passionnés.

SALIVES

Il y a bien des choses à faire dans ce village, véritable petit bijou médiéval niché au creux d'un vallon, où la Tille prend sa source. Le nom de « Salives » signifie d'ailleurs « eaux jaillissantes, source sacrée ». A découvrir absolument : les remparts, le donjon, l'église Saint-Martin, le lavoir où la Tille naît et surtout le puits fortifié : il s'agit d'une tourelle carrée construite au XIVe siècle qui servait à protéger l'alimentation en eau du village en cas de siège. Si vous le pouvez, restez jusqu'à la tombée de la nuit : l'éclairage des remparts vous transporte dans le passé, lorsque seigneurs et paysans vivaient à l'ombre du donjon.

SAINT-SEINE-L'ABBAYE

Ce village de 377 habitants, niché dans un écrin de verdure, se situe près des sources de la Seine, celle qui passe à Paris. Il est établi sur un plateau calcaire autour de l'abbaye fondée au VIe siècle par Sequanus, une des plus puissantes de Bourgogne au Moyen Age. De cette célèbre abbaye bénédictine parée du titre royal sous Louis XIV, vous pouvez apercevoir le parc abbatial privé avec deux ailes du cloître, le palais du XVIIIe siècle, aujourd'hui l'office de tourisme. Il abrite une maquette de l'abbaye, des ex-voto retrouvés aux sources de la Seine, témoignages de ce passé. L'abbatiale avec sa tour unique attire la curiosité des visiteurs.

ABBATIALE DE SAINT-SEINE-L'ABBAYE ✝ ★

Place de l'Église
✆ 03 45 83 62 06
www.paroisse-stseine.fr

Ouvert toute l'année. Tous les jours de 8h à 18h. Visite libre. Gratuit. Visite guidée.

Cette abbaye est un véritable témoin de l'histoire et du style gothique bourguignon : fondée au VIe siècle par un moine de Moutiers-Saint-Jean, Sigo, elle voit passer d'importants personnages, comme Benoît d'Aniane, le réformateur de l'ordre des Bénédictins, qui y prononça ses vœux au VIIIe siècle. Au Moyen Âge, l'abbaye Saint-Seine prospère, grandit, et devient même l'une des plus importantes de Bourgogne. De cette époque, il ne subsiste désormais plus que le chœur et le croisillon - le reste de l'édifice a en effet brûlé en 1255, et les travaux ne reprirent qu'au tournant des XIVe et XVe siècles. Le porche est décoré par des rameaux de vignes. Observez-les bien : un escargot se cache dans l'un d'eux !

Comme de nombreuses abbayes, celle de Saint-Seine possédait un moulin ainsi qu'un aménagement hydraulique qui subsistent sur les plans et relevés datant du XVIIe siècle. Les stalles sculptées, du XVIIIe siècle, sont l'œuvre de l'artisan luxembourgeois Guillaume Theiss. Les exceptionnelles peintures murales du XVIe siècle illustrent au nord la légende de saint Seine en 22 tableaux (1504) et au sud l'arbre de Jessé, saint Christophe et des litanies de la Vierge dans un style influencé par la Renaissance. Chaque dimanche d'été, une messe y est encore célébrée (du 1er mai au 1er novembre). Des concerts y sont organisés. L'acoustique du lieu est en effet exceptionnelle. L'église est classée au titre des monuments historiques par la liste de 1862.

OFFICE DE TOURISME FORÊTS SEINE ET SUZON 📷

Place de l'Eglise
✆ 03 80 35 00 44
ot-forets-seine-suzon.fr

Ouvert du lundi au samedi, horaires variables selon les jours. Expositions.

Situé au pied de l'abbatiale, qui se visite pour les groupes sur réservation, des panneaux vous donnent des indications sur ce sanctuaire gallo-romain. Forêts d'exceptions sentiers de randonnées à pied ou en VTT, sites naturels à découvrir, activités à sensations à pratiquer, le personnel vous oriente et vous propose des séjours thématiques. L'été, des marchés nocturnes, des expositions et des visites guidées se succèdent. Découvrez toute l'histoire de l'abbatiale et du parc éolien !

RELAIS DE LA SOURCE €€

17, rue Carnot
✆ 03 80 35 00 35
www.relaisdelasource.com

Ouvert du jeudi au lundi midi soir. Menus de 33 à 110 €. Terrasse. Hôtel 3. Bar Espace Bien-être Piscine chauffée.*

Le Relais de la Source, créé par Ahlame Buisard-Hajjami, est la nouvelle adresse montante de l'univers gastronomique de la région dijonnaise. Yann Zwysig, votre chef, réinvente une cuisine gastronomique abordable, écoresponsable privilégiant les circuits courts, les légumes de saison. Les desserts raffinés de la cheffe pâtissière Cannelle Lefebvre sont tout aussi parfaits. La décoration campagne chic très cosy de la salle est très apaisante. L'hôtel a été totalement rénové. Il est dorénavant équipé d'un espace Bien-être pour vivre une expérience inoubliable.

© RELAIS DE LA SOURCE

© FOUOUIN

LES SOURCES DE LA SEINE

D103
SOURCE-SEINE
www.source-seine.fr
Ouvert toute l'année. Gratuit.

C'est un endroit de mystères et de méditation... depuis très longtemps déjà ! Plus de 1 500 objets ont en effet été découverts dans ce haut lieu archéologique, comme ce vase contenant des pièces romaines, ces stèles, ces œuvres de bronze ou ces statues. Ce sont autant de vestiges d'un grand sanctuaire gallo-romain qui était dédié à la déesse Sequana, nymphe des sources du fleuve. Au fil des siècles, ces dernières n'ont pas cessé d'être vénérées, et l'on venait de loin pour s'en désaltérer et profiter de leurs propriétés qui seraient, dit-on, guérisseuses. Perchées à plus de 400 m d'altitude, ces eaux naissantes bénéficient aujourd'hui d'un cadre aménagé, fréquenté en saison, vierge et serein dès l'automne. Vous serez subjugué par l'atmosphère à nulle autre pareille et, qui sait, peut-être serez-vous tenté de croire, vous aussi, aux propriétés de l'eau des sources – elles sont d'ailleurs au nombre de sept ! Les trois qui se trouvent dans le sanctuaire gallo-romain sont celles qui ont le plus fort débit. Si vous voulez en apprendre plus sur l'histoire de ce lieu et admirer les objets qui ont été trouvés en ce lieu, rendez-vous au musée archéologique de Dijon, où vous pourrez voir aussi les fascinants ex-voto celtes et gallo-romains, très modernes dans leur apparence. Le saviez-vous ? C'est la ville de Paris qui est propriétaire des sources de la Seine ! Et ce, depuis 1864. La ville y a aménagé un monument ainsi qu'un parc paysager, et, encore aujourd'hui, c'est elle qui s'assure de l'entretien du lieu.

RELAIS DE LA SOURCE €€

17, rue Carnot ✆ 03 80 35 00 35
www.relaisdelasource.com
Logis. 15 chambres + 1 cottage. Chambres de 85 € à 165 €. Restauration gastronomique. Sauna. Cabines de soin. Piscine.

Le Relais de la Source d'Ehlame Buisard renouvelle l'Hôtel de la Poste du centre de Saint Seine l'Abbaye. Un petit hôtel de village au grand charme, douillet, mariant l'authenticité des demeures au modernisme et au confort dernier cri. Le petit plus est la tranquillité du lieu. Le grand bonus est la qualité de sa restauration gastronomique qui débute dans d'excellentes conditions à l'occasion du petit déjeuner dans une salle totalement rénovée ou en terrasse immergée de verdure. Un espace bien-être permet de se ressourcer avec sauna et cabines de soins.

AUBERGE CAMPAGNARDE €€

15, rue Carnot
✆ 03 80 35 01 46
Du lundi au vendredi midi et soir. Samedi midi et soir sur réservation. Menus de 20 € à 35 €. Midi 15 €.

L'Auberge Campagnarde, c'est une adresse tout en simplicité, qui charme par la qualité de son accueil, la gentillesse et l'efficacité. Voici déjà presque 30 ans que Marie Claude Duthu régale ses hôtes de recettes traditionnelles. L'ambiance rustique colle à l'esprit et aux valeurs de la maison. Tout est cuisiné maison, le persillé, les escargots, le coq au vin ou le bœuf bourguignon, et l'on vient de loin juste pour les œufs meurette. Les prix sont vraiment raisonnables, jusque sur la carte des vins. L'hôtel possède 6 chambres simples et confortables.

BRASSERIE BOIS DES MOUSSES

ZAE Cestres
SAINT-MARTIN-DU-MONT
✆ 07 67 11 16 92
Ouvert du lundi au vendredi de 16h à 18h30 ; le samedi de 10h à 13h. Drive ephemere.

Olivier Bys, biologiste moléculaire, a installé sa brasserie en Pays de Seine et Tilles inspiré par les lieux-dits du coin pour baptiser ses bières. Vélouze, Morte Vieille... des appellations à prendre au second degré à commencer par « Bois des Mousses ». Olivier préfère le houblon aromatique pour ne pas donner trop d'amertume à ses bières et sa gamme est complétée d'une limonade au pur jus de citron très désaltérante. On peut effectuer une dégustation avant de faire son choix.

DISTILLERIE L'HERBIER

4, rue Haute
VAUX-SAULES
✆ 06 31 82 46 13
www.distillerielherbier.com
Boutique en ligne - marchés - drive éphémère - Prestations de service Bouilleur à façon.

Un gin pour chacune des quatre saisons ! Voilà ce que propose Cyril Guyon, qui distille des spiritueux grâce à un superbe alambic installé dans une ferme ancienne, avec sa gamme de gins «esprit de saison.» Mais cet ancien restaurateur dijonnais ne s'arrête pas là : il fabrique également une vodka et un aquavit à base de céréale de blé bio, ainsi qu'un pastis obtenu par macération de 26 plantes et épices aromatiques. Il collabore avec des producteurs de Bourgogne, et privilégie les cueillettes sauvages autour de la distillerie.

PAYS DU CHÂTILLONNAIS

Territoire préservé, le Châtillonnais révèle une faune et une flore exceptionnelles, avec le marais de Brosses de Recey-sur-Ource et surtout le parc national français de forêts qui le traverse. Sur 10 000 ha, entre Côte-d'Or et Haute-Marne, il s'étend du Pays Châtillonnais à Arc-en-Barrois. Une forêt qui fut autrefois le terrain de chasse des rois de France, peuplée principalement de hêtres et de chênes. La Maison de la forêt située à Leuglay et installée depuis 1993, sensibilise les visiteurs aux thèmes du patrimoine de l'environnement forestier. Elle gère le centre d'interprétation de la forêt, ouvert en 1998, dans une ancienne ferme située au bord de l'Ource. C'est encore une terre d'histoire et de culture, avec le théâtre Gaston Bernard, le Musée du Pays Châtillonnais Trésor de Vix (étape incontournable sur la route des Celtes), deux cinémas et la fabrique de spectacles Kiki de Montparnasse.

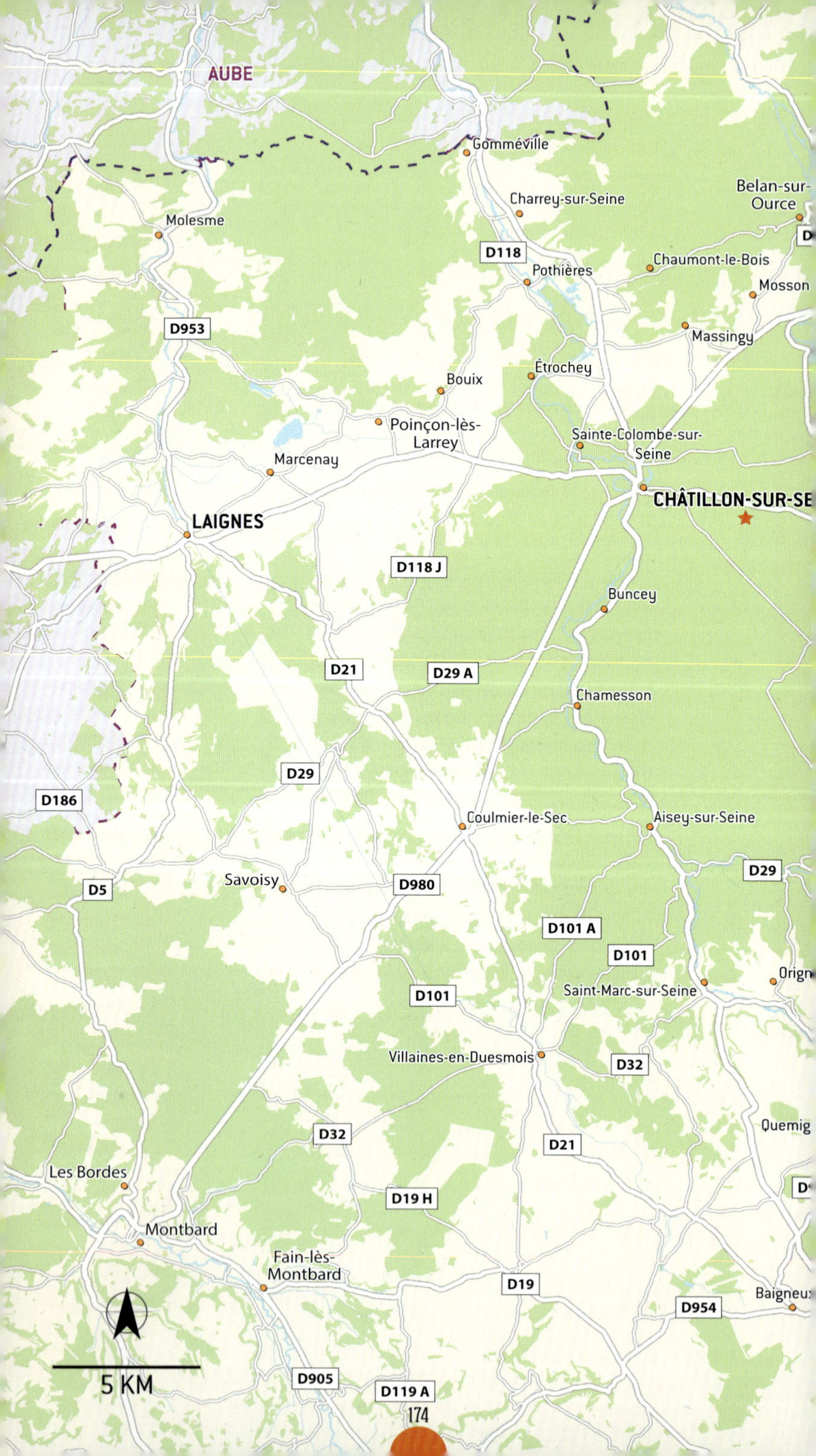
AUBE
Gomméville
Charrey-sur-Seine
Belan-sur-Ource
Molesme
D118
Pothières
Chaumont-le-Bois
Mosson
Massingy
D953
Bouix
Étrochey
Poinçon-lès-Larrey
Sainte-Colombe-sur-Seine
Marcenay
LAIGNES
D118 J
Buncey
D21
D29 A
Chamesson
D29
D186
Coulmier-le-Sec
Aisey-sur-Seine
D29
D5
Savoisy
D980
D101 A
D101
Saint-Marc-sur-Seine
D101
Villaines-en-Duesmois
D32
Quemig
D32
D21
Les Bordes
D19 H
Montbard
Fain-lès-Montbard
D19
Baigneu
D954
5 KM
D905
D119 A

Pays du Châtillonais
HAUTE-MARNE
D22 E
les-Eaux
D22
MONTIGNY-SUR-AUBE
Veuxhaulles-sur-Aube
D102
Dancevoir
-sur-
ce
Courban
D965
D996
Lignerolles
D112
ur-Ource
D22
D102 M
D102
Parc National de
Forêts (Cour)
Vanvey
D102 C
Villiers-le-Duc
928
LEUGLAY
D102
D22
Parc National
de Forêts
RECEY-SUR-OURCE
D29
Essarois
Rochefort-sur-Brévon
D102
BURE-LES-TEMPLIERS
Mauvilly
D112
Beaunotte
D954
D959
D996
Minot
Aignay-le-Duc
ne
D112
Étalante
Duesme
D101
D101 E
D19 D
D16 E
Échalot
D19
D901
D120
D101 K
D112
Oigny
Léry

CHÂTILLON-SUR-SEINE ★

L'histoire de la ville est connue grâce à deux manuscrits trouvés non loin de là, à l'abbaye de Pothières, haut lieu spirituel du Moyen Âge dont tous les cloîtres étaient sculptés dans le marbre. Châtillon-sur-Seine a traversé les époques, marquée par de nombreux conflits. En effet, en tant que ville frontière au nord de la province de Bourgogne, face à la Champagne et au domaine royal, elle était exposée à tous les dangers. Le siège et la prise de la ville par Philippe Auguste en 1186 sont restés fameux dans l'histoire, avec une première description de la cité restituée par l'historien Guillaume le Breton. Ville stratégique de négociations entre Napoléon, l'Autriche, la Russie, l'Angleterre et la Prusse, quartier général du maréchal Joffre pendant la Première Guerre mondiale, son nom s'inspire de la forteresse qui fit sa réputation dès le IXe siècle. Au confluent d'une large vallée, c'est une ville au milieu d'un parc, le Parc national des forêts Elle offre depuis ses hauteurs une vue imprenable sur le mont Lassois et toute la région. Sur ce mont fut découvert en 1953 le célèbre vase de Vix, trésor imposant issu de la tombe d'une princesse celte et visible au musée de la ville. La ville est traversée par la Seine et possède le label Ville fleurie, celui des Plus beaux détours de France et depuis 2020 de ville impériale. Châtillon-sur-Seine possède de nombreux attraits touristiques, comme l'église Saint-Nicolas, l'église Saint-Vorles mais aussi des lieux culturels comme le théâtre Gaston Bernard ou encore la fabrique de spectacles Kiki de Montparnasse.

ASSOCIATION LA VOIX DE LA PRINCESSE

VIX

✆ 06 21 72 16 69

Le but de cette association, c'est de promouvoir le site archéologique celte du mont Lassois où le vase de Vix a été découvert en 1953 dans la tombe de la « Dame de Vix ». Pour faire connaître le site, l'association organise des événements tout au long de l'année, comme la fête celte de Vix ; un chemin est également en train d'être aménagé pour relier le musée du Châtillonnais avec le mont Lassois. Ce patrimoine fait partie du Parc national de forêts.

LE MONT LASSOIS ET L'ÉGLISE SAINT-MARCEL ✝

VIX

✆ 03 80 91 18 93

Du 1er mai au 30 septembre. Ouvert dimanche et jours fériés de 15h à 18h30. Visites guidées à la demande par téléphone.

Composée du mont Lassois et du mont Roussillon, cette butte domine la plaine qui s'étend à perte de vue. Un endroit stratégique idéal occupé par les hommes dès le Néolithique. C'est au pied du mont Lassois que furent mis au jour, en janvier 1953, le tombeau de la princesse de Vix et ses richesses dont le fameux cratère en bronze. Vous pouvez cheminer jusqu'au sommet où se trouvait l'oppidum celte et profiter d'un incroyable panorama ! A voir aussi l'église Saint-Marcel du XIIe siècle.

Châtillon-sur-Seine.

PAYS DU CHÂTILLONNAIS

CHÂTILLON-SUR-SEINE VILLE IMPÉRIALE

Pace de la Résistance ✆ 03 80 91 50 50
www.chatillon-mairie.fr

Samedi 12 août 2023 «Fête Impériale» avec défilé et opéra-rock - Samedi 28 octobre 2023 «Truffe Impériale Gourmande»

La Cité du Maréchal Marmont vous accueille dans un cadre verdoyant et vous invite à découvrir son patrimoine historique remarquable : quartiers anciens, hôtels particuliers, édifices… Au musée, une salle entière est dédiée au Maréchal d'Empire Marmont, officier et ami de l'empereur Napoléon Bonaparte. La Ville organise plusieurs événements en 2023 pour célébrer son label «Ville Impériale» : la « Fête Impériale » samedi 12 août et la «Truffe Impériale Gourmande» le samedi 28 octobre.

ÉGLISE SAINT-VORLES ★

4, esplanade Saint-Vorles
✆ 03 80 91 50 50
www.saintvorles.com
Ouvert de mi-avril à fin septembre.

Cette église romane est le plus beau fleuron roman de Châtillon-sur-Seine : sa construction, attribuée à l'évêque de Langres, Brun de Roucy, débuta au Xe siècle. Auparavant, une église primitive s'élevait sur cet emplacement et abritait depuis 868 les reliques de saint Vorles : mort en 591, il serait né à Marcenay vers l'an 530 où, devenu prêtre, il aurait accompli un miracle. La façade extérieure de l'église est ornée de bandes caractéristiques de l'art lombard. La nef de quatre travées est couverte d'un haut berceau en plein cintre. Du chœur primitif, seule subsiste une travée droite prolongée par l'abside semi-circulaire. Après une série de rénovations, l'église Saint-Vorles a enfin retrouvé sa splendeur d'antan. En outre, on trouve des inscriptions datant des deux dernières guerres mondiales qui donnent à cette église un caractère émouvant. A l'extérieur, sous le porche, subsistent des restes de polychromie, peintures murales laissant apparaître des mains, des jambes et des visages d'un autre temps. C'est ici que se serait accompli le miracle de la lactation : Bernard de Clairvaux, entré à l'école des moines à Châtillon, aurait reçu trois gouttes de lait du sein de la statue de la Vierge devant laquelle il priait. Chaque année, la fête de la Saint Vorles donne lieu à un rassemblement au cours duquel est évoquée la vie du curé de Marcenay en présence de la Confrérie de Saint-Vorles. Autrefois, un certain nombre d'enfants de Châtillon-sur-Seine portaient le nom de Vorles ou de Vorlette.

MUSÉE DU PAYS CHÂTILLONNAIS - TRÉSOR DE VIX ★★

14, rue de la Libération
✆ 03 80 91 24 67
www.musee-vix.fr
Ouvert du mercredi au lundi 10h-17h30. Plein tarif 7 €. Fermé du 31 décembre au 1er week-end de février.

Pour qui veut en apprendre plus sur les époques celtiques et gallo-romaines en France, le très beau Musée du pays châtillonnais - Trésor de Vix est une étape incontournable ! La pièce maîtresse de sa collection, ce sont bien sûr le vase de Vix et son trésor : découvert en 1953, au pied du mont Lassois, l'ensemble se compose entre autres de deux coupes en céramique attique, d'un torque en or, d'une phiale en argent à ombilic d'or, d'une cruche à vins...et du plus grand vase connu à ce jour. 208 kg, 1,64 m de haut, 1,27 m de diamètre et une épaisseur de 1,2 mm : ses dimensions donnent une belle idée de la pièce imposante qu'est ce vase magnifiquement travaillé, qui peut contenir jusqu'à 1 100 litres ! Sur ses anses figure le visage de la gorgone Méduse, et la frise qui fait le tour du vase représente une succession de soldats grecs et de chars tirés par des chevaux. Tous ces objets ont été découverts dans la chambre funéraire d'une princesse celte, la Dame de Vix. Ils nous apprennent également de nombreuses choses sur les échanges entre la région de Vix et la Méditerranée alors même que cette sépulture date du début du Ve siècle... Les amateurs des époques celte et gallo-romaine ne peuvent pas passer à côté ; quant aux autres, sachez que le musée dispose d'une collection qui s'étend jusqu'au XIXe siècle avec un très beau cabinet de curiosités dédié à l'ornithologie ! En plus, le musée propose plusieurs fois par an de belles expositions temporaires.

NASSER VOLANT - MUSÉE DU CERF-VOLANT

12, rue de Vignery - **BISSEY-LA-PIERRE**
✆ 03 80 54 32 46
www.nasservolant.com
Du lundi au samedi 10h-12h et 14h-18h. Gratuit. Fabrication de cerfs-volants : 6-15 €. Visite guidée sur réservation.

Créé en 2001 par Nasser Volant, il s'agit du tout premier musée du cerf-volant en Europe. Champion du monde depuis 1992, il propose des spectacles avec le féerique jardin du vent. De quoi donner des ailes et lever les yeux vers le ciel. Rendez-vous dans ce musée pour découvrir plus de 1 000 cerfs-volants du monde entier. Des ateliers permettent d'apprendre à fabriquer son propre cerf-volant et à le piloter ! Rendez-vous sur le site pour connaître l'agenda des évènements.

SOURCE DE LA DOUIX ★

Rue de la Douix
Accessible toute l'année, 24h/24, 7j/7. Aire de pique-nique. Parking.

La source de la Douix est l'une des plus belles sources de France, et son aura de mystère et de vénération fait d'elle un lieu de culte depuis l'Antiquité. On y a découvert de beaux trésors archéologiques (statuettes, poteries et bijoux remontant à plus de 700 ans avant J.-C.), dont certains sont exposés au musée. Pour les spéléologues, la source de la Douix est une énigme : son goulot est praticable jusqu'à 180 m, puis la progression est stoppée par des blocs de pierre. Elle pourrait communiquer avec un réseau souterrain. L'endroit permet une pause reposante.

LA ROUTE DU CRÉMANT DU CHATILLONNAIS

1, rue du Bourg
✆ 03 80 91 13 19
www.chatillonnais-tourisme.fr/
Label Vignobles et Découvertes.

La Route du Crémant est une des 3 prestigieuses routes des vins qui sillonnent la Bourgogne après celle des Vignobles de l'Yonne et celle des Grands Crus. Elle vous permet de partir à la découverte du vignoble châtillonnais, de ses villages, ses cépages et de son histoire singulière. Notez qu'elle traverse le Parc national de Forêts. Le Crémant est un vin qui se pare de bulles dans un processus qui est identique à celui du champagne et quand on sait que le Châtillonnais est un terroir de cépages à bulles et qu'il est si proche des vignes de l'Aube, on comprend pourquoi le Crémant est bon. L'itinéraire, jalonné de 74 panneaux, parcourt près de 120 km avec des incursions dans les vallées de la Seine, de la Laigne ou de l'Ource. Arrêt obligatoire à l'OenoCentre Ampélopsis ou au Musée du vigneron pour découvrir la star des bulles bourguignonnes, son histoire et ses secrets de fabrication. Autour de Châtillon-sur-Seine, de Laignes et de Montigny-sur-Aube, plusieurs circuits vous permettent de découvrir les richesses de la région et de ses vignerons qui investissent considérablement ces dernières années. Vous êtes au cœur de l'AOC des Crémants de Bourgogne. En mars, ne manquez pas la Fête du Crémant et du Tape-Chaudrons, à Châtillon-sur-Seine où près de 5 000 visiteurs se pressent chaque année. Cette fête est organisée par la Ville de Châtillon-sur-Seine et le Syndicat de défense des intérêts viticoles des coteaux du Châtillonnais en partenariat avec la chambre de l'Agriculture.

VESTIGES DU CHÂTEAU

Rue Saint-Vorles
Ouvert toute l'année. Gratuit. Visite guidée (sur rendez-vous auprès de l'office de tourisme).

Construit entre le XIIe et le XIVe siècle par les ducs de Bourgogne comme place forte avancée face au comté de Champagne voisin et au domaine royal, ce château fut détruit en 1598 sur ordre du bon roi Henri IV. Désormais, les restes de la muraille, la tour de Gissey qui offre un superbe panorama sur la ville, et ses créneaux veillent sur le cimetière de la commune. Ce cimetière compte un certain nombre de tombes intéressantes, dont celle du Maréchal Marmont, de Louis Cailletet (physicien-chimiste), ou de membres du clergé : un patrimoine funéraire à découvrir.

LE CHÂTILLONNAIS ET L'AUXOIS

24, rue du Maréchal-de-Lattre-de-Tassigny
✆ 03 80 91 08 65
www.lechatillonnaisetlauxois.fr
Prix : 1,80 €/numéro. Abonnements papier et numérique.

Né en mars 1807, le *Châtillonnais et l'Auxois* est le titre le plus ancien de la presse hebdomadaire régionale. C'est LE rendez-vous de l'info chaque jeudi sur le Nord Côte-d'Or ! Du vide-greniers à la visite ministérielle, l'hebdo couvre tous les événements. Véritable média de proximité et partenaire des manifestations populaires, *le Châtillonnais et l'Auxois* est habilité à publier les annonces légales. Il est également présent sur le web et les réseaux sociaux.

© LE CHATILLONNAIS ET L'AUXOIS

© LE CHATILLONNAIS ET L'AUXOIS

PAYS DU CHÂTILLONNAIS

CAROVINS

13, rue de Cramont
✆ 03 80 91 06 41
Caviste. Ouvert du mardi au samedi de 9h à 12h et de 14h à 19h.

© E VOILLEQUIN

Carovins, c'est la charmante et incontournable boutique aux mille trésors de votre caviste, Carole Baudoin. Toujours aussi accueillante, joyeuse et chaleureuse, Carole nous laisse le temps de découvrir son univers avant de nous conseiller avec passion dès que l'hésitation nous gagne. Belles sélections de vins, bières, alcools, thés, cafés et chocolats. Cela en fait un passage évident si vous voulez faire un cadeau ou bien vous faire plaisir, tout le monde trouve quelque chose à son goût ! Les nouveautés sont fréquentes et sa vitrine toujours fort bien décorée.

OFFICE DE TOURISME DU CHÂTILLONNAIS

1, rue du Bourg
✆ 03 80 91 13 19
www.chatillonnais-tourisme.fr
En juillet et août, du lundi au samedi de 9h à 18h ; dimanche de 10h à 14h.

Installé dans la magnifique Maison Philandier du XVIe siècle, l'office de tourisme donne de très nombreuses informations sur les visites à faire dans la région, comme l'abbaye du Val des Choues et son musée-opéra de la Vénerie, le château de Montigny-sur-Aube, la maison de la Forêt à Leuglay, le musée du Pays châtillonnais, l'œnocentre Ampélopsis ou encore la piscine de Châtillon-sur-Seine. Sans oublier la brochure « Nature » pour découvrir de ce joli coin de la Bourgogne !

L'ÉTAPE €€

60, rue Maréchal de Lattre de Tassigny
✆ 03 80 81 90 99
Ouvert du mardi au samedi midi soir. Burgers, pizzas, grillades, planches. Buffet midi mardi au samedi. Terrasse.

Ambiance conviviale et chaleureuse, déco bistrot-industrielle, et bons petits plats : voilà la recette qui assure le succès du restaurant L'Étape. David Innocent, Mélanie et toute la fine équipe assurent un service rapide et utilisent de bons produits pour préparer des burgers aux pains cuits sur place et aux sauces et frites maison. Pizzas, salades et planches-repas magnifiquement garnies permettent l'embarras du choix. Ne manquez pas non plus le buffet à volonté, le midi du mardi au samedi. Et commencez par un Crémant du Châtillonnais en apéritif !

L'ÉVIDENCE €€

2, quai de Seine
✆ 03 80 81 50 73
Ouvert tous les jours sauf le mercredi et le jeudi. Plat du jour 11 €. Formule du midi : 16,90 €, menus de 33 € à 38 €.

Installés à Châtillon-sur-Seine depuis 2018, Anne et Frédéric se sont rencontrés dans le milieu de la restauration et ont décidé d'ouvrir leur propre restaurant. Le rapport qualité-prix est parfait et chaque plat est préparé maison. Le chef renouvelle sa carte au gré des saisons et de ses inspirations : laissez-vous tenter par le ris de veau aux morilles, la déclinaison autour du foie gras, la blanquette de saumon ou encore le filet de bœuf. Anne assure le service avec beaucoup de gentillesse, et vous aurez même un bouquet de fleurs fraîches sur la table !

LE BAR À SPRITZ

3, rue de Chatillon
NESLE-ET-MASSOULT
✆ 06 36 21 16 68
www.maitredhotelbourgogne.fr
Animations. Maitre d'Hôtel et bar à cocktails à domicile.

Valentin Merlot, vice-champion du monde des maîtres d'hôtel 2019, après de nombreuses années passées en hôtellerie et restaurants étoilés offre ses services pour l'organisation de vos événements privés et professionnels. Votre réception est conçue à la carte avec proposition de prestataires selon le lieu, la date et l'heure, vos menus, vos boissons. Une des composantes de la prestation est le bar à apéritif et à propositions innovantes de cocktails et mariages de boissons. Bar en bois, bar lumineux selon la thématique choisie pour agrémenter la fête.

DOMAINE HENRI MUTIN

La Grange aux Clercs - **MASSINGY**
✆ 03 80 91 06 05
www.domaine-mutin.com
Réseau Bienvenue à la Ferme - Labels Vignobles et Découvertes et Viticulture biologique AB, 7j/7, de préférence sur RDV.

Henri Mutin, que l'on connaît pour ses crémants, est avant tout agriculteur. Fervent défenseur de la culture biologique, au même titre que pour le crémant, on vient aussi à lui pour trouver des céréales bio, des valeurs montantes que même les grands chefs recherchent : lentilles corail ou bélouga, pois chiches, pois cassés pour servir la cuisine actuelle. Les pois chiches sont mis en bocaux pour faciliter leur consommation. Nouveau aussi : la bolognaise de lentilles. Gourmand et 100 % végétal. Farines d'épeautre, blé, seigle ou engrain bio sont moulus à la ferme.

DOMAINE HENRI MUTIN

La Grange aux Clercs
MASSINGY
✆ 03 80 91 06 05
www.domaine-mutin.com
Réseau Bienvenue à la Ferme. Label Vignobles et Découvertes et Viticulture biologique AB. 7j/7 de préférence sur rdv.

© HENRI MUTIN

Depuis ses débuts en 1995, Henri Mutin, l'un des plus fervents promoteurs du Crémant du Châtillonnais, ne cesse de se développer dans la culture biologique. Sur la dizaine de cuvées qu'il propose, sa Tête de Cuvée 100 % Chardonnay et la cuvée Prestige équilibre du Pinot Noir et du Chardonnay sont des Eminents, la cuvée m est Grand Eminent élevé plus de 36 mois sur lattes. Grace à la récolte 2022 très qualitative, il prépare 3 cuvées bio et des «vins tranquilles». Sa gamme de céréales bio produite sur sa ferme est en pleine expansion.

DOMAINE GILLON FRÈRES

Rue du Moulin
GOMMEVILLE
✆ 03 80 81 94 68
www.domainegillon.com
Accueil tous les jours sur rendez-vous, groupes jusqu'à 50 personnes.

© DOMAINE GILLON

Alain et Patrick Gillon, agriculteurs du Châtillonnais, se sont lancés dans la viticulture en 1995. Julien et Romain, leurs fils respectifs, s'apprêtent à reprendre les rênes du domaine qui vient de s'équiper d'une nouvelle cuverie, de quoi vinifier, manipuler les raisins de 9 ha de vignes. Le domaine est situé dans un superbe endroit, au cœur du village et au bord de la Seine. La maison arbore fièrement le blason des Frères Gillon. Les vignes plantées en pinot noir et chardonnay donnent 5 cuvées de Crémants et autant de vins de Bourgogne rouges, blancs et rosés.

MONTIGNY-SUR-AUBE

Le territoire de Montigny-sur-Aube, situé entre Bourgogne et Champagne, regroupe 16 communes et plus de 2 000 habitants. Riche d'un grand patrimoine naturel de forêts, au cœur des vallées de l'Ource et de l'Aube, ce canton est aussi l'une des portes du Parc national de forêts, né fin 2019. Ses paysages vallonnés et son sol riche en calcaire argileux favorisent le développement des vignes permettant de produire vin rouge, vin blanc et le fameux Crémant de Bourgogne. De nombreux trésors archéologiques furent découverts ici dont 12 haches en pierre polie, une sépulture hallstattienne à la Fontaine Naudot. D'un point de vue architectural, le territoire est également richement paré, avec la commanderie des Templiers à la ferme d'Epailly, ses églises et ses lavoirs.

Rien qu'à Montigny-sur-Aube on trouve 4 lavoirs et 3 ponts classés aux monuments historiques qui permettent de franchir l'Aube. On y trouve également un élégant château de style Renaissance, construit au XVIe siècle, orné de colonnades, avec de beaux jardins à l'anglaise et une magnifique chapelle, le tout classé aux monuments historiques depuis 1961. L'enclume et les marteaux sur le blason du village symbolisent l'activité du bourg : la métallurgie. En effet, la plus ancienne usine de fer de Côte-d'Or était implantée à Montigny-sur-Aube en 1202. De nos jours, la métallurgie a laissé la place aux travaux agricoles. Pour l'anecdote, Harry Truman (président des Etats-Unis en 1945) séjourna plusieurs mois à Montigny-sur-Aube en 1918 !

ESPACE VTT-FFC DU PAYS CHÂTILLONNAIS

✆ 03 80 91 13 19

www.chatillonnais-tourisme.fr

Circuits praticables de début mars à mi-octobre.

Pour découvrir le Châtillonnais en général et la magnifique forêt domaniale de Châtillon-sur-Seine, devenue Parc national en novembre 2019, choisissez le VTT ! En effet, l'office de tourisme vous permet de découvrir neuf chemins balisés au sein du onzième parc national français, le plus vaste après celui de la Guyane. Le circuit d'initiation de la Belette (12 km) est une promenade au cours de laquelle vous aurez peut-être la chance d'apercevoir un animal sauvage. Le circuit des Charbonniers (27 km) est un mélange de routes caillouteuses et de lignes forestières. Le circuit du Sentier à la Biche (34 km) vous permet de composer votre parcours selon vos envies. Les plus courageux choisiront le circuit La Forêt de Châtillon (75 km) ou encore le circuit du Fayard (89 km) qui concernent les amateurs de longues randonnées en VTT tandis que celui des Combes (25 km) est plus sportif et dispose de nombreux points de vue sur la vallée de l'Ource. Les sportifs peuvent tenter celui du Val des Choues (37 km) qui mêle technicité et diversité. Pour les amateurs de crémant, bullez grâce au circuit La Route du Crémant (68 km)... Enfin, pour découvrir les vestiges d'anciens châteaux et le patrimoine historique de Châtillonnais, choisissez le circuit Les Hauts Plateaux (56 km). Vous trouverez, à l'office de tourisme, dans les antennes locales en saison et en téléchargement sur Internet le circuit qui vous conviendra et qui alliera au mieux votre niveau, vos envies et votre temps !

CHÂTEAU DE MONTIGNY-SUR-AUBE & SES VERGERS

2, rue de l'Eglise

✆ 03 80 93 55 23

www.chateaudemontigny.com

Bienvenue à la ferme. Ouvert du 13 mai au 1er octobre, du mercredi au dimanche. Adulte 8 € avec audioguide. Produits bio.

Ce magnifique château de style Renaissance témoigne de plus de huit siècles d'histoire ! Visitez les douves, l'aile méridionale et la « tour rouge », et ne manquez pas la chapelle Renaissance : c'est une réplique d'une chapelle de la cathédrale de Langres. Mais le château de Montigny-sur-Aube est également parfaitement ancré dans notre époque : son vaste parc, classé au titre des Monuments historiques depuis 1961, abrite des vergers-potagers conservatoires qui font de cet endroit un lieu exceptionnel. Ce sont pas moins de 350 variétés anciennes qui poussent sur 5 244 m² de terrain, clos de murs en pierre, et tout est cultivé en agriculture biologique (fruits, fleurs, légumes, dont 70 variétés de tomates !). La pollinisation des arbres fruitiers se fait grâce aux ruches, qui permettent au château de produire également du miel. Pour vous restaurer, pensez à la belle formule des Coffrets fraîcheurs : vous pourrez déguster trois petits plats salés et un sucré, le tout accompagné de pain maison et d'une boisson. Bien sûr, tout est concocté à partir des produits issus du domaine, et le menu change donc chaque jour. Des journées découverte ont également lieu tout au long de l'année et le château ouvre sa saison en beauté en organisant, les 13 et 14 mai 2023, une grande vente de plantes et de plants produits par les vergers. La boutique vous fournit en produits certifiés bio conçus à partir des productions du jardin, que vous pouvez également retrouver en ligne sur le *drive* fermier.

L'ORÉE DU PARC €

9, rue de Potelle ✆ 03 80 93 58 48

www.chambredhote-oreeduparc.com

Vignobles et Découvertes. 2 chambres. Chambre double 75-80 €. Petit déjeuner inclus. Dégustations.

Vous allez être séduits par l'accueil que vous réservent Janice et Jim Campbell, qui depuis l'Écosse ont fait le choix de s'installer à Montigny-sur-Aube. Leurs deux chambres sont confortables tout en offrant une charmante touche de leur pays d'origine. Le *breakfast* est également l'occasion d'un voyage outre-Manche. Suivant le label « Vignobles et Découvertes » et bientôt « Esprit parc », ils vous conseillent sur les meilleurs plans pour découvrir la route du Crémant ou le parc national de forêts. L'accueil en français est excellent.

LES ROULOTTES DU CAMPING DU MARAIS** €

Route D13 - **RIEL-LES-EAUX** ✆ 06 80 10 32 87
www.campingdumarais-riel.com
Ouvert d'avril à octobre pour les emplacements et toute l'année pour les roulottes. Roulotte à partir de 55 € la nuit.

Voici un petit camping plein de charme situé au cœur du Parc national de forêts à proximité de l'Ource et de deux plans d'eau, l'un pour la baignade (non surveillée), l'autre pour la pêche (carpodrome). En marge des emplacements, vous pouvez loger dans trois roulottes de conception récente. Pouvant accueillir de 2 à 5 personnes, chacune dispose de tout le confort avec chambre, salon, cuisine et salle d'eau. Un petit havre de paix calme et proche de la nature !

DOMAINE GHEERAERT €€

1, rue Haute - **MOSSON** ✆ 03 80 93 71 67
www.cremant-gheeraert.fr
Gîtes de France. Pour 2 à 3 personnes. 1 chambre de 250 à 295 € la semaine selon saison. Tarif 2 nuits : 140 €.

Au cœur du Domaine Gheeraert, sur la route du Crémant, se trouve un charmant gîte entièrement rénové. Ce duplex de 60 m² dispose d'une grande pièce à vivre avec cuisine ouverte, et d'une chambre à l'étage. Idéal pour deux ou trois personnes, il vous permet de séjourner au sein même du domaine. En plus du calme, vous pourrez profiter de superbes balades dans les coteaux à proximité, avec vue sur les monts du Châtillonnais. Et, bien sûr, profitez de votre séjour pour découvrir les crémants du domaine : dès votre arrivée, une dégustation vous sera proposée !

CHÂTEAU DE COURBAN & SPA NUXE**** €€€

7, rue du Lavoir - **COURBAN** ✆ 03 80 93 78 69
chateaudecourban.com
Les Collectionneurs. 24 chambres. Chambre double à partir de 99 €. Coffrets proposés. 2 chargeurs Tesla 22kW.

Ce charmant hôtel, situé au cœur des vignes et de la forêt du Châtillonnais, se tient dans une magnifique bâtisse et propose 24 chambres, toutes différentes, à la décoration soignée, chic et chaleureuse. Profitez du spa pour une pause ressourçante, et goûtez à la délicieuse cuisine du chef Nicolas Thomas, dont le restaurant, situé dans l'orangerie du château, possède un cadre enchanteur. Le Château de Courban, 4 étoiles, étoilé Michelin, est un trésor de la Bourgogne.

TERRITOIRE DE MONTIGNY-SUR-AUBE

16, rue Henri-Chambon
✆ 03 80 93 55 89
www.campingdumarais-riel.com
Renseignements auprès de la Mairie de Montigny-sur-Aube. A Riel-les-Eaux Camping et site de pêche, restaurant l'Armoise.

Ce territoire situé au cœur du Chatillonnais et aux portes du Parc national de forêts est idéal pour les amoureux de la nature. Les vallées de l'Ource et de l'Aube offrent de nombreuses balades pour découvrir les richesses d'une nature préservée. Les villages, le Château de Montigny-sur-Aube, la commanderie d'Epally, les lavoirs, les ponts et les églises témoignent d'un patrimoine historique de premier ordre. Ce territoire est traversé par la route du Crémant, LA spécialité locale !

© CANTON DE MONTIGNY SUR AUBE

© CANTON DE MONTIGNY SUR AUBE

PAYS DU CHÂTILLONNAIS

LA MARMITE €€

1, place du Four
BELAN-SUR-OURCE
✆ 09 72 80 00 66

Ouvert le lundi de 18h à 23h ; du mardi au samedi de 9h à 23h ; le dimanche de 11h à 23h.

La Marmite, qui a repris du service en 2020, attire les touristes sillonnant la Route du Crémant avec son allure de bonne auberge. La table y est donc recommandée, elle plait à tous avec son ambiance chaleureuse. Il faut dire que Nawel et Faco, qui ont exercé à Paris, savent préparer un large panel de cuisine du monde. Aux côtés du fameux faux-filet frites, de son burger ou du fish & chips de cabillaud, le couscous, le chili ou autres plats asiatiques sont souvent à l'ardoise. Petite terrasse et grand bar invitent à la pause et à des fins de soirées animées.

RESTAURANT L'ARMOISE €€

2, rue de la Grande Fontaine - **RIEL-LES-EAUX**
✆ 03 80 93 72 76
larmoise.metro.rest

De mercredi à dimanche midi et soir. Basse saison jeudi à dim midi, vendredi et samedi midi et soir. Menus de 24 à 44 €.

Installé au bord du plan d'eau de Riel-les-Eaux, le restaurant L'Armoise est idéal pour savourer un repas gastronomique dans un cadre bucolique. Cyrille Comte, qui a déjà tenu un restaurant en Savoie, a conservé de cette expérience le nom de son établissement, L'Armoise. Les escargots peuvent finir en profiteroles, les noix de Saint-Jacques en brochette avec coulis de langoustine et le cœur de rumsteck en réduction de pinot noir. En basse saison, des plats savoyards sont proposés et s'offrir une tartiflette ou une fondue préparée par un expert est plutôt bienvenu.

CHÂTEAU DE COURBAN & SPA NUXE €€€

7, rue du Lavoir - **COURBAN** ✆ 03 80 93 78 69
chateaudecourban.com

Tous les jours le soir et dimanche midi. Menus de 79 € à 145 €. Hôtel 4 étoiles de 25 chambres. 2 chargeurs Tesla 22kW.

Un nouveau chef prend cette année la tête du restaurant gastronomique du Château de Courban : il s'agit de Nicolas Thomas, étoilé depuis 2018, qui a à cœur de mettre en valeur les produits du terroir et les productions locales, tant dans un souci écologique que gustatif. Côté desserts, la cheffe pâtissière Sae Hasegawa reste aux commandes et vous propose ces délicieuses créations. Le tout dans un cadre original, une ancienne grange transformée en lumineuse orangerie.

DOMAINE ROLAND VAN HECKE

5, rue de l'Eglise - **GRANCEY-SUR-OURCE**
✆ 03 80 93 79 07 - www.rolandvanhecke.com

Ouvert Lundi, mercredi, samedi. Dimanche matin. Sur rdv les autres jours. Label Vignobles & Découvertes. Vente en ligne.

Les conditions d'accueil chez Roland et Christelle Van Hecke sont parfaites dans leur caveau moderne au pied de la statue de la Vierge de Beauregard, « protectrice » du village de Grancey-sur-Ource. Roland Van Hecke vinifie et manipule lui-même ses Crémants dans une cuverie modernisée en 2018 rendant son exploitation HVE. La surface des vignes s'étend sur 6 ha sur les coteaux de Gommeville. Le domaine assure une production de 30 000 bouteilles et profite de la qualité de son Pinot Noir et son Chardonnay pour produire des vins tranquilles en appellation Bourgogne.

CHÂTEAU DE COURBAN & SPA NUXE

7, rue du Lavoir - **COURBAN**
✆ 03 80 93 78 69
chateaudecourban.com

Ouvert tous les jours de 10h à 20h. Fermeture les 24 et 25 décembre.

Si vous cherchez un endroit où passer un moment hors du temps, venez profiter du Spa Nuxe au Château de Courban. Le lieu invite à la détente avec ses lumières tamisées et ses senteurs délicates. Abandonnez-vous au savoir-faire des masseurs professionnels. Qu'ils soient californiens ou d'inspiration indienne, les massages pratiqués libèrent votre corps de la fatigue. Profitez d'installations haut de gamme avec sauna, hammam, bain à remous, un hydrojet et une tisanerie bien agréable.

PISCICULTURE LES TRUITES DE L'AUBE

9, rue du Mont-Remin - **VEUXHAULLES-SUR-AUBE**
✆ 03 80 93 52 58
truites-laube.fr

Entrée libre et prêt de matériel gratuit. Poisson pêché vendu au kilo et boutique de produits transformés. Buvette.

Ferme d'élevage de truites et de saumons, boutique de produits transformés (terrines, rillettes, poissons fumés...), buvette... : vous êtes assuré de passer une journée ou un après-midi hors des sentiers battus dans cette organisation de pisciculture. Si vous souhaitez pêcher, le matériel de pêche vous est prêté ; et, pour ceux qui ne pêcheraient pas, il reste le plaisir de l'observation du lieu où plantes, insectes et poissons cohabitent à merveille.

PAYS DU CHÂTILLONNAIS

PLAN D'EAU DE RIEL-LES-EAUX

Plan d'Eau
RIEL-LES-EAUX
✆ 03 80 93 72 76
12 € pour une carte de pêche d'une journée. 70 € l'abonnement annuel. Restauration.

Profitez d'un moment de baignade, de détente ou de pêche, en passant un moment ensoleillé au plan d'eau de Riel-les Eaux ! Situé à courte distance de Châtillon-sur-Seine et de Montigny-sur-Aube, ce lac possède une eau claire et de nombreux aménagements : carpodrome (no-kill cette année), tables de pique-nique, jeux pour les enfants... ainsi que l'excellent restaurant l'Armoise, dont les propriétaires entretiennent aussi le plan d'eau. De quoi passer une belle journée !

DOMAINE GHEERAERT

1, rue Haute - **MOSSON**
✆ 03 80 93 71 67
www.cremant-gheeraert.fr
Vignobles & Découvertes. Ouvert du lundi au samedi de 10h30 à 18h. Groupes sur rdv. Caveau dégustation-vente. Gite

© CLAUDE GHEERAERT

Les 7 ha de vignes du Domaine Claude Gheeraert, producteur et manipulateur depuis 1991, produisent une belle variété de crémants de Bourgogne dont les cuvées sont régulièrement médaillées, comme le Brut chardonnay ou le Brut pinot. Le domaine produit aussi des vins de Bourgogne et du ratafia. Notez qu'une cuvée boisée élevée 2 ans en foudre est en préparation. Un charmant caveau a été aménagé dans la cour de cette ferme très accueillante. La culture de la vigne est faite de manière raisonnée et durable. Les vins sont disponibles en ligne sur le site du domaine.

DOMAINE MASSARD

Rue de Duncey
BELAN-SUR-OURCE
✆ 07 87 49 16 85
https://domainemassard.fr/
Ouvert le dimanche de 10h à 12h. Et tous les jours sur rdv. Visite, vente et dégustations.

© MARIE SALOMON - OT CHÂTILLONNAIS

Jean-Philippe et son frère Olivier Massard, propriétaires récoltants, deuxième génération du domaine, poursuivent le travail de leurs parents, Violette et Hubert qui ont planté les premiers ceps de vigne dans les années 90. Cuverie éco-responsable, viticulture raisonnée, vendange à la main et conseils d'un œnologue champenois leur permettent de produire trois cuvées, Signature, Rosé et Chardonnay. La dégustation à l'aveugle rend difficile de différencier leurs crémants d'un champagne ! Découvrez ce domaine familial dans un des villages du Parc national de forêts !

LEUGLAY

Situé à proximité de Voulaines-les-Templiers, de Recey-sur-Ource et de Faverolles-lès-Lucey, le village de Leuglay fait partie de la communauté de communes du Pays châtillonnais. L'Ource y coule, claire et paisible, et fit notamment marcher par le passé la machine à tourner la terre de la tuilerie de Lugny, le moulin de la Courroirie, les usines de Froidvent et le moulin de Leuglay. À voir, la chartreuse de Lugny, l'église de la Corroirie et l'église Saint-Martin. La Maison de la Forêt vous propose quant à elle de regarder la nature autrement. Non loin, découvrez aussi l'abbaye du Val des Choues ou encore le château de Montigny-sur-Aube.

PARC NATIONAL DE FORÊTS ★★★★

1, ruelle de la Ferme ✆ 03 25 31 62 35
www.forets-parcnational.fr

Les agents du Parc national de forêts sont à votre écoute du lundi au vendredi de 9h à 17h.

Le Parc national de forêts, terre de passage entre Champagne et Bourgogne couvre 2 200 km² entre le sud de la Haute-Marne et le nord de la Côte-d'Or. Né en 2021, ce 11e Parc national est la reconnaissance de la valeur exceptionnelle du patrimoine paysager, culturel, naturel et humain de ce territoire. Il s'agit du plus jeune parc de France, le premier à être situé dans la moitié nord de la France et à être dédié à la protection de la forêt de feuillus de plaine. Les appels à projets, la multiplication des points d'accueils, la signalétique, les acteurs adhérant à la charte Esprit Parc, contribuent à sa mise en tourisme et à son rayonnement régional, national mais aussi à l'international.

L'équipe du Parc est déjà constituée d'une trentaine de personnes pour répondre à ses missions touristiques, scientifiques et environnementales.

Le Parc nous propose d'affiner notre sens de l'observation et notre responsabilité à protéger la nature. On en apprend beaucoup sur les espèces emblématiques régionales comme la cigogne noire, oiseau migrateur, qui se reproduit dans les forêts locales. L'éveil se fait sur la grande faune forestière représentée par les sangliers, chevreuils, cerfs, renards, blaireaux, chat forestier… Des papillons, tel le Damier du frêne, considéré comme une espèce en danger, peuvent être observés. Sur les sols calcaires poussent la Nivéole de printemps, le Lis martagon et le magnifique Sabot de Vénus. Des milieux fragiles comme les marais tufeux, se caractérisent par la présence de sources pétrifiantes engendrant de fines dentelles créées par l'action des mousses. Zones humides et forêts profondes, combes et plateaux créent le décor.

La richesse de la flore est aussi remarquable : on recense plus de 50 millions d'arbres, et plus de 80 % de l'espace forestier est constitué de forêts anciennes. Pour les cueilleurs de champignons, c'est le paradis : girolles, cèpes et morilles se plaisent dans ces bois, qui possèdent également les conditions parfaites pour la truffe de Bourgogne...aurez-vous la chance d'en découvrir durant vos promenades ?

Le Parc est traversé par plus de 700 km de rivières, qui s'écoulent vers la Seine ou le Rhône.

Amoureux du ciel et des étoiles, le Parc national de Forêts est aussi fait pour vous : le ciel étoilé que l'on peut observer ici est unique en France. Il pourrait bien lui aussi, un jour, qui sait, faire l'objet d'une reconnaissance...

Riche, le parc l'est aussi au niveau culturel avec des vestiges archéologiques de l'âge du fer, des sanctuaires gallo-romains, 4 abbayes du XIIe siècle, des traces de la métallurgie, 2 centres d'art contemporain et des résidences d'artistes.

La marque Esprit Parc national forêts valorise les acteurs du parc qui grâce à ce label orientent les visiteurs pour partager leur savoir-faire et leurs passions. Du château à l'hébergement insolite aux produits de terroir en passant par l'artisanat, chacun contribue à agrémenter et enrichir votre séjour.

Un site d'interprétation grandeur nature. Aux côtés des équipes qui s'activent à assurer la pérennité de ces milieux, à étudier les effets du réchauffement climatique sur la forêt. D'autres accompagnés d'acteurs locaux participent à l'accueil, la découverte et l'éducation à l'environnement par le biais d'animations originales. L'écomusée de la Maison de la forêt à Leuglay, les accompagnateurs des sentiers de la belette à Chateauvillain et le Centre d'Initiation à la Nature d'Auberive, entre autres, organisent des sorties pour percer les mystères de la forêt, comprendre les marais tufeux, reconnaître les champignons, découvrir des vestiges.

Quatre portes emblématiques s'ouvrent en cœur de Parc. Monuments architecturaux de chêne en forme d'abris, les portes de cœur sont des points de départ de visites, points d'information ou de rendez-vous mais aussi des abris. Celle de Châtillon sur Seine se situe au départ du parcours de santé de la foret. Les 3 autres sont en Haute-Marne, à Arc en Barois, les Essarts, Auberive, Enclos de Vision et à Vals des Tilles au Marais de Chalmessin.

Déjà 5 maisons du Parc. Après celle du siège à Arc en Barois, celle de Leuglay, vous pouvez rencontrer les agents du Parc à la Tour de l'Auditoire à Chateauvillain, à la Mairie d'Auberive et Celle de Grancey-le-Château. Notez que l'ancienne gare de Châtillon-sur-Seine et la Maison de l'Eau d'Aignay-le-Duc deviendront prochainement également des maisons du Parc.

Un territoire propice aux randonnées. Quoi de mieux pour découvrir le Parc que de le parcourir, à pied, à vélo ou à cheval. Dans son schéma d'interprétation, le Parc aménage des sentiers balisés pour le parcourir dans le plus grand respect de son patrimoine naturel. Plus de 25 itinéraires pédestres sont balisés, douze sont destinés au cyclotourisme. Enfin un itinéraire de randonnée équestre de 280 km est proposé avec 7 haltes aménagées pour accueillir chevaux et cavaliers.

Demandez le programme, le plan, réservez une visite, une animation et « papillonnez dans le Parc national de forêts ».

Le site internet du Parc national dispose d'une carte interactive permettant de repérer facilement chacun de ses points d'intérêt. Une page est consacrée aux acteurs labellisés Esprit Parc.

L'histoire des parcs nationaux en France a démarré il y a 60 ans, c'est l'état qui en décide la création. Celui des forêts est tout jeune, mais il s'impose déjà comme un site incontournable où chacun peut trouver son intérêt, le premier étant celui de la préservation de la biodiversité tellement concernée ! **Bonne visite !**

© CÉLINE LECOMTE

© COLIN PELLERIN

© OLIVIER PELLERIN

PARC NATIONAL DE FORÊTS

1, ruelle de la Ferme ✆ 03 25 31 62 35
www.forets-parcnational.fr

Le Centre d'Initiation à la Nature d'Auberive et la Maison du Parc à Leuglay organisent des sorties thématiques.

C'est l'un des joyaux naturels de la Côte-d'Or : avec ses 50 millions d'arbres, répartis sur 2 000 km², le parc national de Forêts ravira tous ceux voulant se ressourcer dans la nature. Parcourez ses sentiers (près de 1 000 km de chemins de randonnée) pour découvrir un écosystème et une biodiversité riches et variés : forêts anciennes, rivières et cours d'eau, marais tuffeux… N'oubliez pas non plus de chercher des champignons ! Les animaux sont nombreux à loger dans ces bois (cerfs, chevreuils, blaireaux…) et les cigognes noires viennent nicher au printemps.

© ERIC GIRARDOT

© CÉLINE LECOMTE / OFB

BALADE DE LA FRAICHE FONTAINE

Rue de la Gare

Ce petit sentier qui part de la gare de Leuglay est accessible aux personnes à mobilité réduite, il mène à un point d'eau aménagé pour un pique-nique. Au passage, profitez-en pour visiter le hall de la gare car y est exposée une œuvre contemporaine et monumentale spectaculaire réalisée à partir de pièces d'avions. Jolie pause avant de pénétrer dans le Parc national de forêts dont la maison est à quelques pas. Le lieu, d'un calme royal, dispose aussi de plusieurs gîtes.

LA HALLE DE MARCHANDISES - FRAC BOURGOGNE

Rue de la Gare

✆ 03 80 81 82 50

Ouvert tous les jours. Gratuit.

La halle de marchandises de l'ancienne gare de Leuglay cache un trésor qu'il ne faut surtout pas manquer lors d'un passage sur cette route qui mène au Parc national de Forêts. Une œuvre contemporaine et monumentale y est exposée à l'initiative du FRAC de Bourgogne. Nancy Rubins y a réalisé *Table and Airplanes Parts*, un assemblage géant de pièces d'avions défiant la pesanteur. On aime ou on n'aime pas, mais le spectacle ne laisse pas indifférent !

LA TRUFFIÈRE PILOTE DE LEUGLAY

1, ruelle de la Ferme ✆ 03 80 81 86 11

www.truffe-bourgogne.fr

Visite libre de la truffière. Visite du Centre d'interprétation de la truffe de Bourgogne. Adulte 5 €. Enfant 3 €.

L'association La Truffe côte-d'orienne a créé en 2013 une truffière pilote à portée scientifique, en partenariat avec la Maison de la Forêt qui depuis est aussi devenue Maison du Parc national de forêts. Des travaux sur les molécules et les arômes de la *tuber uncinatum* ont été lancés par des chercheurs. En 2021, la truffière pilote a donné ses premiers résultats. Et comme un sacrement de l'aventure, en septembre 2022 a ouvert le Centre d'interprétation de la truffe de Bourgogne.

PARC NATIONAL DE FORÊTS

1, ruelle de la Ferme ✆ 03 25 31 62 35

www.forets-parcnational.fr

Accès libre et guidé. Carte interactive sur le site Internet pour localiser les parcours.

1 000 km de sentiers de randonnées, dix itinéraires de pratique équestre, des boucles et des itinéraires cyclotouristiques… Le parc national des Forêts est le paradis des sportifs, qu'ils soient du dimanche ou confirmés ! Tous ces chemins peuvent être parcourus de manière indépendante : à vélo, on aime la boucle du plateau d'Éole, qui vous fait découvrir le village d'Aujeurres et la légende de la Peûte-Bête ; à pied, ne manquez pas le circuit d'Épailly, pour parcourir le relief du pays châtillonnais ; à cheval, choisissez l'une des sept étapes du grand tour équestre… ou faites-les toutes, si vous avez suffisamment de temps !

Des événements guidés sont aussi régulièrement organisés dans le parc, que ce soit pendant un après-midi ou pendant un week-end. Voici quelques idées :

- **Échappée nature :** partez en vélo électrique accompagné par votre animateur à la découverte des saveurs et des producteurs du parc. Vous pourrez même goûter les produits !
- **Les Sentiers de la belette :** suivez les pas d'Aurélie dans l'enquête « L'homme et la forêt » pour découvrir la nature de manière ludique et accessible. Les enfants seront ravis de trouver les indices et résoudre les énigmes.
- **Week-end « Randonnée au cours de l'Aujon » (deux jours et une nuit) :** chaussures de randonnée aux pieds, partez à l'aventure à travers ce territoire unique ! De forêts en villages, à travers les sentiers, tous vos sens s'éveillent. Vos guides, Sonia et Aurélie, sauront vous faire faire apprécier la beauté des paysages et le monde merveilleux qui se révèle à vous.

GÎTES DE LA GARE €€

Rue de la Gare

✆ 03 80 45 97 15

www.gites-de-france.com

5 gîtes pour 4 à 5 personnes. De 270 € à 370 € la semaine selon saison.

Au nombre de 5, les gîtes comportent chacun 2 étages et peuvent accueillir entre 4 et 5 personnes. Le bois et la décoration contemporaine font de ces habitations des espaces chaleureux. Juste à côté, l'ancienne gare fait office de point d'accueil et dispose d'une télévision, de toilettes ainsi que d'une machine à laver et d'un sèche-linge en libre accès. Avec leur conception moderne et leur équipement design, ils prennent des allures de lofts contemporains. Chaque gîte dispose d'une terrasse pour prendre un petit déjeuner ou un repas face à la nature.

MAISON DU PARC - MAISON DE LA FORÊT

1, ruelle de la Ferme
✆ 03 80 81 86 11
www.maison-foret.com
Ouvert du mardi au vendredi de 9h à 12h et de 14h à 18h ; le week-end de 14h à 18h. Adulte : 5 €. Enfant : 3 €.

Cette première « Maison du Parc national » se situe au bord de l'Ource à Leuglay, au cœur du Parc national de forêts. Centre d'interprétation, il permet de découvrir et de valoriser le patrimoine forestier du Châtillonnais tout en sensibilisant un large public à l'environnement et aux métiers de la filière bois. On y découvre la forêt à travers des expériences tactiles, olfactives et auditives. Depuis septembre 2022 la Maison du Parc s'est embellie et a ouvert le Centre d'interprétation de la truffe de Bourgogne à l'initiative de l'Association de la Truffe Côte d'Orienne en collaboration avec le Part national de forêts. Cette Tuber Uncinatum, résidente indissociable de la forêt locale nous livre de manière remarquable ses secrets, son histoire, sa vie biologique et même sexuelle, sa préciosité et finalement comment on peut la déguster. L'association de la Maison de la forêt organise de nombreuses activités en plein air, des promenades, des sorties orchidées ou d'escalade d'arbres. Vous pouvez aussi partir à la découverte des champignons ou des baies sauvages et pourquoi pas vous familiariser avec les traces d'animaux, le brame du cerf. Apprenez à reconnaître les chants d'oiseaux et à découvrir leur mode de vie grâce à un système multimédia qui vous est prêté. Et pour les plus aventuriers, la Maison de la Forêt propose des jeux de piste. Plantés en 2013 et 2014, la Truffière pilote et l'arboretum se développent et se visitent librement juste en face du parking.

RESTAURANT LES FUMERONS €

1, rue de Valverset ✆ 03 80 81 82 28
www.restaurant-lesfumerons.fr
Du lundi au samedi le midi. Dimanche midi en été. 19,50 €, 22,50 € samedi. Autres horaires de 10 à 45 pers.

© MARIE PIERRE QUENNESSON

Le restaurant Les Fumerons est l'adresse où déjeuner en toute simplicité et convivialité lorsque vous traversez le Parc national de forêts. Marie-Pierre Quennesson, toujours de bonne humeur, prépare une cuisine familiale et traditionnelle qui évolue au fil des jours. Déco bois et tendance au coin de la cheminée en hiver, belle terrasse en été. Chaque jour un menu unique, 100 % fait maison (le mercredi, un plat emblématique de la cuisine française), planche bourguignonne en été. Et vous êtes à quelques pas de l'Ource et de la Maison du Parc !

RECEY-SUR-OURCE

Ce territoire de forêts a un riche passé. Les moines ont installé les premières forges à Essarois, Froidvent et Voulaines. Au XVIIIe siècle, ces industries produisent 300 tonnes par an. Doublée de la culture du chanvre, cette économie est brillante jusqu'au milieu du XIXe siècle, avec de grandes familles d'entrepreneurs. Les commandes affluent : manoirs, églises, lavoirs, comme ceux de l'architecte Tridon. A voir : l'église Saint-Rémy, ses statues en pierre polychrome, le sentier botanique du marais des Brosses et la fontaine des Charmes. Côté ciné, *Le Train* de Pierre Granier-Deferre a été tourné ici avec Jean-Louis Trintignant et Romy Schneider.

CAMPING MUNICIPAL €

RD 928
✆ 03 80 81 02 06
18 emplacements. Jeux pour enfants. Animaux acceptés.

Situé en bordure du lac Parisot, vous passerez un séjour agréable au camping municipal de Recey-sur-Ource, sur l'un des 18 emplacements disponibles. Vous pouvez découvrir le patrimoine forestier de tout le canton grâce à de nombreuses randonnées et balades, mais aussi tout le patrimoine viticole en poussant jusqu'à Châtillon et en prenant la route des Crémants, sans oublier le riche patrimoine architectural de tout ce pays. En outre, les passionnés de pêche peuvent s'occuper avec le lac et les enfants s'y amusent grâce aux jeux qui leur sont dédiés.

BURE-LES-TEMPLIERS ...

La commanderie des templiers fondée à Bure en 1133 fut la toute première de Bourgogne. En 1958, son propriétaire a profité de l'absence de classement de l'abbaye pour y rechercher le trésor des Templiers... à la dynamite ! De ce grand ensemble demeure seulement des vestiges dont la chapelle actuelle. L'église Saint-Julien est en effet en cours de restauration, travaux menés par les locaux dont l'association « *Les amis de la commanderie de Bure-les-Templiers* », créée en 2009, qui a à cœur d'en sauver le patrimoine. Les chevaliers et les seigneurs templiers étaient régis par une organisation bâtie par Bernard de Clairvaux, fondateur en 1115 de l'abbaye qui porte son nom, après être rentré sous les ordres à l'abbaye de Cîteaux. Autour de Bure-les-Templiers, l'histoire de cet ordre militaire et religieux est donc bien présente encore. Le village est au creux d'un rassemblement de plusieurs vallées, surplombées par la forêt. On est ici au sein du parc national des Forêts de Champagne et de Bourgogne, qui offre un nouvel élan à ce patrimoine naturel et culturel. Le marais du Cônois le long de la RD102J est composé de tuffes en pente sur 7 hectares, il abrite de nombreuses espèces animales et végétales, dont certaines sont rares et peuvent être observées le long du sentier de découverte.

LA FERME AUX 100 BLÉS

2, chemin du Vieux Moulin
SAINT-BROING-LES-MOINES
✆ 03 80 81 90 42
ferme100bles.fr
Ferme bio, vente directe pain, pâtes, farines. Vendredi de 17h à 19h. Marchés de Quetigny, Châtillon, La Bussière, Fenay.

© MIREILLE LA FERME AUX 100 BLÉS

Cela fait plus de vingt ans que Jean-Baptiste et Mireille développent leur ferme en cultivant 90 ha de terres situées au cœur du parc national de Forêts. Leur production de céréales bio leur permettent de produire farine, huile, bière, pâtes et surtout pains. Des produits sains, bons à manger et pour la santé, pains aux graines de lin, pain de campagne, pain de seigle ou pain au comté. Farine de blé tendre ou dur. L'huile est de cameline, une variété de colza riche en vertus. Vente directe à la ferme le vendredi soir, et sur de nombreux marchés.

ASSOCIATION LA TRUFFE CÔTE-D'ORIENNE

7, Grande-Rue
✆ 03 80 81 04 42
www.truffe-bourgogne.fr
Visite guidée. Animations.

La Truffe côte-d'orienne met en valeur la filière truffière en milieu naturel et dans les plantations. L'association diffuse des informations sur la sylviculture truffière, des recettes de cuisine et sur la législation qui encadre sa commercialisation. Un dynamisme qui a conduit à la création d'une association régionale et à la mise en place de projets d'expérimentation en lien avec l'O.N.F. Une truffière paysagère a été constituée à la Maison de la Forêt de Leuglay.

MARAIS DU CÔNOIS

RD102J
✆ 03 80 79 25 99
Ouvert toute l'année. Les observations les plus intéressantes se font de fin juin à début septembre. Gratuit.

A proximité d'une ferme de 1835, ce marais de 7 hectares est classé en zone naturelle d'intérêt écologique, faunistique et floristique. Il figure parmi les plus beaux marais du Châtillonnais, et est protégé depuis 1991 par le Conservatoire des sites naturels bourguignons. Un sentier de découverte est aménagé entre caillebotis, passerelles, escaliers, rambardes, et un panneau d'accueil pédagogique permet de découvrir des plantes rares dont certaines sont protégées comme la swertie vivace, l'épipactis des marais et la gentiane pneumonanthe. Brochures à l'entrée.

LE SABOT DE VÉNUS €€

13, Grande-Rue
✆ 03 80 81 00 28
www.le-sabotdevenus.fr

Ouvert du mardi au vendredi midi ; samedi midi et soir. Formule du midi : 17 €. Menus de 38 € à 45 €.

Le Sabot de Venus compte parmi nos tables préférées. Sabrina et d'Arole Dupaty ont choisi pour leur restaurant le nom de la plus grosse orchidée continentale de la région. Une table gastronomique où chaque jour Arole, le chef, nous concocte de beaux plats évoluant au gré des marchés et des produits de saison : magret de canard au Miel, joues de porc aux girolles ou cannellonis de truite. Pensez à réserver car c'est très vite complet. Si vous souhaitez séjourner ici quelques temps, les propriétaires ont ouvert un gîte dans une ferme typique du Châtillonnais.

LAIGNES

Laignes est une petite ville d'environ 950 habitants située dans le nord de la Côte-d'Or qui par sa devise : « Beau clocher, belles filles, belle fontaine », a de quoi faire rêver les amateurs de patrimoine ! La commune tire son nom de la Laigne, la rivière qui la traverse, dont le nom, contrairement à la commune, ne prend pas de « s » à la fin. Les Laignois y tiennent ! A l'entrée Ouest de la ville, on peut remarquer une chapelle datant du XVIe siècle, vestige de l'ancien hôpital fondé par Marguerite de Bourgogne. Derrière, on aperçoit la tour Maison-Dieu, dernier témoin de la ceinture de rempart qui encerclait jadis les lieux. Le sculpteur Augustin Husson est le père de nombreuses sculptures du village, notamment *La Fileuse* située au cimetière, sur le tombeau de sa mère Marie, qui représente une femme filant la quenouille. Autre œuvre de l'artiste : la magnifique façade néogothique du Café des Chiens qui accueille la bibliothèque médiathèque Louis Blairet, depuis 2008. Des travaux de restauration de sa façade et de sa vitrine ont permis à la mairie d'obtenir le 3e prix du prix régional du patrimoine 2013 dans la catégorie « Patrimoine bâti ». La *Naïade*, située dans le bassin où rejaillit la rivière après des dizaines de kilomètres sous terre, est elle aussi l'œuvre de l'enfant du pays. Au centre de Laignes se trouve l'église Saint-Didier, classée monument historique, de style roman, qui date du XIIIe siècle.

ABBAYE DE MOLESME ✝ ★

6, rue de l'Abbaye
MOLESME
✆ 03 80 81 62 32

Cette abbaye, fondée par Robert de Molesme en 1075, a connu un fort rayonnement : jusqu'à 300 moines y ont séjourné ! À la Révolution, on chassa tous les moines et des familles de maquignons peu scrupuleux prirent la suite. Rénovée à la fin du XIXe s., les travaux se poursuivent encore de nos jours ; des campagnes de financement sont régulièrement organisées pour mener à bien les différents chantiers et les rénovations. Même si l'intérieur de l'abbaye n'est pour le moment plus accessible à la visite, le lieu reste très beau à voir.

RESTAURANT LE POUILLY €

13, rue de l'Europe
MOLESME
✆ 03 80 81 27 85

Ouvert du lundi au samedi midi ; soirée à thème vendredi soir. Menu vendredi soir de 16 à 30 €. Formule midi 16 €.

Ce restaurant bon et chaleureux est tenu depuis 2017 par Philippe Mouilley, qui apporte son savoir-faire de boucher charcutier traiteur, dont la boutique est située à Ricey-Haut, commune voisine. Chaque jour, l'ardoise renouvelle ses propositions de plats 100 % maison, où la viande tient souvent une belle place (andouillette, steak sauce poivre, joue de bœuf...). Chaque vendredi soir, un nouveau thème est mis à l'honneur : hamburger, moules-frites ou soirée bourguignonne. Une adresse très agréable, qui apporte un vent de dynamisme sur la commune.

L'IMPREVU €€

9, place Victor Gât ✆ 03 45 22 93 72
www.restaurant-limprevu.fr

Ouvert du mercredi au samedi de 10h à 14h et de 18h30 à 21h ; le dimanche de 10h30 à 14h. La semaine, menu midi 15,50 €.

Ouvert depuis juillet 2020, Cécile et Christophe vous accueillent dans leur restaurant l'Imprévu situé à Laignes. Une cuisine bistronomique, traditionnelle et faite maison mêlée à un accueil des plus chaleureux. Rien de mieux pour passer un bon moment. Côté menu, on retrouve en entrée des ravioles sauce poularde ou des escargots de Bourgogne, en plat un bœuf bourguignon ou une joue de porc au cidre, et en dessert des gaufres, des glaces, une île flottante ou encore une crème brûlée. Un restaurant qui mérite le détour ! Options végétariennes et végétaliennes.

PASSPORT

PAYS AUXOIS-MORVAN CÔTE-D'ORIEN

L'ancien Auxois était antan le pays d'Alésia, l'oppidum du peuple mandubiens, situé tout près d'Alise-Sainte-Reine. C'est sur ces terres qu'eut lieu la bataille décisive de la guerre des Gaules. Une bataille qui opposa, en 52 av. J.-C., l'armée romaine de Jules César à la coalition gauloise conduite par Vercingétorix, alors chef des Arvernes. A l'époque carolingienne, l'Auxois est ensuite devenu un pagus, puis le comté d'Auxois qui fut réuni au duché de Bourgogne en 1082. Ce comté était divisé en bailliages, le principal de Semur-en-Auxois et les bailliages particuliers d'Avallon, d'Arnay-le-Duc et de Saulieu. La légende de l'Agneau d'Or veut qu'entre les châteaux forts de Châteauneuf, Châtellenot et Commarin, se trouvent des souterrains au milieu desquels serait caché un important trésor templier nommé « l'agneau d'or ». Un pays à découvrir pour ses beaux paysages vallonnés, ses sites archéologiques, et bien sûr ses bonnes tables.

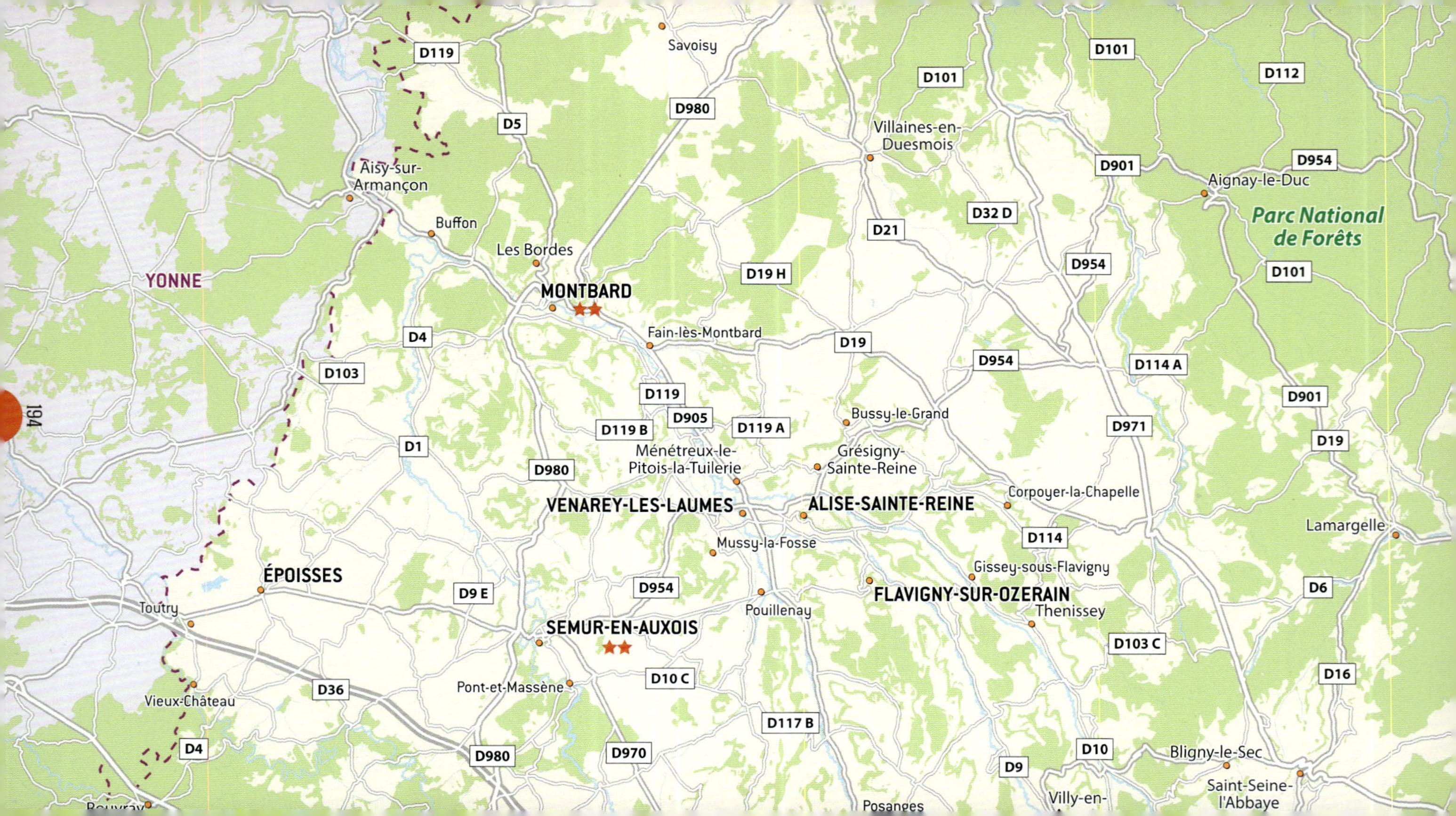
Savoisy
D119
D5
D980
D101
D112
Villaines-en-Duesmois
D901
D954
Aignay-le-Duc
Parc National de Forêts
Aisy-sur-Armançon
Buffon
Les Bordes
D32 D
D21
D954
D101
YONNE
D19 H
MONTBARD
Fain-lès-Montbard
D4
D19
D954
D114 A
D103
D119
D901
D905
D119 B
D119 A
Bussy-le-Grand
D971
D19
D1
Ménétreux-le-Pitois-la-Tuilerie
Grésigny-Sainte-Reine
D980
Corpoyer-la-Chapelle
VENAREY-LES-LAUMES
ALISE-SAINTE-REINE
Lamargelle
D114
Mussy-la-Fosse
Gissey-sous-Flavigny
ÉPOISSES
D9 E
D954
FLAVIGNY-SUR-OZERAIN
D6
Toutry
Pouillenay
Thenissey
SEMUR-EN-AUXOIS
D103 C
D10 C
D16
Vieux-Château
D36
Pont-et-Massène
D117 B
D4
D980
D970
D10
Bligny-le-Sec
D9
Saint-Seine-l'Abbaye
Villy-en-
Posanges

Pays Auxois-
Morvan côte d'Orien
P.N.R. du Morvan
5 KM
195
La Roche-en-Brenil
MOLPHEY
SAULIEU
LIERNAIS
Brazey-en-Morvan
Thoisy-la-Berchère
Fontangy
Thorey-sous-Charny
Chailly-sur-Armançon
Clamerey
Châtellenot
Arconcey
Clomot
Jouey
ARNAY-LE-DUC
Magnien
Maligny
Saint-Prix-lès-Arnay
Lacanche
Le Fête
Essey
Vandenesse-en-Auxois
Créancey
Panthier
Pouilly-en-Auxois
Bellenot-sous-Pouilly
Commarin
Châteauneuf
Sainte-Sabine
Longecourt-lès-Culêtre
Bligny-sur-Ouche
Bessey-en-Chaume
Pernand-Vergelesses
Arcenant
Gissey-sur-Ouche
Agey
Sombernon
Saint-Mesmin
Mâlain
Pasques
Lantena
Fleurey-sur-Ouche
D906
D70
D108
D11 C
D980
D26
D117 C
D106
D15
D11
D108
D117
D36
D977 BIS
D906
D17
D11 A
D981
D16
E15
A6
D970
D70
D905
D117
D108 E
D108
D119
D114
D16
D10
D7
D104 C
D905
A38
D104
D8
D109
D18
D115 I
D14
D981
D104

ALISE-SAINTE-REINE

La ville gallo-romaine d'Alésia se situait sur un oppidum, en haut d'une colline entre Montbard et Dijon. L'un des événements majeurs de l'histoire de France s'est déroulé ici, en 52 av. J.-C. Il s'agit de la fameuse bataille opposant Jules César à Vercingétorix. Après deux mois de siège, Vercingétorix rendit les armes et bientôt la Gaule, qui était presque unifiée, fut conquise. Si de nombreux débats ont opposé les historiens sur la localisation du site, peu de doutes persistent sur le fait qu'Alise-Sainte-Reine corresponde bien à Alésia. Au pied de la célèbre colline où trône la statue de Vercingétorix, ne manquez pas le MuséoParc d'Alésia.

STATUE DE VERCINGÉTORIX

Allée Félix-Kir

Accès libre. Parking.

Qui n'a pas entendu parler de Vercingétorix, l'un des héros de l'histoire de France, célèbre pour ses combats contre son ennemi Jules César ? Après une série de victoires, celui dont le nom signifie « roi suprême des guerriers » en gaulois cède après un combat et un siège héroïque à Alésia en 52 avant J.-C. Mais il sera toutefois parvenu à quasiment unifier les peuples gaulois. A Alise-Saint-Reine, une impressionnante statue de 6,60 mètres de haut domine le village. Ne manquez pas d'aller admirer cette œuvre, commandée au sculpteur Aimé Millet par Napoléon III.

MUSÉOPARC ALÉSIA ★★

1, route des Trois-Ormeaux ✆ 03 80 96 96 23

www.alesia.com

Du 15 février au 30 novembre 2023, pour les plus de 17 ans 9 € ; enfants de 7 à 17 ans 5,50 à 7,50 €, - 7 ans gratuit.

Le MuséoParc Alésia dirigé par Laurent Bourdereau a fêté ses dix ans. Ce site archéologique unique s'articule autour de 3 lieux : Centre d'interprétation, vestiges Gallo-Romains et Statue de Vercingétorix. Découvrez le monde Gaulois et Romain comme à l'époque..Dans ce parcours pédagogique dont la scénographie a été repensée afin de proposer une expérience immersive. Croiser Vercingétorix en personne ? dans une version en hologramme ! Une application 3D permet de naviguer dans la ville et voir les bâtiments d'Alésia tels qu'ils étaient à l'époque. A ne pas manquer !

LA PAUSE RABUTIN €

13, rue du Château

BUSSY-LE-GRAND

✆ 03 80 96 18 56

BS week-end le midi + vacances à midi. HS du mercredi au dimanche de 11h à 17h. Sur réservation uniquement

Ce petit restaurant situé juste devant l'entrée du château de Bussy Rabutin s'est refait une notoriété depuis sa reprise par Jean-Jacques Cericco et Gabrielle Varro. Toute la déco a été refaite entre pierres et boiserie, c'est chaleureux et les plats maison sont soignés. La carte est courte, au maximum préparée maison : bœuf bourguignon, tomates farcies, brandade de morue ou gigot d'agneau de sept heures, cassolette de champignons… Ne pas manquer le dessert, gâteau d'orange ou citron. La carte des vins fait la part belle au chablis. Pensez à réserver.

MUSÉOPARC ALÉSIA €€

1, route des Trois-Ormeaux

✆ 03 80 96 96 23 - www.alesia.com

Tous les midis et jusqu'à une demi-heure avant la fermeture du musée. Menu enfant : 9,50 €. Formules à 13 et 119,5 €.

Le restaurant Le Carnyx, situé au sein du Muséoparc, s'est refait une beauté ! Dans une ambiance contemporaine et chaleureuse, il propose des plats cuisinés sur place et fait une belle place aux spécialités régionales : bœuf bourguignon, salade Vercingétorix au jambon persillé, pain d'épice, poire cassis… Chaque jour, un nouveau plat dans la formule ainsi qu'une tarte salée. Profitez de l'espace *lounge* et de la terrasse ombragée qui offre un panorama exceptionnel sur la plaine des Laumes et permet de prendre son repas dehors aux beaux jours.

AUBERGE DU CHEVAL BLANC €€

9, rue du Miroir ✆ 03 80 96 01 55

www.regis-bolatre.fr

Ouvert le vendredi et le samedi de 19h à 21h ; le dimanche de 12h à 14h. Traiteur. Cours de cuisine.

Régis Bolâtre, le chef cuisinier de l'Auberge du Cheval Blanc, met à l'honneur l'identité bourguignonne avec ses plats de qualité : on retrouve les grands classiques (filet de cerf, pavé de bœuf), ainsi que des poissons, une belle sélection de fromages frais affinés et des desserts gourmands (poire façon trompe-l'œil). Côté vins, la carte fait honneur au terroir entre les Côtes-de-Nuits et les Côtes-de-Beaune. Régis Bolâtre vous accueille également à sa deuxième adresse, le Bistrot de Louise situé à Venarey-les-Laumes et au très bon rapport qualité-prix.

MuséoParc

ALÉSIA

EXPOSITION

ALIX,

DE VILLE EN VILLE

ENTRE ORIENT
ET MÉDITERRANÉE

13|05 → 30|11|23

casterman

Côte d'Or
LE DÉPARTEMENT

LE MACARENA €€

Place Pion - **POUILLENAY**
✆ 03 80 96 93 22
www.hotelrestaurantmacarena.fr
Toute l'année 7j/7 midi et soir. Menus 28-36 €. Enfant 11 €. Midi 16,90 €. Hôtel 7 ch. + 3 chambres d'hôtes.

Cet hôtel-restaurant situé à proximité du MuséoParc d'Alésia propose tous les jours une cuisine généreuse, à base de produits frais : feuilleté d'époisses, cassolette d'escargots, jarret d'agneau, pavé d'autruche beurre maître d'hôtel, grenadin de filet de veau sauce aux morilles. Les desserts maison sont eux aussi délicieux : crème brûlée, île flottante, mousse au chocolat... En hiver, on apprécie l'ambiance bonne auberge qui règne ici ; en été, on adore la terrasse. Le Macarena propose aussi des pizzas et un service traiteur.

CHEMIN DE FER TOURISTIQUE DE L'AUXOIS

Gare
✆ 03 80 97 05 96
www.actaassociation.wordpress.com
Juin à septembre : week-end uniquement. 8,50 € (4-10 ans 6 €).

Ce sont 32 kilomètres de voies ferrées traversant un paysage typique de l'Auxois que l'association du Chemin de Fer touristique de l'Auxois, l'ACTA, exploite depuis 2012 entre Les Laumes-Alésia, Semur-en-Auxois et Epoisses. 60 ans après sa fermeture (1953), la ligne est ouverte à la circulation touristique les week-ends en période estivale. L'autorail est une caravelle des années 1970 rouge et crème conduit par des cheminots professionnels membres de l'Association.

VENAREY - LES LAUMES

Vertes vallées, monts et collines... Vous voici au cœur de l'Auxois, là où en 52 av. J.-C., une bataille décisive mit fin à l'insoumission des « irréductibles » Gaulois, sur les hauteurs d'Alise-Sainte-Reine. Découvrez Vernarey-les Laumes, à la croisée des rivières de la Brenne, de l'Oze et de l'Ozerain. La commune et ses cantons sont particulièrement propices aux loisirs de nature et aux pique-niques : baignade, randonnée pédestre, en VTT, ou équestre, grâce aux multiples circuits possibles sur la voie romaine Sombernon-Alésia. Venarey-les Laumes est aussi un haut lieu culturel avec sa médiathèque et le Pantographe, Centre d'art et de congrès.

OFFICE DE TOURISME ET DE LA CULTURE DU PAYS D'ALÉSIA ET DE LA SEINE

1, avenue de la Gare ✆ 03 80 96 89 13
www.alesia-tourisme.net
Lundi au samedi de 9h à 12h et de 14h à 18h. Basse saison (octobre à mars) : lundi à vendredi 10h-12h/15h-17h.

L'Office de Tourisme du Pays d'Alésia, situé au cœur du centre d'art et de congrès, est un point de passage obligé lors de votre visite pour obtenir tous les conseils nécessaires à votre séjour. Le Pays d'Alésia compte 24 communes dont Bussy-Rabutin et son château renaissance, Flavigny-sur-Ozerain, classé plus beau village de France, ou Salmaise et ses halles médiévales. Des villages chargés d'histoire qui méritent le détour, sans oublier le Muséoparc d'Alésia, entièrement rénové.

RESTAURANT LESPRIT €€

6, avenue de la Gare
✆ 03 80 89 88 67
Tous les jours le midi, vendredi et samedi le soir. Menus de 21 € à 29 €. Formule du midi : 17 €. Terrasse. Concerts.

© L'ESPRIT PL

Le restaurant Lesprit, c'est un établissement chaleureux et accueillant où les clients se sentent comme à la maison ! Tous les midis, le chef Felipe Vasquez propose un nouveau menu du jour : travers de porc au miel et citron, demi-coquelet au cumin, caille aux morilles ou encore cuisse de lapin au vin blanc... Les produits locaux sont mis à l'honneur, mais toujours avec une touche d'originalité, grâce aux origines péruviennes du chef ! Idéalement situé en face de la gare, c'est un incontournable où l'on est sûr de bien manger, et d'être bien accueilli.

L'ENGRENAGE €€

29, rue Marcelin Berthelot
✆ 03 45 33 94 30
Ouvert 7j/7 midi soir en haute saison. Crêperie, carte terre/mer. Menu enfant 9,50 €. Concerts, terrasse, guinguette.

L'Engrenage dispose de tous les codes du succès avec une déco chaleureuse plutôt baroque, façon bistrot chic à l'intérieur et guinguette en extérieur. Preuve de son originalité : le chariot de préparation des crêpes Suzette, le must de la maison, le vivier à homards et la cuisine ouverte. La formule crêperie, très économique, demeure. On aime la créativité du chef qui nous emmène sur des plats de la mer, et côté boucherie, il propose des solutions pour tous les goûts. On adore le quartier qui conserve le charme du Venarey d'antan.

© L'ENGRENAGE

© L'ENGRENAGE

ARNAY-LE-DUC ★

Arnay-le-Duc est une charmante ville fleurie aux multiples facettes ! Implantée au croisement de l'Auxois et du Morvan, cette ancienne cité médiévale a toujours été un lieu de passage, de commerce et d'échanges avec les cités des Eduens. Elle a conservé un patrimoine historique remarquable avec l'église Saint-Laurent datant de 1288, la tour médiévale de la Motte Forte dont la rénovation devrait s'achever cet été, le château des Princes de Condé construit à la fin du XVe siècle ou encore la magnifique Maison Bourgogne que vous découvrez en allant à l'office de tourisme... De quoi faire le bonheur des amoureux des vieilles pierres ! La ville est aussi une ville de culture, elle compte des galeries d'art et de nombreuses expositions sont organisées au Café des Arts ou à l'office de tourisme. Le Musée régional des Arts de la Table confirme la tradition hospitalière et gastronomique de la ville. Il vous propose chaque année une nouvelle exposition et met en valeur la table et tout ce qui la compose. En outre, vous pouvez (re) découvrir l'histoire et le parcours de la RN6 grâce à son musée ! Les 1 500 habitants profitent également de la nature avec l'étang de Fouché, labellisé Pavillon Bleu en mai 2017, et ses nombreux parcours de randonnée à parcourir à pied ou à bicyclette. Côté gastronomie, c'est à Arnay-le-Duc que siège la Confrérie de la Poule-au-pot du bon roi Henri IV ! Les membres de ce groupe assurent la promotion des richesses du Pays d'Arnay-Liernais et des produits fabriqués dans le canton. Bref, Arnay-le-Duc est une cité riche de choses à faire, alors bonne découverte !

ÉGLISE SAINT LAURENT ✝

Rue de l'Eglise
✆ 03 80 90 03 57
Ouvert toute l'année. De 10h à 18h. Ouverture jusqu'à 23h le jeudi soir dans le cadre des Nocturnes Estivales.

Après de gros travaux de restauration, l'église Saint-Laurent est devenue un site touristique majeure à Arnay-le-Duc. Classée Monument historique, elle a été édifiée en 1092 puis rénovée et reconstruite au fil des époques : la chapelle castrale remonte à l'époque romane, les piliers, la nef et le chœur sont du XVe siècle et les chapelles des XVIe et XVIIIe siècles. A l'intérieur, vous pouvez admirer de nombreuses œuvres, dont certaines sont classées elles aussi : statues, peintures et peintures murales, huiles sur bois. Un magnifique plafond complète l'ensemble.

PAYS AUXOIS-MORVAN CÔTE-D'ORIEN

MAISON RÉGIONALE DES ARTS DE LA TABLE - MRAT

15, rue Saint-Jacques ✆ 03 80 90 11 59
www.musee-artsdelatable.fr

Ouvert de fin avril à mi-novembre, 7j/7 10h-12h et 14h-18h. Soirées concert dînatoire. Adulte : 6 €. Marché de Noël.

Pour ceux qui s'intéressent à la gastronomie française et aux vins, ce musée, unique en France, est un endroit à ne pas manquer : il reçoit d'ailleurs plus de 10 000 visiteurs par an ! Installé dans les hospices Saint-Pierre, bâtisse du XVIIe siècle entourée de jardins de roses, le lieu est riche en histoire et pièces uniques, et présente des expositions remarquables sur les arts de la table. La cuisine est en vogue en ce moment dans les émissions télé et les boutiques spécialisées, alors pourquoi ne pas enrichir sa propre culture de tous les aspects de ce patrimoine culinaire français ? Chaque année, une nouvelle exposition est présentée : en 2023, elle a pour thème «Gourmandises festives : de la galette des Rois aux treize desserts» et se tient du 23 avril au 12 novembre 2023. Rien que le nom donne l'eau à la bouche ! L'exposition rappelle les délices des différentes fêtes, et les objets spécifiques qui y sont associés : moules, emporte-pièces, santons et surtout fèves. D'ailleurs, à l'occasion de sa nouvelle exposition, la Maison régionale des Arts de la Table édite une fève à son effigie. Profitez de votre passage à Arnay-le-Duc pour admirer cette remarquable exposition avec plus de 6 000 pièces. Le tout, installé dans un lieu hors du commun, que l'on apprécie aussi pour son calme et pour sa sérénité. Et si la visite vous a mis en appétit, pas d'inquiétude : Arnay-le-Duc regorge de restaurants qui sauront réjouir vos papilles !

MUSÉE DE LA LIME

15, rue Saint-Jacques
✆ 03 80 20 05 58
www.la-lime-a-arnay-le-duc.fr

Ouvert d'avril à novembre. Ouvert le dimanche de 14h à 18h, sur réservation.

Depuis 2019, Arnay-le-Duc possède un musée des plus étonnants, celui de la Lime. A sa tête l'Association Mémoires de la Lime et la douzaine de bénévoles qui la compose dont son président Raymond Thierry. Sa vocation : faire découvrir aux visiteurs l'histoire de la limerie Proutat-Michot-Thomeret qui a marqué l'histoire d'Arnay-le-Duc entre 1845 et 1958. Durant environ 30 à 45 minutes, découvrez 500 limes différentes, plusieurs machines et l'histoire de la limerie et de ses 500 salariés. Un musée passionnant sur le patrimoine industriel local qui vaut le détour.

LA PETITE MAISON DE LA RN6

D 906 ✆ 03 80 64 37 09
www.ass-jparetro.com

Ouvert d'avril à novembre, mercredi 14h-18h, week-end 10h-18h. 1er samedi du mois rassemblement de véhicules anciens.

La Route Nationale 6 est tout simplement mythique. Elle fut l'une des plus grandes routes nationales françaises. De nombreuses personnes l'empruntaient pour partir en vacances puisqu'elle reliait Paris à l'Italie en passant par Lyon et la Savoie. A l'initiative de l'association des jeunes pilotes arnaytois, l'ancienne maison du garde-barrière en bordure de la RN6 a été transformée en musée consacré à cette route, et les passionnés organisent des événements tout au long de l'année.

OFFICE DE TOURISME DU PAYS D'ARNAY LIERNAIS

6, place Bonaventure des Périers
✆ 03 80 90 07 55
www.arnay-le-duc.com

Ouvert du lundi au samedi de 9h30 à 12h et de 14h à 18h. Jeudis jusqu'à 22h lors des Nocturnes Estivales.

Situé dans la Maison Bourgogne, bel édifice de la fin du XVe siècle, vous pouvez admirer l'échauguette, la tourelle d'escalier et une façade de style Renaissance ornée de têtes de lion et mascarons. Vous obtiendrez ici tous les renseignements utiles à votre séjour. Quelques produits du terroir issus de producteurs locaux est à la vente. Expositions thématiques, visites libres ou guidées de la ville, individuelles ou en groupe, balades vertes et randonnées balisées, demandez conseil !

BOURGOGNE CHIC - ESCAPADES EN 2CV

10, Impasse des Prés Verts - **JOUEY**
✆ 03 45 44 05 55
bourgognechic.com

Ouvert tous les jours de 9h à 19h30. Location d'une Citroën 2CV authentique. 1 journée de location jusqu'à 4 pers. 190 €.

Que vous l'ayez connue ou pas dans votre jeunesse, la 2CV décapotable est une automobile mythique qu'il faut absolument redécouvrir. Prenez la route à bord de cette voiture toujours aussi attachante pour des balades de charme au cœur des vignobles, vers les châteaux de la région ou le Parc naturel du Morvan. Bourgogne Chic vous propose des balades libres, à combler avec des expériences et activités diverses : pique-nique, dégustations de vins, découvertes du patrimoine...

CHEZ CAMILLE*** €

1, place Edouard-Herriot ✆ 03 80 90 01 86
www.chezcamillearnay.com

Hôtel 7j/7. 10 chambres : double dès 90 €. Check-in à partir de 15h et check-out jusqu'à 12h. Restaurant.

Une adresse réputée dirigée par la famille Poinsot de génération en génération : la cheffe Joy-Astrid n'est autre que la fille d'Armand Poinsot qui lui a transmis l'amour de la cuisine ! L'hôtel propose 10 chambres avec chacune sa propre identité, alliant le charme et l'authenticité des vieilles demeures bourgeoises bourguignonnes : poutres apparentes, tomette au sol et lit en chêne. Le confort des chambres mêlé à la cuisine d'exception du restaurant feront de votre halte en Bourgogne un moment de bonheur hors du temps. Suites familiales jusqu'à 4 personnes.

CAFÉ DU NORD €€

12, place Bonaventure-des-Périers
✆ 03 80 64 10 50

Ouvert du jeudi au mardi le midi ; vendredi et samedi le soir. Formule 20 € entrée-plat-dessert. 25 € soir et week-end

© CAFÉ DU NORD

À la fois café, restaurant bourguignon et espace culturel, voire humanitaire, le Café du Nord est bien un véritable lieu de vie et de rencontres. On s'y régale d'une cuisine entièrement maison, concoctée à partir de produits frais et locaux, bio le plus souvent (côtelettes de porc, croustillant de carottes, gâteau aux noix...). Situé au centre d'Arnay-le-Duc, dans une bâtisse âgée de plus de 370 ans qui dégage une impression de chaleur d'antan et procure une ambiance authentique et conviviale unique. C'est vraiment un incontournable si vous passez dans la région.

LE DOMAINE DES PRÉS VERTS SPA €€€

10, impasse des Prés-Verts - **JOUEY**
✆ 03 45 44 05 60 - domainedespresverts.fr

Hébergements chics et insolites avec spa privatif à partir de 250 €. Hammam, sauna, soins et massages.

Le Domaine des Prés Verts & Spa Vinésime où règne un luxe simple, est un lieu hors du commun lové dans un environnement saisissant, tant par sa nature généreuse que par son patrimoine historique et culturel. Ces hébergements sont le juste équilibre entre luxe et décontraction. Au programme, spa privatif, confidentialité, romantisme, petit déjeuner en chambre bio et terroir, room-service... Sans oublier la touche détente ultime au Cube Vinésime : Massages, soins, hammam, sauna.

LE CHÂTEAU D'ARNAY €€

Rue du Château
✆ 06 79 21 15 75
lechateaudarnay.fr
BS lundi midi ; du mercredi au dimanche le midi et le soir. HS 7j/7 midi et soir. Formule midi 18 €. Menu terroir 34 €.

Le jeune restaurant du Château d'Arnay est en train de devenir un incontournable de la région ! Le chef Raphaël Petitjean, secondé par sa fille Ludivine et son épouse Anouck propose une cuisine gourmande et du terroir, concoctée à base de produits en circuits courts qui permettent de préparer des plats simples et gourmands : effiloché d'agneau sauce pleurote, filet de volaille aux asperges, dos de silure (cet étonnant poisson de rivière)... Délicieux desserts également. Pour manger sur le pouce, options de restauration à emporter (pizzas et burgers).

LE DAUPHINÉ €€

33, rue René-Laforge
✆ 03 80 90 14 25
Ouvert du mercredi au samedi midi soir ; dimanche midi. Menus de 30 € à 43 €. Formule du midi : 17 €. Traiteur.

Francis Rapeneau et Hervé Digy le chef de cuisine qui sont à la tête de l'établissement depuis 2010, ont fait du Dauphiné un restaurant où l'on a bien envie de s'arrêter ! Le concept classique plaît, il respecte tous les codes de la bonne adresse : bon accueil, ambiance conviviale, salle tirée à 4 épingles, carte de plats maison aux prix raisonnables et service au top. On peut s'y offrir des plats bourguignons comme les œufs en meurette ou les escargots, la tête de veau mijotée au crémant ou un émincé de bœuf. Amateurs de sucré, les desserts maison sont exquis.

L'ÉPICERIE D'ARNAY

14, place Bonaventure des Périers
✆ 03 80 84 02 69
http://lepiceriedarnay.canalblog.com/
Lundi, mardi et jeudi de 9h30 à 12h30 et de 14h30 à 19h ; mercredi et samedi de 9h30 à 12h30 ; vendredi de 14h30 à 19h.

Manger sain, bio si possible, privilégier les produits en circuits courts issus de producteurs locaux : voilà ce qui motive Mélanie Mellier, qui a créé l'Épicerie d'Arnay en 2017. Une grande part est également accordée au zéro déchet, avec des produits vendus en vrac ou «solides» pour les cosmétiques, solides car un shampoing, un dentifrice sera présenté comme un savon, avec un minimum d'emballage et surtout naturel voire végan. Des graines sont aussi en vente, pour que vous puissiez aussi vous lancer dans votre propre potager.

GALERIE BRUNO FREY - ARTS PRIMITIFS

5, rue Carnot
✆ 03 80 90 06 92
http://galerieh.free.fr
Ouvert du mardi au dimanche de 10h à 12h et de 14h à 19h. Et éventuellement sur rendez-vous.

Bruno Frey est expert en arts d'Afrique et d'Océanie, et sa galerie attire des collectionneurs de toute l'Europe. Elle présente des expositions associant des pièces anciennes d'Afrique et d'Océanie (masques, sculptures...) et des œuvres d'art contemporain (sculptures, photographies, dessins, peintures...). Les pièces sont sans cesse renouvelées et leur authenticité est garantie par un certificat. Il participe également à des salons en France et en Europe.

BASE DE LOISIRS DE L'ÉTANG FOUCHÉ

Rue du 8-Mai-1945
✆ 03 80 90 03 44
www.arnay-le-duc.com
En juillet et août, location de bateaux pédaliers et paddles.

Située à 10 minutes à pied du centre-ville, la base de loisirs de l'Étang Fouché vous accueille tout au long de l'année pour vous détendre et pratiquer des activités sportives : terrains de tennis et de football, table de ping-pong, pêche, départ de 2 sentiers VTT balisés (10 et 12 km). L'été, location de paddles et de bateaux pédaliers pour profiter de l'eau. Buvette et petite restauration disponibles en saison. Un circuit de 2,5 km vous fait découvrir la biodiversité.

LE CUBE MASSAGES & SPA VINÉSIME

10, impasse des Prés-Verts - **JOUEY**
✆ 03 45 44 05 60
presverts.fr/spa
Tous les jours de 9h à 20h. Sauna et hammam 30 €/pers. 1h. Soins et modelages à partir de 40 € sur réservation.

Des soins et massages prodigués avec des produits élaborés à partir d'extraits de chardonnay, pinot noir de Gevrey-Chambertin et bourgeons de cassis noir de Bourgogne, c'est possible au Cube Massages et Spa Vinésime ! Ce lieu de bien-être, situé dans le complexe hôtelier de luxe du Domaine des Près Verts, est unique en Bourgogne. Venez profiter de cette expérience dans un esprit nature très poussé, et repartez le corps reposé et l'esprit ressourcé.

CAFÉ DU NORD

12, place Bonaventure-des-Périers
© 03 80 64 10 50
Ouvert du jeudi au mardi le midi ; vendredi et samedi soir. Formule midi 20 €. Film un mardi du mois 5,50 €. Menu ciné 16 €

Le Café du Nord, que l'on aime pour sa cuisine entièrement maison et faite avec des produits frais et locaux, a aussi sa saison culturelle : dans la salle annexe, des expositions d'artistes ont lieu et la salle se transforme également en une séance cinéma de 50 places organisée en partenariat avec l'UDMJC : projections tous les mois, le mercredi après-midi pour les enfants et le vendredi soir pour tous, avec la possibilité de dîner (formule ciné simple ou souper-ciné avec le plat du jour et le film à partir de 20h30). Encore un plus du Café du Nord.

LIERNAIS

Située dans le canton d'Arnay-le-Duc, Liernais est une petite commune rurale de 491 habitants. Aux confins du massif montagneux granitique du Morvan et du plateau de l'Auxois, le bourg jouit d'une belle diversité de paysages. Admirez d'une part ses collines boisées, ses lacs et ses ruisseaux, et d'autre part, à l'est, ses champs de céréales et prairies verdoyantes. Village ancien, Liernais possède ses mystères et légendes. On dit que les druides gaulois venaient dans ses bois y officier leurs cérémonies. En aval de l'étang de la Gravotière se trouve un lieu appelé « la chaire du druide ». Ouvrez l'œil, peut-être y croiserez-vous un de leur fantôme !

FLAVIGNY-SUR-OZERAIN ★

La cité de Flavigny se dresse sur un promontoire rocheux cerné de trois rivières : l'Ozerain, la Recluse et le Verpant. A proximité de l'antique Alésia et classée parmi les plus beaux villages de France, la cité doit son nom à un général de César nommé Flavinius. C'est ce Romain qui aurait rapporté des graines d'anis vert de l'un de ses voyages. Quelques siècles plus tard, en 719, un seigneur burgonde fonde l'abbaye Saint-Pierre de Flavigny, occupée par des moines bénédictins. Bénéficiant de la protection des rois carolingiens, elle se développe rapidement et gagne de l'importance. Aujourd'hui, ce qu'il reste des bâtiments monastiques est devenu le lieu de fabrication des anis de Flavigny. Ce *bien bon bonbon* fait la renommée du village dans le monde entier. Plus de 30 salariés travaillent dans les ateliers de dragéification et respectent la même recette depuis 1591 ! La délicieuse odeur de l'anis vous suit partout dans le village. Parmi les joyaux de Flavigny-sur-Ozerain se trouve la crypte carolingienne Sainte-Reine, en visite libre à l'abbaye. Édifiée au XIIIe siècle, l'église Saint-Genès fait aussi partie des étapes à ne pas manquer tout comme la magnifique façade de la Maison au Donataire. Aujourd'hui encore, Flavigny reste une terre spirituelle comme le prouve l'abbaye Saint-Joseph de Clairval installée dans l'ancien Petit Séminaire diocésain. Au mois d'octobre, ne manquez pas la foire de la Saint Simon. Le reste de l'année, osez vous perdre dans les ruelles étroites et entrez dans les boutiques des artisans locaux.

Vue générale de Flavigny-sur-Ozerain.

LES ANIS DE FLAVIGNY - LE MUSÉE DES ANIS

Rue de l'Abbaye
✆ 03 80 96 20 88
www.anis-flavigny.com
Entreprise du Patrimoine Vivant. Gratuit. Toute l'année de 10h à 19h (horaires variables selon saison). Visite guidée

Notre bien bon bonbon ! C'est la devise des célèbres Anis de Flavigny, ces petits bonbons à l'anis que l'on peut découvrir au Musée des anis situé dans l'enceinte d'une ancienne abbaye. Depuis les salles voutées de l'arrière-boutique et du café, on traverse les anciens ateliers de conditionnement puis la cour de l'abbaye avant de passer par une salle vintage à souhait et enfin l'atelier. Le musée nous plonge dans l'histoire des bonbons, permet de se rendre compte du savoir-faire du personnel et de comprendre le fonctionnement des machines. On apprend tout de la genèse de ces jolies boîtes ovales et de cette recette identique depuis 1591 ! Saviez-vous qu'il faut quinze jours pour passer de la graine d'anis au petit bonbon ? Les graines sont sélectionnées, puis passent dans les turbines, sont mélangées avec un sirop fait avec du sucre et de l'eau… et hop ! Voilà que les bonbons sont prêts. La marque, engagée à la fois pour la protection de la nature et la sécurité de ses salariés et des consommateurs, a lancé une gamme biologique qui comprend dix arômes naturels (violette, eucalyptus, cassis…). La visite est interactive et ludique, pour tous les âges. Ne manquez pas le laboratoire des arômes, où l'on essayer de deviner à l'aveugle les arômes naturels qui entrent dans l'élaboration des saveurs. Ils sont sélectionnés avec des parfumeurs de Grasse. Alors, citron ? fleur d'oranger ? Ce n'est pas si facile ! Le passage par la boutique permet de faire le plein !

CRYPTE CAROLINGIENNE DE L'ABBAYE ★

Rue de l'Abbaye
✆ 03 80 96 20 88
A l'année sauf les 25/12, 01/01, 01/05. De 10h à 19h (horaires variables selon saison). Gratuit.

La très belle crypte de cette abbaye fondée en 719 est classée Monument historique. Admirez ses colonnes surmontées de chapiteaux carolingiens. Véritable vestige de son passé religieux, la crypte témoigne aussi des arts gallo-romain, roman et gothique, qui s'y mélangent. C'est à la Révolution qu'elle fut vendue comme bien national. Visite libre, informations à disposition. Rattachée à la fabrique de l'abbaye de Flavigny, ne manquez pas de faire une étape gourmande à la boutique.

LA MAISON GEORGE €€

5, rue des Anciennes Halles
✆ 03 80 92 56 47
www.lamaisongeorge.fr
8 logis tout équipés – 4 pour 2 pers. – 3 pour 3 pers. – 1 pour 5 pers. À partir de 50 € la nuit pour 2 pers.

Édith, Colette, Joséphine, Olympe, Marie… voici les noms de quelques-uns des huit gîtes proposés par La Maison George – vous l'aurez deviné, ils font tous référence à des femmes illustres, et le nom même de l'établissement rend hommage à George Sand. Julia et Djillian ont aménagé des logements absolument charmants, et leur établissement est un lieu de séjour attachant, au calme absolu et à la décoration rétro chic. Ce style se prolonge jusqu'au bar-bistrot du rez-de-chaussée, qui devient festif certains samedis d'été dans la grande salle à manger.

BRASSERIE DE FLAVIGNY €€

D9
✆ 06 16 26 51 22
Du ven au dim 11h-22h. D'avril à la Saint Simon du mar au jeu 16h-22h. BS mar mer jeu de 16h à 19h seulement boutique.

La Brasserie de Flavigny est aussi un must de restaurant, un spot pour une vue incroyable sur le village de Flavigny et les monts de l'Auxois pour un des plus beaux apéritifs ou repas de France ! L'ancienne ferme qu'elle occupe a été totalement transformée en brasserie avec une boutique, une salle de restauration aménagée dans les anciennes écuries et la terrasse couverte de 300 m² ! On déguste volontiers les bières de Flavigny - Blanche, Blonde, IPA, NEIPA et Bière d'hiver - pour accompagner salades et galettes revisitées. Effet waouh et emplettes garantis !

RESTAURANT DE L'ABBAYE €€

Place des Fossés
✆ 03 80 96 27 77
www.restaurant-de-labbaye.fr
7j/7 de Pâques à Toussaint, fermé le mardi soir et le mercredi de Toussaint à Pâques. Formule midi : 18 €.

On tombe rapidement sous le charme des ruelles médiévales de Flavigny et de ses petits anis. Le Restaurant de l'Abbaye est installé dans l'ancien relais de poste à l'entrée du village. Rénové, il a gardé tout le charme ancien, ses terrasses vue sur le jardin sont superbes. Philippe et Natacha Guillier proposent une cuisine de terroir bourguignonne : jambon persillé, tartelette aux asperges, blanquette de veau, burger bourguignon, ou encore «époisses-flette» c'est simple et goûtu ! En dessert, laissez-vous tenter par la crème brûlée aux anis de Flavigny.

LES ANIS DE FLAVIGNY - LE MUSÉE DES ANIS

Rue de l'Abbaye
✆ 03 80 96 20 88
www.anis-flavigny.com
Toute l'année, de 10h à 19h (jours et horaires variables selon saison). Visite guidée.

Les Anis de Flavigny sont faits en Bourgogne, mais ils sont vendus dans le monde entier ! Profitez de votre passage dans la région pour visiter la fabrique et le musée, mais aussi pour repartir avec les jolies boîtes ovales qui contiennent ces petits délices sucrés. En plus du traditionnel anis, ils se déclinent en de nombreux parfums : citron, eucalyptus, menthe, cannelle-orange, cassis, réglisse, mandarine ou encore gingembre… difficile de faire son choix !

BRASSERIE DE FLAVIGNY

D9
✆ 06 16 26 51 22
Haute saison : ouvert tous les jours de 11h à 23h. D'avril à la Saint Simon. Bières en vente aussi à Flavigny.

Née de l'association d'amis passionnés dont Cyril Raveau, maître de Chai et Guillaume Souloumiac, maître Brasseur, la Brasserie de Flavigny s'est dotée d'un outil de production dernier cri de 14 cuves de 10 hl, sa capacité de production est donc de 140 000 litres. Les bières ont la particularité de ne pas avoir de fermentation en bouteille. Blanche, Blonde, IPA, NEIPA et Bière d'hiver, il y en a pour tous les goûts. La brasserie dispose d'une boutique, d'une salle de dégustation et restauration et d'une terrasse couverte de 300 m² au spot de vue incroyable !

DOMAINE DE FLAVIGNY ALÉSIA

Pont Laizan
✆ 03 80 96 25 63
www.domainedeflavignyalesia.com
Le Domaine est ouvert tous les jrs 10h-18h. Salle de réception 110 pers. Bienvenue à la ferme, Auxois Naturellement.

Installé dans une ferme qui dépendait de l'abbaye de Flavigny, ce domaine de 14 ha dispose de vignes entre Alésia et l'ancien camp de César exposées sud-est, en coteaux et taillée en lyre pour résister au climat rude. Cépages blancs : Aligoté, Chardonnay et Auxerrois, et cépages rouges : Pinot Noir, César et Pinot Beurot (rosé). Sous l'impulsion de Cyril Raveau, l'œnologue du domaine, la signature est devenue FA pour Flavigny-Alésia, une IGP qui finira un jour en AOC ! A visiter !

FERME DE L'ARBRE ROND

CORPOYER-LA-CHAPELLE
✆ 03 80 96 22 89
Ouvert tous les jours de février à octobre. L'heure de la traite est à 17h30.

Non loin de Montbard et à seulement quelques kilomètres de Frôlois vous trouverez la Ferme de l'Arbre Rond. Pour tous les gourmands et amateurs de fromages, impossible de manquer cette petite escale à Corpoyer-la-Chapelle. Dominique Bertrand s'occupe de 40 chèvres et produit elle-même ses fromages. Parole de *Petit Futé*, ses fromages de chèvres sont délicieux ! Elle propose des crottins frais, mi-sec, des bûchettes cendrées, poivrées, aux herbes, aux bourgeons de cassis. Si vous souhaitez assister à la traite, venez à la ferme à 17h30.

HELIXINE BOURGOGNE

2, rue Chemin des Chenevières
✆ 07 83 38 96 33
Ouverture fin d'année vend. après-midi ou sur rdv toute l'année. Visites guidées mercredi matin en été, résa OT Vénarey.

Hélicultrice depuis 2020, Perrine Doudin a conquis de nombreux chefs étoilés de bourgogne qui lui réservent ses gros gris (*Helix aspersa maxima*), pour les mettre à l'honneur de leurs cartes. L'exploitation s'étend sur 5 000 m² où 200 000 bébêtes sont élevées chaque année dans les meilleures conditions. Leur nourriture pousse directement dans leur environnement, trèfle, luzerne, choux, radis fourragé et plantes aromatiques. Tout est bio et les préparations vont des conserves en court-bouillon à l'escargotine apéritive en passant par les coquilles surgelées.

MONTBARD ★★

Bordée par le canal de Bourgogne, Montbard a su conserver son centre historique avec ses toits imbriqués, ses ruelles et ses ponts qui s'ouvrent sur le Pays de l'Auxois. La ville nous réserve quelques belles surprises pour qui sait arpenter ses rues et découvrir son magnifique parc niché en son cœur, ses musées et ses édifices où plane l'ombre du naturaliste Buffon. On peut y inclure ses forges ainsi que l'abbaye de Fontenay voisine. L'origine du nom de Montbard hésite entre deux définitions qui soulignent chacune la verticalité du lieu : le mont des bardes, les druides gaulois ou Montis Barri, le mont qui barre la vallée de la Brenne.

ABBAYE DE FONTENAY

★★★★

MARMAGNE ✆ 03 80 92 15 00
www.abbayedefontenay.com
Adultes 11 €. Tous les jours de 10h à 12h et 14h à 17h. Du 1er avril au 11 novembre : tous les jours de 10h à 18h.

C'est un lieu hors du commun, qui invite au calme et à la sérénité : l'Abbaye de Fontenay est la plus ancienne abbaye cistercienne conservée au monde. Fondée en 1118 par l'abbé Bernard de Clairvaux, ses bâtiments typiques de l'esthétique cistercienne ont vu s'écouler, au fil des siècles, la vie des moines dans les différentes pièces comme le cloître, la salle capitulaire, l'église abbatiale, le dortoir ou encore la forge… et c'est aussi l'histoire de France qu'elle a vu défiler ! Prospère au XVIe siècle, Fontenay est ensuite secouée par la Révolution française : les derniers moines quittent l'abbaye en 1790, et elle devient une papeterie. 30 ans plus tard, c'est Elie de Montgolfier qui la rachète pour y installer sa manufacture de papier, qu'il souhaite à la pointe de la technologie : chaudière à vapeur, machine à papier de 20 mètres… c'est le début de la mécanisation. Ce n'est qu'en 1906 qu'Edouard Aynard, le gendre des Montgolfier, décide de rendre à l'Abbaye de Fontenay son atmosphère de paix et de tranquillité. Encore aujourd'hui, elle est la propriété de la famille Aynard, qui œuvre sans cesse pour sa prospérité. Inscrite au patrimoine de l'Unesco depuis 1981, elle attire pas moins de 85 000 visiteurs par an : en tant que visiteurs, vous êtes les premiers mécènes ! Déambuler dans les pièces de l'abbaye, et admirer les différents édifices qui la composent, offre une immersion dans le quotidien des moines. Grâce à son excellent état de conservation et à son homogénéité, l'abbaye de Fontenay est l'un des plus beaux exemples d'abbayes cisterciennes : sobriété et rigueur voilà les maîtres mots qui caractérisent ses bâtiments en pierre blanche. Le tout est entouré de magnifiques jardins qui ont véritablement contribué à élever l'abbaye au rang des monuments incontournables lors d'une visite dans la région.

Pour vous imprégner de l'esprit du lieu, ne manquez pas de visiter ses parties les plus remarquables : Le cloître. Le cœur de l'abbaye, baigné de lumière et composé de quatre galeries rectangulaires qui encadrent la cour. L'église abbatiale. C'est l'une des abbatiales les mieux conservées d'Europe, mais aussi l'une des plus anciennes. La salle des moines et le dortoir. Les Grands Jardins et le Jardin des simples. Depuis 2022, l'abbaye renoue avec son passé médiéval et propose un nouveau jardin, un carré parfait rappelant celui du cloître par ses proportions et sa forme géométrique. En fin de visite, la boutique-librairie permet de découvrir des ouvrages passionnants et d'excellents produits régionaux.

ABBAYE DE FONTENAY

MARMAGNE ✆ 03 80 92 15 00
www.abbayedefontenay.com
Adultes 11 €. Tous les jours de 10h à 12h et 14h à 17h. Du 1er avril au 11 novembre : tous les jours de 10h à 18h.

Les remarquables jardins de l'Abbaye de Fontenay, réaménagés entre 1906 et 1913, ont véritablement contribué à élever l'abbaye au rang des monuments incontournables lors d'une visite dans la région. C'est un endroit idéal pour se ressourcer et s'imprégner de l'atmosphère de ce lieu vieux de presque un millénaire. Les jardins ont été pensés pour mettre en valeur l'architecture romane cistercienne de l'abbaye, et plusieurs fontaines ornementales ont été créées, rappelant ainsi la devise du monastère « Spiritus dei feberatur super aquas » (L'esprit de Dieu flottait sur les eaux). Ici, comme dans de nombreux sites monastiques, l'eau a une place majeure : face à la porterie, au centre d'une pièce de gazon ornée de buis taillés en cônes, elle jaillit au milieu d'un bassin, et plus loin, entre la forge et l'hôtellerie, tombe en cascade d'un buffet d'eau avant de s'apaiser dans un grand vivier à truites rectangulaire. L'eau descend également d'un super escalier d'eau pour remplir le classique bassin rond du XVIIIe siècle. Composés de 9 espaces installés sur 2 ha, les jardins de l'Abbaye de Fontenay sont aménagés en quatre sites majeurs :

- **Les Grands Jardins,** où vous pouvez admirer une grande variété d'arbustes, un rare viorne onondaga qui fleurit entre mai et juin, ainsi qu'un if et un buis âgés de… 120 ans !
- **Les Jardins de Saint-Bernard,** avec un févier d'Amérique au feuillage doré, un arbre à caramel, dont les feuilles, en automne, diffusent en tombant une agréable odeur de caramel, ou encore un tilleul à grandes feuilles qui dépasse 30 mètres de hauteur.
- **Les Jardins de la Cour d'entrée,** connus pour leur variété de roses (rosier Ghislaine de Féligonde, rosier arbuste de Gallique). C'est ici aussi que vous pourrez admirer le grand platane, qui domine l'abbaye du haut de ses 36 mètres. Sa circonférence est de 5,40 mètres ! Il aurait été offert par Buffon au dernier abbé de Fontenay et aurait été planté en 1780.
- **Le Jardin des Simples,** aménagé selon les travaux d'Hildegarde de Bingen, abbesse du XIIe siècle, est composé de plantes médicinales, aromatiques, condimentaires et tinctoriales, séparées en groupes « chaud » et « froid » selon leurs propriétés. Les plantes chaudes sont riches, puissantes, pleines de vertus. Elles redonnent des forces et stimulent le corps et l'esprit. Les plantes « froides » ont une efficacité plus localisée. En plus d'apprendre beaucoup d'informations sur ces pratiques médicinales de l'époque, vous pourrez admirer et apprendre à reconnaître le basilic, l'aneth, le fenouil, la menthe, l'origan ou le cerfeuil.

Abbaye de Fontenay
PATRIMONIO MUNDIAL · WORLD HERITAGE · PATRIMOINE MONDIAL
XIIe siècle - Bourgogne - Patrimoine Mondial
Classée monument historique français dès 1862, elle a été inscrite au patrimoine mondial de l'Unesco en 1981
Un site majestueux qui en 2023, se tourne aussi vers la nature et les jardins
Avec ses nouveaux thèmes :
Le jardin des simples
Des jardins d'exception
L'Eau
Les arbres remarquables
La roseraie ornementale
Ouvert toute l'année
www.abbayedefontenay.com

LE CHÂTILLONNAIS ET L'AUXOIS

24, rue du Maréchal-de-Lattre-de-Tassigny
CHÂTILLON-SUR-SEINE
✆ 03 80 91 08 65
www.lechatillonnaisetlauxois.fr
Prix : 1,80 €/numéro. Abonnements papier et numérique.

Né en mars 1807, le *Châtillonnais et l'Auxois* est le titre le plus ancien de la presse hebdomadaire régionale. C'est LE rendez-vous de l'info chaque jeudi sur le Nord Côte-d'Or ! Du vide-greniers à la visite ministérielle, l'hebdo couvre tous les événements. Véritable média de proximité et partenaire des manifestations populaires, *le Châtillonnais et l'Auxois* est habilité à publier les annonces légales. Il est également présent sur le web et les réseaux sociaux.

© LE CHATILLONNAIS ET L'AUXOIS

© LE CHATILLONNAIS ET L'AUXOIS

CHAPELLE DES URSULINES ★

Rue Piron
✆ 03 80 92 50 42
www.ot-montbard.fr
Visite sur réservation uniquement auprès de l'équipe du Musée & Parc Buffon.

L'ancienne chapelle est construite en 1870 pour accueillir la congrégation des Ursulines qui avait été expulsée d'un premier couvent en 1792. Bel exemple de style néo-classique et néogothique, ce bâtiment abrite de nos jours le fonds d'atelier du sculpteur Eugène Guillaume (1822-1905). Né à Montbard, il a été directeur de l'École nationale des Beaux-arts et membre de l'Académie française. Outre les plâtres du célèbre sculpteur, vous découvrez les peintures et dessins d'Ernest Boguet, Louis Arnoux et Chantal Quenneville et un ensemble de cycles anciens.

ÉGLISE SAINTE-URSE ET CAVEAU DE LA FAMILLE BUFFON

Rue du Parc Buffon ✆ 03 80 92 50 42
www.montbard.fr
Visite guidée de l'église d'avril à septembre, du mercredi au dimanche. Juillet et août : visite le lundi + dégustation.

Implantée dans la première enceinte du château, l'église Sainte-Urse conserve une trace architecturale du XIe siècle. C'est au début du XIIIe siècle seulement qu'elle devient église paroissiale. Plusieurs tableaux sont classés aux Monuments historiques : Une *Adoration des Bergers* du peinture Ménassier (1599), une *Présentation de la Vierge au temple* des frères Charton (1642). Dans la chapelle attenante, le visiteur pourra contempler le caveau de la famille Buffon.

GALERIE MICHEL ZANIN DE MARMONT

22, rue de la Liberté
✆ 06 66 19 69 52
Du lundi au samedi 10h-12h30 et 15h30-19h ; le dimanche 15h30-19h. Galerie expo vente d'artistes parisiens et régionaux.

La galerie Michel Zanin de Marmont est un lieu fabuleux pour son architecture et ses richesses artistiques installé à Montbard depuis 2020 ! Une quarantaine d'artistes parisiens y exposent leurs œuvres sur les 1 200 m² d'espace d'un ancien grand magasin historique de la ville. La bâtisse va devenir une résidence hôtelière et un bar lounge dont un rooftop. On découvre aussi les œuvres dont des sculptures de Michel de Marmont. Coté prix, c'est de l'art abordable !

MUSÉE ET PARC BUFFON ★

Rue du Parc-Buffon ✆ 03 80 92 50 42
www.musee-parc-buffon.fr
Parc et musée en accès libre et gratuit toute l'année. Visite guidée de 2h suivie d'une dégustation au cœur du parc.

Marchez sur les traces et les découvertes de deux personnalités qui ont influé sur les sciences au XVIIIe siècle : Georges-Louis Leclerc, comte de Buffon, et Louis Jean-Marie Daubenton, tous deux originaires de la ville de Montbard. Ce beau musée, labellisé Musée de France et « Maison des Illustres », vous propose en effet un parcours à travers l'histoire des sciences. Vous pourrez y voir une collection minutieusement sélectionnée pour retracer l'évolution de la pensée scientifique du XVIIe au XIXe siècle, des cabinets de curiosités au Muséum d'Histoire Naturelle. Microscopes, sphères armillaires, herbiers… tout cela côtoie des objets ayant appartenu aux deux naturalistes évoqués plus haut. De nombreux événements, conférences, visites ou ateliers sont également programmés tout au long de l'année entre art et science. Incontournable !

Le parc Buffon, quant à lui, fut aménagé par le naturaliste dès 1734, sur le site d'un ancien château des Ducs de Bourgogne. Il est classé Monument historique depuis 1947 : parcourez ses quatorze terrasses et admirez le panorama remarquable sur Montbard et la vallée de la Brenne. On y trouve aussi les tours Saint-Louis et de l'Aubespin, datées du XIVe siècle, qui sont les vestiges les plus visibles de l'ancienne forteresse médiévale ; ne manquez pas non plus le cabinet de travail de Buffon, ainsi que l'église Sainte-Urse, qui renferme les ossements de Buffon ainsi que de magnifiques fresques et tableaux, comme une *Nativité* d'André Ménassier datant de 1599 et classée monument historique.

OFFICE DE TOURISME DU MONTBARDOIS

Place Henri Vincenot
✆ 03 80 92 53 81
www.ot-montbard.fr
Lundi-vendredi 9h-13h/14h-17h30 ; samedi 9h30-13h/14h-17h30. Location de vélos.

Situé en face de la gare, l'Office de Tourisme du Montbardois, met tout en œuvre pour faciliter votre séjour. Un vaste espace d'accueil est aménagé avec boutique souvenirs de produits régionaux et de nombreux guides référençant les lieux à voir. L'application mobile « Balades en Bourgogne » permet de suivre l'itinéraire « Montbard sur les pas de Buffon ». Les visiteurs peuvent aussi louer des vélos et partir en balade le long du canal, avec leur Vélibook sur le porte-bagage.

LE CALYPSO €

2, place Aline-Gibez
✆ 03 80 92 05 30
www.calypso-montbard.fr
Fermé la semaine de Noël. Ouvert du mardi au samedi le midi et le soir. Pizzas à emporter. Terrasse.

Le Calypso, c'est la valeur sûre de Montbard, une pizzeria à la carte complète de salades, grillades, pâtes et desserts 100 % maison. En hiver, on profite de la chaleur de la déco où le bois se marie à des teintes pastel apaisantes entre les salles et la grande véranda. En été la terrasse peut accueillir jusqu'à 80 couverts, à l'ombre des parasols. Au Calypso, la bonne humeur est toujours de mise et le service rapide et sans faille. Attention : la fréquentation du Calypso étant toujours dense, pensez à réserver car il y a toujours des habitués !

© LE CALYPSO

© LE CALYPSO

PAYS AUXOIS-MORVAN CÔTE-D'ORIEN

GARE TGV DE MONTBARD

Place Henri-Vincenot
www.sncf.com
Guichet ouvert du lundi au vendredi de 11h à 18h15, le dimanche et jours fériés de 16h à 20h.

La gare de Montbard ne manque pas de charme. Cette petite station sous forme de grande maison vous permet de voyager aisément vers Lyon, Dijon, Paris et Besançon, entre autres. Des trains partent presque toutes les heures pour la capitale. Pensez également aux autocars qui vous emmènent vers Châtillon-sur-Seine ou encore Clamecy. Sur place, vous trouvez un parking pour motos, scooters et vélos. Pour prendre vos tickets, rendez-vous à l'accueil ou à la borne libre-service lorsqu'il y a du monde, cela peut vous faire gagner de précieuses minutes.

HÔTEL DE L'ÉCU*** €€

7, rue Auguste Carré
✆ 03 80 92 11 66
www.hotelecu-montbard.fr
Logis. 29 chambres. Chambre double à partir de 90 €. Garage. Restauration.

L'hôtel-restaurant de L'Écu, ancien relais de poste du XVIIe siècle situé au cœur de la ville, est une vraie maison de tradition familiale qui marie le charme de l'hospitalité à celui de la gastronomie. Du mobilier ancien mêlé à un style moderne, de nouvelles tapisseries, une literie confortable, des fauteuils et des canapés… Tout est mis en œuvre pour vous permettre d'être installé confortablement. Le double vitrage vous assure de passer un séjour au calme. Pour les amateurs de vélo, c'est un point de départ idéal pour découvrir la Bourgogne.

RESTAURANT LA CÔTE D'OR €

26, rue Carnot
✆ 06 30 46 67 39
www.la-cote-dor-montbard.eatbu.com/
Ouvert lundi et du jeudi au samedi midi soir, dimanche midi. Ouvert dimanche soir juillet-août. Formule midi 15,90 €.

Jérôme Hurte a fermé les portes de son restaurant Le Saint-Rémy en 2021, mais n'a pas dit son dernier mot ! Le voilà à présent fraîchement installé dans l'ancien restaurant Les Halles de Montbard, rebaptisé pour l'occasion La Côte d'Or. L'établissement dispose d'une immense salle voûtée et d'une splendide terrasse fermée où l'on retrouve l'esprit du Saint Rémy. Cuisine 100 % maison en formules buffet. En été, le barbecue de la cour rôtit cochon de lait sans os, brochettes de viande hachée et saucisses maison parmi un large choix de grillades.

LA MIRABELLE €€

1, rue de la Brenne
SAINT-RÉMY
✆ 09 53 73 45 62
www.restaurant-la-mirabelle.com
Ouvert du jeudi au lundi de 12h à 14h et de 19h15 à 20h30. La carte change fréquemment.

La Mirabelle, c'est l'excellent restaurant de Benjamin Rouzé et Clarisse Prou, originaires de Bretagne. La cuisine de Benjamin est 100 % maison, plutôt gastronomique et préparée à partir de produits locaux, autant que faire se peut, la petite touche bretonne en plus. Goûtez aux Saint-Jacques mi-cuites, paleron de bœuf à l'époisses, lotte rôtie, choucroute de la mer… et pour le dessert, essayez le pain de Gênes pistache, fruits exotiques et coriandre ou l'île flottante aux pralines roses. L'ardoise est fréquemment renouvelée. Réservation conseillée.

SAULIEU ★

Saulieu est un site remarquable du goût, une ville réputée pour ses établissements gastronomiques et sa fête du Charolais au mois d'août. C'est ici que la maison mère, Le Relais Bernard Loiseau, est installée avec sa Villa Loiseau des Sens. Bernard Loiseau, une marque mondialement connue qui fait partie du patrimoine gastronomique français. Le groupe possède aussi les restaurants Loiseau de Vignes à Beaune, Loiseau de Ducs à Dijon et Loiseau Rive Gauche à Paris. De l'intimité du musée François Pompon à la splendeur de la basilique romane Saint-Andoche, Saulieu réserve bien des surprises aux amateurs de sculpture et d'art. En 2022, à l'église Saint-Saturnin, Saulieu a mis à l'honneur François Pompon au théâtre avec « L'homme à l'ours ». La pièce, écrite et mise en scène par Jérôme Robard, évoque la création de son ours blanc et son exposition aux yeux du monde en 1922. Parsemées dans le territoire, les fresques publicitaires rappellent la grande époque de la Nationale 6, la Route du Soleil et des Vacances. Saulieu est aussi la capitale du sapin du Morvan : de petits producteurs à la culture raisonnée sont rassemblés au sein d'une coopérative, la SAMCO. Terre de légendes, les ouvrages de Sandra Amani, le circuit des pierres de légendes, une chasse au trésor (la soupe de la sorcière au perron des lutins) vous en content quelques-unes. Le Parc du Morvan est un immense terrain de jeux et d'activités, mais c'est aussi une mosaïque de milieux naturels et un repaire d'ateliers d'artisans. Séjourner ici, c'est prendre un grand bol d'air, un bain de gourmandise et de verdure !

Basilique Saint Andoche.

LA BASILIQUE SAINT-ANDOCHE ★

Place Docteur-Roclore ✆ 03 80 64 09 22
saulieu.fr/basilique-saint-andoche/

Ouvert du mardi au jeudi de 9h30 à 12h30 et de 14h à 16h30 ; du vendredi au dimanche de 9h30 à 12h30 et de 14h à 18h.

C'est l'une des plus belles églises romanes de la région : bâtie sur les ruines d'une abbaye du VIIIe siècle, la basilique de Saulieu est construite en calcaire de l'Auxois et mesure 42 m de long sur 25 m de large. À l'intérieur, se trouvent des reliques de saint Andoche, ainsi qu'un magnifique orgue bleu et or, l'un des plus novateurs de la Bourgogne tant au niveau visuel que sonore. Ce dernier a été commandé à l'issue d'un concours de plasticien. Le dessin retenu est marquant de modernisme, tout en se fondant parfaitement dans le décor de la basilique. Les deux mille tuyaux peuvent mesurer jusqu'à 6 m de haut pour les plus graves ! La modernité ne s'arrête pas là : l'instrument est doté d'un automate, qui permet de jouer des programmes musicaux (tous les samedis en juillet-août). Enfin, lors de votre visite, ne manquez pas de vous rendre dans la galerie numérique « Le monde de saint Andoche », située dans une nef sur votre droite. Vous y découvrirez un patrimoine exceptionnel sous un nouveau jour et pourrez observer de plus près, en trois dimensions, certains des chapiteaux les plus remarquables. Certains représentent des thèmes de l'Ancien et du Nouveau Testament, d'autres ont des thèmes animaliers ou floraux. L'occasion de se rendre compte du talent et de la dextérité des sculpteurs du Moyen Âge ! Entre histoire et technologies, la basilique Saint-Andoche est un monument à ne pas manquer lors de votre passage à Saulieu. Des concerts y sont aussi régulièrement organisés.

MICRO-FOLIE SAULIEU

2, plage Monge
✆ 03 80 64 18 34

Ouvert le mercredi 9h30-12h30 et 14h-18h ; le samedi 9h-12h. Fermé pendant les vacances scolaires. Gratuit.

Visiter 123 musées et institutions culturelles, admirer des centaines d'œuvres célèbres, faire de magnifiques découvertes... : tout cela est possible à Saulieu grâce au projet Micro-Folie ! Par le biais de 20 tablettes et d'un écran, les visiteurs de ce musée numérique et modulable peuvent découvrir les collections des partenaires prestigieux, comme le Musée du Louvre, l'Opéra national de Paris ou encore le château de Versailles. Les œuvres sont numérisées en très haute définition, ce qui permet une qualité optimale. En plus, l'accès est gratuit pour tous !

MUSÉE FRANÇOIS POMPON ★

3, place du Docteur Roclore
✆ 03 80 64 19 51
www.saulieu.fr

Tous les jours sauf lundi après-midi et mardi. Fermé en janvier et février. Entrée 3 €. Gratuit dimanche et -18 ans.

Né à Saulieu en 1855, le sculpteur François Pompon est célèbre pour ses sculptures animalières : il prend pour modèles les animaux domestiques qu'il voit dans les basses-cours, mais aussi les animaux sauvages et exotiques, qu'il observe notamment au Jardin des plantes à Paris. Son œuvre la plus célèbre est sans doute le fabuleux *Ours blanc*, dont des reproductions sont visibles à Saulieu et au jardin Darcy de Dijon. Dans ce musée qui lui est dédié, vous pouvez voir une vingtaine de ses œuvres... mais pas seulement ! Il y a également des stèles gallo-romaines, une salle dédiée aux arts populaires et aux métiers anciens, une autre à la gastronomie dont Saulieu est devenu le symbole avec Bernard Loiseau. Une pièce est également la reconstitution de la salle maîtresse d'une maison traditionnelle morvandelle, où la famille partageait le repas autour du foyer. De nombreuses expositions temporaires ont également lieu au musée chaque année. Voici ce que vous pourrez admirer en 2023 : **du 1er avril au 28 mai**, l'artiste Pascale Benéteau sera à l'honneur et présentera ses sculptures en bronze ; **du 7 juin au 31 août**, vous retrouverez Olivier Bertrand et ses sculptures en carton ; et, pour finir l'année, Patrick Villas présentera **du 13 septembre au 31 décembre** ses sculptures en argile, brute et texturée. Quels sont les points communs entre tous ces artistes ? D'abord, leur art de prédilection est la sculpture ; ensuite, ils abordent tous le thème animalier cher à François Pompon ! Une belle façon de rendre hommage à cet artiste régional.

OFFICE DE TOURISME DE SAULIEU

24, rue d'Argentine
✆ 03 80 64 00 21
Label Tourisme & Handicap. Ouvert toute l'année. Mai-sept : lun-sam 9h30-13h/14h-18h ; dim 10h-13h/14h-17h.

Les experts de l'OT vous dévoilent les rendez-vous gourmands et artistiques de 2023, dans la dynamique ville de Saulieu. Journées gourmandes en mai, fête du Charolais en août, Concours complet en septembre, sans oublier l'orgue de la basilique et les nombreuses expositions du musée Pompon. Découvrez cette ville riche d'histoire, de légendes, de nature et de gastronomie. À vélo ou à pied, vous découvrez mégalithes et dolmens. Bienvenue aux portes du Morvan !

CAMPING DE SAULIEU - AQUADIS LOISIRS*** €€

✆ 03 80 64 16 19
Ouvert du 01/03 au 31/10. 100 emplacements. Location de chalets, mini-chalets et mobil-homes. Piscine, animations.

Situé au cœur du Morvan, sur un terrain arboré de 6 ha et entouré d'espace vert, le camping de Saulieu est un point d'entrée idéal pour découvrir la région et passer un séjour propice à la détente. Différents types de logements, qui s'adaptent à tous les goûts : emplacements traditionnels ou «grand confort» pour les caravanes et camping-cars, chalets, mini-chalets et mobil-homes. Équipements modernes et variés : animations, piscine, restauration, aire de jeux.

DOMAINE DE LA PIERRE RONDE €€€

Lac de Chamboux
SAINT-MARTIN-DE-LA-MER
✆ 03 80 84 13 07
www.domainedelapierreronde.com
Ouvert toute l'année. Tarif variable en fonction de l'hébergement. Petit déjeuner. Barbecue.

La Pierre Ronde est un village fantastique situé à 5 kilomètres de la commune de Saulieu. Plus d'une dizaine de logements atypiques vous sont proposés : yourtes, tipis, tentes de trappeur, tentes inuit, maisons sous terre, maison des elfes... De la simple tente inuit sans équipement aux yourtes dotées de lits confortables, d'un poêle à bois et même d'une baignoire, le choix est large ! Baignade et promenade au programme de ce séjour au cœur de la nature.

HOSTELLERIE DE LA TOUR D'AUXOIS*** €€€

Square Alexandre-Dumaine
✆ 03 80 64 36 19
25 chambres, 6 suites. Chambre double à partir de 110 € ; suite 170 €. Piscine chauffée.

La Tour d'Auxois est bâtie sur des remparts du XIIIe siècle dont le couvent du XVIIe siècle a été rénové en hôtel au charme fou. C'est dorénavant le Groupe Bernard Loiseau qui est propriétaire de cet établissement de 25 chambres et 6 suites authentiques : poutres apparentes, tomettes au sol, mobilier et déco très soignée et salon majestueux ; la piscine chauffée, la terrasse et les services premium du Relais voisin, ses deux restaurants et son magnifique spa en font un 3-étoiles unique.

RELAIS BERNARD LOISEAU***** €€€

2, avenue Bernard Loiseau ✆ 03 80 90 53 53
www.bernard-loiseau.com
Relais & Châteaux. 34 chambres à partir de 290 €, suite 385 €. Spa, piscine. Restaurant 2 étoiles Michelin et Bistrot.

Un établissement mythique, qui propose 34 chambres et suites (dont les suites cocoon avec terrasse, et vue sur le jardin, et la suite VIP avec hammam, sauna et cabine de soins privée), dans un cadre enchanteur : poutres apparentes, tomettes de Bourgogne, couleurs chaleureuses, et l'emblématique tour-escalier en chêne. Accès libre au spa, et possibilité de déjeuner et dîner dans les remarquables établissements du groupe Loiseau. 100 % bonheur, pour un séjour ressourçant et au calme.

BISTROT LOISEAU DES SENS €€

4, avenue de la Gare ✆ 03 45 44 70 00
www.bernard-loiseau.com
Du mardi au samedi midi et soir. Dimanche en juillet et août. Menu du Marché à midi sauf jours fériés de 28 à 48 €.

Loiseau des Sens est le deuxième restaurant Bernard Loiseau à Saulieu. Sa vocation est de proposer une cuisine bistronomique qui vient compléter celle du Relais étoilé voisin. Les plats sont préparés avec des produits locaux et bio. Une cuisine plaisir toujours superbement présentée qui revisite au passage les classiques de la Bourgogne mais qui reste très accessible pour un restaurant du Groupe Bernard Loiseau. La salle comme les terrasses à l'étage sont orientées vers le parc de l'hôtel dans une architecture contemporaine où le bois du Morvan est omniprésent.

LE 1930 €€

30, rue de la Foire
✆ 03 80 64 43 67
https://www.restaurant1930.fr/
Ouvert du mercredi au samedi de 10h à 23h ; le dimanche de 10h à 17h. Carte. Formule du midi : 17 € (plat dessert). Terrasse.

Le 1930 est le nouveau restaurant de Saulieu créé par Yves Bernard et ses filles Amandine et Cyrielle qui ont totalement rénové l'ancien Café du Nord. L'adresse est devenue absolument charmante avec des salles décorées Belle Epoque chaleureuses et confortables et cuisine ouverte sur le grill. Cyrielle et Yves concoctent de jolies recettes bourguignonnes. En salle, Pauline porte une robe d'époque, fond musical de ces années et en terrasse vue sur l'entrée de Saulieu et son restaurant emblématique. Bar et service snack ou salon de thé entre les services.

LA YAUBERGE €€

2, place Gabrielle d Estree
LA MOTTE-TERNANT
✆ 09 54 18 97 37
Ouvert du mardi au vendredi le midi. Basse saison : le samedi soir. Haute saison : du jeudi au samedi le soir.

© LA YAUBERGE

La Yauberge est devenu un petit incontournable de l'Auxois. Certes, il faut quitter les grands axes pour cheminer jusqu'à La Motte-Ternant, mais on gagne à découvrir un charmant village. Myriam et Julien on tout rénové et créé une offre très attractive avec un menu du jour au rapport plaisir/prix au top. Julien connaît bien son métier de chef et sait faire du beau et bon abordable. En soirée, et surtout en été, la terrasse offre une ambiance dépaysante et bienfaisante favorisée par une jolie vue et un fond musical branché. Y'a plus qu'à y aller !

LE P'TIOT ZINC €€

6, Place des Terreaux
✆ 07 86 44 52 65
https://lafermedebarboulotte.org/
HS ouvert tous les jours midi ; vendredi samedi soir. BS : ouvert du lundi au samedi le midi. 2 plats 15 €, 3 plats 17,50 €.

© CLAIRE JACHYMIAK

Créé en 2021, le P'Tiot Zinc est le volet restauration de la ferme de la Barboulotte, une exploitation maraîchère qui emploie plus de trente personnes en réinsertion professionnelle. Le restaurant, où travaillent aussi des personnes en réinsertion, forme des talents pour préparer une cuisine très actuelle : légumes de la ferme, produits en circuits très courts, option végétarienne chaque jour, viandes et fromages locaux… Même la verrerie et la vaisselle sont fournies par des artisans locaux. Une bonne réponse à de nombreux enjeux actuels.

LE CAPS BAR €€

6, place du docteur Roclor
✆ 09 67 71 11 90
le-caps-bar-saulieu.eatbu.com
HS 7j/7 midi et soir. Bar de 10h à 00h et 2h le week-end. Burgers, salades, croustillants. Menu midi 15,90 €. Terrasse.

Agrandi et redécoré fin 2022, le Caps Bar est un incontournable et tout le monde y trouvera son bonheur : goûtez aux burgers, bruschettas, salades ou plats du jour du chef, Anthony Cantali. Ne manquez pas non plus les desserts (tarte aux pommes, crème brûlée, tiramisu café ou caramel...) et les bons cocktails ! Le tout, à petits prix, et réalisé à partir de produits locaux et de qualité. L'atmosphère est conviviale et chaleureuse, à la manière d'un pub anglais ; en été, la grande terrasse permet de profiter des concerts donnés au pied de la basilique.

RESTAURANT LE 7 €€

7, rue Courtépée
✆ 03 80 64 57 37
www.restaurantle7saulieu.fr
Mardi, mercredi, vendredi, samedi midi et soir ; jeudi dimanche midi. Menu unique 30 €. Formule midi 15,90 €.

Le 7, c'est le restaurant de Patricia, la cheffe et Pascale installé au service situé en plein cœur de Saulieu sur la départementale 6. La décoration est moderne et colorée avec panneaux acoustiques pour votre confort. Cuisine semi-ouverte sur la salle de restauration, la cuisine traditionnelle revisitée est 100 % maison et de saison. A midi en semaine on se laisse volontiers séduire par la formule plat/dessert au choix multiple de jolis plats. Créée en 2015 l'adresse est à maturité pour un bon repas, au bon prix et avec un service efficace.

RELAIS BERNARD LOISEAU €€€

2, avenue Bernard Loiseau ✆ 03 80 90 53 53
www.bernard-loiseau.com
Ouvert du jeudi midi au lundi soir. Ouvert tous les jours en juillet et août. Menu déjeuner 95 €. Menus de 210 à 350 €.

Bienvenue au restaurant doublement étoilé La Côte d'Or, temple de l'excellence de la cuisine française. Le chef Partick Bertron qui a travaillé pendant 20 ans avec Bernard Loiseau, entretient brillamment son image et ses créations devenues des classiques de la gastronomie. Les saveurs comme la présentation sont travaillées avec talent et la carte évolue au fil des saisons. Le Relais possède une cave à vins exceptionnelle de plus de 900 références orchestrée par le chef sommelier exécutif Eric Goettelmann, Meilleur Ouvrier de France 2019. Une table d'exception.

L'ART'RIBAMBELLE

1, rue Sallier
✆ 07 58 01 80 47
Collectif d'artisans. Ouvert du mardi au samedi de 10h à 19h.

Cette très jolie boutique regroupe une trentaine d'artisans et de créateurs, qui vendent leurs créations dans un même local, au cœur de Saulieu. Sacs et petite maroquinerie, peluches et jeux pour enfants, bougies écoresponsables, accessoires et objets de toilette encourageant le zéro déchet, tableaux et illustrations, vêtements en tous genres, cosmétiques naturels... : la liste de tout ce que vous pourrez y trouver est longue ! En plus, vous soutenez la production locale et le savoir-faire de la région, autant de raisons pour ne pas hésiter à se faire plaisir.

ATELIER G

18, route de Dijon - **THOISY-LA-BERCHÈRE**
✆ 09 52 30 39 03
www.atelierg-ceramique.com
Ouvert du lundi au samedi. Sur rdv + stages d'apprentissage des gestes de base au tour le weekend sur résevation 5 personnes maxi.

L'Atelier de Félix Galland est vraiment facile à trouver sur la route montant à Saulieu depuis Pouilly-en-Auxois. Formé au Lycée de la céramique de l'art et du design de Longchamp en Côte d'Or, Félix a créé un atelier boutique plutôt attirant où il peut exercer sa passion de céramiste et accueillir en direct ses visiteurs et clients. La diversité de ses créations permet de s'offrir des pièces allant de 10 à 1 500 €. Son style ? Du très contemporain marié au travail d'un vannier, des vases, de la porcelaine fine en art de la table et du sur-mesure à la commande.

ATELIER VERRIER FLOWVERGLASS

14, route de Fontangy
MISSERY
✆ 07 68 31 62 36
www.florianharling.fr
Ouvert tous les jours. Sur rdv. Boutique en ligne.

Florian Harling, artisan verrier, pousse sa quête de pureté jusqu'à récolter lui-même ses matières premières qu'il fond dans son four à 1 200 degrés. Ses couleurs de verre sont donc uniques et très recherchées. Il crée toute une gamme de verres à bière ou à eau, des objets agréables à prendre en main. Objets de décoration et vases complètent ses collections. Sa rencontre vous permettra de comprendre toute sa passion pour produire des verres 100 % artisanaux au cœur d'un charmant village.

LA FERME DE BARBOULOTTE

14, route de Thoisy
MISSERY
✆ 06 70 13 01 43
https://lafermedebarboulotte.org/
Maraîchage de produits bio (légumes, fruits, miel, fleurs...). Visite possible. Vente sur place.

Courges, choux, poivrons, melons, plusieurs variétés de radis, de tomates, de carottes... mais aussi fruits, fleurs et miel, voici une (petite) idée de tout ce que vous pourrez trouver à la Ferme de Barboulotte, une exploitation maraîchère qui emploie plus de 30 personnes en insertion professionnelle. Tout cela pousse sur des parcelles de près de 10 hectares autour de Missery. La vente directe à la ferme permet de soutenir les circuits courts, que la Barboulotte favorise et développe. Le Relais Bernard Loiseau vient y chercher certains légumes pour ses plats !

FROMAGERIE LA FOUCHALE

4, place de la République
✆ 03 80 64 02 23
www.fromagerie-lafouchale.fr
Du mardi au samedi 9h-12h30/15h-19h. Sur les marchés : Autun (mer. et vend. matin), Avallon (samedi). Vente en ligne.

La Fouchale est une halte qui fleure bon les produits de la ferme. Venus de la patrie du comté, Juliette et Geoffrey sont incollables sur l'histoire et les terroirs de fromages. Il promeuvent le travail de producteurs locaux avec des animaux élevés en plein air et un savoir-faire artisanal. Vous êtes conquis. Les fromages de chèvre naturels, sans additifs ni colorants, l'époisses, le soumaintrain, le chaource, la Pierre qui Vire, la Boule des Moines, la tomme de vache. Brillât-Savarin disait : «Un repas sans fromage est comme une belle à qui il manque un œil.»

SPA LOISEAU DES SENS

4, avenue de la Gare
✆ 03 80 90 53 53
www.bernard-loiseau.com
Spa ouvert tous les jours de 7h à 23h. Soins de 10h à 19h. Ouvert à la clientèle extérieure à l'hôtel sur demande.

C'est l'un des meilleurs espaces bien-être de la région ! Loiseau des Sens propose une palette exceptionnelle de soins : découvertes sensorielles, hammam, sauna, massages, piscines, bain bouillonnant extérieur..., tout ce qu'il faut pour prendre soin de soi, dans un cadre chic et ressourçant. Au dernier étage se trouve même un spa privatif avec vue sur les monts de l'Auxois. Sur le toit, des ruches produisent le miel vendu dans la boutique. Le spa possède le prestigieux label Spa-A. Pour parfaire l'expérience, déjeunez au bistrot attenant.

SEMUR-EN-AUXOIS ★★

Niché au creux d'un méandre de l'Armançon, l'éperon sur lequel est construit Semur est une véritable défense naturelle contre des dangers extérieurs. Le site a favorisé l'implantation humaine et l'édification d'une forteresse au Moyen Age. Semur abrite de beaux hôtels particuliers, d'anciennes maisons vigneronnes et une superbe église collégiale. Observez bien les façades des maisons : vous pourrez y découvrir diverses inscriptions, sentences d'un autre temps comme cet « endurer et pleurer » gravé rue Buffon. La devise de la cité est inscrite sous l'un des porches de la ville : « Les Semurois se plaisent fort en l'accointance des estrangers. »

Semur-en-Auxois.

COLLÉGIALE NOTRE-DAME ★

Place Notre-Dame
Ouvert toute l'année de 9h à 17h45/18h30 selon la saison.

La construction de cette majestueuse église située en plein cœur de Semur s'est étendue sur près de trois siècles, de 1220 à la Renaissance. D'inspiration gothique, son architecture élancée a de quoi séduire. Véritable livre de pierre, l'extérieur vous donne à voir un calendrier des travaux agricoles ou encore « la légende dorée de l'apôtre saint Thomas ». Vous pouvez aussi vous amuser à chercher les sculptures : escargots, lion, cochon, singe, dissimulées sur la façade avec les gargouilles. A l'intérieur, les vitraux sont remarquables.

LES PORTES DE LA VILLE ★

Ouvert toute l'année. Gratuit.

6 portes protégeaient le bourg Notre-Dame. 4 sont encore là. La porte Sauvigny porte le nom du receveur général des États de l'Auxois au Moyen Age. Ses tours en poivrière, les rainures de son pont-levis montrent sa fonction défensive. Sous le porche la devise semuroise : «Les Semurois se plaisent fort en l'accointance des estrangers». La porte Guiller aux délicates fenêtres géminées et linteaux trilobés du XIVe siècle. Reliant le bourg Notre-Dame aux faubourgs, la porte de la Fontaignotte construite au XIIIe siècle. La porte des Cycogniers reliant la rue Chaude.

LA TOUR DE L'ORLE D'OR ★

Rue des Remparts
http://terres-auxois.fr
Visites guidées de juillet à août du mercredi au dimanche de 14h à 19h. Toutes les 45 min. Gratuit.

4 m de haut, 15 m de diamètre, des murs de 5 m d'épaisseur à la base et 2,50 m au sommet : voilà qui donne une idée des dimensions de l'imposante Tour de l'Orle d'Or, édifiée en 1274 ! Siège de la Société des Sciences Historiques et Naturelles de Semur-en-Auxois, elle abrite les collections sur 4 niveaux. Le sous-sol, lui, donne sur une estacade reconstruite qui permettait de surveiller la route venant de Paris. Visiter la Tour permet également de profiter de vues dégagées sur Saumur, et d'observer et comprendre la ville et ses différents quartiers.

OFFICE DE TOURISME DES TERRES D'AUXOIS

2, place Gaveau
✆ 03 80 97 05 96
terres-auxois.fr
Du lundi au samedi 9h30-12h15/14h-18h, dimanche en été 10h-12h30. Exposition temporaire de savoir-faire locaux.

Véritable mine d'informations sur Semur et la région des Terres d'Auxois, l'office vous aide à organiser votre séjour et à ne manquer aucun des événements culturels, historiques, sportifs… Ceux qui aiment la nature trouveront des idées de balades à pied, à vélo, à cheval, en famille ; ceux qui cherchent des idées de sortie pourront réserver leurs places de concert et de spectacle. Consultez également le site Internet pour en apprendre plus sur l'histoire de la ville.

LES LODGES DU CANAL DE BOURGOGNE €€

Route de Pouillenay
CHASSEY
✆ 06 15 74 52 84
leslodgesducanal.fr
Ouvert toute l'année. Gites au bord du canal dès 195 € la nuit, petit déjeuner compris.

Les Lodges du Canal ont tout pour plaire : la vue sur le canal et la campagne, le bruissement de l'eau de l'écluse et le chant des oiseaux… Confort, originalité et beauté ! Pour votre séjour, cinq gîtes insolites s'offrent à vous : perché dans un arbre, sur une toue sur l'eau ou dans une petite cabane minimaliste, avec de splendides terrasses qui peuvent être équipées d'un bain finlandais chauffé à 30 °C par un poêle à bois. Des vélos sont également à la location.

LA FONTAIGNOTTE €€€

4, place Notre Dame ✆ 03 80 89 86 26
www.lafontaignotte.com
5 chambres entre 220 € et 260 €, petit déjeuner inclus. Min. 2 nuits en w-e et juillet/août. Restaurant gastronomique.

Dans cet hôtel particulier du centre médiéval de Semur rénové en maison d'hôtes, vous passerez un séjour très agréable. Son propriétaire Charles Gassot, acteur et réalisateur à la filmographie géante, a réalisé de gros travaux et réussi le mariage du classique et du moderne avec des œuvres d'artistes comme Sempé ou Enki Bilal. Les 5 chambres sont belles et confortables. La vue est unique sur l'Armançon et sa vallée verdoyante. Le restaurant bistronomique propose une cuisine spontanée et créative faite de produits fermiers locaux, élaborée par Martin et Laura.

HOSTELLERIE D'AUSSOIS*** €€€

Route de Saulieu
✆ 03 80 97 28 28
www.hostellerie.fr
Logis. Ouvert à l'année sauf 24/12. 42 chambres. Chambre dble à partir de 94 €. Menu du marché de 16 à 24 €. Sauna.

Cet hôtel-restaurant situé dans un cadre d'exception, 3 étoiles avec la distinction Hôtel Elégance aux Logis vous propose de résider dans l'une de ses 42 chambres. De la single à la familiale, décorées de couleurs vives, elles sont confortables. La Table de l'Hostellerie d'Aussois propose des produits frais et de saison, plat généreux aux saveurs raffinées faits maison. Détendez vous au bord de la piscine, au sauna ou défoulez-vous à la salle de sport. L'établissement peut recevoir les groupes, réceptions familiales et l'atterrissage en hélicoptère de ses VIP.

HÔTEL-RELAIS DE LA CÔTE-D'OR €€€

1, rue de la Liberté
✆ 03 80 97 24 54
auxois.fr
Logis. Accueil 7h-20h30 (8h-12h/16h-20h week-end). 17 chambres : double à partir de 95 € la nuit. Petit déjeuner : 12 €.

Situé au cœur de la cité médiévale, l'Hôtel-Relais est le plus ancien hôtel de Semur-en-Auxois. Les 17 chambres confortables ont chacune leur propre identité, qui mêle histoire, modernité et matériaux nobles. L'ocre utilisé pour la façade provient de la terre bourguignonne, et rappelle à la fois l'ancrage régional et le souci de la protection de l'environnement. Pour découvrir les vins de Bourgogne, rendez-vous au bar de l'hôtel, le Z, qui vous accueille dans une ambiance feutrée.

LE REFUGE €€

13, rue Buffon
✆ 03 80 96 33 27
https://le-refuge-restaurant.eatbu.com
BS : ven au lun midi & soir ; jeu soir. HS : jeu au lun midi & soir ; merc soir. Spécialités savoyardes.

© LE REFUGE

Gaël Bottini, aux allures de grand et sympathique montagnard, est plutôt futé pour sélectionner les meilleurs fromages et autres truffes pour ses spécialités : Fondues savoyardes, reblochonnades, crémeux du Jura ou Pela des Aravis avec ou sans truffe. Cela change des plats bourguignon, et il y a aussi d'autres belles recettes, œufs cocotte fromagère, joue de cochon confite aux cèpes, Parmentier de cabillaud… Salle en pierre, fer et bois, terrasse sur la rue piétonne et centrale de la ville. Sélections de vins de Savoie, Alsace, Jura et bourgogne pour les accords.

LA CUISINE DE LA FONTAIGNOTTE €€

4, rue de la Fontaignotte ✆ 03 80 96 91 69
www.lacuisinedelafontaignotte.com
Ouvert du mercredi midi au samedi soir. Menu Déjeuner en semaine de 28 à 37 €. Menu enfant 15 €. Chambres d'hôtes.

Le chef Martin Vial et Laura Rulens ont redonné vie à ce magnifique restaurant installé dans un hôtel particulier accroché aux sommets des remparts. Martin, armé d'une expérience sérieuse en cuisine gastronomique, travaille résolument les produits de saison et les plus locaux possibles pour revisiter les classiques avec talent. Si l'assiette tutoie la perfection, le cadre est lui, enchanteur. Ambiance bistrot chic, la terrasse est extraordinaire, la vue qu'elle procure est sublime.

AUX VIEUX PAVÉS €€

4, rue du Vieux Marché
✆ 03 80 92 27 45
www.restaurant-aux-vieux-paves.com
Ouvert tous les jours de 12h à 14h et de 19h30 à 21h. 2 terrasses. Formule déjeuner 14,50 €.

«Aux Vieux Pavés c'est le Bon Coin pour rester Carpe Diem»… une histoire que Lucien Bottini poursuit avec brio en créant un coin brasserie en plus du restaurant et en entretenant l'esprit convivial du lieu. Le Chef Michael Gérard concocte les plats fétiches de l'adresse, tête de veau, la volaille façon Gaston Gérard, jambon persillé, cassolette d'escargots, entrecôte charolaise à l'époisses… En après-midi, croques revisités et gaufres. Tout est maison et réalisé avec des produits locaux. Aux beaux jours on préfère la terrasse de la typique rue piétonne de Semur.

© LUCIEN BOTTINI

© LUCIEN BOTTINI

LA TABLE 5 €€

58, rue de Paris
✆ 03 80 89 23 86
Ouvert le mardi 19h-21h ; du mercredi au samedi 12h-13h30 et 19h-21h30. Carte : 15 € environ. Menu enfant : 9,50 €.

La Table 5 vous accueille dans un cadre agréable et chaleureux. L'équipe jeune et dynamique vous sert rapidement, avec le sourire, et même un brin d'humour. Au menu, pizzas, burgers, bagels et frites (maison !), mais aussi de bonnes pièces de viande. En entrée, prenez donc une tartine d'époisses : fromage fondu avec son lard, carotte marinée, noix et oignons rouges. En plat, essayez les généreuses pizzas, le poulet à l'époisses ou les œufs en meurette. Niveau desserts, pas de déception : moelleux au chocolat ou ananas rôti, on se régale !

LES PATISSERIES DE NINON

2, rue Buffon
✆ 03 73 73 97 81
Ouvert du mercredi au samedi de 9h à 18h30 ; le dimanche de 9h à 12h. Terrasse salon de thé en été.

Ninon Doudin est une pâtissière qui apporte toute sa jeunesse dans la fraîcheur et l'originalité de ses créations. De formation scientifique, elle a préféré s'orienter vers sa passion qu'elle a pour les desserts. Elle prépare tout elle-même dans le labo historique de l'adresse et uniquement avec de bons produits : beurre AOP du Poitou, œufs de la région, farine de Vitteaux, fruits bio locaux… Ses préparations évoluent au gré des semaines. On aime ses pâtes au grain sablées où le sucre est bien dosé, y compris dans les guimauves. Il faut le goûter pour le croire.

BISCUITERIE MISTRAL

4, route de Dijon
✆ 03 80 89 66 66
www.biscuits-mistral.fr/
Lundi et mardi (9h-12h30 et 13h30-19h), mercredi au samedi (9h-19h). Visites gratuites de l'atelier sur réservation.

Cette fabrique installée sur les terres d'Auxois depuis 1954, est une référence en matière de biscuits, issus de recettes traditionnelles. En boutique, vous trouverez des madeleines, quatre-quarts, moelleux nature ou aux fruits... L'entreprise s'est depuis quelques années tournée vers une gamme bio et éthique, ainsi le dernier-né de cette gamme s'appelle le cookie végan bio. Présente dans d'autres villes, la marque est installée à Dijon, Quetigny et Auxerre. Si le déplacement est compliqué, vous pouvez opter pour le site marchand ou la livraison à domicile.

AUX VIEUX PAVÉS

4, rue du Vieux Marché
✆ 03 80 92 27 45
www.restaurant-aux-vieux-paves.com
Ouvert 7j/7 de 8h à 1h. Côté brasserie service non-stop. Animations, jeux de société, concerts.

Depuis début 2021, Aux Vieux Pavés s'est agrandi sur la rue Buffon avec un côté brasserie et une offre de restauration plus rapide. Tout est préparé maison : croque, gaufres, quiches aux recettes gourmandes. La gamme de bières est large, la carte de vins s'est étoffée. Une adresse à l'esprit tranquille avec un coin jeu, des petits salons et deux grandes terrasses. Les salles sont enjolivées de fresques clins d'œil à la ville de Semur-en-Auxois. L'équipe de Lucien Bottini génère une humeur conviviale quotidienne ! L'ambiance s'encanaille les soirs de concert.

CHEZ ELSA & NICOLAS

19, rue Buffon
✆ 06 43 88 66 56
lacuisineàroulettes.com
Ouvert du mercredi au samedi de 10h à 14h et de 15h30 à 18h ; le dimanche de 10h à 13h.

Chez Elsa et Nicolas, vous trouverez une grande variété de plats faits maison et concoctés à partir de produits locaux, de saison, souvent bio et issus du commerce équitable. Le tout est proposé dans des emballages recyclables et compostables ! Goûtez aux sandwichs, quiches, gâteaux ou cookies... Parfait pour se faire plaisir tout en prenant soin de la planète. En plus de l'espace traiteur, une épicerie attenante propose à la vente des productions fermières de la région et présente une exposition permanente d'artisanat d'art.

ŒNOTHÈQUE LE TANIN

20, place Notre Dame
✆ 03 80 96 13 11
Mardi 9h-12h et 14h-19h ; du mercredi au samedi 9h-12h30 et 15h-19h ; dimanche 9h-13h. Vin au verre de 4 à 8 €.

L'Œnothèque de Semur est un lieu remarquable, qui permet de découvrir plus de 500 références de vins de toute la France, des whiskys, crèmes, crémants, champagnes... Les découvertes se prolongent jusqu'au caveau. Jean-Luc Lefèvre, passionné de vins, a un énorme réseau de vignerons. Amandine Bernard, jeune diplômée caviste, apporte un regard précieux et vous conseille très bien. Le bar œnomatique de vins au verre de la cave permet de déguster 12 vins avec des tapas les soirs de fin de semaine. Des soirées à thème sont organisées.

EPOISSES ★

Epoisses est associée à son fromage rond, au fumet sans égal, à la réputation mondiale. Epoisses c'est aussi un superbe château, des fortifications, une église, un vieux colombier et un charmant village. A la rencontre du Tonnerrois et du Morvan, l'activité commerciale et artisanale s'est développée tôt. A la fin du Moyen Age, Epoisses fournit du sel jusqu'à Dijon. La vie est prospère, rythmée par le bruit des outils des forgerons et des tonneliers. Des moines cisterciens s'installent au XVIe siècle, la légende dit qu'ils ont créé l'époisses. Au XIXe siècle, sa réputation va de Marseille à Paris ! La famille Berthaut perpétue ce savoir-faire avec brio.

CHÂTEAU D'ÉPOISSES ★

✆ 03 80 96 40 56

www.chateaudepoisses.com

Parc ouvert toute l'année. Visite libre 2 €. Intérieur du château ouvert à la visite l'été. Entrée : 9 €. Fermé mardi.

Demeure des rois de Bourgogne, le château d'Époisses remonterait au moins au VIe siècle, et aurait abrité la reine Brunehaut. Plus tard, le Grand Condé, Chateaubriand, et la reine Elizabeth II d'Angleterre y ont séjourné. Madame de Sévigné est elle aussi accueillie dans ces lieux. Bref, le Château d'Époisses est un livre d'histoire à ne pas manquer ! La simple balade dans le parc et les jardins vaut à elle seule le détour avec le colombier aux 3 000 niches. Des dégustations de fromage d'Époisses sont organisées pour les groupes.

DÉLICES DU TERROIR €€

5, place du Jeu-de-Paume

✆ 09 82 40 12 97

Ouvert du mercredi au lundi de 9h à 23h. Encas à toute heure, assiettes gourmandes, salades, plats du jour, desserts.

Délices du Terroir, la Boutique d'Agnès qui regorge de bons produits est aussi un petit restaurant. On s'installe volontiers à l'une des tables, intimiste, celles des vins, du chocolat, ou celle à partager ou alors en terrasse face au Château d'Époisses ou dans le patio. On peut prendre un encas, un repas, à toute heure et à partir de 9h. Agnès, qui est originaire de Franche-Comté, vend des produits gourmands de Bourgogne et du Jura. Elle s'adapte à vos envies selon ses possibilités. Et toujours avec bonne humeur et beaucoup de gentillesse.

DÉLICES DU TERROIR

5, place du Jeu-de-Paume

✆ 09 82 40 12 97

Du mercredi au lundi et fériés : 9h-19h. Ouvert le dimanche. Terrasse, patio. Encas à toute heure.

C'est toujours avec bonheur que l'on pousse la porte d'Agnès Guillaume, certain d'un accueil chaleureux ! Originaire de Franche-Comté, passionnée et généreuse, c'est à Époisses qu'elle s'est établie. On y vient pour ses charcuteries, ses fromages, son épicerie fine soigneusement sélectionnés, ses thés, chocolats et le coin des connaisseurs de vins qui s'étoffe chaque année. A toute heure Agnès prépare des assiettes gourmandes et on s'attarde volontiers pour le menu du jour. Le patio calme et intimiste est idéal pour une pause bienfaisante.

© AGN7S GUILLAUME

© E VOILLEQUIN

FROMAGERIE BERTHAUT

Place du Champ-de-Foire
✆ 03 80 96 44 44
HS : ouvert le lundi 14h-18h30 ; du mardi au samedi 9h30-12h30 et 14h-18h30. Maison mondialement réputée.

Texture fondante, belle couleur orangée, affiné plusieurs semaines, frotté au marc de Bourgogne : voilà qui fait la réputation de l'époisses de la Fromagerie Berthaut ! Cela fait plus de 65 ans désormais que la fromagerie perpétue la qualité de cette recette du XVIe siècle. En plus de l'AOP époisses, goûtez aussi à l'IGP soumaintrain, ou aux autres fromages, comme le trou-du-cru ! Véritables symboles du terroir bourguignon et de la gastronomie de la région, ils se retrouvent aussi dans de nombreuses recettes de cuisine. Berthaut, une pépite de Bourgogne !

VITTEAUX

Vitteaux est une jolie petite ville bâtie sur la Brenne. Cette cité pittoresque compte un grand nombre de vieilles bâtisses de caractère. La maison Béline en est un bel exemple. Datant du XIIIe siècle, elle offre encore une splendide cave voûtée d'époque et un extérieur remarquable : fenêtres à arcades sculptées, colonnettes. Les halles, du même siècle, ont un plafond à la française soutenu par d'énormes poutres transversales. Enfin, du château fort bâti par les comtes de Chalon et de l'enceinte fortifiée, il ne reste aujourd'hui plus grand-chose : le château fut démoli sous Louis XIII. Toutefois, ces vestiges donnent à Vitteaux un charme certain.

PARC DE L'AUXOIS ★

Le Foulon
ARNAY-SOUS-VITTEAUX
✆ 03 80 49 64 01
www.parc-auxois.fr
Haute saison tous les jours de 10h à 19h. Adulte : 21 €. Enfant de 3 à 12 ans : 15 €.

Au cœur de l'Auxois et à 30 minutes de Dijon, le parc de l'Auxois est un véritable havre naturel de 40 ha qui vous invite à vivre une journée riche en découverte et en émotions. Partez à la rencontre de plus de 500 animaux et laissez l'émotion vous gagner face à la puissance des grands prédateurs (lions, tigres, guépards, loups…), les facéties des primates et des loutres, le mystère des reptiles ou encore l'élégance des oiseaux (perroquets, grues, flamants…). Les moments marquants de votre visite seront les enclos d'immersion qui vous garantissent une approche unique avec de nombreux animaux tandis que les secrets d'une faune diversifiée et menacée se livrent à vous lors d'animations pédagogiques. En 2023, trente-cinq ans après l'arrivée des premiers ours, le célèbre carnivore symbolisant force et puissance est de nouveau à l'honneur : vous observerez un nouveau groupe d'ours noirs dans un territoire totalement adapté et réaménagé tout en ayant la possibilité de prendre votre repas face à eux au sein du nouveau restaurant La Taverne de l'Ours. Enfin, ne manquez pas de vous divertir grâce aux manèges pour les plus jeunes, aux aires de jeux, au petit train, ni de profiter en juillet et août du parc aquatique avec ses piscines et ses toboggans. Une journée 100 % détente et découverte ! Pour la pause repas, une restauration sur place est proposée tous les jours et des aires de pique-nique sont à la disposition des visiteurs. Enfin, la boutique permet à chacun de repartir avec un petit souvenir.

CHÂTEAU DE SAINTE-COLOMBE-EN-AUXOIS - ARCADE

SAINTE-COLOMBE ✆ 07 71 07 04 92
www.arcade-designalacampagne.fr
Ouvert mi-avril à mi-octobre. Sur rendez-vous le reste de l'année. Tarif variant selon les expos. Accueil groupes. Gîte.

Ce château, construit en 1640, fut sauvé de la ruine en 1986 par l'Association Arcade (Atelier de Recherche en Création Artistique et en Design) créée par Alain Gislot. Devenu un centre culturel, lieu de promotion de la création contemporaine en design et métiers d'art, il présente des expositions, une boutique-salon de thé. Les expositions donnent lieu à des rencontres/échanges entre étudiants, artistes et visiteurs, plus de 5 000 par an. Le gîte de groupe de 8 chambres est un plus.

GAMOTEL

Rue Hubert Languet
✆ 06 32 23 95 10
www.gamotel.com
Accueil des groupes. Équipes de 6 à 12 personnes. À partir de 135 € par personne. Tarif dégressif.

Gamotel est une version d'escape game qui se déroule en fin de journée, gîte et couvert compris. Vous repartez le lendemain matin après avoir résolu l'énigme des héritiers de la Maison du Baron de Vitteaux. De l'extérieur, rien ne laisse supposer toute la qualité de la propriété qui s'étend sur un vaste jardin où les gamers ont aussi à faire. La maison est richement décorée dans une ambiance à la Agatha Christie. Dès votre arrivée, le jeu commence, même si au passage vous choisissez votre chambre digne d'une bonne maison d'hôtes, l'ambiance de mystère en plus.

SUD AUXOIS - VALLÉE DE L'OUCHE

La Communauté de communes de l'Auxois Sud comporte 23 communes et s'étend sur 272 kilomètres. De Pouilly-en-Auxois à Sainte-Sabine, jusqu'à Pont-de-Pany dans la vallée de l'Ouche où les paysages vallonnés le long du canal de Bourgogne permettent de faire de jolies balades aux beaux jours. Pour y séjourner et faire étape, des auberges et des gîtes de caractère vous accueillent comme au château de Sainte-Sabine. Pour un peu d'animation, rendez-vous à l'écluse de la Charme de Saint-Victor-sur-Ouche. Et pour une promenade bucolique, optez pour le petit train de l'Ouche qui chemine sur l'une des plus anciennes voies ferrées de France, datée de 1830, de Bligny jusqu'à Pont-d'Ouche. La vallée de l'Ouche est un vrai petit coin de paradis en Côte-d'Or et des plus bucolique. Pendant la période estivale, pour une journée pique-nique et baignade, direction le lac de Panthier situé sur les communes de Vandenesse-en-Auxois, Créancey et Commarin.

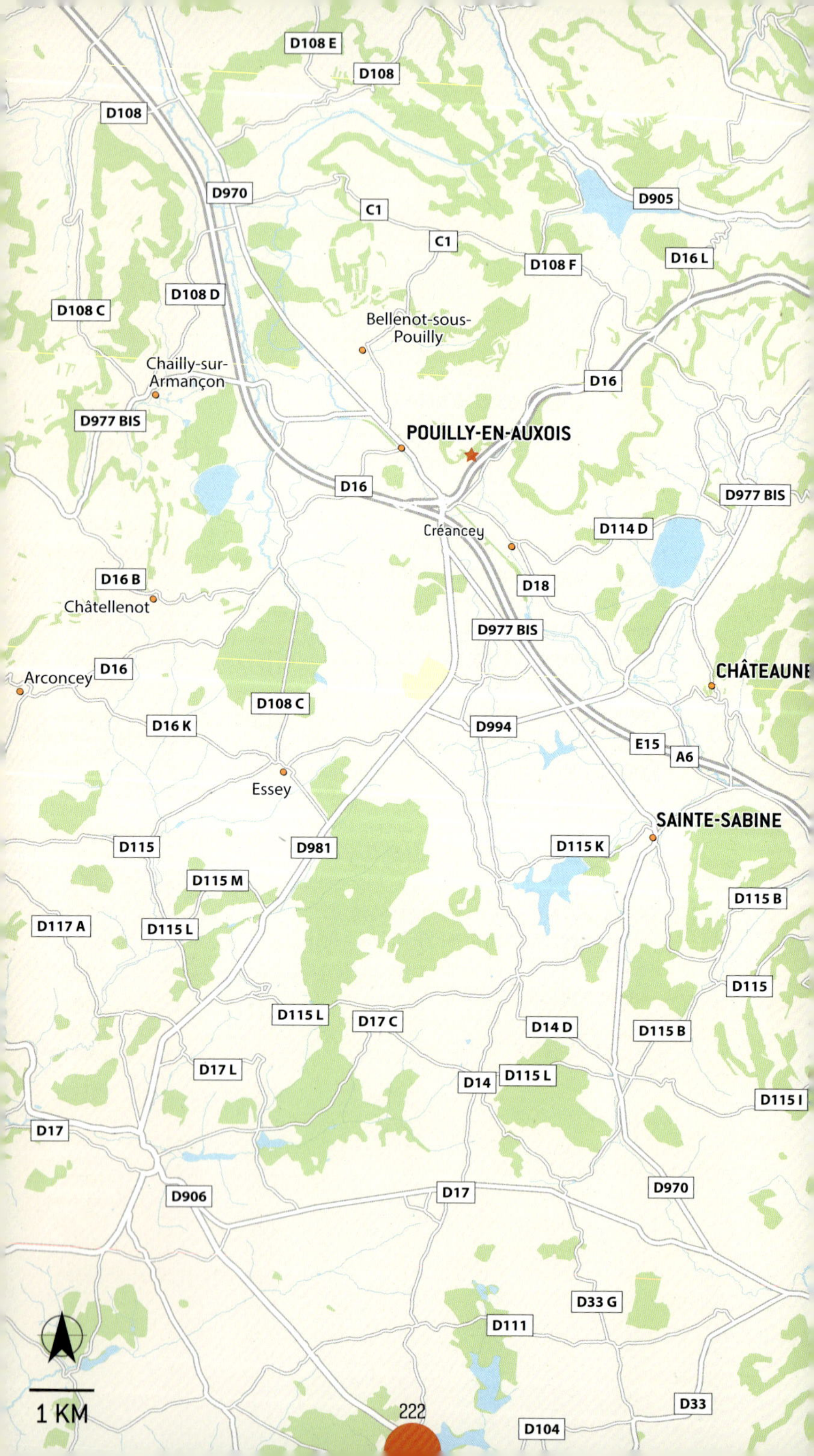
D108 E
D108
D108
D970
C1
C1
D905
D108 F
D16 L
D108 D
D108 C
Bellenot-sous-Pouilly
Chailly-sur-Armançon
D16
D977 BIS
POUILLY-EN-AUXOIS
D16
D977 BIS
Créancey
D114 D
D16 B
D18
Châtellenot
D977 BIS
CHÂTEAUNE
Arconcey
D16
D108 C
D16 K
D994
E15
A6
Essey
SAINTE-SABINE
D115
D981
D115 K
D115 M
D115 B
D117 A
D115 L
D115
D115 L
D17 C
D14 D
D115 B
D17 L
D14
D115 L
D115 I
D17
D906
D17
D970
D33 G
D111
1 KM
D33
D104

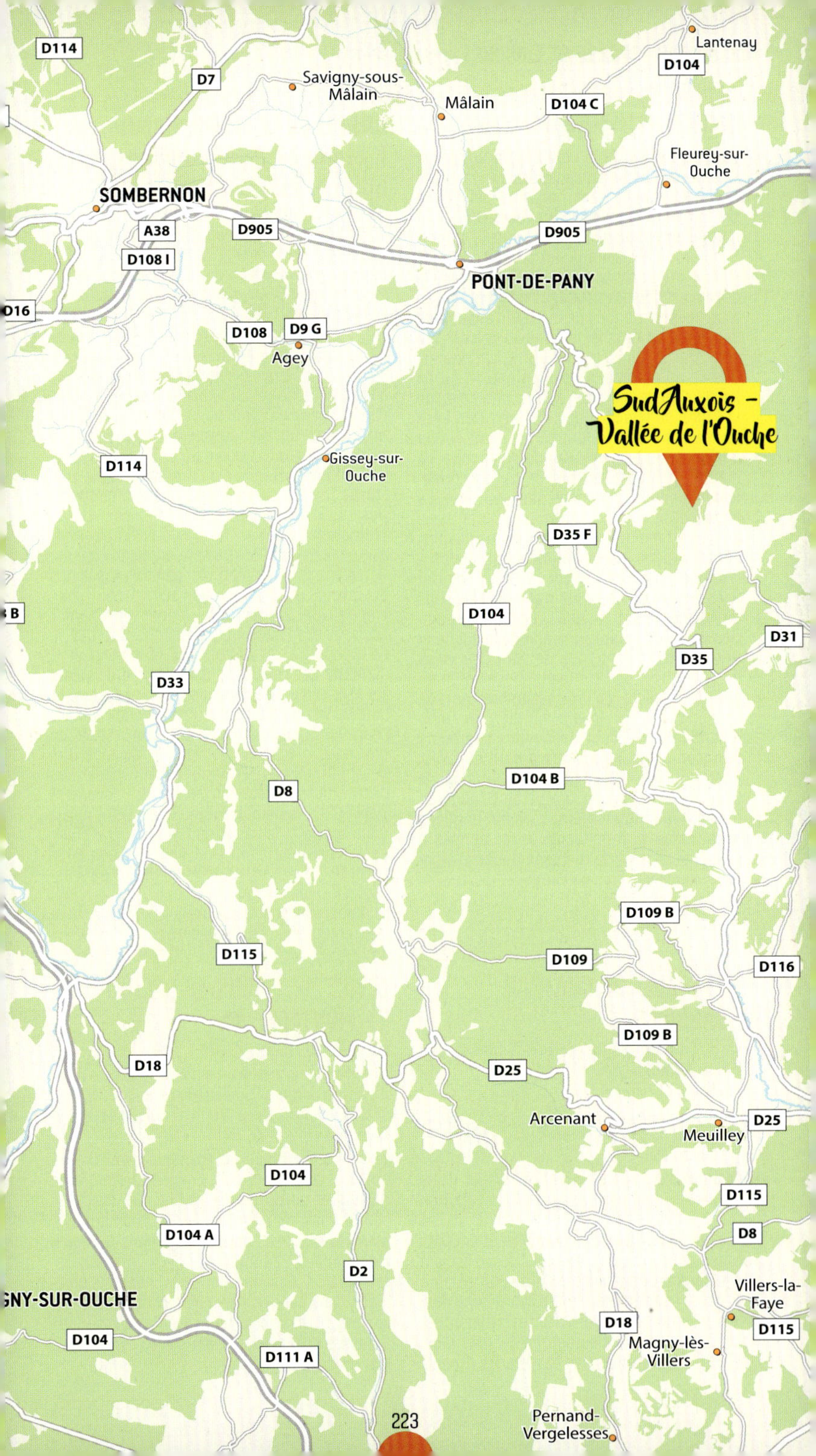
SudAuxois – Vallée de l'Ouche
Lantenay
D104
D114
D7
Savigny-sous-Mâlain
Mâlain
D104 C
Fleurey-sur-Ouche
SOMBERNON
A38
D905
D905
D108 I
PONT-DE-PANY
D16
D108
D9 G
Agey
D114
Gissey-sur-Ouche
D35 F
D104
D31
D35
D33
D104 B
D8
D109 B
D115
D109
D116
D109 B
D18
D25
Arcenant
D25
Meuilley
D104
D115
D104 A
D8
D2
Villers-la-Faye
GNY-SUR-OUCHE
D18
D115
D104
D111 A
Magny-lès-Villers
Pernand-Vergelesses

PONT-DE-PANY

Située au cœur de la Côte-d'Or, la bucolique Vallée de l'Ouche attire les visiteurs grâce à son environnement naturel privilégié et son patrimoine culturel qui vous mène tout naturellement jusqu'aux portes de l'Auxois à Sombernon. On aime flâner sur les bords de l'Ouche ou du canal de Bourgogne, partir à la découverte de ces paysages magnifiques en toute saison, de tous ces villages attachants des bords de l'Ouche, mais aussi de ceux qui sont blottis dans les reliefs environnants. Que ce soit à pied, à vélo, en bateau ou en kayak, venez admirer l'environnement de la vallée de l'Ouche, jouir des activités liées au tourisme vert et tout simplement goûter à la douceur de vivre à la bourguignonne. La nature généreuse promet de belles promenades ou des randonnées plus sportives. La richesse de la vallée de l'Ouche tient aussi à son patrimoine historique. Églises, lavoirs, ponts anciens... sont autant de prétextes à une escapade pour découvrir les villages ! Sans oublier les hauts lieux que sont les sites de Mâlain et son château, de Barbirey-sur-Ouche et ses jardins, de Velars-sur-Ouche et Notre-Dame-d'Etang. Aux détours des voies de halage, on aperçoit aussi bien un chantier de fouilles qu'un rassemblement de sorcières, une guinguette ou bien un jardin remarquable. Et pour découvrir ce territoire de façon originale, montez à bord du CFVO, Chemin de Fer « touristique » de la Vallée de l'Ouche, au départ de la gare de Bligny-sur-Ouche... Pour obtenir toutes les informations nécessaires à votre découverte, pensez à passer par l'office de tourisme Ouche et Montagne, installé à Pont de Pany.

CHAPELLE DE NOTRE-DAME-D'ÉTANG ET PANORAMAS SUR LA VALLÉE DE L'OUCHE ✝

45, route de Notre-Dame-d'Étang
VELARS-SUR-OUCHE ✆ 03 80 33 63 05
www.notre-dame-detang.fr

Balade à pied au départ du parking du bout de la route de Notre-Dame-d'Étang. Permanences au chalet d'accueil l'été.

Vers 150 av. J.-C., on se retranche déjà sur la montagne d'Etang lors des invasions celtes. Une chapelle où est vénérée la statuette de Notre-Dame d'Étang, une Vierge à l'Enfant, est construite. Pendant la guerre de Cent Ans, la statuette aurait été enterrée par un fidèle au sommet de la montagne pour éviter la profanation. En 1435, l'histoire dit qu'un bouvier, étonné par l'abondance et la qualité de l'herbe, creuse et découvre la statuette. Dès 1436, une chapelle est érigée pour vénérer la statuette gardée par un ermite, ensuite confiée aux minimes qui construisent un monastère sur le plateau Saint-Joseph. De nombreux pèlerins et visiteurs illustres viennent se recueillir (saint François de Sales, sainte Jeanne de Chantal, Louis XIV et sa mère Anne d'Autriche, Bossuet...). Le monastère est détruit à la Révolution et la statuette est conservée dans l'église de Velars jusqu'à ce jour. Sous l'impulsion de l'abbé Javelle, curé de Velars, débutent les travaux de l'actuelle chapelle, inaugurée en 1896. Une statue en bronze de la Vierge et de l'Enfant Jésus de 8 m pesant 10 tonnes est posée sur la coupole. Les pierres utilisées étaient gélives, le monument s'abîme. La restauration lancée en 2012 par la municipalité et les amis de Notre-Dame d'Etang s'est achevée fin 2021 avec l'inauguration de la chapelle. Ce site est très visité. L'ascension est appréciée des randonneurs, le point de vue vaut le détour. Souscription publique en partenariat avec la Fondation du patrimoine.

LES JARDINS DU CHÂTEAU DE BARBIREY ✿

2, rue du Château - **BARBIREY-SUR-OUCHE**
✆ 03 80 49 08 81
www.chateaudebarbirey.com

Ouvert d'avril à fin septembre de 14h à 18h ; en juillet et août de 13h à 19h. Adulte : 6 €, enfant 3 €, groupe 5 €.

Rencontre avec l'art et la nature autour d'une ancienne seigneurie agricole du XVIIIe siècle. Huit hectares s'offrent à vous pour découvrir un lieu de vie poétique, où jardins travaillés et endroits sauvages se conjuguent avec malice. Le lieu est classé Jardin remarquable en 2004, et inscrit à l'inventaire supplémentaire des Monuments historiques l'année suivante. Outre ces jardins, c'est l'endroit idéal pour séjourner, en groupe, dans l'un des trois gîtes proposés par l'établissement.

OFFICE DE TOURISME OUCHE ET MONTAGNE 📷

rue du Four - **MALAIN** ✆ 07 83 32 35 06
www.entre-ouche-et-montagne.fr

3 points d'accueil : Château de Mâlain (17/05-17/09), Chapelle Notre-Dame d'Étang et écluse de la Charme (07/07-27/09).

Durant l'été, l'office de tourisme s'installe au château de Mâlain, à la Chapelle Notre-Dame d'Étang et à l'écluse de la Charme. Ces trois points vous renseignent sur les nombreuses activités que vous pouvez faire dans la région (randonnées, panoramas, lieux historiques, artisanat...) ainsi que sur les événements organisés dans l'année (marchés, concerts, foires, cinéma...). Donc, pour tout savoir sur les bonnes adresses en Ouche et Montagne, n'hésitez pas à leur rendre visite !

SITE DU CHÂTEAU DE MÂLAIN

Rue du Four
MALAIN
✆ 07 83 32 35 06
www.chateau-malain-bourgogne.fr
Ouvert le dimanche de 14h30 à 18h30. À partir du 9 avril. Adulte : 4 €. Gratuit pour les - 18 ans.

Ancienne seigneurie des XIIe et XIIIe siècles, elle est reconnue par les monuments historiques « en reconstruction » après avoir longtemps été classée en « ruine ». Voici les travaux entrepris par l'association : l'électrification, la sécurisation du lieu, l'aménagement des anciennes cuisines et des 11 salles visitables et des jardins. La salle des 3 poteaux, qui a gardé ses embrases d'escalier en colimaçon et sa cheminée, accueille désormais une exposition permanente « de la vigne au vin ». Cela nous rappelle qu'à Mâlain en 1900, on comptait plus de 100 hectares de vignes. Si une grande partie des murailles et quelques salles, comme le cachot et la chapelle, subsistent des XIIe et XIIIe siècles, la plupart des vestiges datent de la fin du XVe siècle.

En montant au château depuis le parking, contournez-le par la gauche et explorez la « grotte du trou du diable », lieu de découverte d'ossements humains de plus de 17 000 ans exposés au musée du village, géré aussi par le GAM (Groupe Archéologique du Mesmontois). Visitez ce Musée, installé dans une ancienne ferme rénovée, il regroupe sur 3 niveaux une sélection significative des objets issus des fouilles et d'importantes collections ethnographiques, géologiques et minéralogiques.

Enfin, en sortant du village en direction d'Ancey, la cité gallo-romaine de Mediolanum est une vraie curiosité, impressionnante, en libre accès. Tout au long de l'année, le château est le cadre de représentations théâtrales et de concerts.

LA 34 S - ECLUSE DU BANET €

Canal de Bourgogne - Chemin de Champagne
GISSEY-SUR-OUCHE
✆ 06 48 23 47 72
www.la34s.fr
De mai à septembre, du vendredi au lundi et jours fériés. Service continu de 11h à 19h. Gîtes : de 48 € à 169 € la nuit.

Que vous soyez vacanciers ou plaisanciers, cette maison éclusière du XIXe siècle est l'endroit idéal pour découvrir l'ambiance du Canal de Bourgogne. Urs et Doris ont imaginé la maison de l'écluse 34 S pour vous plonger dans le monde de la navigation. Que ce soit pour une nuit dans un des 3 gîtes, sur terre ou sur l'eau, pour une croisière gourmande, une halte nautique, pour découvrir la boutique ou apprécier une cuisine maison le long du quai, vous serez séduit par ce coin de paradis.

L'AUBERGE GOURMANDE €€

17, allée de la Cude - **VELARS-SUR-OUCHE**
✆ 03 80 33 62 51
www.auberge-velars.com
Ouvert du jeudi au samedi midi et soir ; dimanche midi. Menus de 38 € à 65 €. Jardin. Terrasse. Service traiteur.

Cette auberge de caractère à l'atmosphère feutrée et familiale sur l'axe de la vallée de l'Ouche est une valeur sûre. Delphine Faivre et son équipe nous accueillent toujours aussi chaleureusement dans un décor classique et soigné. Christophe Faivre, chef créateur passionné, nous réserve le meilleur comme à son habitude. Quel que soit le menu, ses plats sont un vrai régal pour les yeux et le palais ! La vaisselle comme les présentations se sont modernisées. On repart avec l'envie de revenir. La grande terrasse est très agréable aux beaux jours.

Ô P'TIT REPÈRE DU GOÛT €€

8, rue des Vieilles Carrières
FLEUREY-SUR-OUCHE
✆ 03 80 41 30 92
www.optitreperedugout.fr
Fermé lundi. Mercredi et dimanche soir. Carte : 22 € environ. Formule du midi de 15 à 18 €.

Au bord du Canal de Bourgogne, Ô P'tit Repère du Goût promet une halte gourmande idéale ! Depuis 12 ans, Michael Felmann prépare une cuisine soignée au rythme des saisons. Des produits frais et de grande qualité. Oeufs pochés à la crème d'époisses ou magret de canard à la framboise : il y en a pour tous les goûts ! Un large choix de desserts permet de profiter encore quelques instants de ce lieu plein de charme et rénové avec élégance et raffinement. Aux beaux jours, une terrasse couverte et climatisée donne sur un petit jardin japonisant.

UN GRAIN SUCRÉ

15, rue de la Ferme
MALAIN
✆ 06 72 34 00 76
www.ungrainsucre.com
Commandes en ligne. Food-truck sucré.

Passion partagée, voici la philosophie d'Adrien Cantaux. Pâtissier, chocolatier, confiseur passionné, il propose de parfaire vos connaissances en chocolaterie, confiserie et pâtisserie, vous apprendre à réaliser chez vous des gourmandises avec le matériel adapté. Il anime des ateliers gourmands à domicile pour des particuliers, des associations, des entreprises. Retrouvez les réalisations d'Adrien à l'heure du goûter, lors de marchés ou de manifestations dans les communes de la Vallée de l'Ouche et ses alentours. L'actualité du food trailer est sur Facebook.

UN GRAIN SUCRÉ

15, rue de la Ferme
MALAIN
✆ 06 72 34 00 76
www.ungrainsucre.com
Commandes en ligne. Food-truck sucré.

Passion partagée, voici la philosophie d'Adrien Cantaux. Pâtissier, chocolatier, confiseur passionné, il propose de parfaire vos connaissances en chocolaterie, confiserie et pâtisserie, vous apprendre à réaliser chez vous des gourmandises avec le matériel adapté. Il anime des ateliers gourmands à domicile pour des particuliers, des associations, des entreprises. Retrouvez les réalisations d'Adrien à l'heure du goûter, lors de marchés ou de manifestations dans les communes de la Vallée de l'Ouche et ses alentours. L'actualité du food trailer est sur Facebook.

LA KANOPÉE

255, rue de la Gare - **SAINTE-MARIE-SUR-OUCHE**
✆ 06 99 55 83 74
www.la-kanopee.com
Ouvert le vendredi et le samedi de 15h à 19h30. Différents évènements et marchés à suivre sur leur site Internet.

La Kanopée est une micro-brasserie née de la passion de Thierry Kniebiher. Armé d'une grande expérience de l'industrie agroalimentaire et formé à l'Institut français des boissons, il apporte à La Kanopée un sérieux ADN de longévité. L'espace bar-terrasse adjacent à la brasserie permet de déguster les bières. Six recettes de bières pour tous les goûts : une blanche délicate et fruitée, une blonde aromatique, une brune de caractère, une French IPA aux notes d'agrumes, une New England IPA discrète et poivrée et une Pale Ale faible en alcool, mais pas en caractère.

NICO VÉLOS

12 A, route de Notre Dame d'Étang
VELARS-SUR-OUCHE ✆ 06 52 28 71 20
https://nicovelos.fr
Sur rdv. Transforatin de velo en VAE - Vente de la marque Polygon.

Nicolas Billiard, nouveau spécialiste vélo à Dijon, vous permet de rouler en VAE dans les meilleures conditions en transformant votre vélo en vélo à assistance électrique. 2 concepts sont proposés, le moteur de fabrication française est soit placé sur le moyeu de la roue arrière ou sur le pédalier avant, la batterie est sur le cadre. L'intervention débute à 1 050 euros à partir de 250 W et 4 kg de plus. Devis complet après examen de votre équipement. Pour un vélo neuf, Nico, vend la marque Polygon, exclusive dans la région, une gamme complète couvrant tous les usages.

BLIGNY-SUR-OUCHE

La communauté de communes de Pouilly-en-Auxois - Bligny-sur-Ouche regroupe 47 communes. Parmi elles bien évidemment la commune de Bligny-sur-Ouche. Elle se situe entre la vallée de l'Ouche, l'Auxois et les Hautes-Côtes, dans un superbe cadre buccolique qui mêle collines boisées et prairies verdoyantes bordées par l'Ouche. On la surnomme d'ailleurs «La Suisse bourguignonne» ! Avec de tels atouts naturels, il est évident que les randonneurs s'en donnent donc à cœur joie grâce aux différents parcours proposés. Mais vous pouvez aussi admirer le paysage dans un TGV... Train à Grande Vibration car la commune s'enorgueillit d'avoir bénéficié, par ordre d'apparition, de la troisième ligne ferroviaire de France. Elle reliait Epinac à Pont-d'Ouche. Aujourd'hui, des passionnés l'entretiennent et font rouler d'anciennes locomotives à vapeur ou diesel pour le plus grand plaisir des petits comme des grands. Un patrimoine important qui compte aussi douze moulins tout au long de l'Ouche et dont le plus ancien date du XIIIe siècle. Quant à ses armoiries, elles portent haut les symboles de Bligny : les fortifications et les tours en guise de couronne, épis de blé et fleurs de chanvre en guise de collier - les deux grandes productions de la ville -, écusson rouge rehaussé d'un arc et d'une flèche, symboles de la confrérie locale de Saint-Sébastien, compagnie d'archers qui fut, dès le XIIIe siècle, gardienne des murailles de Bligny.

MUSÉE PAPOTTE - ARTISANAT, VIE RURALE ET CHANVRE

7, rue du Moulin-Papotte
✆ 03 80 20 12 71
Dimanche et jours fériés en mai, juin, sept. Juillet-août : dimanche-jeudi 14h30-18h. Adulte : 4 €. Enfant : 1,50 €.

Situé dans un ancien atelier d'ébéniste, le Musée regroupe tous les métiers d'antan qui ont fait la vie des campagnes : du sabotier (machine datant de 1947) au cordonnier, du maréchal-ferrant, bourrelier au paysan. Tous leurs outils y sont exposés. Des guides passionnés font découvrir leurs usages et leur utilité grâce à des démonstrations. Un métier à tisser de 1860 rappelle qu'il y avait 80 tisserands à Bligny en 1846 et on cultivait le chanvre. Comme un air du bon vieux temps !

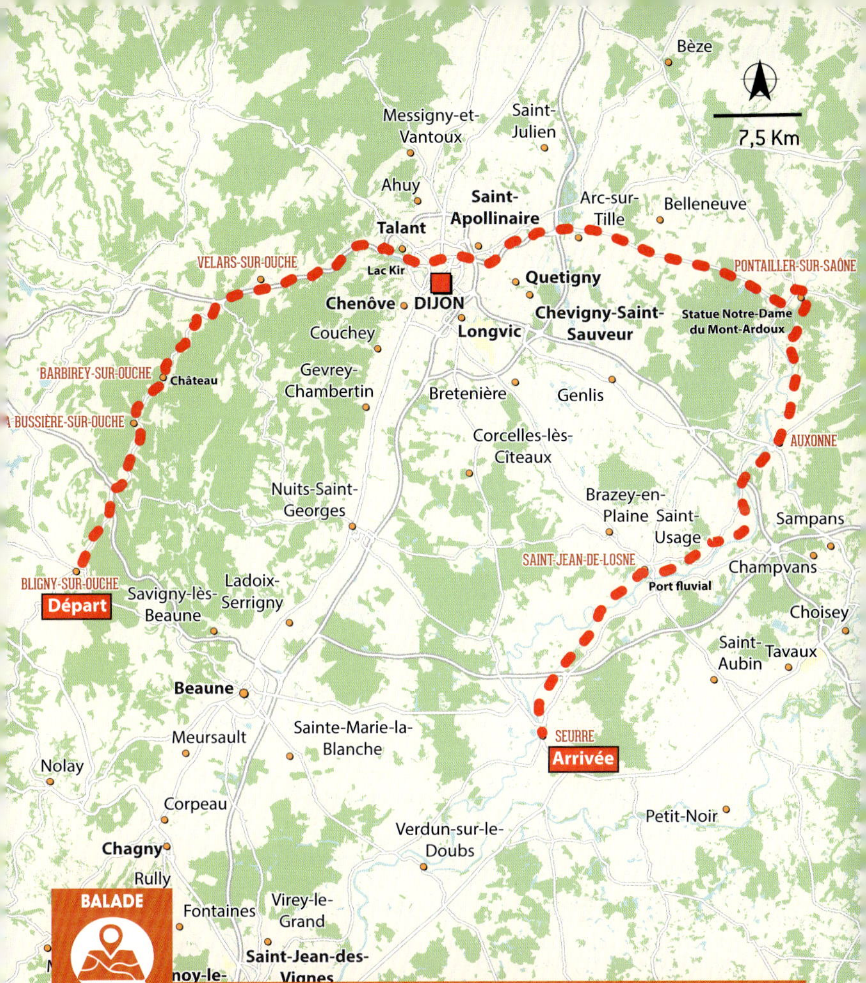

DE L'OUCHE À LA SAÔNE

Partez de Bligny-sur-Ouche au cœur de la Suisse Bourguignonne, et à vélo longez la rivière en direction de Dijon. Vous traverserez La Bussière-sur-Ouche, puis Barbirey-sur-Ouche, son château, ses jardins et ses maisons des XVIIIe et XIXe siècles. Cap ensuite sur Velars-sur-Ouche, au pied du Mont-Afrique. Ici, l'Ouche côtoie le canal de Bourgogne et vous ne serez plus qu'à quelques encablures du lac Kir. Vous pourrez donc profiter de la belle Dijon pour la soirée. Le lendemain, direction Pontailler-sur-Saône où la Saône, l'Albane, la Bèze, la Vingeanne, l'Ognon et le canal entre Champagne et Bourgogne se croisent. Un paradis pour les activités nautiques ! Surtout, rendez-vous au pied de la statue Notre-Dame du Mont-Ardoux où vous profiterez d'une vue panoramique sur la plaine de la Saône et les monts du Jura. Ensuite, rejoignez la médiévale Auxonne. Son centre-ville est chargé d'Histoire ! Jour 3, Saint-Jean-de-Losne vous attend. Ce port fluvial situé aux confluents de la Saône, du canal Rhin-Rhône et de celui de Bourgogne reçoit 5 000 bateaux/an. Et de nombreux cyclistes grâce à sa Voie verte. Vous pourrez profiter d'une croisière dans les environs avant d'atteindre Seurre. Pourquoi pas en bateau, d'ailleurs ? Car dans la ville natale de Bossuet le tourisme fluvial règne aussi en maître ! Au terme de ces 3 belles journées vous aurez parcouru un peu moins de 140 km.

OFFICE POUILLY BLIGNY TOURISME

21, place de l'Hôtel de Ville
✆ 03 80 20 16 51
www.tourismepouillybligny.fr
Ouvert du mardi au samedi de 9h à 12h30 et de 14h à 17h30.

Situé sur la place principale de Bligny-sur-Ouche et facilement accessible, l'office possède différents espaces de présentation en bois réalisés par un artisan local. Randonnées pédestres aux sources de l'Ouche, train touristique de la Vallée de l'Ouche, Musée Papotte, sites à visiter... ici, vous saurez tout sur le territoire ! La librairie-boutique, les produits du terroir, la galerie où exposent des artistes complètent l'offre. Pensez à demander le calendrier des manifestations.

CFVO-CHEMIN DE FER TOURISTIQUE DE LA VALLÉE DE L'OUCHE

Gare - Route d'Arnay ✆ 03 80 20 17 92
www.traindelouche.fr
Mai, juin, sept : dimanches et jours fériés (départ 14h30 et 16h30) ; juill-août : lun-sam 14h30, dim 10h30, 14h30, 16h.

1h de promenade en train sur l'ancienne ligne Epinac-Dijon, ça vous tente ? Les membres de l'association CFVO bichonnent d'anciennes locomotives à traction vapeur (la plus ancienne, « La Couillet » de 1910, classée Monument Historique) et des locomotives diesel qu'ils mettent en service pour parcourir 7 km de voie ferrée dans la bucolique vallée. En 1830, cette voie servait à transporter du minerai de fer et de charbon entre Epinac et le Canal. L'association est d'utilité publique.

LE 1131**** €€€

Abbaye de la Bussière - **LA BUSSIÈRE-SUR-OUCHE**
✆ 03 80 49 02 29
www.abbayedelabussiere.fr
Chambres à partir de 360 € ; petit déjeuner à 25 €. Restaurant gastronomique le 1131 et le Bistrot des Moines.

Découvrez cette abbaye qui vient juste de changer de propriétaire et passez un séjour inoubliable au cœur de la vallée de l'Ouche dans le plus grand des raffinements. Dans ce cadre entouré d'un parc de 7 hectares, des chambres entièrement rénovées et confortables, certaines avec salle de bain et baignoire jacuzzi pour se relaxer. Des suites duplex avec terrasse aux chambres Deluxe, vous dormirez comme dans un nid douillet. Le restaurant gastronomique ou le Bistrot des moines sont à la hauteur de ce lieu Relais & Châteaux.

LE BISTROT DES MOINES / ABBAYE DE LA BUSSIÈRE €€

RD 33
LA BUSSIÈRE-SUR-OUCHE
✆ 03 80 49 02 29
www.abbayedelabussiere.fr
Ouvert du lundi au dimanche, midi et soir. Horaires variables en basse ou haute saison. Terrasse.

L'Abbaye de la Bussière est un bijou de raffinement, au cœur de la très jolie vallée de l'Ouche où une allée d'arbres centenaires vous accueille. Pour déjeuner, l'établissement propose deux options avec le restaurant gastronomique le 1131 et le Bistrot des Moines, plus accessible, où vous dégusterez une cuisine bistronomique qui met le terroir en valeur. Le Bistrot est idéal pour un repas professionnel ou en amoureux. Très bon rapport qualité-prix.

LE 1131 €€€

Abbaye de la Bussière - **LA BUSSIÈRE-SUR-OUCHE**
✆ 03 80 49 02 29
www.abbayedelabussiere.fr
Le dimanche midi (sauf de juin à septembre). Le soir du mercredi au dimanche. Menus à partir de 105 €.

Un lieu atypique pour une adresse d'exception ! C'est dans l'abbaye de la Bussière, fondée par les moines cisterciens au XIIe siècle, que le chef cuisinier François Pelletier a pris ses marques. Baptisé le 1131, en rappel à la date de fondation, ce restaurant étoilé *Michelin* offre de belles surprises. Promenez-vous dans la carte comme vous le feriez dans la région en commençant par les morilles à l'Aligoté, puis continuez avec la truite bio de l'Yonne. La carte propose des mets à la hauteur de la réputation bourguignonne. Une de nos adresses favorites !

PUROKAO CHOCOLATERIE MAYA

4, route de Dijon ✆ 03 80 20 94 97
www.chocolatpurokao.fr
Ouvert mercredi de 9h à 12h et de 14h30 à 18h30. Du jeudi au dimanche de 14h30 à 18h30. Dégustations et animations.

Purokao, à prononcer avec l'accent espagnol, est un ovni posé à Bligny-sur-Ouche en provenance de la planète maya du chocolat. Joshue Lastiri et Maryline Justice importent du Mexique leur savoir-faire de producteur de chocolat de tradition maya. Chez Purokao, on revient aux origines du chocolat : la fève arrive directement du Mexique, elle est concassée, broyée à la meule et transformée en chocolat noir de pure origine. Le petit plus, le café mexicain est aussi torréfié sur place !

SAINTE-SABINE

Sainte-Sabine est une charmante commune de 200 habitants située à quelques minutes de Pouilly-en-Auxois, à une trentaine de kilomètres de Beaune et à 50 kilomètres de Dijon. L'histoire raconte qu'au XIIe, un moine de l'abbaye de la Buissière se rend à Rome pour rapporter des fragments de reliques (une pratique courante à l'époque pour légitimer la fondation d'un nouvel établissement religieux). Il revient donc de la ville éternelle avec une partie du crâne de sainte Sabine, une martyre chrétienne du IIe siècle. Il meurt en chemin, à Lassey où des religieux avaient été établis par saint Martin. Les moines de la Buissière viennent chercher la relique et le corps de leur confrère. Mais une force surnaturelle les empêche d'avancer. Ils laissent donc les reliques de la sainte en ce lieu rebaptisé pour l'occasion Sainte-Sabine. 900 ans plus tard, la légende de la sainte qui a donnée son noyau village est toujours intacte. Elle est honorée deux fois par an, à la fête de la Translation des reliques, le quatrième dimanche après Pâques et pour la fête de sainte Sabine, le 29 août. Au XVIe siècle, la famille De Messey construit un splendide château qui surplombe la vallée. Ce château est aujourd'hui un hôtel de luxe. Ne ratez pas ce village bucolique, son église du XVIe, le reliquaire de sainte Sabine qui est l'une des plus belles pièces d'orfèvrerie du XIVe et la vue imprenable sur Châteauneuf-en-Auxois. À l'ouest de Sainte-Sabine, le réservoir de Chazilly, lieu de pêche bien connu des amateurs, est l'un des cinq réservoirs qui servent à l'alimentation du canal de Bourgogne.

CHÂTEAU SAINTE SABINE €€€

8, route de Semur
✆ 03 80 49 22 01
www.saintesabine.com

Ouvert tous les jours midi et soir, sauf le mercredi midi d'avril à octobre. De nov. à fin mars, fermé lundis et mardis.

Dans ce magnifique édifice du XVIe siècle, le chef Benjamin Linard vous propose de déguster une cuisine revisitée composée de spécialités de la région, avec des produits frais et locaux. Le menu déjeuner évolue au fil des saisons et du marché et vient compléter une carte créative. Homard, escargots bio ou féra du Léman en entrée, carré d'agneau, bar de ligne ou moelleux de petits pois à l'ail des ours en plat... et on termine par un palet chocolat ivoire ou un soufflé à la cazette du Morvan pour la gourmandise ! Terrasse avec vue panoramique sur le village.

POUILLY-EN-AUXOIS ★

Situé le long du canal de Bourgogne, Pouilly-en-Auxois a plus d'un attrait touristique : richesse du patrimoine (colombiers, châteaux, villages fortifiés aux alentours...), balades dans la nature ou sur les chemins de halage, en bateau ou à vélo, découvertes gastronomiques... L'attraction principale est sans nul doute le port de plaisance où passe le canal de Bourgogne. Des croisières de 2h (ou plus) sont possibles à bord de la Billebaude, qui passe sous une voûte souterraine de 3,3 km. Ne manquez pas la Halle du Toueur construite par l'architecte japonais Shigeru Ban et qui abrite un ancien toueur électrique, qui servait à remorquer les bateaux.

CHÂTEAU SAINTE SABINE**** €€€

8, route de Semur ✆ 03 80 49 22 01
www.saintesabine.com

23 chambres. Chambre double de 195 € à 245 € (petit déjeuner inclus) ; deux suites (36 m² et 110 m²). Piscine. Parc.

Dans ce superbe château-hôtel du XVIe siècle au cachet extraordinaire, vous pourrez loger dans des chambres doubles ou des suites, l'une de 36 m² et l'autre de 110 m² ! Côté château, vous aurez une vue imprenable sur le village de Châteauneuf-en-Auxois, l'un des plus beaux villages de France, et sur la campagne environnante. Côté tour, vous aurez en toile de fond le village de Sainte-Sabine. Un moment exquis, parfait pour découvrir la Bourgogne et se ressourcer dans un cadre merveilleux.

SENTIER DE LA MADONE ★★★

✆ 03 80 90 64 00

Label Tourisme & Handicap (moteur, mobilité réduite, mental, malentendant). Ouvert toute l'année. Niveau : facile.

Suivez le sentier pédestre de la Madone, qui vous amènera sur les hauteurs de Pouilly-en-Auxois pour admirer la vue sur le village ainsi que la statue de la Madone qui surplombe la région. Dans ce lieu calme et bucolique, vous pourrez faire de belles découvertes paysagères, géologiques et floristiques, en visite libre ou accompagné par un guide fin connaisseur des environs. En plus, le sentier est labellisé « Tourisme et Handicap » et est accessible à tous. Un parcours idéal pour découvrir les environs de Pouilly-en-Auxois et profiter de la nature.

LA VOÛTE DE POUILLY ★

Rue du 8 Mai 1945
✆ 03 80 90 77 36
www.cap-canal.fr

Avril-octobre, le bateau La Billebaude. Croisière traditionnelle. Adulte 13 €. Enfant 8 €. Durée 2h15 ou 1h15.

La construction de ce tunnel de 3,3 km, édifié entre 1826 et 1832, permit d'économiser la construction de plusieurs écluses. Situé sur la ligne de partage des eaux, il permet le passage du canal de l'un à l'autre des deux bassins. En 1867, un toueur à vapeur est installé pour aider à «touer» (tracter) les bateaux. La fée électricité est utilisée à partir de 1893. Le bateau de la Billebaude propose un aller-retour de 2h au cours duquel vous traversez la voûte de Pouilly, vous passez une écluse et vous faites un arrêt au toueur électrique.

OFFICE POUILLY BLIGNY TOURISME

Port de plaisance
✆ 03 80 90 77 36
www.tourismepouillybligny.fr

Ouvert du mardi au samedi de 9h à 12h30 et de 14h à 17h30.

La Capitainerie, sur le port de plaisance, abrite l'office de tourisme. Ouvert toute l'année, il centralise de nombreuses informations touristiques, de l'Auxois sud à la vallée de l'Ouche et vous fournira conseils et fiches de randonnée. La Véloroute, ce chemin de halage balisé le long du canal de Bourgogne, vous emmène à Dijon d'un côté et à Tonnerre de l'autre... à la force des mollets ! Si vous préférez la nature vue de l'eau, les réservations pour le bateau-promenade se font ici.

CAP CANAL - LE BATEAU PROMENADE LA BILLEBAUDE

Port de plaisance ✆ 03 80 90 77 36
www.cap-canal.fr

Circuit de la voûte aller simple : adulte 9,50 €, enfant 6,50 €, aller-retour 13 € et 8 €. Croisières thématiques.

Croisières insolites au sommet du canal de Bourgogne à bord du bateau électrique La Billebaude (50 passagers). La promenade comprend la traversée de la fameuse voûte de Pouilly (souterrain illuminé de 3 333 m dans lequel le canal s'engouffre sous la ville) et le passage d'écluse(s). Des croisières animées et thématiques ponctuent la saison. Vous pouvez embarquer 6 vélos à bord pour rejoindre la véloroute. Réservation impérative et embarquement au port de Pouilly-en-Auxois.

HÔTEL GOLF CHÂTEAU DE CHAILLY**** €€€

Rue Dessous - **CHAILLY-SUR-ARMANÇON**
✆ 03 80 90 30 30
www.chailly.com

45 chambres. 8 gîtes 2-12 pers. Chambre à partir de 118 € ; suite de 350 à 750 €. Piscine, spa, golf, restaurant.

Ce splendide établissement est installé au sein d'une forteresse du XVe siècle, classée aux Monuments historiques et située au cœur de l'Auxois. Les chambres et appartements, contemporains et élégants, sont tous rénovés. Les Castle Suites de 90 m² et leurs superbes salles de bains sont incroyables : charpente des tours du château apparente pour deux d'entre elles ! Piscine, golf 18 trous, tennis, billard, espace détente, spa, cours, restaurant l'Armaçon pour un séjour parfait.

L'AUBERGE DE GUILLAUME €

4, place de la Mairie
VANDENESSE-EN-AUXOIS
✆ 03 80 49 22 36

Du mardi au dimanche le midi et le soir. 3 plats 38 €, 4 plats 49 €, 5 plats 65 €. Menu unique pour toute la table.

Guillaume Royer, bien connu de tous, s'est offert un retour aux sources en ouvrant son restaurant dans le village qui l'a vu grandir. L'Auberge de Guillaume vous propose une cuisine élégante, imaginée à partir de produits bruts et locaux, tels que l'asperge verte de Roques-Hautes. Savourez un repas gastronomique concocté par ce MOF et son collaborateur Vincent Bourdon, en terrasse ou dans la jolie salle rénovée. Inoubliables morille, céleri, livèche cuisinés comme un ragoût sans parler du dessert : le chocolat dans tous ses états ! Miam !

CRÊPERIE CÔTÉ JARDIN €€

36, avenue Général de Gaulle
✆ 03 80 64 33 66

Ouvert le mercredi soir ; le jeudi midi et soir ; du vendredi au dimanche de 11h à 20h30. Réservation recommandée.

Côté Jardin s'impose comme un incontournable. A peine ouvert durant l'été 2021 que souvent on ne peut y aller que sur réservation. Mary Druot et Philippe Bullier ont créé un lieu attirant. Jardins et terrasses de charme, immense salle de très bon goût et surtout les talents de Mary, ancienne professeure de cuisine, pour préparer des galettes et des crêpes cuisinées et raffinées. Les papilles sont ravies par les recettes des garnitures que Mary dévoile et concocte à base des bons produits locaux. On peut manger économique mais aussi partir en voyage gustatif !

LA FERME DE CHAILLY €€

77, Grande Rue - **CHAILLY-SUR-ARMANÇON**
✆ 06 38 20 58 09 - www.lafermedechailly.fr
Ouvert du mardi au samedi le midi ; le vendredi et le samedi le soir. Jeudi, vendredi soir et samedi midi à la carte. Bar. Formule du midi : 16,50 € (menu unique à midi en semaine). Terrasse.

Franck Nicolleau a transformé une ferme de Chailly en un charmant restaurant qui, à première vue, donne envie de s'arrêter. Pas de chichi, mais du bon goût pour une ambiance de bistrot champêtre tout neuf avec de chaleureuses boiseries. Des menus joliment créés par Bruno le chef de cuisine et de temps en temps les pizzas de Franck qui s'est formé à ces préparations. Mini prix, y compris à la carte des vins, mais maxi plaisir et convivialité. La terrasse en cour intérieure donne sur des corps de ferme tous aussi beaux. Rapport qualité/prix/plaisir au top !

RESTAURANT DE L'HÔTEL DE LA POSTE €€

2, rue du Docteur Chauveau
✆ 03 80 90 86 44
www.hoteldelaposte-pouilly.com
Du mardi au samedi le midi et le soir. Menu du jour 16 € (midi). Menus de 27 € à 35 €. Carte.

Antony Bonnardot, propriétaire et chef du restaurant de l'Hôtel de la Poste a officié dans de grands restaurants et perpétue à Pouilly-en-Auxois l'histoire de sa famille installée ici depuis 3 générations. Sa notoriété est parfaitement établie et ses recettes originales et appréciées : fricassée d'escargots, champignons, mousse parmentière à l'ail des ours, filet de poisson à la plancha, terrine maison au cassis... En dessert, nougatine glacée maison, craquelin chocolat. Exquis !

HÔTEL GOLF CHÂTEAU DE CHAILLY €€€

Rue Dessous - **CHAILLY-SUR-ARMANÇON**
✆ 03 80 90 30 30
www.chailly.com
HS : lundi au samedi midi et soir ; le dimanche soir du 14/07 au 30/08. Menus de 59 € à 69 €. Brunch le dimanche 45 €.

Au sein du château de Chailly, une magnifique forteresse du XVIe siècle, le chef Alexandre Clochet-Rousselet propose une cuisine savoureuse, colorée et fraîche, élaborée à partir de produits locaux et du terroir, au sein de deux restaurants : La Table du Chef pour une expérience gastronomique et La Table des Producteurs où sont mis à l'honneur les produits locaux et les classiques de la cuisine bourguignonne. Ne manquez pas le menu De la ferme à l'assiette, 100 % Côte-d'Or !

LE MÉDIÉVAL €€

Place de la Halle - **MONT-SAINT-JEAN**
✆ 03 80 64 35 54
www.lemedievalrestaurant.com
Artisan cuisinier Euro-Toques. Ouvert du mardi au dimanche de 12h à 14h et de 19h à 21h. Menus de 20 € à 64 €.

Franck Wittmann, gérant et chef du Médiéval, fait honneur à la gastronomie française tout comme au village historique de Mont-Saint-Jean. La décoration parfaitement refaite fait dorénavant totalement écho à sa quête d'excellence. Chaque détail est soigné jusque dans le design des services de table relevés par la blancheur des nappes. De la mise en bouche aux mignardises du café, le protocole de la grande restauration est respecté. À la carte, uniquement des plats de saison préparés avec des produits ultralocaux. Pour cela Franck, ne cesse de progresser.

L'ÉPICERIE COMPTOIR

17, avenue du Général de Gaulle
✆ 03 80 90 13 86
Ouvert du mardi au samedi de 9h30 à 12h30 et de 15h à 19h. Terrasse

L'Epicerie Comptoir est accueillante avec sa déco tendance et ses allures d'épicerie fine. On y trouve cependant les produits du quotidien aux bons prix. En bonus, des produits locaux pour ce qui est de la fromagerie, charcuterie sous vide, nombreux sont ceux proposés en vrac et ils sont souvent bio. Côté caviste, une jolie sélection, dont des vins de l'Auxois. Au rayon bière, il y a logiquement La Voûte, brassée juste sous l'Epicerie où est installée la micro-brasserie La Clé de Voûte. Petit Coin dégustation café, pâtisserie, voire menu du jour à certaines dates.

LA MAISON DE PAYS DE L'AUXOIS-SUD

Rond-Point (sortie A6, direction Créancey)
✆ 03 80 90 75 86
www.maison-auxois.com
Ouvert de 10h à 18h-18h30 selon la saison. Fermé le dimanche.

Plus de 3 500 produits issus des productions de près de 130 artisans locaux dont près de la moitié en produits de bouche. Bienvenue à la Maison du Pays de l'Auxois ! En rayon : truffes, fromages de chèvre, saucissons, une cinquantaine de vins, des liqueurs, des bières, confitures, jus, moutardes Fallot et Reine de Dijon, miels, pains d'épices, biscuits, anis, escargots… Mais aussi des jouets en bois, des bijoux, des vêtements, des objets en verre et même des produits de beauté bio.

MICROBRASSERIE LA CLÉ DE VOUTE

17, avenue du Général de Gaulle
✆ 06 71 86 63 92
https://brasserielavoute.com
Normalement ouvert à la visite le mardi et le jeudi de 11h à 19h. De préférence sur rdv.

La Voute est une bière née en 2019 qui fait référence au patrimoine de Pouilly-en-Auxois. Olivier Vailly prépare ses bières artisanales avec des houblons et malts soigneusement assemblés. La capacité de production est de 1 200 litres par mois. Blonde, Blanche, Ambrée, Coffee Stout, IPA, de saison ou encore maturée en fût de chêne de cognac, le choix est vaste. Elles ont une vraie personnalité et juste alcoolisées. On les aime aussi parce qu'elles sont bio.

CHÂTEAUNEUF

Du haut de son éperon rocheux de 475 m d'altitude, Châteauneuf domine ses environs et offre l'un des plus beaux points de vue sur la région. Le bourg est blotti autour de son château qui, construit à partir de 1175, reste un des plus beaux témoignages de l'architecture militaire bourguignon. Visitez également l'église Saint-Jacques-et-Saint-Philippe. Datant du XVe siècle, elle a été rénovée et présente des statues classées aux Monuments historiques dont une de saint Jean-Baptiste attribuée à Claus Sluter. Chemins, ruelles et vénérables bâtisses fleuries : l'endroit est recensé parmi les plus beaux villages de France. Aux encombrements relatifs des week-ends estivaux répond le calme du reste de l'année : un bol d'air pur et une escapade au pays d'Henri Vincenot. L'un de ses ancêtres était ici maréchal-ferrant. Le site était voué à une fonction défensive et ce dès l'époque gauloise. Les fortifications et plus tard le château regardent dans trois directions : la côte des vins, les bois de la montagne dijonnaise et les champs de blé de l'Auxois.C'est donc naturellement que la bourgade devient un centre de foires fréquenté. Le commerce apporte une certaine prospérité à l'endroit. Le XIXe siècle ne lui est pourtant pas favorable. La contrée voit sa population partir. Le site est aujourd'hui fort prisé et les places sont rares pour qui veut devenir propriétaire d'une maison des XIVe, XVe ou XVIe siècles dans ce petit coin de paradis.

LE CHATEAU DE CHATEAUNEUF

✆ 03 80 49 21 89
chateauneuf.bourgognefranchecomte.eu
Ouvert tous les jours sauf lundi et certains jours fériés de 9h30 à 12h45, 14h à 18h30. Adulte : 5 € Enfant : 3,50 €.

Le Château de Châteauneuf est un merveilleux témoignage de l'histoire militaire et de la puissance de la Bourgogne. Le Conseil régional de Bourgogne Franche-Comté, propriétaire du site depuis 2008, vous invite à participer à des visites guidées qui vous font découvrir le donjon du XIIe siècle, le Grand Logis du XVe et ses pièces des XVIIe et XVIIIe siècles, le Logis de Philippe Pot du XVe, la chapelle et la tour sud du XIVe siècle ! Vous découvrez une belle collection de mobiliers déposée par le Musée des Beaux-arts de Dijon, le Centre des Monuments nationaux et le Musée des Arts décoratifs de Paris.

Pour comprendre pleinement l'histoire de ce château, ses gloires, ses tragédies comme la mort de Catherine de Châteauneuf sur le bûcher pour avoir empoisonné son mari, faites un tour au centre d'interprétation situé dans le Logis des hôtes pour découvrir l'histoire de manière ludique et interactive avec des vidéos et supports tactiles. Un espace game théâtralisé vous entraîne dans les méandres de l'histoire. Des visites guidées aux thèmes variés sont organisées : visite du jardin, un potager d'inspiration médiévale et ses 90 espèces de plantes aromatiques et médicinales, visite des combles, visite spéciale Les Dames de Châteauneuf qui décrit le rôle de 4 femmes au château du XIIIe au XVIIe siècle. La saison culturelle au château est très riche, demandez le programme !

Enfin, appréciez le village classé « Plus Beaux villages de France », le belvédère et son panorama splendide.

LE BISTROT DES PRÉS VERTS €€

Rue de la Porte Huillier ✆ 03 62 02 21 21
www.lebistrotdespresverts.com

Ouvert tous les jours à partir de 11h. Terrasse. Cave à Manger. Bar, Bar à Vins. Épicerie. Climatisation.

Le Bistrot des Prés Verts, restaurant du domaine éponyme, est installé dans une bâtisse d'antan au cœur d'un des plus beaux villages de France. Bercé par un cadre chic et cosy, on y retrouve la signature des hébergements du Domaine que Jérémy développe depuis plus de 10 ans. Outre le service très attentionné, on y apprécie la belle sélection de vins au verre pour accompagner un repas raffiné, ardoise gourmande ou bocaux goûteux. La boutique propose produits du terroir et plus encore...

CAFÉ DU CHÂTEAU €

Route Départementale 977b
COMMARIN
✆ 03 80 49 23 67
www.commarin.com

Petite restauration, formule pique-nique. Terrasse. Boutique. D'avril à novembre : tous les jours 10h-18h (20h l'été).

Le Café du Château de Commarin propose des formules pique-nique concoctées à partir d'ingrédients bio et/ou régionaux. Sa terrasse couverte de parasols offre une vue unique et captivante sur le Château, et, pour les jours pluvieux, une salle de restauration agréable a été aménagée. Le service est assuré à toute heure et jusqu'au coucher de soleil. Salades, charcuteries et fromages, jambon persillé, soupe bio, le tout accompagné d'une bière ou d'un verre de vin, spécialement sélectionnés pour vous. Un moment étonnant qui prolonge admirablement la visite du château.

© BERTRAND DE VOGUÉ

© BERTRAND DE VOGUÉ

CHÂTEAU DE COMMARIN

Route départementale 977b - **COMMARIN**
✆ 03 80 49 23 67
www.commarin.com

Du 1er avril au 5 novembre 2023, ouvert tous les jours de 10h à 18h. Adulte : 8,70 €. Enfant (-16 ans) : 4,40 €.

Le Château se visite à l'extérieur et à l'intérieur tous les jours. Situé à Commarin, au pied du charmant village de Châteauneuf, cette propriété est un voyage dans le temps qui débute au XVe siècle lorsqu'il était château fort. Habité par la même famille depuis 26 générations, Bertrand de Vogüé, son propriétaire, met tout en œuvre pour que ce trésor soit accessible et attrayant. À l'intérieur, découvrez des trésors d'architecture et de mobilier des XVIIe et XVIIIe siècles, dont une splendide collection de tapisseries héraldiques du XVIe et la très belle bibliothèque qui contient une édition originale de L'*Encyclopédie* de Diderot et d'Alembert ! Faites un tour par la chapelle du XIVe siècle, abritant une intéressante mise au tombeau en terre cuite ou l'ancienne cuisine avec un immense fourneau en fonte datant de 1880. A l'extérieur, admirez les deux tours rondes, les fossés et les jardins. Vous pouvez profiter toute l'année jusqu'à 20h aux beaux jours, de l'immense parc à l'anglaise à l'abri de ses arbres centenaires, soit plus de 35 ha. Des concerts (récital de piano, oratorio...) et des pièces de théâtre sont même organisés certains week-ends dans ce cadre enchanteur.

Dans l'enceinte, un restaurant-bar à vin : le Café du Château. Vous pouvez déguster un verre de vin de Pays des Coteaux de l'Auxois dans la salle climatisée ou sur la terrasse. De là, vous avez une superbe vue sur le château, vous pouvez rester jusqu'au coucher du soleil. Créative, l'équipe du Café propose de déjeuner à toute heure du jour avec des salades et charcuteries/fromages ou une formule pique-nique faite de produits régionaux, bio. Le cadre vous donne envie de vous marier, qu'à cela ne tienne, il est possible de réserver les somptueuses écuries du XVIIe siècle construites sur le modèle de celles de Chantilly.

Envie d'une flânerie, passage par la Boutique. Un espace librairie dispose d'une belle collection de livres sur Henri Vincenot, auteur d'ici à découvrir. Des produits gourmands et des crus emblématiques de la région sont à déguster ou à emporter.

Quand on aime, il ne faut pas partir, direction les maisons du Château. Vous pouvez séjourner dans la Maison Seguin ou le Pavillon de Chasse, le temps d'un week-end, d'une semaine ou plus. La Maison Seguin offre 120 m², un confort moderne tout en gardant le charme de l'ancien avec jardin privé pour 7 personnes. Le Pavillon de chasse, lui, avec ses 150 m² jusqu'à 12 personnes, peut recevoir vos amis ou vos proches, le salon et le jardin sont grands !

Un Château à vivre au cœur de la Bourgogne !

LE POINT DE VUE DE LA CROIX DE MISSION

Un petit coin de paradis, presque magique, qui offre une vue parfaite à 180 degrés sur les paysages de l'Auxois. Asseyez-vous paisiblement sur la pierre surplombée d'un crucifix, entourée d'arbres séculaires, et admirez l'horizon, les collines, les villages alentour, la végétation locale… En poursuivant en direction du bois, plusieurs parcours balisés de randonnées sont proposés. Distances et difficultés le plus souvent abordables pour toute la famille.

AUX COULEURS DE COMMARIN €€

7, rue du Château - **COMMARIN** ✆ 06 64 51 74 39
www.auxcouleursdecommarin.com
4 chambres à 130 € Petit déjeuner inclus. Lit supplémentaire : 20 €. Table d'hôtes minimum 4 personnes.

Juliette et Henry vous accueillent dans cette maison de maître de 1870, entièrement rénovée par leurs soins, et dans le respect du charme bourguignon. Lumière et couleurs sont au rendez-vous pour une pause relaxante dans ce lieu touristique. Après avoir découvert la région, le jardin serra l'endroit idéal pour partager un verre. Découvrez ensuite une table d'hôtes avec un dîner tout aussi coloré que la maison avant de rejoindre la chambre blanche, bleu, verte ou jaune. Générosité, convivialité et cadre apaisant sont les mots d'ordre de ces hôtes chaleureux.

LES MAISONS DU CHÂTEAU €€

10, rue du Château - **COMMARIN**
✆ 03 80 49 23 67
www.lesmaisonsduchateau.fr
Ouvert toute l'année, de 1 050 € à 1 500 € la semaine. De 500 € à 800 € le week-end (2 nuits). Wifi, jardin et salon.

Situées dans le parc, les Maisons du Château sont deux superbes maisons appartenant au patrimoine du château, qui vous accueille durant un week-end ou une semaine. Avec ses 3 chambres, la Maison Seguin est une maison d'hôtes qui peut accueillir jusqu'à 7 personnes. Le Pavillon de chasse, lui, possède 4 chambres et peut accueillir 12 personnes. Les deux logis allient modernité, confort et charme de l'ancien. Visitez le château de Commarin, prenez un verre de vin et une assiette repas au Café au coucher de soleil. Un décor digne d'un film : inoubliable !

LE GRILL DU CASTEL €€

Grande Rue
✆ 03 80 49 26 82
www.grillducastel.fr
Fermé lundi et mardi de janvier à avril et de octobre à décembre. Fermé le lundi mai juin septembre. Ouvert 7j/7 en juillet et août. Menu de 22 à 46 €.

Le grill du Castel reprend sa place juste à côté de l'Hostellerie du château. En terrasse ou dans la salle à manger, profitez d'une décoration chaleureuse et conviviale, propice à la détente et à la dégustation. Accompagnés d'un verre de vin, savourez une cuisine faite maison et laissez-vous séduire par les doux parfums de la Bourgogne. Craquez pour le menu Castelnovien avec ses œufs en meurette, son dos de cabillaud au beurre d'escargot et son plateau de fromages typiques de la région.

© GRILL DU CASTEL

© GRILL DU CASTEL

SUD AUXOIS - VALLEE DE L'OUCHE

Châteauneuf.

HÔSTELLERIE DU CHÂTEAU €€

Grande Rue ✆ 03 80 49 22 00

www.hostellerie-de-chateauneuf.com

Ouvert le mercredi et le jeudi le soir ; du vendredi au dimanche le midi et le soir.

2022 aura décidément été l'année du changement pour Guillaume Royer (étoilé Michelin à l'Abbaye de la Bussière) en ouvrant son propre restaurant gastronomique à Vandenesse-en-Auxois, son village natal. Celui qui a été élu meilleur ouvrier de France ne s'arrête pas là puisqu'il reprend également les rênes du restaurant de l'Hostellerie du Château. Sa cuisine se veut traditionnelle, gourmande et généreuse. Au menu : œuf en meurette ou sauce époisses, escargots, jambon persillé, bœuf bourguignon, tête de veau sauce gribiche, tripes, crème brulée au miel… De quoi se régaler tout en redécouvrant les délices régionaux. Chambres sur place et belle terrasse.

L'ORÉE DU BOIS €€

Grande-Rue

✆ 03 80 49 25 32

www.ldb-chateauneuf.com

Fermé de décembre à janvier. Ouvert les week-ends de février et mars. Fermé le mardi, sauf en juillet-août.

Le restaurant L'Orée du Bois se trouve presque au point culminant du village de Châteauneuf et est installé dans l'unique maison à colombages du village. En été, on opte pour la petite terrasse, l'hiver, on se prélasse au coin de la grande cheminée centrale de la salle. On apprécie l'ambiance terroir et « le petit accent » de Stephen Houchin, qui a la fibre gastronomique. On vient à l'Orée du Bois pour ses crêpes sucrées et salées, mais on y revient pour sa spécialité : l'assiette de l'Auxois, composée de charcuteries et de fromages de la région.

LA BOUTIQUE DES PRES VERTS

Rue de la Porte Huillier

✆ 03 62 02 21 21

presverts.fr/la-boutique

Ouvert tous les jours de 11h à 21h30. Terrasse. Boutique.

Située au cœur de la Bourgogne dans l'un des plus beaux villages de France, La Boutique des Prés Verts vous propose une large sélection d'objets déco, bien-être et produits gourmands. Authenticité et partage sont les maîtres-mots de cette épicerie fine. C'est au travers de marques et produits sélectionnés et testés avec exigence, qu'elle vous fait découvrir la richesse des produits bourguignons et français. Dégustation de ces produits au Bistrot des Prés Verts attenant à la boutique.

LA BOUTIQUE DU CHÂTEAU DE COMMARIN

Château - **COMMARIN**

✆ 03 80 49 23 67

www.commarin.com

Ouvert d'avril à novembre. Ouvert tous les jours de 10h à 18h. Jusqu'à 20h en été. Terrasse.

La visite du Château nous plonge dans 900 ans d'histoire. Cette belle propriété appartient toujours à la même famille depuis 26 générations. On vient le visiter, se promener dans ses jardins ou tout simplement prendre un verre en terrasse ou flâner dans sa boutique. Un espace librairie disposant d'une belle collection de livres de et sur Henri Vincenot, illustre auteur de Commarin. Plus quelques crus emblématiques de la région que l'on pourra à loisir emporter ou déguster sur place.

SOMBERNON

Sur son promontoire, Sombernon est un charmant village qui domine la vallée de l'Ouche et la montagne dijonnaise. De Pasques à Saint-Jean-de-Boeuf en passant par Sombernon, Remilly-en-Montagne et Arcey, découvrez des villages au charme unique et laissez-vous éblouir par des sites rocheux et verdoyants, propices aux activités de pleine nature. L'écrivain et poète bourguignon Henri Vincenot présentait Sombernon comme étant le « toit du monde occidental ». Entouré de forêts, d'eau et de verdure, le village a beaucoup à offrir et attire de nombreux visiteurs. Entre vallées et montagnes, les paysages d'Ouche et Montagne ne manquent pas d'attrait.

LES 2 ARTELIERS - BOIS CRÉATIONS - XAVIER MASSON

37, rue de la Libération
✆ 03 80 33 33 76
Ouvert du lundi au samedi de 10h à 19h sauf journées d'exposition en extérieur.
La maison de Catherine et Xavier Masson est aussi leurs « Arteliers » où ils vendent leurs productions. Xavier Masson maîtrise une technique très aboutie du travail du bois lui permettant de créer des œuvres originales aux finitions inédites. Des sculptures, tire-bouchons et bijoux qui pourraient bien vous étonner. Les matières premières sont souvent des bois de pays, lilas, houx, prunier, buis… les finitions sont polies, cirées ou incrustées de micro-mosaïques ou de galuchat.

LE SPULLER €€

42, rue Ferdinand-Mercusot
✆ 03 80 53 71 27
BS du mardi au dimanche midi + vendredi samedi soir. HS du mardi au samedi midi et soir + dimanche midi. Midi 16,50 €.

© LE SPULLER

Le Spuller tenu par Rémy Sauvage depuis plus de 10 ans séduit toujours autant pour sa qualité d'accueil et sa vue panoramique sur la vallée du pied de Sombernon. La cuisine est traditionnelle mais peut surprendre en originalité, Rémy va jusqu'à faire lui-même son pain, la formule buffet s'est mise en retrait, mais on parle à présent de Brunch dominical et les crustacés ou le foie gras peuvent passer par là. Plusieurs soirées à thème sont organisées dans l'année avec une salle qui se prête parfaitement à cela. La déco a été actualisée par un changement de couleur.

L'ORÉE DES CHARMES €€

56, rue d'Avau - **BLAISY-BAS** ✆ 03 80 33 03 03
www.oreedescharmes.fr
Ouvert du lundi au samedi le midi et le soir. Menu unique pour les tablées de plus de 6 couverts. Formule midi : 16,50 €.
Didier Pougeoise, chef de cuisine expérimenté, pilote le restaurant l'Orée des Charmes, un établissement aux allures de maison familiale. Le restaurant propose une cuisine traditionnelle et créative qui évolue au fil des saisons. Les plats sont préparés à partir de produits frais de qualité pour un résultat tout en finesse. Noix de Saint-Jacques poêlées, poireau truffe, caille farcie au foie gras, fraîcheur de fenouil, segments de pamplemousse. On apprécie cette cuisine 100 % maison et la belle salle aux poutres de bois apparentes. Attention, réservation obligatoire.

LE PUITS XV €€

Puits XV - **BAULME-LA-ROCHE**
✆ 03 80 30 79 38
www.lepuitsxv.com
Du lundi au vendredi le midi. Dimanche midi + soirs du jeudi au dimanche sur résa. Menus 25 € à 36 €. Formule midi 14,70 €.
Le restaurant du Puits VX est une bien jolie adresse située sur le plateau de Sombernon à proximité des falaises de Baulme la Roche. Florence Galand et Frédéric Guyot ont tous deux une belle expérience de la restauration, enfants de la région, c'est en 2015 qu'ils ont repris ce restaurant avec passion. Redécorées, rajeunies, les salles sont accueillantes tout en conservant le charme d'une bonne auberge. La carte est alléchante avec ses plats bourguignons, 100% maison préparés avec des produits locaux et surtout un certain talent !

LA CHAMPIGNONNIÈRE DE DIJON €€

Hameau de Corcelotte en Montagne
SAINT-MESMIN ✆ 09 54 48 04 84
www.champignonnieredijon.fr
Ouvert dimanche midi sur réservation. Menu 24 €. Menu enfant 12 €. Groupes 10 à 50 personnes sur réservation en semaine.

© LA CHAMPIGNONNIÈRE DE DIJON

Le repas de la Champignonnière est une expérience gastronomique en immersion dans le cadre enchanteur du petit château du XIIe siècle qui abrite la culture de champignons et son musée. La salle est pleine d'authenticité, dans le dressage des tables ou la décoration. Blandine Lecherf, formée auprès de grands chefs, s'applique à servir de belles assiettes de crèmes, tartares ou ravioles de champignons. Et cela aux portes de l'Auxois, au creux d'un vallon totalement dépaysant.

LA CHAMPIGNONNIÈRE DE DIJON

Hameau de Corcelotte en Montagne
SAINT-MESMIN ✆ 09 54 48 04 84
www.champignonnieredijon.fr
Visites et restauration dimanche sur réservation de mi-mai à la fin des vacances de la Toussaint. 7,50 €, enfant 6,50 €

La Champignonnière de Dijon, située au château du Hameau de Corcelotte près de Sombernon est un lieu chargé d'histoire où l'on découvre les secrets de la myciculture. Il faut compter une bonne heure, voire une heure et demie pour les groupes qui ont réservé une dégustation pour faire le tour du propriétaire : visiter l'exposition retraçant la genèse de la Champignonnière, la boutique regorgeant de préparations à base de champignons pour agrémenter sa cuisine ou préparer un apéritif original. On apprend aussi que saint Bernard qui construisit l'abbaye de Clairvaux résida dans ce petit château qui a conservé un charme historique mis en relief par les décorations des portes qui rappellent la géométrie des différentes toitures bourguignonnes. Blandine et Luc Lecherf, qui se sont installés ici en 2016, partagent volontiers la passion qui les anime. Des dégustations peuvent être organisées et, à présent, la Champignonnière est aussi restaurant de ferme-auberge le dimanche midi sur réservation. C'est dans une salle authentique que l'on déguste les plats de champignons préparés avec les légumes du jardin du château. Trois fois par semaine, La Champignonnière est sur le marché de Dijon pour venir au plus près des mangeurs de champignons de la métropole dijonnaise. On les trouve à la Halle centrale près de l'horloge, le mardi, le vendredi et le samedi matin. Un accès direct et facile à leurs fameux champignons. Le must reste de monter au Hameau de Corcelotte pour en savoir plus !

LA CAVE DE SOMBERNON

4, place Bénigne Fournier
✆ 06 71 54 41 26
Mardi 15h-19h ; mercredi-samedi 9h30-12h30 et 15h-19h. Le samedi dégustations à l'aveugle, dégustations régulières.

La Cave de Sombernon est le rendez-vous des épicuriens. Camille Voisin, fort de son bagage en œnotourisme et de son titre de meilleur apprenti caviste de France, sait dispenser les meilleurs conseils en la matière. Cette boutique élégante, très bien achalandée, abrite des merveilles, des vins d'ici et d'ailleurs avec des prix en entrée de gamme à la portée de toutes les bourses, des spiritueux venant de pays froids ou de pays chaud, un espace épicerie fine avec thés, cafés et conserves de produits régionaux et un beau rayon de bières artisanales.

THÉ DU PHÉNIX - FINE TEA CUP

23, rue Vieux Château ✆ 06 78 32 00 71
www.theduphenix.com
Ouvert le mardi, le jeudi et le vendredi de 9h à 12h et de 13h30 à 17h30 ; le samedi de 9h à 13h30.

Tao Marcuz a créé Thé du Phénix pour partager sa passion. Ses initiations à la dégustation du thé, au kunfucha sont très codifiées. Tao va très loin dans ses engagements et projets et participe au développement du mouvement agricole du thé de France. Sa marque Fine Tea Cup en développement consiste à produire des gobelets en matière végétale recyclée contenant le thé sous membrane dans lequel il suffit de verser l'eau pour obtenir son thé. Un concept à découvrir pour consommer le thé autrement !

INTERVIEW

© E. VOILLEQUIN

PASSION ET ART DU THÉ

UN CONCEPT À NE PAS MANQUER POUR LE REDÉCOUVRIR

Tao Marcuz est sommelière de thé.
Elle a créé Thé du Phénix pour partager sa passion, et c'est dans cet univers apaisant qu'elle nous guide pour comprendre et apprendre l'art du thé. Très engagée, elle participe au développement du mouvement agricole du thé de France, met en place des ateliers de découvertes et tient même des conférences.

Une passionnante passionnée à l'origine d'un concept à découvrir pour consommer le thé autrement et partout !

Qu'est-ce qu'on découvre dans votre boutique ?

Des créations pour mettre en avant le thé, ainsi qu'une gamme de théières et accessoires pratiques et élégants. Tout est lié à l'art du thé, assez ancestral et atypique. Je revisite de grands classiques pour en améliorer la qualité, et je lie des ingrédients anciens à la modernité. Ce sont des produits locaux, comme les feuilles de cassis. Je n'ajoute pas d'arôme, d'où mon slogan : « Naturel et chic ».

© E. VOILLEQUIN

Vous imaginez vous-même ces créations ?

Oui, j'ai commencé à « faire » du thé à l'âge de sept ans ! Pour les théières, je travaille en partenariat avec une usine pour avoir quelque chose de pratique et d'élégant. Le but est de trouver la meilleure façon d'infuser le thé en feuille, que ce soit dans une tasse individuelle ou à partager.

Quelle est votre inspiration ?

Je veux pouvoir transmettre mon savoir-faire, aider les gens à comprendre le milieu du thé en leur faisant découvrir un côté pratique et gastronomique.

La Fine Tea Cup, c'est quoi ?

C'est un gobelet qui contient déjà du thé sous une membrane, il suffit de rajouter de l'eau pour le déguster. On peut le réutiliser plusieurs fois et il est biodégradable. Vous pouvez même le composter où en faire un pot pour une plante. Il se conserve deux ans, et il y a même une version au vin chaud !

© E. VOILLEQUIN

THÉ DU PHÉNIX - FINE TEA CUP

23, rue Vieux Château
21540 SOMBERNON
✆ 06 78 32 00 71
www.theduphenix.com
contact@theduphenix.com

VAL DE SAÔNE VINGEANNE

Il y a pléthore de choses à faire et à voir dans cette partie de la Côte-d'Or qu'est le Val de Saône Vingeanne. Pour ceux qui se posent la question, la Vingeanne est une rivière, affluent de la Saône, qui prend sa source sur le plateau de Langres et qui s'étend sur près de 90 km. De Saint-Jean-de-Losne à Gray en passant par Pontailler-sur-Saône, parcourez le pays du Val de Saône Vingeanne par les routes, en voiture ou sur 1 700 km d'itinéraire à vélo afin de découvrir ses villages comme Fontaine-Française et son château à l'architecture classique, Auxonne dont la spécialité culinaire est l'oignonade, ou encore Seurre et sa base nautique, où il fait bon venir se baigner l'été. Tout au nord, ne manquez pas le village de Bèze et ses grottes, ouvertes aux visites sur 500 mètres. Un petit village à la longue histoire puisqu'il remonte à l'Antiquité. Son nom vient du celte "Bezw" ou "Bedw" qui signifie « rivière à sa source ».

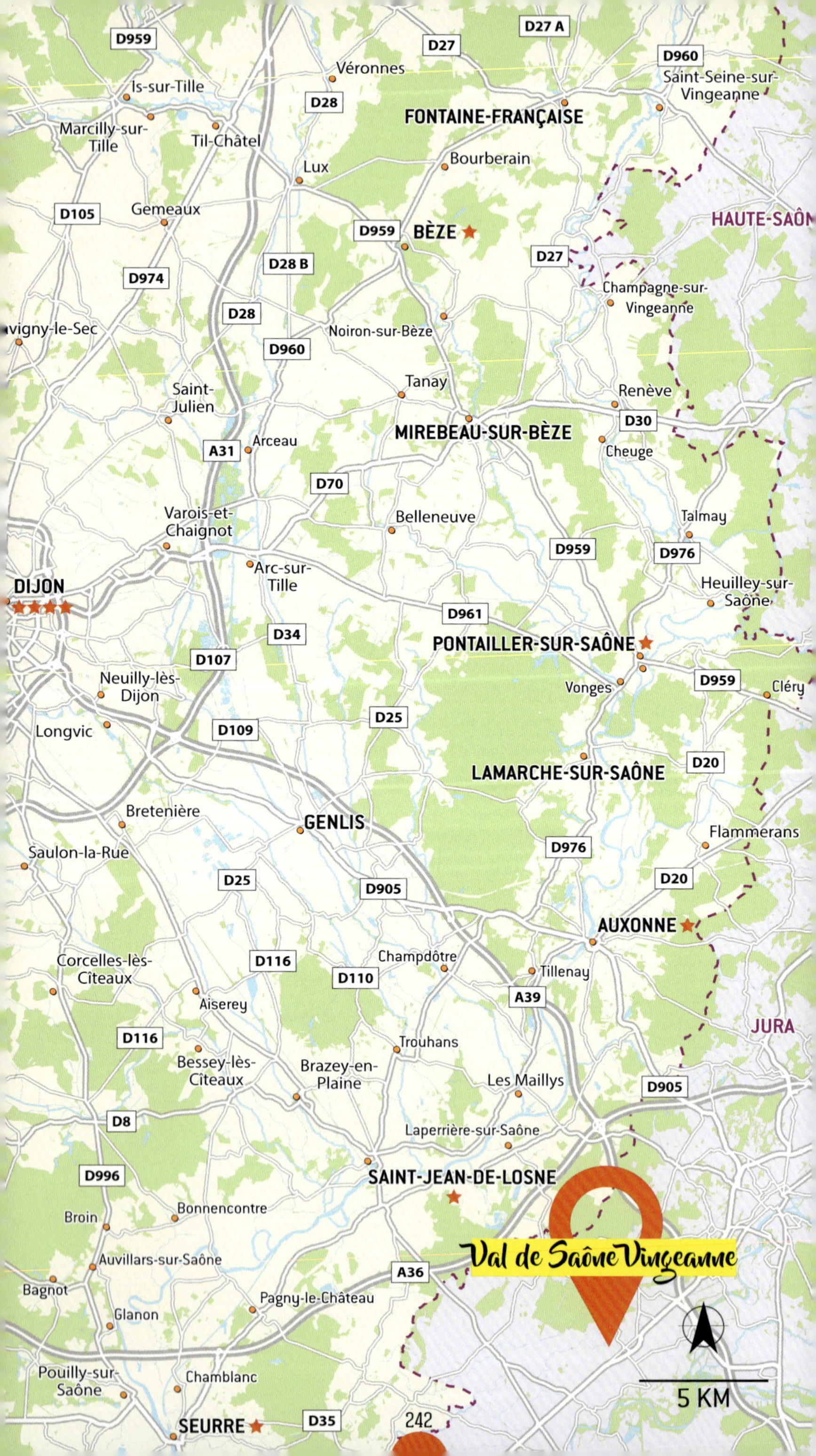

D959
D27 A
D27
D960
Véronnes
Is-sur-Tille
D28
Saint-Seine-sur-Vingeanne
FONTAINE-FRANÇAISE
Marcilly-sur-Tille
Til-Châtel
Bourberain
Lux
D105
Gemeaux
HAUTE-SAÔN
D959
BÈZE
D27
D28 B
D974
Champagne-sur-Vingeanne
D28
vigny-le-Sec
Noiron-sur-Bèze
D960
Tanay
Saint-Julien
Renève
D30
MIREBEAU-SUR-BÈZE
Arceau
A31
Cheuge
D70
Belleneuve
Talmay
Varois-et-Chaignot
D959
D976
Arc-sur-Tille
DIJON
Heuilley-sur-Saône
D961
D34
PONTAILLER-SUR-SAÔNE
D107
Neuilly-lès-Dijon
D959
Vonges
Cléry
D25
Longvic
D109
D20
LAMARCHE-SUR-SAÔNE
Bretenière
GENLIS
Flammerans
D976
Saulon-la-Rue
D25
D20
D905
AUXONNE
Corcelles-lès-Cîteaux
D116
Champdôtre
Tillenay
D110
A39
Aiserey
JURA
D116
Trouhans
Bessey-lès-Cîteaux
Brazey-en-Plaine
Les Maillys
D905
D8
Laperrière-sur-Saône
D996
SAINT-JEAN-DE-LOSNE
Broin
Bonnencontre
Val de Saône Vingeanne
Auvillars-sur-Saône
A36
Bagnot
Pagny-le-Château
Glanon
Pouilly-sur-Saône
Chamblanc
5 KM
SEURRE
D35

AUXONNE ★

Ancienne ville frontière, Auxonne (que l'on prononce Aussonne, en référence à son ancienne orthographe) est une ville charmante. Place forte depuis l'époque médiévale, elle est dotée d'un passé militaire prestigieux : Louis XI y construisit un château, Vauban remania les bastions et installa un arsenal d'artillerie en 1689 et un siècle plus tard, Napoléon Bonaparte, alors jeune lieutenant, fut élève à l'école d'artillerie. En 2022, la ville a obtenu le label « Ville Impériale » ce lui permet de rappeler son riche patrimoine napoléonien, avec notamment le Quartier Bonaparte, la porte Royale, la Tour du signe, l'Arsenal entre autres. Le weekend des 15 et 16 avril 2023 fut impérial avec des reconstitutions de la vie militaire sous Napoléon dans la ville et autour du château. C'est aussi une étape importante de ravitaillement pour les plaisanciers, capitale du Val de Saône, la ville bénéficie d'une situation géographique privilégiée qui permet de nombreuses activités sur l'eau, notamment grâce à un important port de plaisance. Le centre-ville dont la rue principale a été totalement rénovée est d'une grande unité architecturale : nombreuses sont les maisons datant de la fin du Moyen-Age. Elles offrent aux visiteurs la possibilité de se balader dans un décor pittoresque et de découvrir des détails architecturaux authentiques. Si la rénovation du château est toujours en cours, sachez qu'il est possible de se promener aux abords du chantier pour admirer les travaux visant à préserver ce joyau du patrimoine d'Auxonne. Chaque année, Auxonne est le théâtre de manifestations devenues des rendez-vous incontournables comme son carnaval qui a lieu en mars.

La porte de Comté à Auxonne.

AUXONNE VILLE IMPÉRIALE

11, rue de Berbis
✆ 03 80 37 34 46

Renseignements à l'office de tourisme.

Parmi les 28 villes labellisées Villes Impériales figure dorénavant Auxonne, fortement marquée par le passage de Napoléon entre 1788 et 1791. Une statue en bronze du jeune Napoléon Bonaparte en uniforme de lieutenant d'artillerie trône depuis 1857 sur la place en hommage à cette époque. Ville impériale, Auxonne peut dorénavant intensifier la mise en avant de son histoire et son patrimoine relié aux Premier et Second Empires. Sainte-Hélène et Waterloo sont aussi dans ce réseau ! C'est ainsi que les 15 et 16 avril 2023 fut organisée la première manifestation des Journées Napoléoniennes d'Auxonne Ville Impériale, week-end durant lequel la ville s'est animée de multiples activités, animations, démonstrations, expositions et conférences. Un voyage à la fin du XVIIIe siècle avec des reconstitutions spectaculaires dont un bivouac de plus de 240 tentes. Bataille de canons, défilé de cavalerie et démonstration du 511e régiment du train, basé à Auxonne, au port Royal. Pour l'occasion de nombreux goodies souvenir de la ville ont été créés : gourdes, mugs, portes clés, de qualité et toujours avec ce bel emblème noir et doré napoléonien. La ville revient sur le devant de la scène touristique bourguignonne, trait d'union entre la Bourgogne et la Franche-Comté, avec de beaux arguments d'attractivité tout en originalité et complémentarité aux autres villes et avec la présence de la Saône en agrément paysager. Appréciez au passage la rénovation des rues et des façades qui rend la ville plus charmante et invite à faire étape.

CHÂTEAU LOUIS XI

Rue du Château
✆ 03 80 37 34 46

Circuit d'interprétation en accès libre toute l'année de 7h à 20h. Accueil de groupes. Gratuit.

Le château d'Auxonne a été construit à la fin du XVe siècle par le roi Louis XI, qui voulait asseoir son autorité sur la Bourgogne tout en renforçant la défense des frontières de son royaume. Le château comptait 5 tours d'angles reliées par des courtines. L'ancien logis du gouverneur, les casernes sont du XVIe siècle. Les casernes, construites par Vauban, au XVIIe siècle, sont occupées par des associations. Insolite : le caveau abrite des terrains de pétanque. Le parcours historique libre d'accès compte 5 points d'observation avec des notices explicatives.

ÉGLISE NOTRE-DAME

Place d'Armes
✆ 03 80 37 34 46

Ouvert toute l'année. Tous les jours et les jours fériés de 8h à 12h et de 14h à 18h.

N'hésitez pas à entrer dans l'église Notre-Dame, elle cache quelques petits trésors. L'entrée se fait par le portail sud : les statues qui l'ornaient à l'origine, ont disparu à la Révolution. Elles ont été remplacées au XIXe siècle par des copies des prophètes du Puits de Moïse de la Chartreuse de Champmol. Subsistent pourtant aussi des sculptures du XVIe siècle représentant Adam et Eve, ainsi que des personnages et des créatures monstrueuses ou imaginaires comme une belle sirène. La tour sud est le plus ancien élément de l'édifice : elle date de la fin du XIIe siècle ou du début du XIIIe siècle. L'église a été restaurée au XIXe siècle : la toiture de la nef est alors recouverte d'ardoises et le clocher est surélevé. Les chapelles latérales datent des XIV et XVe siècles. La Chapelle des militaires à déjà été rénovée : remise en peinture, éclairage, nettoyage des pierres, remise en état du mobilier et du parquet. Regarder dans le chœur l'ornementation des stalles en bois. Les personnages qui sont sculptés sur les accoudoirs sont comiques par leurs expressions et leurs grimaces. A ne pas manquer également : une statue de saint Antoine et un *Christ de pitié*, appelé aussi « Christ aux liens », dans la première chapelle à gauche ; une fresque murale représentant saint Hubert, le saint patron des chasseurs, sur le cinquième pilier de la nef, près de l'entrée ; un lutrin en bronze du XVIe siècle et enfin, dans la chapelle absidiale de droite, deux statues de la Vierge datant du XVe siècle dont une *Vierge au raisin*.

LA RÉSERVE ÉCOLOGIQUE DES MAILLYS

D20 ✆ 03 80 37 34 46
www.cotedor.fr

Visites guidées. Résa obligatoire auprès l'office de tourisme. Calendrier sur le site du Département de la Côte-d'Or.

Découvrez ce site protégé, lieu d'observation et de sensibilisation à l'environnement. La réserve s'étend sur une ancienne gravière de 36 ha dont 28 sont en eau. Cet endroit exceptionnel abrite 150 à 200 espèces d'oiseaux. Pour observer la petite faune et la flore : un sentier pédagogique avec des visites guidées organisées par le Département et la Ligue pour la Protection des Oiseaux. Au printemps de l'environnement, divertissez-vous avec une partie d'escape game en plus de la visite.

VISITE ET MONTÉE DE LA TOUR DE L'ÉGLISE NOTRE-DAME

✆ 03 80 37 34 46
www.capvaldesaone-tourisme.fr

Individuels tous les vendredis l'été, groupes toute l'année sur résa. Tarif : 3 €/pers. Enfant -12 ans : 1 €. 30 min.

En période estivale, l'office de tourisme CAP Val de Saône vous propose une montée accompagnée de la tour de l'église Notre-Dame d'Auxonne. 40 mètres et 169 marches plus haut, la vue panoramique offre alors un bien joli point de vue sur la ville et ses monuments mais aussi sur tous les environs. Des guides agrémentent cette visite de commentaires historiques et d'explications. Le nombre de places étant limité, pensez à réserver auprès de l'Office de Tourisme !

OFFICE DE TOURISME CAP VAL DE SAÔNE

11, rue de Berbis ✆ 03 80 37 34 46
www.capvaldesaone-tourisme.fr

Basse saison : lundi-vendredi 10h-12h, 13h30-17h30. Haute saison : lundi-samedi 10h-12h30, 13h30-18h ; dimanche 10h-13h.

À côté de la place d'Armes, vous trouvez des informations sur le territoire du Val-de-Saône avec toutes ses activités nautiques : voile, aviron, canoë, optimist, ski nautique... Des visites en famille « au fil de l'eau », « à la découverte d'Auxonne » ou encore « cœur de village » par un guide-conférencier conjuguent histoire et actualité. Des expositions temporaires présentent les œuvres d'artistes et la boutique, des produits du terroir. Une promenade au port est vivement conseillée.

PORT ROYAL

Port de plaisance
✆ 03 80 39 23 00
www.portroyal.fr

150 emplacements pour des bateaux de 6 à 38 mètres. Tarifs complets à télécharger sur le site.

Auxonne possède l'un des plus beaux ports fluviaux de France qui porte le nom de Port Royal. Situé au pied des remparts du XIIIe siècle construits par Vauban, le port sur 6 ha, géré par la société H²O, dispose de 150 emplacements pour des bateaux de 6 à 38 mètres. La capitainerie accueille les marins avec tout le professionnalisme d'H²O : espace d'accueil, douches, informations touristiques, salle de repos, wifi et webcam pour surveiller l'embarcation. Un projet d'agrandissement est en cours d'étude pour passer la capacité à 300 bateaux.

CAMPING L'ARQUEBUSE*** €€

Route d'Athée
✆ 03 80 31 06 89
campingarquebuse.com
Ouvert toute l'année. Accueil jusqu'à 20h30. 120 emplacements. Caravanes, bungalows toilés 4/5 places, mobil-homes.

Bienvenue dans ce camping familial en bord de Saône, face au port de la ville. 120 emplacements répartis sur 5 ha avec des mobil-home. Testez les « coco-sweets » arrondis avec structure rigide et toile de tente, douillets et insolites, ou les tentes lodge amazone. Un effort particulier est fait pour la qualité du confort et des prestations. Sur place : planche à voile, ski nautique, canoë-kayak, piscine découverte et chauffée de la ville. Ponton et mise à l'eau. Entre deux parties de pétanques ou de volley-ball, profitez du restaurant sur place.

LE CORBEAU - RESTAURANT & HÔTEL*** €€

1, rue de Berbis ✆ 03 80 40 06 15
www.hotel-auxonne.com
Ouvert toute l'année. Réception du lundi au samedi de 17h à 21h. 9 chambres : simple 65 €, double 75 €, triple 85 €.

L'Hôtel***, idéalement situé au cœur historique de la Cité, a fait l'objet d'une rénovation complète de ses 9 chambres : 7 chambres doubles (literie 160x200 cm) et 2 chambres triples avec vue sur l'église Notre-Dame d'Auxonne ou l'ancien arsenal, lieu de promenade. Un salon avec ordinateur, jeux de société et jeux pour enfants pour votre détente. Le restaurant, une très bonne table, propose une cuisine à la fois traditionnelle et gastronomique, le tout élaboré à base de produits frais.

LE CORBEAU - RESTAURANT & HÔTEL €€

1, rue de Berbis
✆ 03 80 40 06 15
www.hotel-auxonne.com
Ouvert midi et soir du mardi au dimanche. Menus de 29 € à 49 €. Formule déjeuner : 15 €/19 €/23 €. Terrasse.

Repris en 2021 par le groupe Home Cooking, Le Corbeau connaît une nouvelle jeunesse dynamisée par une jeune équipe et la supervision de la carte par Julien Robert. A la carte les plats traditionnels de la Bourgogne évoluant selon les formules sur des recettes plus créatives et gastronomiques. La salle est très accueillante offrant un cadre contemporain. Le must demeure la terrasse au pied de l'église Notre-Dame. Le Best of Auxonne !

SIMPULSE

52, rue de Labergement
✆ 06 49 95 01 37
https://sim-pulse.com
Du mardi au dimanche. Sur RDV + déplacements en entreprises. 12 €/10 minutes à 60 €/2 heures. Tarif pro 15 €/10 minutes.

Les grands enfants que nous sommes vont adorer venir à Auxonne piloter voitures de rallye, F1, GT et il est même possible de participer jusqu'à 8 sur la même piste virtuelle. Kevin Dussol a créé une salle de jeux unique en Côte d'Or où une dizaine de simulateurs, tous montés sur vérins pour de meilleures sensations. Expériences à vivre sur écran ou en réalité virtuelle, plaisirs et sensations fortes sans danger garantis. Les casques de réalités virtuelles permettent aussi de partir en groupe dans de gigantesques aventures. On ne vous dit que ça !

© SIMPULSE

© SIMPULSE

DA VINCY €€

46, avenue du Général De Gaulle
✆ 03 79 36 61 92
Ouvert du mardi au samedi le midi et le soir. Formule du midi : 14 €. Enfants : 9 €.

Vincenzo alias Vincy nous propose le meilleur de l'Italie dans son restaurant qui fait aussi épicerie fine. Il est livré en produits frais en direct d'Italie chaque semaine. On craque pour les antipastis, la salade Emiliana, l'escalope de porc à la milanaise, une authentique pizza ou les pâtes fraîches. En dessert : un baba al limoncello ? On revient volontiers pour découvrir d'autres plats. Le service est rapide, la cuisine ouverte et l'ambiance plutôt animée à chaque service. Bières et vins italiens… Déjà plus de trois années de succès bien mérité !

LOCATION DE CANOËS AUXONNE ET PONTAILLER-SUR-SAÔNE

11, rue de Berbis ✆ 03 80 37 34 46
www.capvaldesaone-tourisme.fr
Ouvert du 1/06 au 31/08. Sur réservation. Adulte : 16 € la 1/2 journée, 24 € la journée. Enfant -12ans : 12 € / 15 €.

Au départ de la base de plein air d'Auxonne, naviguez à la découverte de la faune et de la flore locale. Différents parcours sur l'Ognon ou la Saône vous permettront d'admirer les paysages du Val de Saône, à votre rythme, et en toute sécurité grâce à une signalétique adaptée qui informe des dangers, des zones de débarquement et de portage. L'application « Balades en Bourgogne » dévoilera tous les secrets en cours de route pour ne pas rater une seule goutte de cet escapade en canoë.

LA CAVE DE LONGEAULT

D905 - **LONGEAULT**
✆ 03 80 73 49 27
www.lacavedelongeault.com
Ouvert du mardi au samedi de 9h30 à 12h et de 14h à 19h. Label « Caviste indépendant ». Vente en ligne.

La Cave de Longeault, située entre Dijon et Auxonne propose les sélections de Sylvain Thibaud en vins, bières et spiritueux. Bourguignon dans l'âme et grand passionné, il aime partager ses trouvailles et coups de cœur et donner des conseils pour vos accords mets et vins. Sa sélection de rhums et whiskys vous fait voyager. Il va chercher ses produits chez de petits producteurs, pour leur qualité, l'histoire qu'ils racontent et leur prix. La cave regorge d'idées cadeaux. Location de tireuse à bière et fût de 30 litres, verres et rayon d'épicerie fine à découvrir.

GENLIS

Cette commune doit sa croissance aux générosités de la géographie qui font de ce site un lieu de passage. Le pays a tiré parti d'une terre fertile. Ses blés ont fait vivre nombre de paysans, notamment après l'assainissement du marais des Tilles dans la seconde moitié du XVIIe siècle. L'économie est encouragée au cours du XIXe siècle avec la création des halles marchandes, l'arrivée de la machine à vapeur et l'installation d'une gare en 1854. D'un point de vue touristique, Genlis constitue un trait d'union avantageux entre l'agglomération dijonnaise et les terres du Val de Saône ou celles, tout aussi proches, des vignobles de la Côte de Nuits.

MANUFACTURE DE LONGCHAMP

2 A, allée du Petit Pont - **LONGCHAMP**
✆ 06 35 53 23 93
www.manufacturedelongchamp.com
Visite sur rendez vous.

C'est en digne héritier d'un savoir-faire ancestral que Philippe Orliac, artiste céramiste et propriétaire de la manufacture de Longchamp, perpétue la tradition de la céramique qui existe depuis 1832. À travers 6 siècles d'histoire, elle passera de la tuilerie à la faïencerie pour devenir une référence dans le haut de gamme. En 2016, Philippe relance la manufacture : créativité, inventivité, raffinement. Depuis 2018, le catalogue de la gamme de porcelaine propose une vaisselle à personnaliser. Prenez rendez-vous à l'atelier ou allez sur le site d'achat en ligne.

DOMAINE THE MILLENIUM €€€

Chemin de Champéfroy - **VARANGES**
✆ 06 63 61 42 07 - www.themillenium.fr
Cabane flottante 4 pers. A partir de 200 € la nuit petit déjeuner compris. Kota grill.

La cabane flottante du Millénium est un gîte dépaysant au charme étonnant. Le bois procure une grande chaleur, le confort est assuré par une literie de qualité (un lit double et deux lits simples), et une salle de bains et des toilettes sèches équipent ce cocon. Le salon de la terrasse va vous retenir car la vue sur le petit lac à l'eau claire bordé d'arbres est incroyablement ressourçante. A terre, au bout du ponton, barbecue et table pour les repas. Les petits déjeuners sont livrés au petit matin. Le plus : la faune qui partage les lieux avec vous.

PONTAILLER-SUR-SAÔNE ★

La Saône, l'Albane, la Bèze, la Vingeanne, l'Ognon, le canal entre Champagne et Bourgogne... Plusieurs cours d'eau traversent Pontailler qui, en tant que ville frontalière, a connu des périodes tumultueuses. Elle a donc été pillée et traversée à maintes reprises par les troupes des seigneurs de Langres et de Champagne. C'est aujourd'hui un véritable petit paradis pour ses 1 300 habitants, pour les pêcheurs comme pour tous les adeptes des activités nautiques. La location de pénichettes, au port de plaisance, accessible à tous, même sans permis fluvial, aura de quoi ravir les marins occasionnels. Les loisirs de la baignade et du farniente, seront assurés sur la belle plage aménagée. Plus généralement, les amoureux de la nature sont enchantés, puisque Pontailler est le point de départ de nombreuses balades à pied ou à vélo, notamment sur la Voie Bleue. La petite ville, classée station verte, est alors propice à la détente et constitue un cadre idéal pour se détendre en famille. Vous trouvez dans le centre, construit sur une presqu'île entourée par la Saône et la Vieille Saône (la rivière a changé de lit au début du XXe siècle), l'église Saint-Maurice du XVIIIe siècle et des lavoirs à niveau variable. Ne manquez pas de rejoindre la statue de Notre-Dame du Mont-Ardoux. Vous aurez une vue panoramique sur la plaine de la Saône et les monts du Jura. Et pourquoi ne pas agrémenter votre escale par une table régionale, autour par exemple d'une bonne friture, l'une des spécialités du coin ? Ne manquez pas non plus le marché alimentaire tous les samedis matin.

LOCATION DE CANOËS AUXONNE ET PONTAILLER-SUR-SAÔNE

✆ 03 80 37 34 46

www.capvaldesaone-tourisme.fr

Du 1er juillet au 31 août. Du vendredi au mardi 10h-12h30 et 13h30-18h. Sur réservation. Adulte 16 €. Enfant 12 €.

C'est à la maison de l'Eau d'Heuilley-sur-Saône que le top départ est lancé. Différents parcours sur l'Ognon ou la Saône vous permettent d'admirer la faune et la flore à bord d'un canoë. Une signalétique adaptée vous guide et vous informe des éventuels dangers, des zones de débarquement et de portage. Pour les plus organisés, l'application « Balades en Bourgogne » vous dévoile tous les secrets en cours de route. Une seule chose à faire : pagayez et admirez !

VOIE BLEUE, PISTES CYCLABLES ET PARCOURS VTT

✆ 03 80 47 84 42

www.capvaldesaone-tourisme.fr

Plans des circuits disponibles à l'Office de Tourisme et sur votre smartphone via l'application Balades en Bourgogne.

En vélo, vous pouvez longer la Saône ou rejoindre Dijon. La Voie Bleue Moselle-Saône est une piste cyclable qui suit la Saône, de la Haute-Saône jusqu'à Lyon. L'un des circuits part de Talmay, passe par Pontailler sur Saône et Lamarche sur Saône pour vous faire arriver à Auxonne. Vous pouvez également vous promener en vélo de Vaux-sur-Crône à Lamarche-sur-Saône (1h30 / 15 km). Au programme, traversée de la forêt domaniale de Longchamp et baignades en bord de Saône.

MAISON DE L'EAU, DE LA PÊCHE ET DE LA NATURE

4, rue de Condé - **HEUILLEY-SUR-SAÔNE**

✆ 03 80 47 81 37

www.capvaldesaone-tourisme.fr

Ouvert les après-midi d'avril à septembre. Adultes : 2 €, de 6 à 12 ans : 1 €, gratuit pour les moins de 6 ans.

Sa vocation consiste à l'éducation à l'environnement du Val de Saône, 4 salles d'exposition muséographique permettent la découverte de la nature et de la pêche au travers de techniques audiovisuelles, d'aquariums, d'espaces didactiques. Une salle pédagogique, des ressources documentaires, du matériel d'observation, un point relais d'informations touristiques sont à votre disposition. La maison accueille les enfants à partir de 6 ans, tous les mercredis au sein d'ateliers, stages d'été.

OFFICE DE TOURISME CAP VAL DE SAÔNE TOURISME - BUREAU D'INFORMATION TOURISTIQUE DE PONTAILLER-SUR-SAÔNE

3, rue du 8-Mai 1945 ✆ 03 80 47 84 42

www.capvaldesaone-tourisme.fr

Ouvert de juin à mi-septembre, du lundi au vendredi de 10h à 12h30 et de 13h30 à 18h.

Ici, vous trouvez tout : des dépliants et cartes utiles à votre séjour ; des conseils pour visiter le patrimoine historique : château de Talmay, chapelles et églises, nombreux lavoirs ; des bons plans pour les activités à pratiquer : pêche, canoë, ski nautique, baignade ; des balades à vivre : circuit des écluses, circuit du bois charmant. On peut également louer des vélos (VTC, VTT, vélos à assistance électrique), faire un achat à la boutique : produits du terroir, livres, artisanat.

CAMPING DE LA CHANOIE*** €€

46, rue de la Chanoie
✆ 03 80 67 21 98
www.camping-lachanoie.com
Baignade surveillée ; label Accueil vélo. Ouvert d'avril à octobre. Terrain de 6 ha. 154 emplacements. Restauration.

Le camping de la Chanoie, idéalement situé entre Dijon et Besançon, est un bon exemple du soin apporter au tourisme en Val de Saône. Un cadre verdoyant de 6 ha, idéal pour les familles et les amoureux de la nature, avec 154 emplacements tentes, caravanes ou camping-cars. Des chalets sont aussi proposés en location jusqu'à 6 personnes. Si les aires de jeux sont un atout, la Saône à quelques mètres en est un aussi. Vous y trouvez une plage aménagée qui emporte définitivement l'adhésion envers cet agréable bord de Saône. Bar-restaurant sur place.

HOSTELLERIE DES MARRONNIERS €€

3, rue Saint-Eloi
✆ 03 80 36 12 76
Ouvert du mardi au samedi le midi et le soir ; le dimanche midi. Formule : 18 €. Terrasse sous les marronniers vue port.

Alexandre Rey et Linda Jean, qui ont repris les Marronniers en 2019, ont apporté un petit vent de jeunesse alors que l'adresse avait déjà une forte notoriété. Déco chaleureuse côté bistrot où la carte est complétée de planches apéritives pour accompagner les vins au verre. Parmi les incontournables des Marronniers : cheesecake au saumon fumé, jambon persillé, chantilly à la moutarde à l'ancienne et gelée de cassis, suprême de poulet façon Gaston Gérard... Une cuisine 100 % maison.

RESTAURANT TRAITEUR MATRAT PETOT €€

Route de Besançon
PERRIGNY-SUR-L'OGNON
✆ 03 80 36 11 82
Ouvert le dimanche, le lundi et du mercredi au vendredi le midi ; le vendredi et le samedi.

Qu'on se le dise, la tête de veau c'est tous les jours chez Matrat Petot. Elodie Matrat pense aussi aux autres amateurs avec fritures, cuisses de grenouilles, œufs pochés, pour ne citer que les classiques. Elle prépare une cuisine familiale qui colle à l'esprit du lieu. Tout est cuisiné maison jusqu'aux charcuteries, les produits sont locaux et la carte du week-end propose des plats pour tout le monde, des salades aux grillades en passant par le tartare ou le burger.

AU PAYS DES SUCRERIES

34, rue du Bois de Chy - **HEUILLEY-SUR-SAÔNE**
✆ 06 84 26 30 84
www.aupaysdessucreries.com
Boutique en ligne - présence sur les évènements et marchés gourmands dans le Jura et en Côte-d'Or

Jérôme Brasseur, chocolatier mais surtout passionné par le modelage du sucre a trouvé la bonne manière de s'exprimer en créant Au Pays des Sucreries, un univers où la créativité dans les saveurs, les couleurs et les formes sont sans limite. Le bon format est celui de la sucette, en forme de personnage amusant, que l'on conserve, observe avant de la déguster ! Il aromatise et crée ses sujets avec un réel talent. Collections propres ou sur mesure. Le devis avec photo de votre prototype ne coute que 5 € ! Idéal pour personnaliser la touche sucrée de votre évènement.

LAMARCHE-SUR-SAÔNE

Lamarche-sur-Saône est située sur la rive droite de la Saône, à 30 km de Dijon, de Dole ou de Gray. Trait d'union entre Pontailler-sur-Saône et Auxonne, elle voit passer plus de 6 000 bateaux de plaisance chaque année. Sur les 3 396 ha de son territoire, Lamarche-sur-Saône abrite 3 étangs, dont celui dit « du Milieu », d'une superficie de 8 ha et réservé à la pêche. La 2e richesse de la commune est sa forêt : 940 ha peuplés de chênes en futaie, de charmes, de bouleaux, de trembles et d'arbres en taillis qui font le bonheur des amateurs de nature. Les passionnés de patrimoine ne sont pas en reste : église aux deux clochers et chapelle du XVIIe siècle.

RESTAURANT LE NYMPHÉA €€

32, rue de Franche Comté ✆ 03 80 32 02 50
http://restaurant-nymphea.com
Haute saison ouvert 7j/7 midi et soir. Menu à 30 € le we + carte. Formule midi 16 €. Terrasses, ponton d'amarrage.

Pauline et son mari, le chef François Taieb, ont repris le Nymphéa en 2021. Forts de leurs expériences en restauration gastronomique, ils ont créé un univers très soigné. Le Nymphéa offre un charme unique de bord de Saône avec 2 terrasses et une grande salle à la vue panoramique. François prépare une cuisine 100 % maison entre plats traditionnels, et menu de la semaine toujours créatif. Selon la saison, fritures, cuisses de grenouilles ou poulet Gaston Gérard restent des coups de cœur indiscutables. Côté dessert, ne passez pas à côté des créations du chef !

MIREBEAU-SUR-BÈZE

La commune de Mirebeau-sur-Bèze, chef-lieu de canton et de la Communauté de Commune du Mirebellois Fontenois, a construit un nouveau complexe culturel et touristique baptisé le Forum. L'Office de Tourisme Mirebellois Fontenois s'y est installé en septembre 2019, il est voisin du centre d'interprétation Le Mirabellum qui met en valeur l'histoire du territoire marquée par la présence pendant vingt ans, au Ier siècle, de la VIIIe légion romaine – soit plus de 5 000 soldats – à Mirebeau-sur-Bèze, dans un énorme camp. Ce projet concrétise la mise en valeur de son site archéologique sur lequel des recherches ont eu lieu et ont mis à jour un sanctuaire gaulois et ce camp militaire romain. Mais les faits d'histoire ont aussi eu lieu au château-fort. Au XVIIe siècle, la résistance héroïque des Mirebellois face aux troupes de l'infatigable Gallas n'a malheureusement pu empêcher sa destruction ; il ne reste aujourd'hui que quelques vestiges visibles dans le parc du château. Le lavoir de Mirebeau-sur-Bèze mérite lui aussi le détour avec son plancher mobile. En passant à Oisilly, pensez à admirer l'église romane Saint-Léger des XIIe et XIIIe siècles. N'hésitez pas non plus à passer par le viaduc d'Oisilly qui reliait Gray à Is-sur-Tille. Construit entre 1886 et 1888, cet édifice mesure 294 mètres de long et 20 mètres de haut. Ses sept arches en anse de panier enjambent de façon majestueuse le canal et la Vingeanne… Mirebeau-sur-Bèze est un village charmant qui offre aux visiteurs de belles balades bucoliques.

MIRABELLUM, CENTRE D'INTERPRETATION ARCHEOLOGIQUE DU CAMP DE LA VIIIE LEGION

6 Ter, Place Général Viard ✆ 03 80 36 76 17
www.mirabellum.fr

BS mardi, mercredi, vendredi et samedi 10h-12h et 14h-17h. HS mardi-samedi 10h-13h et 14h-18h (17h ven.-sam.). Gratuit.

Depuis 2019, Le Mirabellum ainsi que l'Office de Tourisme Mirebellois et Fontenois, prennent place au Forum, lieu dédié à la vie culturelle du territoire avec sa médiathèque et sa salle de spectacle. Le Mirabellum met en valeur l'histoire du territoire marquée par la présence pendant plus de vingt ans, au Ier siècle, de la VIIIème légion romaine, soit plus de 5000 soldats installés à Mirebeau-sur-Bèze, dans un camp construit en dur et étendu sur 22 hectares en 70 après J.C. Une histoire passionnante mais encore largement méconnue du grand public ! Comme de nombreux sites archéologiques, le camp de la VIIIème Légion a été révélé par l'archéologie aérienne de René Goguey dans les années 70 puis par des fouilles dans les années 80. Le centre d'interprétation Mirabellum vous permet aujourd'hui de découvrir, à travers une scénographie contemporaine et ludique, adaptée à un large public et complétée par des vestiges archéologiques, plusieurs aspects de cette histoire : le camp et la vie du légionnaire sont largement documentés et illustrés avec un parcours animé autour d'une maquette du camp romain. Le Mirabellum s'attache également à parler du métier d'archéologue et revient sur les campagnes de fouilles qui ont marqué la mémoire des habitants. Une étape incontournable pour les passionnés et les curieux de l'histoire gallo-romaine !

OFFICE DE TOURISME MIREBELLOIS ET FONTENOIS

6 Ter, place Général Viard
✆ 03 80 36 76 17
tourisme-mirebelloisetfontenois.fr

BS mardi, mercredi, vendredi et samedi 10h-12h et 14h-17h. HS mardi-samedi 10h-13h et 14h-18h (17h ven.-sam.). Visites

L'Office de Tourisme est situé au sein du Forum à Mirebeau-sur-Bèze, lieu convivial et espace culturel du territoire avec sa médiathèque, sa salle de spectacle et ses expositions. L'Office de Tourisme dispose d'un espace détente et d'une boutique de produits locaux pour toutes les bourses et toutes les envies : décoration, livres, jouets, produits de bouche, bijoux… Il est également l'entrée pour la visite du Centre d'Interprétation Archéologique de la VIIIe Légion.

L'ATELIER DE SOPHIE €€

36, Grande Rue
✆ 03 80 36 51 70

Du lundi au vendredi le midi ; formules à 27 € 3 plats, 22 € 2 plats, 16,50 € 1 plat. Suggestions à l'ardoise.

Le petit restaurant situé au cœur de Mirebeau-sur-Bèze devient un restaurant digne de ce nom, avec Sophie Virot, une jeune chef expérimentée qui propose une cuisine du jour 100 % maison, simple et généreuse. Les propositions sont soignées et travaillées avec savoir-faire. Terrine de l'atelier, presa de cochon ibérique ou camembert au four, que de bons choix sur l'ardoise ! En dessert, on craque pour la brioche perdue au caramel beurre salé. La petite salle s'étend avec une petite terrasse en été. C'est très convivial et surtout bien bon !

L'IMPRÉVU €€

6, rue Paul Auban
✆ 03 80 72 74 89

Ouvert du mardi au samedi et soir. Formule du midi de 15 € à 18 €. Animations. Terrasse. Plats à emporter.

L'Imprévu est la brasserie incontournable de Mirebeau-sur-Bèze qui bénéficie d'un emplacement privilégié surplombant le rond-point du contournement de la commune. La salle est accueillante avec une décoration contemporaine, bois clairs, papiers peints tendance et mobilier noir. La cuisine est 100 % maison, c'est d'ailleurs sur ce critère qu'est né le restaurant : produits locaux et légumes de saison. Isabelle Regnet qui dirige l'établissement et son chef, qui est aussi pâtissier, ont construit une carte où chacun trouve son bonheur et se régale au juste prix.

EMMALY SCULPTEUR ANIMALIER

18, rue de Mirebeau - **CUISEREY**
✆ 06 64 87 88 39
www.emmaly.fr

Ouvert du lundi au mercredi et le vendredi à partir de 17h30 ; le jeudi, le samedi et le dimanche. Uniquement sur rdv.

Depuis son enfance Emmanuel Couqueberg est passionné par les animaux. Grâce à ses parents, eux-mêmes artistes, il s'est tourné vers la sculpture et la reproduction de ses œuvres en bronze. Après avoir perfectionné son modèle en plâtre, il va le confier à une fonderie d'art pour ébaucher les bronzes. Toutes les finitions, polissages et traitements de surface, oxydation, patines à l'ancienne, laquage, effets givrés, vernis sont réalisés dans son atelier de Cuiserey. Les animaux d'Emmaly sont modelés avec élégance dans un style épuré et contemporain. Les finitions sont du plus bel effet, certaines peuvent être phosphorescentes. Côté prix, les petites pièces sont très abordables, les pièces géantes sont naturellement chères, mais leur numérotation d'œuvres originales les rend désirables pour les collectionneurs du genre. Pour rencontrer Emmanuel dans son atelier-boutique et s'offrir un bel objet, il faut absolument prendre rendez-vous. Alors que l'escargot fut dans ses premières inspirations, la chouette fait partie de ses collections, certaines portant une toque en hommage à la Cité internationale de la gastronomie. La libellule, le bouledogue français ou encore le toucan de plus de 70 cm impressionnent. Emmaly est l'auteur des trophées Label Ville récompensant les plus belles vitrines de Dijon, une chouette de plus ou moins grande taille selon le classement, une pièce unique dans tous les cas ! Tous les deux ans, il expose à La Ferronnerie rue Auguste Comte en fin d'année.

BÈZE ★

Bèze est reconnu comme l'un des plus beaux villages de France, niché au fond d'un vallon verdoyant et ombragé. Il tire son nom du celtique *bezw* qui signifie « rivière à sa source » ou « fontaine aux eaux dormantes ». Le duc de Bourgogne, Amalgaire, a reçu du roi Dagobert toutes les terres situées à l'est de Dijon. Après avoir laissé son cheval boire à la source, il se promène et est si séduit par les lieux qu'il décide d'y fonder une abbaye. Nous sommes en 630. Dès le siècle suivant, les moines transplantèrent des ceps du village jusqu'aux terres de Gevrey. Le Clos-de-Bèze est aujourd'hui la vigne la plus ancienne de Bourgogne. Bèze a vu naître le député Arnoult, qui, en 1790, donna le nom de Côte-d'Or au département nouvellement créé. Le chanoine Kir, futur maire de Dijon, fut curé de la paroisse entre 1910 et 1924. Favorisé par l'histoire, ce village l'est tout autant par la nature qui l'a doté de grottes splendides. C'est un petit coin de paradis où la pierre et l'eau font bon ménage. Ne manquez pas la visite de la grotte où l'on navigue en bateau sur la rivière souterraine à l'eau cristalline. Le projet de réhabilitation de la cure de Bèze présage un nouvel embellissement du village. Un pont piéton enjambe la rivière pour passer directement des grottes au parc de la Cure dont la bâtisse sera rénovée et le jardin aménagé, permettant aux visiteurs de rejoindre facilement le centre du village et l'abbaye. Entre restaurants, hôtels, gîtes, commerces, artisanat d'art, patrimoine culturel et naturel, il y a de multiples raisons pour venir à Bèze.

ABBAYE DE BÈZE ★

Rue de l'Encloître ✆ 06 17 64 24 41
abbayedebeze.blogspot.com

Du 27 mai au 17 septembre2023. Visite de l'Abbaye, du Parc et du Jardin de roses anciennes. Guide anglais et hollandais. 5 €.

Fondée en 630, l'abbaye de Bèze est l'une des plus anciennes de Bourgogne. La visite du bâtiment est l'occasion de retracer près d'un millénaire d'histoire, encore conservé dans ses pierres datant essentiellement du XVIIIe siècle. Vous serez séduit par son parc à l'anglaise redessiné au XIXe siècle, par les platanes bicentenaires et autres hêtres pourpres qui trônent dans ce domaine traversé par la Bèze. Le jardin de fleurs et de roses clôture ce moment naturel avant d'admirer les bâtiments classés à l'inventaire supplémentaire des monuments historiques.

Mirabellum

Centre d'Interprétation Archéologique de la VIIIème Légion

©Vinciane Clemens

Crédits photos ©Communauté de Communes Mirebellois et Fontenois

Forum
6 ter, place Général Viard
21310 Mirebeau-sur-Bèze
Entrée par l'Office de Tourisme
03 80 36 76 17
contact@mirabellum.fr
www.mirabellum.fr
Entrée gratuite

CAFÉ DE LA PLACE €€

14, route de Dijon - **BEIRE-LE-CHÂTEL**
✆ 03 80 76 30 69
https://www.cafe-de-la-place21.fr/
Formules du midi : 16,50 € (entrée, plat, fromage, dessert) ou 12,50 € (2 plats).

© THIERRY ABEYER

Voici un petit restaurant de village comme on en trouve encore, un lieu de rencontre et de convivialité où l'on vient se restaurer au gré des menus du jour préparés avec soin. Thierry Abeyer, cuisinier de métier, séduit les habitués comme les touristes de passage avec une cuisine traditionnelle. Le café respire bon l'authenticité jusque dans la déco bistrot de village. Une petite terrasse est dressée aux beaux jours. En été, les cyclotouristes font volontiers une pause rafraîchissante. Thierry Abeyer propose un service traiteur y compris pour des groupes importants.

CHÂTEAU D'ETRABONNE

4, rue du Moulin - **CHAMPAGNE-SUR-VINGEANNE**
✆ 06 62 90 36 74
www.etrabonne.com
Du 1er au 31 juillet et du 1er au 18 septembre 13h-19h. Gratuit. Visite guidée (sur réservation pour les groupes).

Il faut suivre la Vingeanne pour tomber sur ce manoir, datant pour sa partie la plus ancienne du XVe siècle. Les 3 hectares de parc se prêtent aux visites guidées individuelles ou en groupe pour découvrir l'histoire de ce bâtiment niché au cœur de la Bourgogne. Vous pourrez flâner au travers des époques, du Moyen Age au XIXe siècle, et suivre la rivière Soirsan qui traverse le parc d'est en ouest avant de se jeter dans la Vingeanne. Un cadre verdoyant, charmant et original, qui représente un des derniers exemples de petite place forte restée dans son état originel.

GROTTES DE BÈZE

Chemin des Grottes ✆ 03 80 75 31 33
www.beze.fr
Du 8 avril au 5 novembre. Horaires évolutifs selon la saison. Adulte 8,50 €. Enfant (5-17 ans) : 5 €. Gratuit -de 5 ans.

La rivière souterraine a été découverte en 1950 par des spéléologues Dijonnais et ouverte au public en 1970. La visite s'effectue à pied puis en barque à une température de 12 °C. Vous naviguez sur une eau d'une extrême limpidité tout en écoutant le guide, vous découvrez de très belles concrétions. Réservez vos places à l'espace d'accueil Robert Poinsot créé en 2019, ultra moderne, situé à l'entrée de la grotte. Du 1/07 au 1/09, nous vous conseillons de privilégier la visite le matin avec un pull puis de vous autoriser une flânerie au fil des rues du village. Top.

RÉTROMOBILE AU CHÂTEAU D'ETRABONNE

6, route d'Oisilly
CHAMPAGNE-SUR-VINGEANNE
Le 17 septembre 2023 (à partir de 10h). Gratuit. 12ème édition, animations, buvette, restauration.

Organisée par l'association Vallée de la Vingeanne, la 12e édition de la journée Rétromobile consacrée aux véhicules anciens aura lieu à l'occasion des Journées du Patrimoine. Une balade dans l'histoire automobile avec plus de 200 voitures exposées, du rêve ou de la nostalgie pour chacun. La découverte du magnifique site du parc du château de Champagne-sur-Vingeanne vaut à lui seul le détour.

SOURCE DE LA BÈZE ★

Allée de la Source
✆ 03 80 75 30 84
Naissance de la rivière la Bèze. Source vauclusienne et grotte à visiter.

C'est ici que naît la rivière qui a donné son nom au village : la Bèze. Sa source est située en contrebas de la grotte que l'on peut visiter. Source vauclusienne, c'est l'une des plus importantes de France avec un débit pouvant atteindre 20 m³ par seconde en période de crue. L'eau est étonnamment claire et pendant les périodes où le débit est important, on peut observer des bouillonnements spectaculaires. De ce point de départ, vous pouvez vous balader le long de la Bèze et profiter du charme du village, de ses paysages, de sa faune et de sa flore.

DOMAINE DU CHÂTEAU D'ARCELOT

2, rue de Champ Rosé - **ARCEAU** ✆ 03 80 37 00 73
www.arcelot.com

Du 1/07 au 31/08 du mercredi au samedi 10h-12h/14h-18h, le dimanche 14h-18h. Groupes toute l'année sur réservation.

Ce superbe château privé, ancienne demeure de parlementaire, qui est resté dans la même famille depuis sa construction au XVIIIe est classée Monument historique. La visite guidée vous permet de découvrir l'histoire de la famille de Loisy, la vie au XVIIIe et celle des parlementaires de Bourgogne. Douze pièces aux décors et mobilier des XVIIIe et XIXe siècles très bien conservées grâce aux héritiers directs, et en particulier à Louise-Adélaïde Verchère. Le grand escalier et son plafond ouvert sur le ciel en trompe-l'œil, la galerie de tableaux, la chambre du tsar, la chapelle, la chambre jaune, la bibliothèque, la salle de billard, la salle à manger sont superbes. La pièce qui éblouit le plus, c'est le grand salon en stucs colorés et marbres polychromes, la plus belle pièce que l'on connaisse en Bourgogne selon Courtépée. Pas de château sans parc. Créé en 1805 par Jean-Marie Morel, ce parc à l'anglaise, labellisé Jardin remarquable, est le mieux conservé parmi les réalisations de l'architecte paysagiste. D'une superficie de 45 ha dont 7 ha d'étang, ce parc abrite des animaux sauvages, aigrettes, hérons, des animaux en enclos, des arbres remarquables tels le cèdre de l'Atlas, le séquoia géant et une pagode chinoise du XIXe s. Un véritable spectacle de nature ! Des espaces de réception (Pressoir, Caveau, Trianon) accueillent tous types d'évènements, de 120 à 1 200 personnes. Enfin, on adore le livret enfants et l'option *Costumés en marquis et marquise* pour les 4 à 14 ans.

VÉLORAIL DE LA VINGEANNE

Ancienne Gare - **CHAMPAGNE-SUR-VINGEANNE**
✆ 06 22 94 11 18
www.veloraildelavingeanne.fr
Ouvert du 1er avril au 17 septembre le week-end. Tous les jours de juillet et août. 28 € le vélorail pour 5 personnes.

Le VéloRail de la Vingeanne propose des balades sur l'ancienne voie ferrée entre Champagne-sur-Vingeanne et le lieu-dit « La Fontaine de l'âne ». La promenade dure environ 1h30 soit 10 km aller/retour. Il est aussi possible de louer des VTC. Le vélorail bénéficie du label Accueil Vélo qui garantit un bon accueil et des services de qualité offerts aux cyclistes. Pour satisfaire les amateurs, 14 vélorails sont à disposition. Une manière amusante et écolo de passer de la Bourgogne à la Franche-Comté en alliant sport et découverte !

LE BOURGUIGNON €€

8, Rue de la Porte de Bessey
✆ 03 80 75 34 51
www.le-bourguignon.com
Dimanche à jeudi 12h-13h45 et 19h-20h45, samedi 19h-20h45. Menus : 36 à 50 €. Formule midi à partir de 20 €. Traiteur.

Jacques et Audrey vous accueillent dans leur restaurant, situé dans l'un des plus beaux villages de France, une belle étape avant la visite des grottes. La cuisine d'Olivier Rouhier vous invite à un voyage gustatif au cœur du terroir bourguignon. Feuilleté d'escargots ou entrecôte à la crème de Brillât Savarin et filets de canard aux baies de cassis. Vous pouvez combiner votre menu : 2, 3 ou 4 plats. Tout est fait maison, les glaces par un maître artisan. La carte des vins fait la part belle à des viticulteurs locaux pour accompagner les plats de votre choix.

LE BOURGUIGNON*** €€

8, Rue de la Porte de Bessey
✆ 03 80 75 34 51
www.le-bourguignon.com
24 chambres dont 5 chambres familiales à partir de 120 € et jusqu'à 6 personnes. Chambre double à partir de 85 €.

C'est dans une bâtisse traditionnelle au cœur d'un des plus beaux villages de France que se trouve Le Bourguignon. Ce bel hôtel-restaurant, 3 étoiles et 2 cheminées, vous accueille dans la plus pure tradition bourguignonne. Admirablement géré par Jacques et Audrey, le lieu est convivial, les 24 chambres possèdent le charme et l'élégance de la sobriété. Literie king-size dans les chambres doubles, l'hôtel possède 5 chambres familiales jusqu'à 6 personnes. Les prix raisonnables en font un lieu idéal pour un séjour en famille, romantique, ou d'affaires.

AUBERGE LE RENARD'EAU €€€

10, rue des Deux Ponts
✆ 03 80 75 30 13
https://www.auberge-renardeau-21.fr/
Menus de 36 € à 44 €. Menu enfant : 11,50 €. Suggestion du jour : 15,50 €. Vin au verre. Accueil des groupes. Bar.

Laurent et Jennifer de Geest vous accueillent à l'Auberge du Renard'eau, un bel établissement avec sa jolie glycine à l'entrée, dans un village classé parmi les plus beaux de France. Le chef cuisinier Olivier Raux vous réserve des plats faits maison composés à partir de produits frais, locaux et de saison. Des viandes de qualité, bien préparées avec cuisson spéciale au feu de bois ! L'Auberge du Renard'eau organise aussi des soirées à thèmes. Côté logement, laissez-vous séduire par le charme rustique des chambres avec poutraison, parquet, pierre apparente.

DOMAINE DU CHÂTEAU D'ARCELOT €€

2, rue de Champ Rosé - **ARCEAU**
✆ 03 80 37 00 73 - www.arcelot.com
3 gîtes de 100 € à 600 € la nuit de 2 jusqu'à 15 personnes. Visite du château à partir de 10 personnes, 5 €/personne.

Les gîtes du château d'Arcelot sont installés dans une des ailes de la bâtisse ou dans ses dépendances au cœur d'un parc paysager de 45 ha qui a obtenu le label « Jardin remarquable ». Le confort et la tranquillité sont au rendez-vous. La décoration est chaleureuse tout en rappelant ses origines châtelaines. Vous êtes à 15 minutes de Dijon et de la Cité de la gastronomie. Le château est également idéal pour organiser des soirées ou événements sur plusieurs espaces premium.

GABRIELLE PATISSERIES

4, place de Verdun
✆ 06 86 85 42 14
www.gabrielle-patisseries.fr
Ouvert le lundi de 7h à 13h30 ; le samedi de 7h à 19h ; le dimanche de 8h à 18h. Confections à la carte.

Gabrielle Randrianasolo, est une jeune pâtissière qui a choisi d'installer son laboratoire à Bèze. C'est dans l'ancienne école monastique de la commune qu'elle prépare ses pâtisseries, un lieu hautement fréquenté par les touristes, et un salon de thé y est dorénavant ouvert. Gabrielle, son CAP de pâtissier en poche, mais surtout une certaine maturité quant au service client et une vraie passion pour le bien manger et la pâtisserie, a trouvé un créneau pour ses productions. Elle prépare des gâteaux au gré de ses inspirations et surtout à la demande de ses clients.

LE MOULIN DE LÉOPAUL

9, rue du Chatel - **MONTIGNY-MORNAY-VILLENEUVE**
✆ 03 80 75 63 56
www.lemoulindeleopaul.fr
Visite sur RDV. 100% bio. Réseau Bienvenue à la Ferme, présent dans les épiceries fines, AMAP, agréé 100% Côte d'Or.

Au Moulin de Léopaul, Emmanuel et Stéphanie Raillard cultivent des blés 100% bio et 100% local. La production de blé, grand épeautre, petit épeautre et blé de khorasan est transformée à la meule de pierre en farines de 1er choix et pâtes artisanales au goût inimitable. Les portes du moulin sont volontiers ouvertes pour découvrir leur métier d'agriculteur engagés, visiter l'installation et passer à la boutique. La qualité des farines et des pâtes séduit boulangers, pizzerias et restaurants gastronomiques qui s'extasient du résultat obtenu pour leurs préparations.

PÉPINIÈRES DIMA

Route de Brognon - **BEIRE-LE-CHÂTEL**
✆ 03 80 23 27 49
www.pepinieres-dima.com
Ouvert du mardi au samedi 9h-12h et 14h-18h30. Boutique en ligne. Bienvenue à la Ferme. Les Artisans du Végétal.

La Pépinière Dima est l'unique rosiériste de Bourgogne-Franche-Comté avec plus de 400 variétés proposées. Rosiers résistants, plantes vivaces et graminées, sapins, arbustes à petits fruits, mais aussi accessoires et décoration pour le jardin, l'offre de Christophe Dima, dont la famille est rosiériste depuis 7 générations, est riche et diversifiée. Besoin d'un conseil pour le rempotage ou la taille de votre rosier ? C'est auprès de lui qu'il faut venir vous renseigner. Chaque année à l'automne le rendez-vous est donné pour *Les samedis de la Rose*.

FONTAINE-FRANÇAISE

Fontaine-Française a connu de nombreux événements historiques, notamment les guerres de religion au XVIe siècle lors d'une bataille qui opposa Henri IV à la Ligue catholique. Mais aussi la guerre de Dix Ans qui dura de 1634 à 1644 (épisode comtois de la guerre de Trente Ans) et qui dévasta le village à plusieurs reprises. Fontaine-Française ne manque pas d'attraits touristiques, à commencer par son château, classé monument historique, connu comme l'un des plus beaux de la région. À découvrir aussi son moulin à farine et la fontaine Henri IV. Pour ne rien manquer de ce qu'il y a à découvrir dans le village, le circuit du Fourneau est idéal.

CHÂTEAU DE FONTAINE-FRANÇAISE ★

Rue Honorine-de-Monaco
✆ 03 80 75 80 40
www.chateau-fontainefrancaise.fr
Ouvert juillet août du mercredi au dimanche, septembre samedi et dimanche. Adulte 7 €. Enfant 5 €. Jardin Remarquable.

Le château de Fontaine-Française, fut construit en 1754 sur l'emplacement de l'ancienne forteresse qui avait vu la célèbre victoire du roi Henri IV sur les Espagnols en juin 1595. A la fin du XVIIIe siècle, Madame de Saint-Julien tenait au château un salon littéraire brillant, fréquenté par Voltaire et madame de Staël. Ses jardins comportent 400 tilleuls taillés en portique et ifs taillés en boule, ce qui lui a permis d'être labellisé Jardin remarquable en 2015.

LA PIZZA DE MOUËÏMA €

3, rue du Marais - **POUILLY-SUR-VINGEANNE**
✆ 07 84 95 92 38
https://lapizzademoueima.com
Du mercredi au dimanche de 15h à 22h et vendredi midi. A emporter et livraisons. Pizzas, kebabs, frites, glaces maison.

La Pizza de Mouëïma a été créée par Mélinda Mussot qui a quitté son camion à pizzas pour préparer ses plats dans le four à pain historique de sa vaste maison de Pouilly-sur-Vingeanne. Clin d'œil à la culture marocaine de son mari Fayçal, elle prépare aussi d'excellents kebabs. Ses plats sont composés de produits frais, jusqu'aux frites épluchées chaque jour. Sa pâte à pizza est confectionnée avec une farine bio du moulin de Leopaul voisin. Mélinda est aussi passée maîtresse en glaces maison. Aux beaux jours sa terrasse est parfaite avec un petit parc.

LA TOUR BAR RESTAURANT PIZZERIA €€

5, place Henri IV
✆ 03 80 75 26 09
Ouvert lundi-samedi de 10h à 14h ; vendredi-samedi de 18h à 22h. Formule déjeuner : 13,50 €. Soirées concert en été.

Depuis que Mathieu et Quentin Henoch ont repris le restaurant de la Tour, on s'y arrête volontiers lors d'une balade à Fontaine-Française. Ici, le fait-maison est roi, autant que le client. Chaque jour, la formule du midi se renouvelle et se dévoile à l'ardoise. Carbonade flamande, filet de bacon lardé, sauce barbecue, ananas rôti… On y viendrait bien déjeuner tous les jours. Aussi à la carte, pizzas, burgers, viandes cuites sur le grill et plats traditionnels bourguignons.

LE MOULIN DE LÉOPAUL

9, rue du Chatel - **MONTIGNY-MORNAY-VILLENEUVE**
✆ 03 80 75 63 56
www.lemoulindeleopaul.fr
Visite sur RDV. 100% bio. Réseau Bienvenue à la Ferme, présent dans les épiceries fines, AMAP, agréé 100% Côte d'Or.

Au Moulin de Léopaul, Emmanuel et Stéphanie Raillard cultivent des blés 100% bio et 100% local. La production de blé, grand épeautre, petit épeautre et blé de khorasan est transformée à la meule de pierre en farines de 1er choix et pâtes artisanales au goût inimitable. Les portes du moulin sont volontiers ouvertes pour découvrir leur métier d'agriculteur engagés, visiter l'installation et passer à la boutique. La qualité des farines et des pâtes séduit boulangers, pizzerias et restaurants gastronomiques qui s'extasient du résultat obtenu pour leurs préparations.

© CÔTE D'OR TOURISME © R.KREBEL

Bateau à Saint-Jean-de-Losne.

LA TOUR BAR RESTAURANT PIZZERIA

5, place Henri IV
✆ 03 80 75 26 09
Soirée concert occasionnelle en été le samedi soir jusqu'à minuit.

Le restaurant, La Tour se transforme certains samedis soir d'été en lieu de concert ultra convivial. Il faut dire que le restaurant de Mathieu et Quentin Henoch a tout pour cela. Une vaste terrasse dotée d'une petite scène sur la place Henri IV, un bar installé dans une grande salle qui peut faire salle de concert avec table de billard, baby-foot et flipper. Le lieu fleure bon la jeunesse ! Soirées rock, jazz, blues, country, à thème autour d'un plat.

BOURGOGNE RIVIERA

Quai Lafayette
www.bourgogne-riviera.fr
Nouvelle marque de la région.

C'est à l'occasion du salon fluvial de 2022 que la marque Bourgogne Riviera a été lancée par Rives de Saône. Si l'appellation de port d'excellence est bel et bien acquise à l'étranger, il reste encore à la fédérer d'un point de vue local. C'est alors un grand projet sur les starting-blocks, qui vise à créer cette identité reconnue auprès des Français. Cet été, le projet sera officiellement lancé dans l'élan du début de la saison touristique. Une grande aventure qui permettra d'asseoir les spécificités de la région auprès des professionnels, comme des particuliers.

SAINT-JEAN-DE-LOSNE ★

Située au cœur des voies navigables de France, Saint-Jean-de-Losne bénéficie d'une situation privilégiée en bord de Saône à l'intersection de 7 itinéraires fluviaux (de la mer du Nord à la Méditerranée, de l'Atlantique au delta du Danube). Naguère port d'attache des mariniers, la ville cultive son attrait via son port de plaisance. Avec ses 36 hectares de terre et ses 20 hectares d'eau, elle est l'une des plus petites villes de France, mais grâce à son flot de plaisanciers elle est connue au niveau européen. Mais Saint-Jean-de-Losne c'est aussi un réseau dense de véloroutes et de voies vertes, qui font la joie des amateurs de cyclisme et de promenades.

L'ESPLANADE DES ITINÉRANCES

Quai Lafayette ✆ 03 80 37 15 70
www.saone-tourisme.fr
Ouvert du lundi au vendredi de 10h à 12h et de 14h à 17h. Haute saison : tous les jours de 10h à 13h et de 14h à 19h.

Le nouvel Office de Tourisme Rives de Saône de Saint Jean, baptisé l'Esplanade des Itinérances, surplombe la Saône. En plus des services et renseignements que le bureau propose, on peut y réaliser quelques emplettes souvenirs de producteurs locaux. L'Esplanade est aussi station d'avitaillement pour les plaisanciers, boutique SNCF, location de vélos, espace de réparation vélos, bagagerie, point wifi et espace détente et convivialité ! Bienvenue entre terre, port, ville et Saône !

BATEAU PROMENADES VAGABONDO

Quai National
© 07 69 76 26 97
Toute l'année. Croisières de 2h à 7h, commentée 1h30. Départ du quai National. Adulte 16,50 €. Croisières repas.

Saint-Jean-de-Losne, premier port fluvial de plaisance de France, est entouré d'eau avec la Saône et plusieurs grands canaux. On peut s'offrir une balade en bateau lors d'une visite de la ville : plusieurs formules sont proposées jusqu'au repas-croisière. Votre bateau est le *Vagabondo*, amarré sur le quai National, juste à côté du pont. Partez pour une croisière où se mêlent culture, histoire et gastronomie dans une démarche écoresponsable puisque l'éclairage provient de panneaux solaires. Avec 120 places en croisière et 80 en croisière-repas, le *Vagabondo* avec sa terrasse panoramique offre toutes les conditions d'une balade dépaysante et mémorable : beaux points de vue, flore, faune, soleil, reflets dans l'eau... Vous vous imprégnez de la nature qui vous entoure sous un angle nouveau. Votre capitaine, Pascal Louvet est un irréductible de la navigation fluviale. Son père, grand-père et arrière-grand-père furent mariniers. Le *Vagabondo* relie Auxonne ou Seurre selon les jours et les formules. Il se transforme aussi en bateau restaurant le temps d'une croisière repas de 3h à 7h selon les formules. Sur ses 28,70 mètres de long, s'aménage une salle de restaurant pour déguster un bon repas préparé par un traiteur local, Champagne et bons vins sont aussi à bord. Et dans le genre formule à la carte pour petits groupes, demandez *Jour de Fête*, un salon flottant pour un apéritif convivial mais fluvial ! Faites du *slow tourism* votre art de voyager !

BATEAU PROMENADES VAGABONDO €€

Quai National
© 07 69 76 26 97
Toute l'année. Croisières de 2h à 7h, commentée 1h30. Repas de 42.50 € à 98.50 € hors boissons. Réservation impérative.

© VAGABONDO

Pour profiter autrement de votre découverte de la Saône, de sa flore, de sa faune et des superbes paysages qu'elle propose, vous pouvez vous offrir un déjeuner sur l'eau ! Le *Vagabondo*, bateau promenade, se transforme en bateau restaurant le temps d'une croisière repas allant de 2h à 7h selon les formules. Long de 28,70 mètres, il dispose d'une salle de restaurant pouvant accueillir jusqu'à 80 personnes. La balade se termine toujours depuis le pont-terrasse point de vue unique.

LA MAISON DES MARINIERS - MUSÉE DE LA BATELLERIE ★

3-5, rue de la Liberté
© 06 41 75 25 13
www.musee-saintjeandelosne.com
Ouvert tous les jours et les jours fériés de 10h à 12h et de 14h30 à 18h. Entrée gratuite. Visite guidée : 3 €.

Installé dans une maison du XVe siècle, l'une des plus vieilles maisons de la ville, le musée de la Batellerie vous invite à découvrir la vie des mariniers et de la batellerie à travers une exposition permanente à la fois ludique et très documentée. Photos anciennes, maquettes de bateau ou d'écluses sans oublier ce superbe scaphandrier que l'on croirait sorti des aventures de Tintin. On doit à l'association Aqua la rénovation de la dernière péniche construite en bois de France.

BALADE DES MARINIERS

Esplanade des Itinérances
© 03 80 37 15 70
www.saone-tourisme.fr
Accessible toute l'année. Plan de l'emplacement des panneaux à l'office de tourisme. Gratuit. Adapté aux enfants.

Avec la balade des Mariniers, la vie des mariniers et l'activité des professionnels du fluvial n'auront plus de secret pour vous. Une promenade qui conviendra aux moussaillons comme aux marins d'eau douce. Les différents parcours vous présentent l'univers de la navigation fluviale, la vie des mariniers, leurs activités, les savoir-faire de la marine fluviale, mais également le patrimoine de la ville. Découvrez Saint-Jean-de-Losne avec une balade dépaysante à votre rythme en suivant les panneaux et les jeux pour les enfants. Accès libre toute l'année.

DOMAINE DU LAC DE CHOUR

Domaine du Lac de Chour
FRANXAULT
✆ 06 22 68 06 72
Ouvert 7j/7 de 11h à 19h en juin, juillet et août. Adulte 12 € à 20 €. Enfant de 7 à 10 ans 10 € (10 € 1h, 16 € 2h).

L'Aqua Bubble Boom est un Aqua Park de 3 000 m² installé sur le lac de Chour. Ses jeux gonflables, structures Aquaglide de 1 à 8 mètres sont accessibles à partir de 7 ans accompagné d'un adulte. C'est l'activité familiale idéale. Il existe des pass Matin et Soirée, 1h payée pour 2h d'Aqua Park. Un snack-bar sert de délicieuses crêpes, gaufres et glaces artisanales. A découvrir aussi en bateau à pédales, kayak, paddle, pataugeoire avec toboggan, plage et baignade surveillée. Gilet de sauvetage obligatoire prêté. Visitez leur site internet pour en savoir plus !

DOMAINE DU LAC DE CHOUR

Domaine du Lac de Chour - **FRANXAULT**
✆ 06 22 68 06 72
Le week-end mai et juin, 7j/7 en juillet et août. Entrée 3 €.

Proche de Dijon, Beaune, Dôle et d'une sortie de l'A36, le lac de Chour est un site de loisir unique implanté sur 58 ha, dont 38 ha d'eau de qualité. Le lac très agréable est entouré de verdure, de tables, d'endroits ombragés : baignade surveillée en été, structures gonflables, paddles, kayaks, tour du lac à pied, à vélo. De multiples forfaits sont proposés aux pêcheurs pour découvrir les poissons du lac (pêche en no kill). Restaurant l'Ingrédient, bar à glaces artisanales, snack-bar. Accueil camping-cars en autonomie 5 euros/nuit.

AQUA PARK AQUABUBBLEBOOM

lac de Chour - **FRANXAULT**
Ouvert de juin à août. À partir de 7 ans accompagné d'un adulte. A partir de 10 € l'heure. Nombreux forfaits et pass.

Le parc aquatique du lac de Chour est animé par Aqua Bubble Boom, déjà présent sur 4 autres bases de loisirs en France. Le parcours s'étend sur un bassin 3 000 m² composé de structures gonflables allant jusqu'à 8 m de haut. Autant dire que les rigolades sont au rendez-vous car glissades et chutes dans l'eau relèvent des meilleurs jeux Intervilles ! Plus calmement, on peut aussi se balader en bateau à pédales, en kayak ou en paddle. Il y a aussi des activités pour les tout-petits. Visitez le site Internet pour en savoir plus, vous allez adorer !

DOMAINE DU LAC DE CHOUR €€

Domaine du Lac de Chour - **FRANXAULT**
✆ 06 22 68 06 72
De mi avril à mi-septembre sur réservation midi et soir. Terrasse au bord de l'eau, salle couverte.

Le restaurant du lac de Chour est un immense chalet équipé d'une vaste terrasse avec une vue remarquable. Valérie Million soigne la qualité de sa restauration avec une cuisine «maison» faite de plats simples et conviviaux. Au menu le midi : grillades, salades repas, vins locaux, bières pression. L'après-midi le Bar à glaces artisanales est top. La carte du Bar à Vin vous permet de vous offrir une dégustation au bord de l'eau en tête à tête. Le soir, profitez d'une cuisine italienne ou bourguignonne. Le soir venu, après la baignade, ce site devient féerique !

SAISON 2023 DU LAC DE CHOUR

Domaine du Lac de Chour - **FRANXAULT**
✆ 06 22 68 06 72
Base de loisirs surveillée avec activités nautiques, baignades, restauration et différents évènements.

À une trentaine de minutes de Dijon, la réputation de cette base de loisirs n'est plus à faire. Cette année encore, la programmation promet de ravir tous les agendas : **le 9 avril,** c'est Bulky Games ! Une course d'obstacles gonflables géants sur 5 km pour des fous rires garantis. **Le 18 juin,** la Ruée des Fadas fait son retour avec sa course d'obstacles dans la boue. **Le 30 juillet,** bloquez votre soirée pour Chour en fête. Enfin, détendez-vous en profitant d'un vide-grenier **le 3 septembre.**

DEMEURE DE L'ÎLE ROLLET €€

12, quai de l'Europe
✆ 09 81 13 35 22
www.demeuredelilerollet.com
Accueil vélo. 4 chambres. Chambre double à partir de 99 €. Table d'hôtes. Salon de thé. Sauna, Jacuzzi, soins, massages.

Installées dans une maison bourgeoise construite en bord de Saône en 1837 au style parfaitement conservé, les chambres d'Hôtes de la Demeure de l'Ile Rollet offrent un confort et un charme de 1er ordre. La décoration intérieure, très intimiste et cosy procure sérénité et bien-être. La table d'hôtes est très soignée et le grand parc boisé permet de passer de parfaits moments de repos agrémentés d'un espace soins et détente. La situation de la Demeure de l'Ile Rollet entre Bourgogne et Franche-Comté est un point de départ touristique idéal.

VAL DE SAÔNE VINGEANNE

Domaine du Lac de Chour
21170 Franxault Proche de Dijon, Beaune
et Dôle Entre Saint-Jean-de-Losne et Seurre
✆ 06 22 68 06 72
Baignade, Parc aquatique, Restauration,
Pêche, Paddle, Animations, Camping-car ....
Bubble AQUA Boom
Nouveauté !
AU DOMAINE DU LAC DE CHOUR
f
domainedulacdechour@gmail.com
www.facebook.com/domainedulacdechour

LOCATION DE VÉLOS EN RIVES DE SAÔNE

Quai Lafayette
✆ 03 80 37 15 70
www.saone-tourisme.fr

De mai à fin septembre 10h-13h, 14h-19h. Vélo : 5 €/heure, 15 €/jour. Enfant : 4 €/heure, 12€/jour

Profitez du grand air ! La communauté de communes Rives de Saône s'est équipée de vélos et a mis en place un partenariat avec la Solexerie de Nuit Saint-Georges, spécialiste de la location de vélos, pour vous permettre de partir sillonner la véloroute aménagée et sécurisée, découvrir les paysages et les charmes de bords de Saône avant de rejoindre Dôle ou Verdun-sur-le-Doubs par la Voie Bleue. Disponibles en modèles homme, femme et enfant, ils sont louables à l'heure ou à la journée.

CAFÉ DE LA PLACE €€

6, place de la Mairie - **AISEREY**
✆ 03 80 55 07 91
www.cafedelaplace-aiserey.fr

Du mardi au dimanche midi soir. Traiteur. Menus de 25 € à 30 € Formule du midi : 12 € à 18 €. Terrasse.

Le Café de la Place a intégré le Groupe Home Cooking de Julien Robert en 2018. Autant dire que la cuisine est de qualité, le rapport qualité6prix excellent. Genre, œuf poché crème d'Epoisses, poisson du marché crème au citron, pourquoi pas une excellente pizza et pour finir un soufflé Grand Marnier, sorbet mandarine. La déco de la salle est charmante : grande cheminée, pierres apparentes, bar à l'ancienne et grandes ardoises murales. L'été, la terrasse est bien agréable. Impossible d'être déçu ! Pour l'offre traiteur, cela se passe côté Brazey en plaine.

BISTROT LA COTINIÈRE €€

29, quai National
✆ 03 80 39 40 01
www.bistrot-lacotiniere.com

Ouvert 7j/7 de 10h à 22h. Formule du Bistrot 33 €. Formule du midi 17 €. Terrasse en bord de Saône. Chambres d'hôtes.

Il y a 2 bonnes raisons de venir à la Cotinière. La première, bien sûr pour ses terrasses vue Saône où le dépaysement est garanti. La deuxième pour la cuisine que propose Thierry Winckler, sommelier de métier, qui au passage propose une belle carte des vins. Cuisine de terroir et maison, produits locaux en circuits courts, le tout avec des prix ultra raisonnables. Et il y a bien sûr les incontournables fritures d'ablettes, œufs bio pochés en meurette ou le jambon persillé. Menu du jour petit prix, menu bistrot au top. Le plus ? Service non-stop en été !

LE COMPTOIR DE PAGNY €€

1, rue de la Poste - **PAGNY-LE-CHÂTEAU**
✆ 03 80 72 01 09
www.comptoir-de-pagny.fr

Maître Restaurateur. Ouvert du mercredi au dimanche le midi ; vendredi et samedi le soir. Formule déjeuner dès 25,90 €.

Récompensée d'une toque encore cette année, Iza Guyot poursuit sa carrière de cheffe avec brio. Dans son restaurant le Comptoir de Pagny, on découvre toute la finesse de sa cuisine à travers une promenade culinaire entre terre et mer. A la carte, les classiques régionaux côtoient des propositions plus personnelles. Noix de joue de bœuf charolais mijotée dans un pinot noir à l'élixir d'épices douces, ou paris-brest revisité avec un praliné travaillé à la tapenade de truffe noire de Bourgogne, c'est certain, la cheffe a la recette ! Une table à réserver d'urgence.

LE BOUCHON LOSNAIS €€

19, quai National
✆ 06 67 11 78 36

BS ouvert du mardi au dimanche le midi et le soir. HS saison tous les jours de 9h à 0h. Suggestions à l'ardoise

Ce restaurant installé sur le quai National a tout pour lui ! On ne vous parle pas de la terrasse avec une vue plongeante sur la Saône, mais bien de sa salle façon bistrot aux briquettes couvertes de photos souvenirs, de sa cuisine, de son ambiance. A l'ardoise le best de la brasserie bourguignonne, des burgers, des grillades mais aussi la friture de joëls ou les cuisses de grenouilles. En été, l'ardoise s'enrichit façon Bouchon. Pensez à réserver car la clientèle aime le taquiner ce Bouchon. Ah oui, il y a une curiosité, le puits éclairé du bar !

LES DÉLICES DE KRISTINA €€

1, rue de la Gare
BRAZEY-EN-PLAINE
✆ 06 23 38 16 77

Ouvert le mardi, le mercredi et le dimanche le midi ; du jeudi au samedi le midi et le soir. Menus de 13.50 € à 31 €.

Kristina qui est traiteur depuis 2014 propose une cuisine semi-gastronomique, mijotée et préparée à base de produits frais et locaux. Quand on sait qu'elle fut décoratrice avant de s'adonner à sa passion qu'est la cuisine, on comprend tout. Le comment du charme discret de la salle et l'esthétique de ses plats ! Le restaurant est installé dans une belle bâtisse, tout est neuf et très élégant. Deux terrasses sont aménagées, une réservée pour les fumeurs, une autre assez vaste pour les non-fumeurs. Un restaurant qui vaut la balade !

PARCOURS ÉCOPAGAYEURS DE SAINT-JEAN-DE-LOSNE

Chemin de la Plage ✆ 03 80 77 92 78
www.pagaies-des-bords-de-saone.fr
Ouvert d'avril à fin octobre. Le w-e sur rdv sauf en juillet-août 7j/7. 14 €/pers pour 2h. Itinérant 20 à 30 €/pers.

Un concept unique en France créé par le Comité régional de canoë-kayak, géré par les Pagaies des Bords de Saône. Les parcours EcoPagayeurs s'adressent à tous ceux qui savent nager. Rdv à la base de canoë-kayak, les bénévoles vous remettent le matériel (bateau monoplace ou biplace, gilet de sauvetage, pagaies, topo-guide) et puis à vous de choisir votre boucle : Petit EcoPagayeurs pour les familles, Petite ou Grande boucle Cîteaux. Découvrir la biodiversité de la rivière en s'amusant !

HOME COOKING RESTAURANT €€

Rue du Tissage - **BRAZEY-EN-PLAINE**
✆ 06 27 36 43 85
www.home-cooking-restaurant.fr
Ouvert 7j/7 midi et soir. Menus de 25 à 49 €. Formule midi de 13 à 19 €. Service Traiteur. Climatisation.

Home Cooking, créé par Julien Robert, un jeune chef talentueux, devient un groupe de 3 restaurants. Celui de Brazey est atypique car installé au cœur du centre équestre Le Galopin. Mais quel plaisir d'accéder à une cuisine aux accents gastronomiques, faite maison et joliment présentée et cela à des prix raisonnables ! La salle est très contemporaine, intimiste malgré sa taille et totalement dépaysante. Ouvert tous les jours midi et soir, c'est une halte idéale le long du canal pour les cyclistes. Terrasse couverte en été. Accueil des groupes jusqu'à 150 personnes.

SAUCONNA €€

9, quai National
✆ 03 80 71 50 31
www.hotel-restaurant-sauconna.fr
BS : mardi à samedi midi et soir + dimanche midi. HS 7j/7 midi et soir. Menus de 36 à 41 €. Carte 45 € env. Terrasse.

Pour bien manger sur les quais à Saint-Jean, c'est au Sauconna qu'il faut aller. Jonathan Oudot et Adeline Barthod-Malat qui ont repris l'établissement en 2019 jouent la carte gastronomie. Avec Jonathan, le chef de cuisine, tout est cuisiné du jour, jusqu'aux meilleures charcuteries. Sa pochouse est déjà une référence du Sauconna, préparée avec des poissons et anguilles livrés vivants. Vous préférez la viande ? L'ardoise suggère une entrecôte de veau crème de truffes ! Et pour finir crème brûlée au pain d'épices. Petite friture en amuse-bouche. Parfait !

COMPTOIR DES NÉGOCIANTS

23, rue de la Liberté ✆ 03 80 33 03 14
Ouvert du mardi au dimanche. Horaires variables selon les jours et les saisons. Café boutique.

Le Comptoir des Négociants n'est pas un bar comme les autres malgré son passé institutionnel de bar PMU. C'est un café, boutique de bonnes choses et lieu d'exposition. On peut s'offrir une pause goûter avec les pâtisseries de Daniel Le Poupon, une pause apéritive avec une planche de fromages et de charcuteries. La plupart des boissons servies, vins, bières, absinthes, limonades, jus de fruits et autres eaux minérales, sont de productions régionales et surtout vendues au Comptoir. On aime l'expression du bon goût qui règne au Comptoir comme un rayon de soleil !

COMPTOIR DES NÉGOCIANTS

23, rue de la Liberté
✆ 03 80 33 03 14
Ouvert du mardi au dimanche. Horaires variables selon les saisons. Café, salon de thé, boutique souvenirs et produits du terroir.

Le Comptoir des Négociants est un passage obligé. C'est à deux pas de la Saône et de l'église Saint-Jean-Baptiste. Elisabeth Leblanc et sa fille Anne-Sophie, originaires de Saint-Jean et amoureuses de leur commune ont souhaité faire revivre cet ancien bar PMU dont elles n'ont conservé que l'immense et authentique bar. Le comptoir est devenu un café boutique de bonnes choses, c'est chaleureux et chic. Il y a une « foultitude » d'objets artisanaux et déco désirables et des produits du terroir, du Best-Off de nos productions françaises et locales. Vous allez adorer !

SEURRE ★

Située à proximité de Beaune, la ville de Seurre flirte avec la Saône-et-Loire et le Jura voisins, au point qu'on en oublierait qu'elle est en Côte-d'Or. La ville d'eau s'étire le long de la Saône, et par son aménagement des quais, permet aux marins comme aux promeneurs de flâner à pied ou à vélo ! Plus dynamique que jamais, la ville invite à partager ses quais de manière conviviale à travers un calendrier de belles animations. Une guinguette ouverte de mai à octobre ajoute sa touche d'attraction en offrant une solution de pause gourmande. Boissons, crêpes et glaces invitent à la flânerie tout en savourant la vue apaisante des remous laissés par les bateaux. Le tourisme fluvial, comme la pêche et les sports nautiques, particulièrement développés au Camping municipal de la Plage avec sa base nautique, renforcent l'attractivité de Seurre. La ville est aussi soucieuse de la valorisation paysagère, ayant obtenu une deuxième fleur, elle se pare de compositions florales décoratives dès les beaux jours. Les amateurs d'histoire trouvent matière à découvrir la petite cité à travers un beau patrimoine. L'ancien couvent des Ursulines et son mobilier parfaitement entretenu, la Maison des ancêtres de Bossuet datant de 1504, les maisons en briques rouges, le Jacquemart et l'église Saint-Martin se découvrent à travers des visites guidées. Organisées par l'office de tourisme, elles permettent de lever le voile sur quelques secrets, d'autant que l'église et les rues du centre-ville viennent de se refaire une beauté. Enfin, les sportifs amateurs de vélo peuvent, grâce à l'EuroVelo 6 et la voie bleue Saône Moselle, traverser la Côte-d'Or en longeant la Saône. Sa proximité avec les vignobles fait de Seurre une ville étape très agréable qui continue de se mettre sur son 31 !

BASE NAUTIQUE DE LA PLAGE DE SEURRE

3, Le Portail ✆ 03 80 20 49 22
www.campingdelaplage-seurre.fr/
De mai à sept. Résa à l'accueil du Camping de la Plage et selon les conditions d'accès aux différents clubs.

Inscrite dans le paysage seurrois depuis des années, la Base nautique de la Plage, propose un large panel d'activités nautiques, pour tous et tout long de la saison estivale. Initiez-vous à l'aviron, flânez en pédalos, partez à la découverte de la Saône sauvage en kayaks ou canoës, prenez du plaisir et développez votre équilibre en pratiquant le ski nautique ou wakeboard ! Il y en a pour tout le monde et tous les niveaux ! Et après l'effort, réconfort au restaurant-bar de la Plage.

CAMPING MUNICIPAL DE LA PLAGE - SEURRE*** €€

3, Le Portail ✆ 03 80 20 49 22
www.campingdelaplage-seurre.fr
100 emplacements, Accueil Vélo, jeux, location de canoës, kayaks, pédalos et de vélos. Ski nautique. Aviron. Pêche.

Situé en bord de Saône, ce camping de 100 emplacements et 2 roulottes insolites propose moult activités nautiques, location de canoës, kayaks, skis nautiques, avirons et pédalos. Les vacanciers peuvent louer des vélos et profiter des itinéraires cyclables alentour. Parfaitement équipé d'espace de jeux et de commodités on peut aussi s'attabler au restaurant vue Saône et Seurre. Des travaux de réhabilitation des sanitaires ont été menés pour offrir plus de confort aux campeurs.

Quai Seurre.

FOCUS

VILLE D'EAU ET D'HISTOIRES

METTRE PLUS QU'UN PIED À TERRE

Une agora en bord de Saône

Réunir visiteurs et habitants autour d'un lieu de convivialité, tel fut l'objectif de la municipalité de Seurre en réhabilitant ses quais. Projet qui a permis au cabinet JDM Paysagistes de remporter le 3e prix national des Victoires du paysage catégorie «infrastructures» en 2022 pour l'aménagement des quais et de la place des Marronniers. Les travaux se poursuivent avec l'embellissement de l'église Saint-Martin. Terre d'histoire et de patrimoine autant que ville d'eau, Seurre se donne les moyens de ses ambitions en invitant plaisanciers, sportifs et amateurs d'histoire à croiser leurs chemins.

Des animations pour tous

Si la guinguette installée sur les quais est prétexte à la flânerie, la ville a souhaité, par un programme généreux, diversifier les animations. Avis aux artistes et esthètes, venez flâner sur les quais entre stands de peinture, sculptures lors de la **Journée live art** dimanche 27 août. Pour les amateurs de sport, **Arrivée du Tour de Côte-d'Or** samedi 8 juillet sur les quais de Saône et **Triathlon contre-la-montre** dimanche 17 septembre à la Plage. Feu d'artifice pour clôturer la **Fête patronale** dimanche 7 août. Si vous aimez chiner, retenez le dimanche 20 août pour un des plus grands **vide-greniers** de Bourgogne.

Sport, nature et grand air

Situés à l'entrée de la ville, le camping et sa plage invitent à l'étape avec pléthore d'activités nautiques. Le Camping de la Plage propose une piscine de plein air en cours de réhabilitation pour une ouverture prévue en 2024, la pêche, le canoë-kayak, le ski nautique, l'aviron, le pédalo. Labellisé Accueil Vélo, les amoureux de la petite reine ont accès aux voies cyclables. C'est aussi un restaurant et de nombreuses commodités pour passer un séjour confortable, sous la tente comme en roulotte.

CAMPING MUNICIPAL DE LA PLAGE - SEURRE***

3, Le Portail
21250 POUILLY-SUR-SAÔNE
✆ 03 80 20 49 22
www.campingdelaplage-seurre.fr

© VILLE DE SEURRE

© VILLE DE SEURRE

© VILLE DE SEURRE

EGLISE SAINT MARTIN

4, rue Saint-Martin

Renseignements Office de Tourisme de Seurre - Rue de la perche à l'oiseau, Capitainerie, 21250 Seurre 03 80 20 31 05

Classée aux Monuments historiques en 1927, St-Martin de Seurre a été bâtie aux XIIIe et XVe siècles dans un style gothique, puis augmentée de chapelles aux XVe et XVIe siècles. Surplombant la Saône de son clocher octogonal reconstruit au XIIIe siècle, l'église présente une belle façade avec une superbe rosace de 6 m de diamètre. Elle possède une nef aux piliers épaulée de bas-côtés et un vaste chœur polygonal, un bel orgue du XVIIe siècle et un rare carillon de 47 cloches. Depuis 2022, l'église reçoit des travaux de restauration pour lui redonner son éclat.

L'ÉTANG ROUGE - MUSÉE DE PLEIN AIR

Route de Franche-Comté ✆ 03 80 20 31 05

www.saone-tourisme.fr

Ouvert juillet-août lundi, mardi, jeudi et vendredi de 10h à 17h. Gratuit. Visite gourmande 5 €. Livret guide 2 €.

Nichée dans un écrin de nature, c'est une exposition à ciel ouvert de 5 ha qui retrace l'histoire du patrimoine rural du Val de Saône. C'est un village typiquement bourguignon édifié à partir de maisons démontées, restaurées et remontées sur place. Des techniques de construction à découvrir, mais aussi des vignes et vergers conservatoires où sont cultivées des variétés de fruits et plantes d'autrefois. Un lieu de mémoire pour les plus anciens et de découverte pour les plus jeunes.

L'HÔTEL-DIEU ★

14, Grande Rue du Faubourg Saint-Georges

✆ 03 80 24 47 00

www.saone-tourisme.fr

Du lundi au vendredi 9h à 11h30 et 14h à 17h. Visite 3 € ou 6 € visite gourmande en juillet et août. A réserver à l'OT.

Parce qu'une partie de l'hôpital est encore en activité, on oublierait qu'il est aussi un musée ouvert à la curiosité et à l'histoire de la communauté religieuse de Seurre. Fondé en 1688, l'Hôtel-Dieu est le témoignage d'un patrimoine remarquable, parfaitement entretenu. Les visiteurs se plongent en poussant sa porte, dans la Côte-d'Or d'autrefois. L'Hôtel-Dieu est un riche lieu de préservation et de mémoire et propose à la visite la monumentale salle des malades, qui n'a rien à envier à sa voisine beaunoise. Les 18 lits mi-clos en bois d'époque, sagement alignés, font face à la chapelle. Découvrez la vie hospitalière des XVIIe et XVIIIe siècles à travers la magnifique apothicairerie, ses pots bleus et blancs destinés jadis aux onguents et autres remèdes d'antan. Exposées sur les superbes boiseries des meubles d'époque, les poteries en faïences sont en parfait état et semblent avoir été utilisées la veille. Déambulez dans les espaces réservés à la communauté des religieuses, la chapelle Saint-Louis, la cuisine, la salle à manger ou encore la chambre de l'évêque. Une visite historique guidée que l'on pourra faire seul ou en groupe dès 10 personnes. On pourra aussi transformer cette balade historique en visite gourmande, grâce aux produits de l'épicerie fine seurroise le Faubourg des Saveurs. Selon que l'on soit grand ou petit gourmand, deux formules dégustation des produits de terroir, entre fromages et vin, sont proposées. Une façon judicieuse et savoureuse de pousser le plaisir de la découverte.

MAISON BOSSUET / MUSÉE DE LA SAÔNE ET DES GENS DE LA SAÔNE

13, rue Bossuet ✆ 03 80 20 31 05
www.saone-tourisme.fr

Ouvert de mai à fin septembre. Le mardi et le dimanche de 15h à 18h. Entrée libre et gratuite. Visite commentée sur rdv.

Bâtie en 1504 en briques rouges, cette demeure est remarquable pour son architecture, ses plafonds à la française et sa charpente. Elle a appartenu à la famille de Jacques-Bénigne Bossuet, précepteur du jeune Louis XIV. Une boutique éphémère d'artisanat local occupe une partie du rez-de-chaussée. Les étages abritent le musée avec une présentation géologique, la production de grès de l'usine de céramique, la batellerie fluviale et ses maquettes, l'industrie de la prothèse.

OFFICE DE TOURISME RIVES DE SAÔNE - BUREAU D'INFORMATION TOURISTIQUE DE SEURRE

Rue de la Perche à l'Oiseau ✆ 03 80 20 31 05
www.saone-tourisme.fr

Ouvert tous les jours de mai à octobre. Accueil Vélo. Visites guidées pour les groupes sur réservation.

L'office de tourisme se situe à la capitainerie du port de Seurre, dans la continuité des nouveaux quais. Il est devenu le rendez-vous info des plaisanciers, des cyclistes et touristes motorisés car facile d'accès. 2 visites commentées de la ville sont proposées. La première comprend une visite commentée du Musée de la Saône et des gens de la Saône. La seconde vous emmène découvrir la ville, son centre historique, les maisons de briques et colombages, l'église, les vieilles demeures...

VISITES COMMENTÉES

Rue de la Perche à l'Oiseau ✆ 09 61 38 56 11
www.saone-tourisme.fr

En saison estivale. Sur réservation. 3 € visite commentée / 7 € visite commentée avec dégustation de produits régionaux.

A la belle saison, pendant environ 1h30, l'antenne de Seurre de l'Office de Tourisme Rives de Saône vous propose de découvrir le patrimoine historique de la ville. La visite est ponctuée d'anecdotes très intéressantes d'un commentateur seurrois passionné. Pour les plus gourmands, une dégustation de produits régionaux est possible. Une belle manière de découvrir tous les charmes patrimoniaux, historiques et gourmands de Seurre ! En complément, le parcours du Jacquemart est un circuit découverte fait de panneaux de présentation incluant une énigme pour les enfants.

PORT DE PLAISANCE

Capitainerie
✆ 03 80 20 31 05
www.saone-tourisme.fr

Tous les jours. Horaires en fonction des saisons. Tarif pour une nuit à partir de 12 €. Aire de pique-nique et de jeux.

Près du centre-ville et de ses quais rénovés, le port est iédalement équipé pour accueillir les plaisanciers. Les équipements sont complets, plus de 15 places à la halte fluviale et son ponton d'accueil et 60 bateaux au port du bassin de la baie Mignot. Une offre de services unifiée : contrats de mouillage, services de l'Office de Tourisme, boutique de souvenirs, vente de boissons fraîches, glaces. La capitainerie offre de multiples services : sanitaires, douches, laverie et local poubelles, aire de jeux, aire de pique-nique et aire camping-car complètent l'offre.

LOCATION DE VÉLOS - CAMPING DE LA PLAGE

3, Le Portail
✆ 03 80 20 49 22
www.campingdelaplage-seurre.fr

VTT Adulte 8 € la 1/2 journée, 12 €/jour. Enfant 6 € et 10 €. Forfait famille (2 adultes + 1 enfant : 20 € et 30 €.)

Situé sur la rive droite de la Saône, le camping de la Plage de Seurre, labellisé Accueil Vélo, loue une douzaine de vélos VTT et vélos enfants aux vacanciers et campeurs. A 1 km, la Voie Bleue Moselle-Saône offre 700 km de voyage à vélo au bord de l'eau. En aval de Seurre, entre Saône et Doubs, la Voie Bleue fait route commune avec l'itinéraire de l'EuroVelo 6, de jolies bâtisses et clochers rythment votre route jusqu'à Verdun-sur-le-Doubs où les deux rivières se rejoignent.

CAMPING CAR PARK DE SEURRE €

Rue de la Perche-à-l'Oiseau ✆ 08 05 69 48 69
campingcarpark.com

Ouvert toute l'année. 48 places, accès 7j7, 24h/24, tarifs selon saison et selon durée. De 13,06 € à 14,06 €/ étape 24h.

Camping Car Park, premier réseau européen d'aires d'étape en France et en Europe, est dorénavant implanté à Seurre, au bout des quais rénovés, de l'Office de Tourisme et à 10 minutes à pied du centre-ville. Le camping propose, dans un cadre arboré et calme, 48 places non délimitées mais stabilisées. Il offre l'ensemble des services de ce réseau accessible en totale autonomie. Activités nautiques de la Saône, guinguette en saison, possibilité de faire de belles balades en bord de Saône.

LA GUINGUETTE DE SEURRE €

Quai du Nord ✆ 07 85 89 72 21

Juillet et août : tous les jours sf mardi. Hors saison, vendredi soir à dimanche soir non-stop, jeudi et vendredi soir.

La ville de Seurre qui a changé de visage avec ses nouveaux quais vous invite à vous attarder à la guinguette. La terrasse avec vue apaisante sur la Saône s'étend largement avec tables, chaises, bancs, mange-debouts à l'ombre et espaliers des quais. Lieu de restauration rapide, vous pouvez prendre une boisson, manger un burger, hot-dog, poutine ou finger food... et profiter de ce site de promenade qui devient vite l'attraction de Seurre. Un spot où Julian et sa compagne vous réservent le meilleur accueil. Un rendez vous tous publics et toutes générations !

RESTAURANT DE LA PLAGE - CAMPING DE SEURRE €

3, Le Portail ✆ 06 67 09 05 29

www.campingdelaplage-seurre.fr

Ouvert 6j/7 en haute saison midi et soir, fermé le lundi. Bar, glacier, restaurant. Soirées à thème (1 samedi par mois).

Saisonnier, mais idéalement situé, le restaurant du Camping de la Plage offre un point de vue unique sur la ville de Seurre et ses quais nouvellement aménagés en promenade piétonne. Attablé en terrasse, vous êtes à quelques mètres de la Saône au cœur du camping. Ambiance vacances, vous pouvez déguster salades, grillades, fritures, grenouilles... ou, lors des soirées à thème, apprécier un bon couscous, une paella ou des moules-frites (un samedi par mois). Ambiance conviviale garantie.

LE GRILLARDIN €€

5, Grande Rue du Faubourg-Saint-Georges

✆ 03 80 21 17 62

Ouvert tous les jours sauf lundi et dimanche. de 12h à 14h et de 19h à 22h. Menu, carte et pizzas. Terrasse.

Le Grillardin est une valeur sûre. C'est dans un cadre contemporain que Yves Marchal, un chef aux talents reconnus, vous accueille. Le mur en ardoise fait office de carte, les menus y varient au gré des produits du marché, des saisons, mais aussi de l'inspiration du chef. Le Grillardin joue l'efficacité avec une touche d'originalité dans la présentation de ses plats. Optez aussi pour une pizza avec un large choix. L'été, la terrasse couverte offre une belle ambiance lumineuse le soir... et la Saône n'est pas très loin pour la balade digestive.

LE JEAN BART €€

62, rue de la République

✆ 03 80 26 56 04

Ouvert du mardi au samedi midi soir. Formule midi 15,90 € 3 plats, 13,90 € 2 plats. Terrasse.

Situé dans la rue centrale de Seurre et à quelques minutes des quais de la Saône, le Restaurant Jean Bart propose une pause repas idéale en termes de prix, de qualité et de convivialité. Odile Roth Dit Bettoni secondée par sa cheffe Anais concoctent une carte brasserie où l'on peut tantôt préférer un bon burger au pain boulanger, des cuisses de grenouille, des œufs meurettes, une grillade, une salade et même un Mont d'Or et sa charcuterie. Le choix est large pour contenter tout le monde. Le côté rétro du Jean Bart est toujours aussi plaisant.

FAUBOURG DES SAVEURS

57, rue de la République ✆ 03 45 76 90 54

www.faubourgdessaveurs.fr

Ouvert du mardi au samedi de 9h à 12h30 et de 14h30 à 21h. Epicerie fine, vins, Crèmerie fromagerie, Bar à Fromage.

Faubourg des Saveurs est l'épicerie fine idéale pour garnir son panier de produits artisanaux et régionaux. Aux heures des repas, elle s'anime façon restaurant avec planches de fromages et charcuterie ou fondues. Le rayon fromage est achalandé d'une centaine de produits : roquefort, comté, époisses... Le rayon charcuterie propose, avec les salaisons Tuyé du Papy Gaby du Jura ou le persillé de la Gaec des Hameaux, des produits aux circuits courts. Au rayon caviste, bières artisanales et crus emblématiques permettent de faire le bon choix sur les conseils de Pascal.

VOIE BLEUE SEURRE - SAINT-JEAN-DE-LOSNE - EUROVELO 6

www.francevelotourisme.com

Ici, les véloroutes se croisent et offrent plusieurs possibilités d'itinéraires. Une portion de L'Eurovélo 6 se superpose avec la Voie Bleue Moselle-Saône (entre Samerey et Chalon-sur-Saône), une échappée de 700 km au bord de l'eau du Luxembourg à Lyon. L'EV6 est un itinéraire qui relie l'Atlantique à la Mer Noire, soit 4500 km de voie cyclable. Le Canal de Bourgogne et le Canal du Centre permettent de rejoindre Beaune et Dijon par les chemins de halage et la voie des vignes.

ORGANISER SON SÉJOUR

Que l'on veuille gagner le Nord (en arrivant de Provence, de Côte d'Azur ou des Alpes) ou que l'on rejoigne l'ouest de la France en partant de la région Grand Est, la Côte d'Or se trouvera bien souvent sur votre passage. Véritable carrefour de communication, son réseau autoroutier - que viennent renforcer ses routes nationales et départementales - permet en effet d'être à la croisée de (presque) tous les chemins. Du côté du rail ? La gare de Dijon reçoit le TGV depuis 40 ans, et relie ainsi Paris à Marseille. Bref, rien de plus simple que d'arriver ici pour un séjour qu'on choisira selon ses envies : œnologique, cyclotouristique, historico-culturel ou gastronomique. L'offre d'hébergements de restauration y est pléthorique et s'adaptera à votre budget, quel qu'il soit. Reste donc à vous organiser au mieux avant votre arrivée. Car il n'est pas question de manquer quoi que ce soit des trésors offerts par ce si beau département !

S'Y RENDRE

Traversée par plusieurs autoroutes (l'illustre A6 bien sûr, mais aussi l'A31, l'A36 et l'A39), la Côte d'Or est très facilement accessible, d'où que l'on vienne ! Depuis l'Ile-de-France, on y accédera par le département de l'Yonne ou par l'Aube, et depuis Lyon ou Marseille via la Saône-et-Loire. Si vous venez du Grand Est (ou du Luxembourg), vous emprunterez l'autoroute A31 jusqu'à Beaune, rejointe aussi par l'A36 depuis l'Allemagne, Mulhouse ou Besançon. En train ? La gare TGV de Dijon aide à atteindre facilement la région tandis qu'un solide réseau de TER pourra faire le relais jusqu'à votre destination précise. Les lignes de bus passent évidemment par là aussi. Enfin, si vous vous trouvez loin, il vous restera l'avion : l'aéroport de Dole-Jura, du côté de la Franche-Comté, ne se situe qu'à 50 km de Dijon. Sans oublier les aéroports parisiens et lyonnais, certes un peu plus éloignés, mais qui, tout de même, ne sont pas si loin...

ALLO BILLET

✆ 03 80 11 29 29

Profitez du service Allô Billet, et commandez votre billet TER par téléphone ! Pratique et facile si vous n'avez pas d'accès Internet ! Depuis votre téléphone fixe ou votre mobile, achetez votre billet TER Bourgogne-Franche-Comté en composant le 03 80 11 29. 29, jusqu'à 72 heures et au maximum 2 heures avant le voyage envisagé. Un code, à présenter au contrôleur, vous est alors communiqué. Ce code peut vous être envoyé par SMS si vous le souhaitez. Retrouvez toutes les informations sur le site Internet TER Bourgogne-Franche-Comté.

GARE SNCF DE BEAUNE

Avenue du 8-Septembre

BEAUNE

✆ 03 80 22 13 13

Guichet ouvert le lundi et le vendredi de 7h à 19h ; du mardi au jeudi et le samedi de 9h à 19h.

La gare de Beaune se situe sur la ligne de Paris-Lyon à Marseille-Saint-Charles, entre les gares de Corgoloin et de Meursault. Elle dispose d'un bâtiment voyageurs avec ses équipements en automates pour l'achat de titres de transport, d'une salle d'attente et d'une borne d'information interactive. Un souterrain qui relie les différentes voies est décoré en l'honneur d'Étienne-Jules Marey et de la chronophotographie dont il est l'inventeur. Le parking de la gare permet une bonne accessibilité en voiture. Pour vous restaurer, un café et un distributeur.

GARE DE DIJON

31, cour de la Gare

DIJON

✆ 36 35

Ouvert tous les jours de 4h30 à 23h15. Le dimanche et jours fériés de 5h45 à 23h15.

Vous pouvez accéder à la gare en tram ou en voiture : un parking est à votre disposition juste devant, gratuit pendant les vingt premières minutes. Dans le grand hall des départs, vous pouvez accéder aux guichets SNCF TER (sur votre droite, en entrant) et Grandes lignes (au fond). Pensez à utiliser les bornes automatiques ! Côté boutiques, vous trouverez plusieurs cafés, une pharmacie, une boulangerie, une sandwicherie, un Quick et des Points Relay. Vous trouverez aussi plusieurs services : assistance voyageurs handicapés, objets trouvés, toilettes...

GARE TGV DE MONTBARD

Place Henri-Vincenot

MONTBARD

www.sncf.com

Guichet ouvert du lundi au vendredi de 11h à 18h15, le dimanche et jours fériés de 16h à 20h.

La gare de Montbard ne manque pas de charme. Cette petite station sous forme de grande maison vous permet de voyager aisément vers Lyon, Dijon, Paris et Besançon, entre autres. Des trains partent presque toutes les heures pour la capitale. Pensez également aux autocars qui vous emmènent vers Châtillon-sur-Seine ou encore Clamecy. Sur place, vous trouvez un parking pour motos, scooters et vélos. Pour prendre vos tickets, rendez-vous à l'accueil ou à la borne libre-service lorsqu'il y a du monde, cela peut vous faire gagner de précieuses minutes.

SNCF CONNECT

www.sncf-connect.com

SNCF Connect, le site et l'application qui vous permettent d'organiser vos voyages. Pensez à bien réserver vos billets de train le plus tôt possible afin de les obtenir au meilleur prix. Ainsi, en plus de l'achat de billets, vous pouvez acheter des cartes de réduction qui valent le détour : par exemple, la carte Avantage à 49 € (Carte Jeune, Adulte et Senior) permet de bénéficier de 30 % de réduction sur vos voyages, ainsi que d'une réduction supplémentaire pour les enfants accompagnants. Elle est rentabilisée dès le trajet suivant le premier aller-retour.

FLIXBUS

✆ 01 76 36 04 12

www.flixbus.fr

Ouvert tous les jours et les jours fériés.

FlixBus est une start-up allemande qui a vu le jour en 2013 dans le but de simplifier les déplacements en Europe. En quelques années, l'entreprise est devenue leader et dispose aujourd'hui du plus grand réseau européen de bus longue distance. Les réservations se font en toute simplicité (sur le site Internet), et – une fois installé – le passager peut profiter de différents services mis en place : application mobile, wifi gratuit, suivi GPS des bus en temps réel. Depuis 2015, FlixBus se déploie aussi à l'international. Jusqu'en Scandinavie !

TER

m.ter.sncf.com/bourgogne-franche-comte

Avec TER Bourgogne-Franche-Comté et Mobigo, réseau interurbain régional, les richesses régionales sont à portée de train ! Avec 1 951 km de réseau ferroviaire, le TER Bourgogne-Franche-Comté dessert quotidiennement 200 gares, *via* le train ou l'autocar. Voyagez à Dijon, Besançon, en passant par Belfort, Auxerre ou Mâcon et découvrez la région à petit prix ! Vous avez moins de 26 ans ? Bénéficiez de 50 % de réduction sans condition avec le tarif jeune. Vous avez plus de 26 ans ? Bénéficiez de 60 % de réduction avec la carte TER 26 ans et plus, à seulement 20 € par an.

AÉROPORT DOLE-JURA

TAVAUX

✆ 03 84 72 18 53

www.aeroportdolejura.com

Du lundi au vendredi 9h-19h. Samedi et dimanche 9h-17h. Parking sécurisé et surveillé : 5 €/jour, 25 €/semaine.

A 50 km de Dijon (du côté de la Franche-Comté), l'aéroport de Dole est en pleine expansion, proposant régulièrement de nouvelles destinations. Ainsi peut-on venir (ou aller) au Portugal, au Maroc, en Italie, en Grèce, aux Canaries, en Croatie, à Malte ou en Irlande notamment. Sans oublier la Corse. Situé à 10 minutes de la gare SNCF de Dole, et 3 minutes de la sortie d'autoroute A39, les transferts sont donc extrêmement facilités. Et toute une belle gamme d'hôtels et restaurants se trouve à proximité. Une belle alternative pour ceux qui viennent de loin !

MOBIGO

✆ 03 80 11 29 29

www.viamobigo.fr

Centrale d'appel ouverte du lundi au samedi 7h-20h

Vous cherchez des informations sur les TER, les bus, les trams ou les cars en Bourgogne-Franche-Comté ? Ne cherchez plus ! Mobigo est l'outil indispensable pour vous accompagner durant tous vos déplacements. Cette centrale d'information multimodale vous aide à préparer tous vos trajets et à rejoindre sans difficulté vos hébergements ou activités. Tous les itinéraires et les infos trafic sont à retrouver sur le site Internet et l'application mobile ; les téléconseillers Mobigo sont aussi à votre service au 03 80 11 29 29 (du lundi au samedi de 7h à 20h).

SÉJOURS ET CIRCUITS

Que vous souhaitiez découvrir la route des grands crus ou que vous préfériez partir sur les traces des Ducs de Bourgogne, que vous optiez pour un parcours à vélo à la découverte de la nature et du patrimoine régionaux ou que vous rêviez d'une croisière au fil de la Saône ou du Canal de Bourgogne, de nombreuses agences et différents organismes se proposent de vous aider à l'organisation de vos séjours thématiques. De nombreuses formules existent qui s'adapteront à tous les budgets et à toutes les durées. Alors, n'hésitez pas à consulter ces offres ! De même, si vous préférez vous débrouiller seul, là aussi des solutions existent qui faciliteront vos déplacements d'un point à un autre de votre circuit. Ainsi, par exemple, les offices de tourisme de Côte d'Or ont créé plusieurs applications mobiles et des sites internet pour vous guider une fois sur place, ou pour vous aider dans vos préparatifs.

AUTHENTICA TOURS

DIJON © 06 87 01 43 78
www.authentica-tours.com

Tarifs pour deux personnes : demi-journée à partir de 400 € ; journée à partir de 790 € ; 2 jours à partir de 1 180 €.

À la journée, la demi-journée ou même sur plusieurs jours, l'agence de tourisme propose des parcours privatisés ou en petits groupes pour vous faire découvrir le meilleur de la région. Laissez-vous porter par ces professionnels, à bord d'un mini-bus haut de gamme et en compagnie d'un accompagnateur local pour visiter des villages typiques comme Flavigny-sur-Ozerain, où sont nés les fameux anis de Flavigny. Les transports sont assurés depuis les aéroports de Lyon, Paris, Dijon ou encore Genève. Faites confiance à ce spécialiste reconnu dans le milieu du tourisme.

WINE AND TOURS

10, rue Gaston Roupnel
COUCHEY
© 03 80 59 88 19
www.wine-and-tours.com

Située en Côte-d'Or, Wine And Tours (dirigée par Dimitri Bourgeois), tournée vers l'œnotourisme, vous propose de visiter la Bourgogne-Franche-Comté. Les clients seront amenés à découvrir les vignobles. Des circuits sur mesure pendant lesquels Dimitri s'occupera de tout, de votre arrivée à l'aéroport pour les touristes internationaux à vos transferts. Du Beaujolais jusqu'à Chablis, de Marsannay à Beaune (mais aussi dans le Jura), visites, dégustations, rencontres, haltes gourmandes ou découvertes par les airs sont ainsi proposées...

BURGUNDIA TOUR

22, rue Duvivier - **PARIS** (7e) © 06 18 86 72 56
www.burgundia-tour.com

Lundi au vendredi, de 14h à 19h. Voyages découverte 1 journée en Bourgogne au départ de Paris à partir de 290 €/pers.

Burgundia Tour est une agence de voyages parisienne spécialisée dans l'œnotourisme en Bourgogne.Toute l'année, l'agence propose excursions et escapades dans des lieux d'exception et chargés d'histoire, à destination des groupes (minimum 4 personnes). Une occasion unique de découvrir la région, en minibus confortable dans une ambiance ludique et bon enfant, mais néanmoins hyper chic. Excursions ou escapades comprennent déjeuners, dîners et dégustations. Et un hébergement dans un hôtel de charme 4 ou 5 étoiles pour certaines d'entre elles.

QUOTATRIP

www.quotatrip.com

Voyages sur mesure.

QuotaTrip est une nouvelle plateforme de réservation de voyage en ligne qui met en relation des voyageurs à la recherche d'expériences authentiques et uniques et des agences de voyages locales sélectionnées pour leurs compétences et leur sérieux. Le réseau de QuotaTrip couvre près de 200 destinations dans le monde entier. Le but de ce rapprochement est simple : proposer un séjour entièrement personnalisé aux utilisateurs. QuotaTrip promet ainsi l'assurance d'un voyage serein, sur mesure, sans intermédiaires et sans frais supplémentaires.

SE LOGER

Des régions les plus urbaines (Dijon et Beaune) aux coins les plus ruraux, en Côte-d'Or les offres d'hébergement sont multiples. Du plus classique au plus atypique, du bon plan très économique à l'hyper luxe, de l'auberge de charme aux complexes ultra modernes, vous aurez le choix ! Pourquoi pas un séjour en camping au bord de l'eau ? Ou dans un palace du côté de la capitale des Ducs ? A moins que vous ne préfériez une nuit dans l'une des très nombreuses chambres d'hôtes au cœur des villages médiévaux ou tout près des vignes... Quant à ceux qui privilégient les voyages écoresponsables, qu'ils soient tranquilles : ici comme ailleurs, le tourisme vert est en pleine expansion. N'hésitez pas à explorer les mines d'informations réunies par les organismes et les agences de réservation. On vous l'assure : vous n'êtes pas au bout de vos (belles) surprises ! Attention, toutefois : l'été venu, il est plus que prudent de réserver.

GÎTES DE FRANCE BOURGOGNE €€

5, rue René-Char
DIJON
www.gites-de-france.com/fr/bourgogne
Réservation facile directement sur le site Internet.

Gîtes de France Bourgogne, c'est avant tout un réseau qui vous permet d'organiser vos vacances ou vos courts séjours dans toute la région selon vos envies et vos critères personnalisés. En visitant le site internet, vous trouverez toutes les locations de chambres d'hôtes, les gîtes, les maisons de charme et même les lieux insolites, département par département. Pas de surprise, les prix sont affichés, tout est détaillé. Un réseau incontournable pour découvrir le coin !

CAMPINGS.COM

www.campings.com
Centrale de réservation par téléphone du lundi au dimanche 9h-20h.

Site de réservation en ligne proposant plus de 3 000 campings parmi les plus sympathiques de France, Campings.com dispose d'une belle offre en Bourgogne-Franche-Comté, de la Saône-et-Loire jusqu'aux forêts du Morvan. Campings de 1 à 5 étoiles, des locations de mobil-homes… Comparez en ligne les différents campings, et trouvez celui qui deviendra le cocon idéal pour vos vacances en famille ou entre amis ! Paiement direct en ligne, ou même paiement différé. Et l'on peut même appeler la centrale de réservation du lundi au dimanche. Pratique !

HOME EXCHANGE €€

www.homeexchange.fr
Abonnement annuel 149 €.

Et si vous échangiez votre maison avec d'autres pour partir en vacances ? HomeExchange est une plateforme d'échange de maisons et d'appartements entre particuliers. L'idée : un site Internet pour échanger son logement (studio, appartement, villa…) moyennant un abonnement annuel à l'agence en ligne, qui se charge de la présentation du bien et de la mise en contact des intéressés. Un excellent moyen de faire des économies pour partir en vacances et réduire ainsi les frais d'hébergement sur place. Le choix est large, avec plus de 450 000 offres dans 159 pays.

SE DÉPLACER

Forte de son réseau routier et autoroutier très dense, les déplacements ici sont chose particulièrement aisée. Sans compter le réseau ferroviaire, mais aussi les très nombreuses voies vertes qui rendent nos randonnées à vélo particulièrement agréables ! Saviez-vous, par exemple, que des organismes existent qui vous permettent de louer un vélo à un endroit pour le rendre à un autre ? Cependant, que ceux qui ne sont pas assez sportifs pour se lancer dans un périple champêtre se rassurent ! Taxis et VTC sont là aussi pour vous mener à destination. Des services de location de véhicule rétro également, pour aller au bout de vos rêves. Et n'oublions pas le réseau de bus (et de TER) Mobigo qui traverse la Côte-d'Or et permet même (si on le souhaite) de rejoindre les autres départements de la région.Voici quelques pistes pour vous aider, mais d'autres existent, bien entendu, pour vous aiguiller d'un point à l'autre du département.

BOURGOGNE CHIC - ESCAPADES EN 2CV

10, Impasse des Prés Verts - **JOUEY**
✆ 03 45 44 05 55 - bourgognechic.com

Ouvert tous les jours de 9h à 19h30. Location d'une Citroën 2CV authentique. 1 journée de location jusqu'à 4 pers. 190 €.

Que vous l'ayez connue ou pas dans votre jeunesse, la 2CV décapotable est une automobile mythique qu'il faut absolument redécouvrir. Prenez la route à bord de cette voiture toujours aussi attachante pour des balades de charme au cœur des vignobles, vers les châteaux de la région ou le Parc naturel du Morvan. Bourgogne Chic vous propose des balades libres, à combler avec des expériences et activités diverses : pique-nique, dégustations de vins, découvertes du patrimoine... À vous de personnaliser votre évasion en Bourgogne !

CENTRE PORSCHE DIJON

7, rue Paul Langevin
CHENÔVE
✆ 03 80 52 80 53

Services Porsche Drive. Lundi-vendredi 8h-12h30, 13h45-17h. Location à la journée, à la semaine. A partir de 410 €/jour.

Conduire une Porsche devient facile en choisissant les offres de location du Centre Porsche Drive de Dijon. Un service location exclusif de Porsche contemporaines mais aussi de Porsche anciennes, 100 % collector. Parmi les clauses, attardez-vous à celle des cautions. Elles sont importantes compte tenu de la valeur des voitures. Mais l'expérience est unique pour les admirateurs de la marque qui ont envie de connaître cet art de rouler ! Porsche Drive est désormais directement disponible au château de Saulon et au moulin d'Hauterive.

RENAULT MOBILITY BY MOBILIZE DIJON

4, boulevard des Diable-Bleus - **DIJON**
✆ 03 80 51 51 51

Du lundi au samedi de 8h à 12h et de 14h à 19h. Autopartage 7j/7 et 24h/24. Réservation en ligne. Egalement à Beaune.

La mobilité par Renault évolue vers la marque Mobilize. Les formules classiques demeurent avec près de 300 véhicules allant des citadines aux monospaces, aux véhicules utilitaires et même l'Alpine A110. Tout se fait depuis votre smartphone : inscription, choix et réservation du véhicule, paiement, jusqu'à l'ouverture des portes ! Les tarifs comprennent carburant et assurance et un forfait kilométrique en fonction de la durée. Pratique, c'est à 800 m de la station Jaurès.

ROULE EN RÉTRO - LOCATION DE VOITURES ANCIENNES

✆ 06 11 47 78 84
www.roule-en-retro.com

Location d'une voiture de collection à partir 1/2 journée - assurances et assistance cpr - km illimité - résa en ligne.

Roule en Rétro, la route en flashback est une plateforme de location de voitures anciennes née de la passion d'Arnaud Le Bihan. Le concept est simple, vous choisissez votre véhicule, la date à laquelle vous souhaitez le réserver, le carburant est inclus, vous le récupérez chez le loueur. Si vous préférez, la voiture peut être livrée à votre hôtel, ou optez pour le service avec chauffeur. Une balade dans un véhicule vintage Mercedes, Citroën 2 CV, Austin, Jaguar, MG B... la classe !

LES 2 ROUES ÉLECTRIQUES

13, avenue Jean-Jaurès
DIJON
✆ 03 80 46 12 36
www.les-2-roues-electriques.fr
Mardi à vendredi, 10h-12h et 14h-19h, samedi 9h30-12h et 14h-18h30. VAE à partir de 24 €/jour.

Les 2 Roues Électriques, qui furent l'un des premiers spécialistes du vélo électrique à Dijon, proposent la location de vélos classiques et électriques. Le parc est important avec des VTT, VTC, tandems, vélos enfants et remorques… Pour une balade occasionnelle ou un essai grandeur nature, on peut les louer à partir de la demi-journée jusqu'à plusieurs mois. En plus, la boutique fait face au port du Canal, le point de départ rêvé pour une escapade. Les 2 Roues Électriques peuvent aussi vous livrer sur votre lieu de séjour ou de départ, pratique.

BURGUNDY BIKE

12, rue de la Maladière - **BROCHON**
✆ 06 38 16 50 33
www.burgundybike.com
9h à 19h. À partir de 10 €/h, demi-journée 15 €, journée 20 €, week-end 50 €. Pousseur PMR 15 €/h. Tarifs groupes.

Burgundy Bike est un service de location de vélos à assistance électrique situé au cœur du vignoble, géré par Olivier Gaugry, ancien gérant de la fromagerie du même nom. Partez à la découverte du secteur et louez à l'heure, à la journée ou même au week-end grâce à un service de proximité, réactif, disponible et innovant. On peut dire que Burgundy Bike a un tour d'avance avec, en nouveauté, son tandem, parfait pour pédaler à deux ! Une adresse à classer dans les bons plans. Rendez-vous sur la page Facebook ou par téléphone pour prendre rendez-vous.

DIVIAVÉLODI

16, place Darcy
DIJON
✆ 03 80 11 29 29
divia.fr/page/diviavelodi
Du lundi au samedi 9h30-19h. Abonnement pour 24 heures à 1 an : de 1,50 € à 30 €.

A l'heure du triomphe des mobilités douces, le vélo est à la fois pratique, bon pour la santé, et évidemment parfait pour la planète. A Dijon, Divia a mis en place une flotte de 800 vélos en libre-service : Diviavelodi. Les usagers peuvent ainsi profiter des 340 km de pistes cyclables de la métropole dijonnaise. Une offre à destination des résidents autant que des visiteurs par le biais d'abonnements de 24h à 1 an. Pour souscrire à l'offre Diviavélodi, rien de plus simple : rendez-vous à l'agence commerciale DiviaMobilités ou au DiviaVéloPark de Dijon Gare.

LOCATION DE VÉLOS - CAMPING DE LA PLAGE

3, Le Portail - **SEURRE**
✆ 03 80 20 49 22
www.campingdelaplage-seurre.fr
VTT Adulte 8 € la 1/2 journée, 12 €/jour. Enfant 6 € et 10 €. Forfait famille (2 adultes + 1 enfant : 20 € et 30 €.)

Situé sur la rive droite de la Saône, le camping de la Plage de Seurre, labellisé Accueil Vélo, loue une douzaine de vélos VTT et vélos enfants aux vacanciers et campeurs. A 1 km, la Voie Bleue Moselle-Saône offre 700 km de voyage à vélo au bord de l'eau. En aval de Seurre, entre Saône et Doubs, la Voie Bleue fait route commune avec l'itinéraire de l'EuroVelo 6, de jolies bâtisses et clochers rythment votre route jusqu'à Verdun-sur-le-Doubs où les deux rivières se rejoignent.

LOCATION DE VÉLOS EN RIVES DE SAÔNE

Quai Lafayette - **SAINT-JEAN-DE-LOSNE**
✆ 03 80 37 15 70
www.saone-tourisme.fr
De mai à fin septembre 10h-13h, 14h-19h. Vélo : 5 €/heure, 15 €/jour. Enfant : 4 €/heure, 12€/jour

Profitez du grand air ! La communauté de communes Rives de Saône s'est équipée de vélos et a mis en place un partenariat avec la Solexerie de Nuit Saint-Georges, spécialiste de la location de vélos, pour vous permettre de partir sillonner la véloroute aménagée et sécurisée, découvrir les paysages et les charmes de bords de Saône avant de rejoindre Dôle ou Verdun-sur-le-Doubs par la Voie Bleue. Disponibles en modèles homme, femme et enfant, ils sont louables à l'heure ou à la journée.

LA SOLEXERIE

17, rue des Blés - **NUITS-SAINT-GEORGES**
✆ 07 88 76 97 58
www.lasolexerie.fr
Accueil vélo. BS du mardi au samedi 10h 18h. HS du mardi au dimanche 10h 18h. Café-vélo. Location vente VAE + Solex.

A la Solexerie, située à la gare de Nuits-Saint-Georges, les amateurs de balades à vélo se donnent rendez-vous pour partir en escapade sur la route des Climats de Bourgogne. Jérémy Rizet loue des VAE mais aussi d'authentiques Solex. Proposée à la location comme à la vente vous trouvez une gamme de VAE, VTC, VTT et vélos enfants. Comptez sur l'expertise d'un passionné qui saura aussi vous conseiller sur le choix des meilleurs itinéraires. Prêt de remorque pour installer les petits jusqu'à 5 ans. Son conseil : retour en TER si vous allez loin.

S'INFORMER

La Côte-d'Or bénéficie, bien évidemment, d'une offre médiatique riche et puissante. Outre les antennes régionales des structures nationales bien connues (comme *France 3* ou *France Bleu*, par exemple), elle bénéficie bien sûr de ses grands quotidiens régionaux (et parfois même très locaux), de ses antennes de radio locales et indépendantes, et de magazines et de journaux vantant la vie bourguignonne sous tous ses aspects. Des publications consacrées à la vigne, aux journaux féminins ou masculins en passant par les périodiques économiques, culturels ou sportifs, vous trouverez ici tout ce dont vous aurez besoin pour vous informer sur l'actualité du territoire ! Et pour participer activement à la vie d'ici tout au long de votre séjour... Toutes ces sources d'infos sont à retrouver en kiosques, en librairies, dans différents hôtels et commerces, sur les ondes télé ou radio, et sur Internet évidemment !

BOURGOGNE TOURISME

DIJON

www.bourgogne-tourisme.com

Bourgogne Tourisme est le site touristique par excellence qui centralise toutes les informations relatives à ce territoire. Parmi les rubriques proposées chacun trouvera son bonheur en fonction de ses loisirs préférés : œnotourisme, gastronomie, artisanat, patrimoine, sites naturels, activités nautiques, relaxation, parc de loisirs, sports et bien d'autres ! Selon le département que vous souhaitez découvrir, les rubriques "J'y vais", "J'y suis" vous donneront de nombreuses idées de sorties. N'hésitez pas à consulter ce portail pour un séjour inoubliable !

J'AIME DIJON

7B, rue du Chapeau Rouge

DIJON

✆ 03 73 27 54 00

www.jaimedijon.com/

Ses deux éditeurs associés, Thomas Barbier (par ailleurs à la tête de 3 Mai Média) et Nicolas Salin, aiment Dijon et le font savoir. *J'aime Dijon* s'est imposé par son approche rédactionnelle positive. Une différenciation éditoriale qui contribue à son succès. Infos, bons plans, rubriques, chroniques et reportages liés à l'actualité, la gastronomie, le tourisme et aux activités pratiquées en famille ou entre amis, etc. Tout ce qui se passe à Dijon est dans *J'aime Dijon*. Téléchargez son application particulièrement bien pensée, disponible sur tous les *stores*.

CÔTE-D'OR ATTRACTIVITE

19, rue Ferdinand de Lesseps

DIJON

✆ 03 80 63 69 49

www.cotedor-attractivite.com

Ouvert du lundi au vendredi de 9h à 17h.

Côte-d'Or Attractivité propose une large gamme d'expertises, de conseils, de connaissances, de réseaux et d'outils à votre disposition sur les thèmes suivants : tourisme durable, qualité du cadre de vie, nature, patrimoine, gastronomie et savoir-faire, hébergements, activités, services, territoires, marketing et communication. Si vous voulez porter un projet dans la région, reprendre un établissement ou lancer un service, n'hésitez pas à les solliciter pour être accompagné. Votre arrivée sera facilitée et vous pourrez vous installer en toute tranquillité !

LE BIEN PUBLIC

✆ 03 80 42 42 42

www.bienpublic.com

Quotidien papier et en ligne.

Véritable institution à Dijon, *Le Bien public* est fondé en 1868 par Lamartine. Son contenu fait la part belle à la couleur et aux illustrations et propose à la fois de l'information de proximité comme de l'actualité nationale et internationale. *Le Bien public*, c'est plusieurs éditions : Dijon, région dijonnaise, Côte de Beaune, Côte de Nuits, Haute Côte-d'Or... *Le Bien Public* offre également un programme TV ainsi que le magazine *Version Femina* et des suppléments sport, gastronomie, sortie, immobilier. Rendez-vous sur www.bienpublic.com pour la version numérique.

BEAUNE & AILLEURS

26, place Galilée - **DIJON**
✆ 06 52 81 51 34 - http://beaune-et-ailleurs.fr
Uniquement sur rdv.

L'association Beaune et Ailleurs a été créée en 2018 par Sylvie Gaudel-Jardot, journaliste indépendante. Son but est de renforcer le lien social entre les personnes par l'organisation de rencontres, infos café, réunions d'informations ou ateliers. Il n'y a pas de cotisation pour les membres. Ses services bénévoles sont à destination d'entrepreneurs ou présidents d'associations qui ont envie de partager leurs sujets auprès du plus grand nombre. Ses reportages sur la vie économique, sociale, touristique et politique régionale sont largement relayés sur les réseaux sociaux.

CARNETS DE VOYAGE

36, Boulevard de la Bastille
PARIS (12e)
www.us.phoenix-publications.com

Publié par les éditions Phoenix, qui comptent déjà plusieurs revues à leur actif, ce trimestriel est consacré aux voyages avec des focus dédiés à la découverte d'une ville, d'une région, que ce soit en France, en Europe ou dans le monde. *Carnets de Voyage*, un magazine utile pour nous faire découvrir le meilleur d'une destination et nous faciliter le voyage. Pour de grandes ou petites escapades, les rédacteurs nous invitent à entrer dans leurs textes vivants, complétés de conseils pratiques, d'un agenda, de bonnes adresses et de superbes photos.

DÉCIDEUR

60, Avenue Victor Hugo
DIJON
✆ 06 03 51 37 41
https://decideur.media/

Ce fut la grande nouveauté média de l'an dernier. Après le succès de *Femmes* et *Monsieur en Bourgogne*, 3 Mai Média nous a concocté le magazine économique qui manquait à la Bourgogne-Franche-Comté. Particulièrement abouti, le magazine traite notre économie dans toute sa composition : grands groupes, PME, TPE, artisanat, collectivités sans oublier le monde associatif… Personne n'est oublié et chaque intervenant profite d'une même mise en valeur. À noter que vous pouvez retrouver le trimestriel *Décideur* sur son site Internet et son application.

DBM

5-7, rue de la Grande Fin - **FONTAINE-LÈS-DIJON** ✆ 03 80 56 06 50
www.dijonbeaunemag.fr
Bimestriel gratuit. Abonnement de 40 € à l'année pour recevoir directement chez soi le magazine.

« L'art de vivre en Côte-d'Or au quotidien », voilà qui résume l'esprit de ce bimestriel gratuit qui couvre un axe stratégique entre Dijon et Beaune, avec un intérêt porté sur les acteurs économiques. Avec 30 000 exemplaires diffusés sur la Côte-d'Or, il est épaulé par la puissance de son frère numérique Dijonbeaune.fr. Un média à part entière qui informe sur la base d'au moins 3 newsletters par semaine et 88 000 abonnés. Ce complément du magazine permet d'être au fait des initiatives lancées sur le territoire tout en proposant de véritables sujets de fond.

FRANCE 3 BOURGOGNE-FRANCHE-COMTÉ

6, avenue de la Découverte
DIJON
✆ 03 80 77 35 35

France 3 Bourgogne-Franche-Comté accompagne au quotidien les téléspectateurs par des informations sur tous les aspects de la vie locale. Plusieurs rendez-vous sous forme de J.T., mais aussi des magazines sur la culture, le patrimoine, les loisirs, les sports et la nature, des émissions politiques, des documentaires, des chroniques et un agenda des sorties en Bourgogne. À noter que le site internet regorge d'infos pratiques, très utiles : météo, trafic en temps réel, etc.

DESTINATION FRANCE

3, rue Chateaubriand
CHAMALIÈRES
La France fait rêver les voyageurs du monde entier. Découvrez Destination France, le magazine de voyage 100 % France…

Il y a Paris, bien sûr, la Provence et la Côte d'Azur, la côte basque, les châteaux de la Loire, les massifs montagneux en été comme en hiver, mais aussi des destinations moins connues, et pourtant tout aussi magiques... Notre patrimoine, nos paysages, notre gastronomie, nos vins, notre art de vivre, attirent toujours autant de visiteurs étrangers. Quant à nos régions, elles constituent la principale destination touristique de nos compatriotes. En ce sens, *Destination France* s'adresse aussi bien aux lecteurs français qu'aux touristes étrangers.

FRANCE 3 BOURGOGNE FRANCHE COMTE

8, avenue de la Gare d'Eau
BESANÇON
✆ 03 81 65 85 00
Partenaire du Petit Futé.

On ne présente plus France 3 Bourgogne-Franche-Comté. Vous y retrouverez toutes les actualités en images et au quotidien, mais aussi des beaux reportages sur la région. Les équipes sillonnent le territoire pour être au fait de l'actualité des villes et villages et de ses habitants. Les reportages traitent de sujets pertinents qui, en matière de tourisme, permettent de découvrir des sites et activités à découvrir été comme hiver. France 3 est partenaire du *Petit Futé*.

FEMMES EN BOURGOGNE

60, Avenue Victor Hugo
TALANT
✆ 06 03 51 37 41
www.femmesenbourgogne.com
Gratuit. Sortie à chaque saison.

Un magazine des plus gentleman, car dirigé par Thomas Barbier qui vient également de lancer *Monsieur en Bourgogne* pour former le couple gagnant ! *Femmes en Bourgogne* est le magazine féminin de référence dans le paysage de la presse locale. Une nouvelle charte graphique particulièrement soignée, des choix éditoriaux actuels et territoriaux, ainsi que de beaux reportages photo. Disponible chez plus de 2 800 dépositaires en Côte-d'Or, on est quasiment sûr de le trouver partout ! Le site permet de le feuilleter en ligne ; sans oublier sa page Instagram, très suivie.

FRANCE BLEU BOURGOGNE

29, rue Guillaume-Tell
DIJON
✆ 03 80 59 21 21
www.francebleu.fr/bourgogne
Ouvert du lundi au vendredi de 7h à 11h et de 15h à 18h30 ; le week-end de 8h à 12h. Dijon 98.3 FM.

France Bleu Bourgogne est la radio de l'info locale et régionale. Pour mémoire, France Bleu est un réseau de 44 stations en France. A Dijon, c'est sur 98.3 FM que vous pourrez la capter. Société, actualité, info trafic, histoire, sport, musique, interviews, reportages… toute l'info à connaître, celle qui vous touche de près, est là ! France Bleu Bourgogne met aussi à disposition une page Facebook et un compte Twitter. Bien entendu, la radio est aussi accessible sur Internet. Et sur mobile en téléchargeant l'application dédiée.

FREQUENCE PLUS

26, avenue Maréchal Juin - **DOLE**
✆ 08 92 69 25 33 - www.frequenceplusfm.com
Non-stop. Made in Jura. Fréquences sur le site de la radio.

Rien de tel qu'une radio locale pour se tenir au courant des dernières nouvelles de la région ! Fréquence Plus diffuse ses programmes en Bourgogne-Franche-Comté. A la suite de son père, Anthony Eustache a su impulser un souffle nouveau à cette radio et lui assurer un avenir pérenne. Toute une équipe dynamique travaille pour des programmations innovantes et attractives : rubriques jeux, infos, musiques, ainsi que des podcasts… Fréquence Plus vise un très large public et est toujours à l'écoute de ses auditeurs. C'est ce qui fait son succès !

RADIO FG

51, rue de Rivoli
PARIS (1er)
✆ 01 40 13 88 00
www.radiofg.com
Bordeaux et Arcachon : DAB+

Radio FG est la radio musicale de référence électro. Elle propose un programme axé sur la deep et la house-music. Acteur unique du paysage radiophonique français, Radio FG est la radio « Feel Good ». FG diffuse son programme dans 28 villes françaises. Radio FG est à l'origine du mouvement French Touch. C'est le découvreur et l'incubateur des nouveaux talents, pionnier dans la diffusion et le rayonnement de l'électro en France et dans le monde depuis 1992. Ecoutez FG en FM, DAB+, sur radioFG.com, Applis, Boxes, Satellite et 4G.

L'INATTENDU

DIJON
✆ 06 74 26 89 82
Magazine trimestriel. Prix unitaire 7,95 €. Abonnement pour 4 numéros 30 €.

Nouveau dans la presse régionale, *L'Inattendu* fut l'une des belles surprises de ces deux dernières années. Un magazine trimestriel dirigé par Anne-Claire Désautard Filliol, axé sur les sciences, l'environnement, le bien-être et la spiritualité. Découvrez la région Bourgogne-Franche-Comté au travers de témoignages et de chemins de vie inspirants. *L'Inattendu* propose de vous évader, au fil des pages, avec des contenus enrichissants, ainsi qu'avec des dossiers approfondis comme le lien entre musique et cerveau, par exemple. Une vraie bouffée d'oxygène !

TOUTE L'HISTOIRE

www.toutelhistoire.com

Toute l'Histoire est assurément la plus connue des chaînes historiques hexagonales. Initialement lancée sur l'un des premiers bouquets satellite, elle est aujourd'hui reçue également sur les nombreuses box. Elle propose des documentaires historiques mais aussi des films et des témoignages pour explorer tous les évènements de notre histoire et, pour compléter sa grille, elle diffuse également des reportages sur des sujets n'ayant pas de relations directes avec l'Histoire, mais plus sociétales, à l'image des affaires criminelles, etc.

MONSIEUR EN BOURGOGNE

60, Avenue Victor Hugo
DIJON
✆ 06 03 51 37 41
monsieurenbourgogne.com
Magazine semestriel. Gratuit.

Suite au succès de *Femmes en Bourgogne*, sa société éditrice 3 Mai Média dirigée par Thomas Barbier décline la formule avec *Monsieur en Bourgogne*. Sous la forme d'un semestriel, ce magazine (gratuit, et distribué chez plus de 2 500 dépositaires) traite de la gent masculine de notre région sous tous ses aspects. Mode, bien-être, sport, cuisine, économie, sujets sociétaux… Le tout avec un tirage très important (60 000 exemplaires par numéro). On vous conseille aussi de faire un tour sur le site monsieurenbourgogne.com où l'on peut consulter les anciens numéros.

WWW.COTEDOR.FR

53 bis, rue de la Préfecture
DIJON
✆ 03 80 63 66 00

Que vous soyez touriste ou Côte-d'Orien, le site www.cotedor.fr qui dépend du Conseil départemental facilite votre accès à l'information et aux services pratiques du département. Moderne et interactif, il vous permet de repérer les offres d'emploi, de vérifier l'état des routes et l'info-trafic, de localiser les aires de covoiturage et de connaître tous les événements de l'agenda côte-d'orien. C'est là que vous trouverez des idées de sorties, la carte des véloroutes et les nombreux sentiers de randonnée. Faites également toutes vos démarches administratives.

DIJON Capitale
MILLÉSIME 2023 • 1er SEMESTRE
CÔTE-D'OR – BOURGOGNE-FRANCHE-COMTÉ
Mobilités douces, énergies nouvelles
DÉCRYPTAGE D'UNE MÉTROPOLE EN MUTATION

INDEX

M

N

O

P

le son FeelGood
house - electro.
FG.
DJ radio
écoutez 20 radios electro
sur le player FG.
fm/dab+
l'appli FG.
radioFG.com

EDITION
Directeurs de collection et auteurs : Dominique AUZIAS et Jean-Paul LABOURDETTE
Responsable d'édition : Pascale LEFORT
Avec la collaboration de Eric VOILLEQUIN
Auteurs : Julie SCHAUB, Anne POUZARGUES, Magali MASSON, Valérie MAYINGILA, Morgane MACE, Garance MANIER, Laurent FIALAIX, Magali MASSON, Jean-Michel BARBIER, Marie-Elise TRAHAND DURAND, Pierre-Maximilien JENOUDET, Cyrielle HISBERGUE, Cynthia BENZIANE, Romain PIGEAUD, Elsa MELENDEZ, Noémie FAVRE-COQUERET, Delphine TABARY, Jean-Paul LABOURDETTE, Dominique AUZIAS et alter
Directeur Editorial : Stéphan SZEREMETA
Rédaction France : Briséis TEMPLE-BOYER, Audrey VEDOVOTTO, Marie VIGNERON, Nicolas WODARCZAK, Mélanie PEILLET
Rédaction Monde : Laure CHATAIGNON, Morgane VESLIN, Pierre-Yves SOUCHET, Natalia COLLIER, Julie BEZ

FABRICATION
Maquette et Montage : Romain AUDREN, Julie BORDES, Delphine PAGANO
Iconographie et Cartographie : Anne DIOT, Julien DOUCET

WEB ET NUMERIQUE
Directeur Web : Louis GENEAU DE LAMARLIERE
Technical Project Manager : Hervé MARION
Développeurs : Guillaume BARBET, Adeline CAUX
Intégrateur Web : Mickael LATTES, Antoine DION
Webdesigner : Caroline LAFFAITEUR
Community Traffic Manager : Alice BARBIER, Noémie LE SAUX
Content Manager : Aliénor de PERIER

DIRECTION COMMERCIALE
Directeur commercial : Guillaume VORBURGER
Coordinatrice des Régies commerciales : Manon GUERIN
Account Manager Marketplace : Leila ROUGEOT
Responsable Régies locales : Michel GRANSEIGNE
Responsables Développement régie inter : Jean-Marc FARAGUET et Guillaume LABOUREUR et Camille ESMIEU
Assistante commerciale Régie internationale : Leila ANTRI-BOUZAR
Chefs de Publicité Régie nationale : Caroline AUBRY, François BRIANCON-MARJOLLET, Perrine DE CARNE MARCEIN et Jonathan TOUTOUX

DIFFUSION ET PROMOTION
Directrice des Ventes : Bénédicte MOULET assistée d'Aissatou DIOP
Responsable des ventes : Jean-Pierre GHEZ assisté de Nelly BRION
Relations Presse-Partenariats : Jean-Mary MARCHAL

ADMINISTRATION
Président : Jean-Paul LABOURDETTE
Directrice des Ressources Humaines : Dina BOURDEAU assistée de Sandra DOS REIS et Eva BAELEN
Directrice Administrative et Financière : Valérie DECOTTIGNIES
Comptabilité : Guillaume PETIT, Aminata BAGAYOKO, Jeannine DEMIRDJIAN, Adama DIABY
Recouvrement : Fabien BONNAN assisté de Sandra BRIJLALL
Responsable informatique : Elie NZUZI-LEBA

PETIT FUTÉ CÔTE D'OR
LES NOUVELLES EDITIONS DE L'UNIVERSITE
18, rue des Volontaires - 75015 Paris.
✆ 01 53 69 70 00 - Fax 01 42 73 15 24
Internet : www.petitfute.com
SAS au capital de 1 000 000 € - RC PARIS B 309 769 966
Couverture : Semur en Auxois
© Boris Stroujko - stock.adobe.com
Impression : IMPRIMERIE CHIRAT - 42540 Saint-Just-la-Pendue
Achevé d'imprimer : juin 2023
Dépôt légal : 22/07/2023
ISBN : 9782305089270

Pour nous contacter par email, indiquez le nom de famille en minuscule suivi de @petitfute.com
Pour le courrier des lecteurs : info@petitfute.com

IMPRIMÉ EN FRANCE